Die Umsetzung von EG-Richtlinien
durch die Länder

Europäische Hochschulschriften
Publications Universitaires Européennes
European University Studies

Reihe II
Rechtswissenschaft

Série II Series II
Droit
Law

Bd./Vol. 3278

PETER LANG
Frankfurt am Main · Berlin · Bern · Bruxelles · New York · Oxford · Wien

Christian Haslach

Die Umsetzung von EG-Richtlinien durch die Länder

PETER LANG
Europäischer Verlag der Wissenschaften

Die Deutsche Bibliothek - CIP-Einheitsaufnahme

Haslach, Christian:

Die Umsetzung von EG-Richtlinien durch die Länder / Christian Haslach. - Frankfurt am Main ; Berlin ; Bern ; Bruxelles ; New York ; Oxford ; Wien : Lang, 2001
(Europäische Hochschulschriften : Reihe 2, Rechtswissenschaft ; Bd. 3278)
Zugl.: Münster (Westfalen), Univ., Diss., 2001
ISBN 3-631-38611-7

D 6
ISSN 0531-7312
ISBN 3-631-38611-7

www.peterlang.de

Die Umsetzung von EG-Richtlinien durch die Länder

Inaugural-Dissertation

zur Erlangung des akademischen Grades eines Doktors der Rechte

durch die Rechtswissenschaftliche Fakultät der
Westfälischen Wilhelms-Universität zu Münster

vorgelegt von

Christian Haslach
aus Krefeld

2001

Erster Berichterstatter:	Professor Dr. Janbernd Oebbecke
Zweiter Berichterstatter:	Professor Dr. Stefan Kadelbach
Dekan:	Professor Dr. Wolfram Timm
Tag der mündlichen Prüfung:	12. Juni 2001

Meinen Eltern

Vorwort

Die Arbeit hat im Wintersemester 2000/2001 der Rechtswissenschaftlichen Fakultät der Westfälischen Wilhelms-Universität Münster als Dissertation vorgelegen. Rechtsprechung und Literatur sind bis Ende 2000 berücksichtigt.

Mein besonderer Dank gilt Herrn Professor Dr. Janbernd Oebbecke, der die Arbeit betreut und gefördert hat. Von der Themenstellung bis zur Durchsicht der Arbeit stand er mir immer mit Rat und wertvollen Anregungen zur Seite. Die von Herrn Professor Dr. Oebbecke regelmäßig organisierten Doktorandenkolloquien boten darüber hinaus eine nette Gelegenheit, sich mit Kollegen auszutauschen und für die weitere Arbeit neue Motivation und Anregungen zu schöpfen.

Herrn Professor Dr. Stefan Kadelbach bin ich für die Anfertigung des Zweitgutachtens dankbar. Ebenso danke ich den Mitarbeitern zahlreicher Landesbehörden für ihre Hilfsbereitschaft, mir im Rahmen der Untersuchung Auskünfte zu erteilen.

Schließlich bin ich meinen Eltern für die Unterstützung dankbar, ohne die der erfolgreiche Abschluß der Promotion nicht möglich gewesen wäre. In diesem Zusammenhang gilt mein besonderer Dank meiner Mutter, die mir bei der Korrektur und der Anfertigung der Druckvorlage eine große Hilfe war.

Frankfurt am Main, im Juli 2001

Christian Haslach

Inhaltsverzeichnis

Abkürzungsverzeichnis 21

1. Teil Einleitung 33

2. Teil EG-Richtlinien und ihre rechtliche Relevanz für die Länder 39

I. Die Richtlinie der EG und ihre Bedeutung für das deutsche Recht 39
1. Wesen und Funktion von EG-Richtlinien 39
2. Das Verhältnis von EG-Richtlinien zu nationalem Recht im Kollisionsfall 41
a) Vorrang des Gemeinschaftsrechts 41
b) Zwischenergebnis 44

II. Die Zuständigkeitsverteilung im Bundesstaat für die Umsetzung von Richtlinien der EG 45
1. Die notwendige Unterscheidung zwischen der Umsetzung von Richtlinien und der innerstaatlichen Rechtsanwendung 45
2. Zuständigkeitsverteilung zwischen Bund und Ländern 46
a) Ausschließliche Bundeskompetenz aus EG-Recht 46
b) Ausschließliche Bundeskompetenz nach dem Grundgesetz 47
c) Ausschließliche Zuständigkeit der Länder gemäß Art. 30, 70 Abs. 1 GG 49
d) Zuständigkeitsverteilung gemäß Art. 30, 70 ff. GG analog 50
3. Der Sonderfall des Art. 75 GG - Die Rahmengesetzgebungskompetenz des Bundes 50
a) EG-Richtlinien im Kompetenzbereich des Art. 75 GG - Umsetzungsschwierigkeiten in der Praxis 50
b) Stellungnahme und eigener Ansatz 52
c) Zwischenergebnis 56

III. Umsetzungsverpflichtung der Länder 57
1. Keine Umsetzungspflicht aus EG-Recht 57
a) Die Länder als unmittelbarer Adressat von EG-Richtlinien 57
b) Stellungnahme 58
2. Umsetzungsverpflichtung durch innerstaatliches Recht 61
a) Art. 23 Abs. 6 GG n. F. und das Verbot des „venire contra factum proprium“ 61
b) Der Grundsatz des bundesfreundlichen Verhaltens 62
3. Gemeinschaftstreue der Länder 66
4. Bundesersatzvornahmekompetenz gemäß Art. 37 Abs. 1 GG 66

a) Voraussetzungen für die Anwendung von Bundeszwang nach Art. 37 GG 67
b) Art. 37 GG als ultima ratio 67

IV. Ergebnis 69

3. Teil Voraussetzungen einer ordnungsgemäßen Umsetzung von EG-Richtlinien durch die Länder 71

I. Abstrakte Anforderungen an eine gemeinschaftskonforme Umsetzung von EG-Richtlinien durch die Länder 71
1. Der gemeinschaftsrechtliche Grundsatz der praktischen Wirksamkeit 71
2. Nichtdiskriminierungsgrundsatz 72
3. Wahrung allgemeiner Rechtsgrundsätze 73
a) Rechtssicherheit, Rechtsklarheit und Bestimmtheit 73
b) Erfordernis wörtlicher Übernahme der Richtlinienbestimmungen 74
4. Einhaltung der Umsetzungsfristen 76

II. Auswirkungen dieser abstrakten Anforderungen auf die Wahl der zulässigen Formen und Mittel der konkreten Umsetzungspraxis in den Ländern 77
1. Umsetzung von Richtlinien durch förmliches Gesetz 77
2. Umsetzung von Richtlinien durch Rechtsverordnung 78
a) Verordnungsermächtigungen und deren Bestimmtheit gemäß Art. 80 Abs. 1 S. 2 GG bzw. gemäß der jeweiligen Landesverfassungen 79
b) „Wesentlichkeitstheorie“ und Parlamentsvorbehalt 80
3. Umsetzung von Richtlinien in der Rechtsform der Satzung 81
4. Umsetzung von Richtlinien durch Verweisung 82
a) Dynamische Verweisungsnormen als Umsetzungsinstrument in der Praxis der Rechtssetzung der Länder 82
b) Verfassungsrechtliche Bedenken 82
c) Bedenken aus der Sicht des EG-Rechts 85
5. Umsetzung von Richtlinien unter Verwendung unbestimmter Rechtsbegriffe 86
6. Umsetzung von Richtlinien durch richtlinienkonforme Verwaltungsmaßnahmen 87
a) Umsetzung durch Einzelfallentscheidungen der Exekutive 87
b) Umsetzung von Richtlinien durch Verwaltungsvorschriften 88
aa) Norminterpretierende Verwaltungsvorschriften 88
bb) Normkonkretisierende Verwaltungsvorschriften 89

7. Pflicht der Länder zu einheitlicher Umsetzung bei EG-Richtlinien mit Regel-Ausnahme-Charakter? 92

III. Ergebnis 94

4. Teil Vergleichende Untersuchung der Umsetzungspraxis in den Ländern 97

1. Kapitel: Wasserrecht 97

I. Kompetenzen der EG auf dem Gebiet des Umweltschutzes 98
1. Allgemeines zur Kompetenzverteilung zwischen der EG und den Mitgliedstaaten 98
a) Das Prinzip der begrenzten Einzelermächtigung 98
b) Generalermächtigungen nach Art. 94, 95, 308 EG 99
2. EG-Kompetenzen auf dem Gebiet des Umweltschutzes, am Beispiel des Gewässerschutzes. 100

II. Wasserrechtliche Kompetenzverteilung im bundesdeutschen Recht 104

III. Die erste Sitzung des Bund-Länder-Arbeitskreises vom 01.03.1993 105

IV. Emissionsrichtlinien 107

V. Immissionsrichtlinien 107

VI. Gemischte Richtlinien 108

VII. Parameter und Werte 108

VIII. Richtlinie 75/440/EWG und Richtlinie 79/869/EWG 109
1. Regelungsgehalt der Richtlinien 109
2. Umsetzungsfrist 110
a) Umsetzungsfrist der „alten" Länder 110
b) Umsetzungsfrist der „neuen" Länder 111
3. Innerstaatliche Zuständigkeitsverteilung zur Umsetzung der Richtlinien 111
a) Vollständige Umsetzung der Richtlinien durch das WHG 112
aa) Meinungen in der Literatur 112
bb) Die Rechtsprechung des EuGH - Urteil vom 17.10.1991 112
cc) Antrag der EU-Kommission auf Zwangsgeldfestsetzung 114
b) Stellungnahme 115
4. Umsetzungsmaßnahmen der Länder 117

a) Umsetzung unter Verwendung dynamischer Verweisungsnormen . 120
b) Umsetzung ohne Verweis auf die Bestimmungen der Richtlinien 121
c) Nordrhein-Westfälische Verordnung über Qualitätsanforderungen an Oberflächenwasser für die Trinkwassergewinnung 122
5. Vergleich der Umsetzungsmaßnahmen der Länder mit den Anforderungen des EuGH 125
6. Zwischenergebnis 125

IX. Richtlinie 76/160/EWG über die Qualität der Badegewässer 126
1. Regelungsgehalt der Richtlinie 126
2. Umsetzungsfrist 128
3. Innerstaatliche Zuständigkeit der Länder zur Umsetzung der Richtlinie 129
4. Umsetzungsmaßnahmen der Länder 129
a) Brandenburg und Sachsen (1997) – Berlin, Hessen und Sachsen-Anhalt (1998) - Rheinland-Pfalz, Niedersachsen, Bremen, Thüringen und Baden-Württemberg (1999), Nordrhein-Westfalen (2000) 130
b) Die übrigen Länder 132
c) Die Rechtsprechung des EuGH – Urteil vom 08.06.1999 133

X. Fischgewässerrichtlinie 78/659/EWG 133
1. Regelungsgehalt der Richtlinie 133
2. Umsetzungsfrist 135
3. Innerstaatliche Zuständigkeit der Länder zur Umsetzung der Richtlinie 135
4. Umsetzungsmaßnahmen der Länder 136
5. Zwischenergebnis 140

XI. Richtlinie 79/923/EWG über die Qualitätsanforderungen an Muschelgewässer 141
1. Regelungsgehalt der Richtlinie 141
2. Innerstaatliche Zuständigkeit der Länder zur Umsetzung der Richtlinie 142
3. Umsetzungsfrist 142
4. Die Rechtsprechung des EuGH - Urteil vom 12.12.1996 142
5. Umsetzungsmaßnahmen der Länder, die über Muschelgewässer verfügen 143
6. Zwischenergebnis 145

XII. Richtlinie 91/271/EWG über die Behandlung von kommunalem Abwasser 146
1. Regelungsgehalt der Richtlinie 146
a) Pflicht zur Errichtung einer Kanalisation 148
b) Pflicht zur Zweitbehandlung der kommunalen Abwässer 148
2. Innerstaatliche Zuständigkeitsverteilung zur Umsetzung der Richtlinie 150
a) Umsetzung durch die Abwasserverordnung des Bundes 150
b) Verbleibende Umsetzungspflicht der Länder 151
3. Umsetzungsfrist 151
4. Die Rechtsprechung des EuGH - Urteil vom 12.12.1996 151
5. Umsetzungsmaßnahmen der Länder 152
a) Bayern 155
b) Baden-Württemberg 157
c) Die übrigen Länder 157
6. Zwischenergebnis 159

XIII. Nitratrichtlinie 91/676/EWG 160
1. Regelungsgehalt der Richtlinie 160
2. Umsetzungsfrist 162
3. Innerstaatliche Zuständigkeitsverteilung zur Umsetzung der Richtlinie 91/676/EWG 162
a) Umsetzung durch den Bund 162
b) Verbleibende Umsetzungspflicht der Länder 162
4. Umsetzungsmaßnahmen der Länder 163
a) Musterverordnung 164
b) Die Hansestädte Bremen und Hamburg, das Saarland, Nordrhein-Westfalen und Sachsen 165
c) Die übrigen Länder 166

XIV. Verweisungsvorschriften auf europäisches Gemeinschaftsrecht in den Landeswassergesetzen 166

XV. Fristversäumnisse bei der Umsetzung der EG-Gewässerschutzrichtlinien und deren Gründe 168
1. „Umweltpolitische Einstellung“ 169
2. Widersprüche zwischen dem europäischen und nationalen Rechtssystem 170
3. „Föderalismus“ 172
4. Knappe Umsetzungsfristen 173
5. Umsetzung der EG-Gewässerschutzrichtlinien durch Verwaltungsvorschriften als Grund für Fristüberschreitungen 174

6. Weitere Gründe für Fristversäumnisse bei der Umsetzung von EG-Richtlinien 175
a) Unbestimmtheit der Anforderungen 175
b) Eingeschränkte Möglichkeit der Umsetzung durch Rechtsverordnung 177
c) Klärung von Grundsatzfragen und Gefahr des „Draufsattelns“ 178
d) Abwarten von Änderungs- bzw. Folgerichtlinien 179

XVI. Bewertung der Umsetzungsmaßnahmen im Wasserrecht - unter Berücksichtigung der Absprachen des Bund-Länder-Arbeitskreises vom 01. 03. 1993 179

2. Kapitel: Weitere Bereiche des Umweltrechts 181

I. Richtlinie 85/337/EWG über die Umweltverträglichkeitsprüfung bei bestimmten öffentlichen und privaten Projekten 181
1. Regelungsgehalt der Richtlinie 181
2. Innerstaatliche Zuständigkeitsverteilung zur Umsetzung der Richtlinie 85/337/EWG 182
a) Umsetzung durch den Bund 182
b) Obligatorische oder fakultative Umsetzung durch die Länder 183
3. Umsetzungsmaßnahmen der Länder 184
a) Baden-Württemberg 186
b) Nordrhein-Westfalen 186
c) Berlin 187
d) Hamburg 187
e) Bayern 188
f) Die übrigen Länder 188
4. Beurteilung und Ergebnis 190

II. Richtlinie 90/313/EWG über den freien Zugang zu Informationen über die Umwelt 192
1. Regelungsgehalt der Richtlinie 192
2. Innerstaatliche Zuständigkeitsverteilung zur Umsetzung der Richtlinie 90/313/EWG 193
3. Gesetzestechnische Vorgehensweise bei der Umsetzung der Richtlinie 90/313/EWG 196
4. Umsetzungsfrist 197
5. Umsetzungsmaßnahmen der Länder 198
6. Ergebnis 200

III. Richtlinie 96/61/EG über die integrierte Vermeidung und Verminderung der Umweltverschmutzung 201
1. Regelungsgehalt der Richtlinie 201
2. Ausblick 203

IV. Ländervereinbarung und Bund-/Länder-Treffen vom 08. Oktober 1999 204

3. Kapitel: Die Bildungspolitik 205

I. Kompetenzen der EG im Bereich des Bildungswesens 205

II. Richtlinie 77/486/EWG über die schulische Betreuung von Kindern von Wanderarbeitnehmern 207
1. Regelungsgehalt der Richtlinie 207
2. Innerstaatliche Zuständigkeit der Länder zur Umsetzung der Richtlinie 208
3. Umsetzungsfrist 208
4. Umsetzungsmaßnahmen der Länder 208
a) Rheinland-Pfalz 209
b) Die übrigen Länder 210

III. Richtlinie 85/384/EWG - Architektenrichtlinie 215
1. Regelungsgehalt der Richtlinie 215
2. Innerstaatliche Zuständigkeitsverteilung zur Umsetzung der Richtlinie 217
3. Umsetzungsfrist 217
4. Umsetzungsmaßnahmen der Länder 218
5. Ergebnis 219

IV. Diplomanerkennungsrichtlinien 89/48/EWG und 92/51/EWG 220
1. Regelungsgehalt der Richtlinien 220
2. Innerstaatliche Zuständigkeitsverteilung zur Umsetzung der Richtlinien und Anwendungsbereich der RL 92/51/EWG. 222
a) Die sektorielle Umsetzungsmethode 222
b) Probleme bei der Bestimmung des Anwendungsbereiches der Richtlinie 92/51/EWG 223
3. Beschluß der Kultusministerkonferenz vom 14. September 1990 223
4. Umsetzungsfrist 224
5. Umsetzungsmaßnahmen der Länder 224
a) Ingenieurwesen 224
aa) Bremen, Hamburg, Nordrhein-Westfalen und Rheinland-Pfalz 227

bb) Baden-Württemberg, Bayern, Berlin, Brandenburg, Hessen, Saarland, Sachsen, Sachsen-Anhalt, Schleswig-Holstein, Mecklenburg-Vorpommern und Thüringen ... 228
cc) Niedersachsen ... 229
b) Laufbahnbeamte – allgemeiner öffentlicher Dienst ... 230
c) Lehrerinnen und Lehrer ... 235
aa) Gesetzestechnische Vorgehensweise ... 239
bb) Die wesentlichen Inhalte der Umsetzung ... 240
cc) Beurteilung der Umsetzungsmaßnahmen ... 243
d) Garten- und Landschaftsarchitekten, Innenarchitekten und Stadtplaner ... 244
6. Fristversäumnisse und deren Gründe ... 246

V. Richtlinien 86/457/EWG und 93/16/EWG ... 247
1. Regelungsgehalt der Richtlinien ... 247
2. Innerstaatliche Zuständigkeitsverteilung zur Umsetzung der Richtlinien 86/457/EWG und 93/16/EWG ... 249
3. Umsetzungsfrist ... 249
4. Umsetzungsmaßnahmen der Länder ... 249

VI. Gesamtergebnis ... 251

4. Kapitel: Rundfunk ... 253

I. Kompetenzen der EG im Kultursektor ... 253

II. EG-Fernsehrichtlinie 89/552/EWG ... 254
1. Zuständigkeit der EG ... 254
a) Art. 151 EG eröffnet keine Richtlinienkompetenz ... 254
b) Rundfunk als Kulturgut ... 255
c) Rundfunk als Dienstleistungs- und Wirtschaftsfaktor ... 257
d) Bund-Länder-Streit und Urteil des BVerfG vom 22.03.1995 ... 260
e) Stellungnahme ... 261
f) Zwischenergebnis 1 ... 265
2. Regelungsgehalt der Richtlinie ... 266
3. Innerstaatliche Zuständigkeit der Länder zur Umsetzung der Richtlinie 89/552/EWG ... 268
4. Rundfunkstaatsvertrag der Länder vom 31.08.1991 ... 268
a) Umsetzung der Richtlinie 89/552/EWG durch eine Änderung der Landesrundfunkgesetze auf der Grundlage des Rundfunkstaatsvertrages der Länder vom 31.08.1991 ... 268

b) Vertragsverletzung der Bundesrepublik Deutschland wegen Nichtumsetzung der EG-Fernsehrichtlinie? 270
c) Zwischenergebnis 2 271

III. Gesamtergebnis 272

5. Kapitel: Kommunales Ausländerwahlrecht 272

I. EG-Kommunalwahlrichtlinie 94/80/EG 272
1. Das kommunale Ausländerwahlrecht für Unionsbürger nach europäischem Gemeinschaftsrecht 272
a) Das primäre EG-Recht 272
b) Das sekundäre EG-Recht - Regelungsgehalt der Richtlinie 94/80/EG 274
aa) Kommunalwahlen 276
(1) Die lokale Gebietskörperschaft der Grundstufe 276
(2) Die allgemeinen und unmittelbaren Wahlen 277
bb) Die Regelungen des Art. 5 Abs. 1 und 3 RL 277
(1) Art. 5 Abs. 1 RL 277
(2) Art. 5 Abs. 3 RL 278
(i) Art. 5 Abs. 3 RL und ein Verstoß gegen höherrangiges Recht 278
(ii) Art. 5 Abs. 3 RL als rechtmäßige Option der Mitgliedstaaten 279
(iii) Stellungnahme 280
cc) Die Regelung des Art. 7 RL 281
dd) Die Regelung der Art. 10 und 11 RL 282
2. Innerstaatliche Zuständigkeit der Länder zur Umsetzung der Richtlinie 94/80/EG 282
3. Umsetzungsfrist 282
4. Umsetzungsmaßnahmen der Länder 283
a) Nordrhein-Westfalen 286
aa) Aktives und passives Wahlrecht bzgl. der Vertretungskörperschaften 286
bb) Aktives und passives Wahlrecht bei den Direktwahlen des Bürgermeisters bzw. des Landrates 287
cc) Eintragung in das Wählerverzeichnis 288
dd) Unterrichtung der Unionsbürger 290
ee) Zwischenergebnis 291
b) Niedersachsen und Rheinland-Pfalz 291
c) Die Stadtstaaten Berlin, Hamburg und Bremen 292
d) Sachsen-Anhalt 294

e) Die Freistaaten Bayern und Sachsen ... 295
f) Die übrigen Länder ... 298
5. Fristversäumnis nur in der Freien und Hansestadt Bremen ... 299

II. Ergebnis ... 299

6. Kapitel: Datenschutzrecht ... 300

I. EG-Datenschutzrichtlinie 95/46/EG ... 300
1. Kompetenzen der EG auf dem Gebiet des Datenschutzes ... 300
2. Regelungsgehalt der Richtlinie ... 301
3. Innerstaatliche Zuständigkeitsverteilung zur Umsetzung der Richtlinie ... 302
4. Umsetzungsfrist ... 303
5. Umsetzungsmaßnahmen der Länder ... 303
a) Hessen und Brandenburg ... 304
b) Schleswig-Holstein, Nordrhein-Westfalen, Baden-Württemberg, Bayern und Hamburg ... 306
c) Die übrigen Länder ... 308

II. Ergebnis ... 309

5. Teil Zusammenfassung der Ergebnisse ... 311

I. Einleitung ... 311

II. EG-Richtlinien und ihre rechtliche Relevanz für die Länder ... 311
1. Rechtsnatur der Richtlinie und Anwendungsvorrang ... 311
2. Umsetzungskompetenz und EG-Richtlinien aus dem Anwendungsbereich des Art. 75 GG ... 311
3. Umsetzungspflicht und Ersatzvornahmekompetenz ... 312
4. Ergebnis ... 313

III. Voraussetzungen ordnungsgemäßer Umsetzung von EG-Richtlinien durch die Länder ... 313
1. Rechtsform der Umsetzung und allgemeine Grundsätze ... 313
2. Grundsatz der praktischen Wirksamkeit ... 314
3. „Nichtdiskriminierungsgrundsatz“ und Fristwahrung ... 314
4. Richtlinien mit „Regel-Ausnahme-Charakter“ und dynamische Verweisungsnormen ... 315

IV. Fristversäumnisse und deren Gründe ... 315

V. Umsetzungstechnik ... 317

VI. Die Umsetzung von EG-Richtlinien in der Praxis der Ländergesetzgebung ... 319
1. Die einzelnen Rechtsgebiete ... 320
a) Das Wasserrecht ... 320
b) Weitere Bereiche des Umweltrechts ... 321
aa) Umweltverträglichkeitsprüfung (UVP) ... 321
bb) Umweltinformationsrichtlinie (UIR) ... 321
cc) Integrierte Vermeidung und Verminderung der Umweltverschmutzung (IVU) ... 322
c) Die Bildungspolitik ... 322
d) Der Rundfunk ... 323
e) Kommunales Ausländerwahlrecht ... 324
f) Datenschutzrecht ... 324
2. Länderkooperation bei der Umsetzung ... 325

Resümee ... 329

Literaturverzeichnis ... 331

Abkürzungsverzeichnis

a. A.	anderer Ansicht
a. a. O.	am angegebenen Ort
a. E.	am Ende
ABl.	Amtsblatt
Abs.	Absatz
AbwV	Abwasserverordnung
a. F.	alte Fassung
AfP	Archiv für Presserecht (Zeitschrift)
Alt.	Alternative
AMBl.	Allgemeines Ministerialblatt
Anm.	Anmerkung
AöR	Archiv für öffentliches Recht
ArchG	Architektengesetz
Art.	Artikel
AVO-EG NW	Verordnung des Landes Nordrhein-Westfalen zur Umsetzung der Richtlinie des Rates der Europäischen Gemeinschaften vom 21. Dezember 1988 über eine allgemeine Regelung zur Anerkennung der Hochschuldiplome im Lehrerbereich, die eine mindestens dreijährige Berufsausbildung abschließen.
Az.	Aktenzeichen
BASS	Bereinigte Amtliche Sammlung der Schulvorschriften des Landes Nordrhein-Westfalen
BauO	Bauordnung
BayBG	Bayerisches Beamtengesetz
BayDSG	Bayerisches Datenschutzgesetz
Bayerische EGRiLV-Lehrer	Bayerische Verordnung zum Vollzug des Art. 7 Abs. 4 des Bayerischen Lehrerbildungsgesetzes
BayGLKrWG	Bayerisches Gesetz über die Wahlen in den Gemeinden und Landkreisen
BayGLKrWO	Bayerische Gemeinde- und Landkreiswahlordnung
BayUVPRLUG	Bayerisches UVP-Richtlinie Umsetzungsgesetz
BayVBl.	Bayerische Verwaltungsblätter (Zeitschrift)
BayVerfGH	Bayerischer Verwaltungsgerichtshof
BayWG	Bayerisches Wassergesetz
Bbg	Brandenburg
BBG	Bundesbeamtengesetz

BbgDSG	Gesetz zum Schutz personenbezogener Daten im Land Brandenburg
Bbg GO	Gemeindeordnung des Landes Brandenburg
BbgKWahlG	Brandenburgisches Kommunalwahlgesetz
BbgKWahlO	Brandenburgische Kommunalwahlordnung
BbgNatSchG	Brandenburgisches Gesetz über Naturschutz und Landschaftspflege
BbgVerf	Verfassung des Landes Brandenburg
BbgWG	Brandenburgisches Wassergesetz
Bd.	Band
BDSG	Bundesdatenschutzgesetz
ber.	berichtigt
Beschl.	Beschluß
BGBl. I, II	Bundesgesetzblatt, mit I oder ohne Ziffer = Teil I; mit II = Teil II
BG LSA	Beamtengesetz des Landes Sachsen-Anhalt
BImSchG	Bundesimmissionsschutzgesetz
Bln	Berlin
BMU	Bundesministerium für Umwelt, Naturschutz und Reaktorsicherheit
BNatSchG	Bundesnaturschutzgesetz
BRD	Bundesrepublik Deutschland
BremWahlG	Bremer Wahlgesetz
BremWahlO	Bremer Wahlordnung
BRRG	Beamtenrechtsrahmengesetz
BrWG	Bremisches Wassergesetz
BT-Drs.	Bundestagsdrucksache
BVerfG	Bundesverfassungsgericht
BVerfGE	Entscheidungen des Bundesverfassungsgerichts (Band und Seite)
BVerfGG	Gesetz über das Bundesverfassungsgericht
BVerwG	Bundesverwaltungsgericht
BVerwGE	Entscheidungen des Bundesverwaltungsgerichts (Band und Seite)
BW	Baden-Württemberg
BWKomWO	Kommunalwahlordnung Baden-Württemberg
BW LV	Verfassung des Landes Baden-Württemberg
bzgl.	bezüglich
C	Communicationes
CR	Computer und Recht (Zeitschrift)

d.	des
DB	Der Betrieb (Zeitschrift)
ders.	derselbe
d. h.	das heißt
dies.	dieselbe
Diss.	Dissertation
DM	Deutsche Mark
DÖV	Die öffentliche Verwaltung (Zeitschrift)
DRiG	Deutsches Richtergesetz
DschG	Denkmalschutzgesetz
DSG	Datenschutzgesetz
DuD	Datenschutz und Datensicherheit (Zeitschrift)
DVBl.	Deutsches Verwaltungsblatt (Zeitschrift)
E	Entscheidung
EA	Europa-Archiv (Zeitschrift)
ECU	European Currency Unit
EEA	Einheitliche Europäische Akte
EG	Europäische Gemeinschaft/en; EG-Vertrag in der ab dem 01.05.1999 geltenden Fassung
EGLeV Brandenburg	Brandenburgische Verordnung zur Richtlinie 89/48/EWG des Rates vom 21. Dezember 1988 über eine allgemeine Regelung zur Anerkennung der Hochschuldiplome, die eine mindestens dreijährige Berufsausbildung abschließen, für die Lehrämter
EG-RL-LehrG Berlin	Berliner Gesetz zur Umsetzung der Richtlinie 89/48/EWG des Rates der Europäischen Gemeinschaften vom 21. Dezember 1988 über eine allgemeine Regelung zur Anerkennung der Hochschuldiplome, die eine mindestens dreijährige Berufsausbildung abschließen, für Lehrerberufe
EG-RL-LehrG Schleswig-Holstein	Gesetz zur Umsetzung der Richtlinie 89/48/EWG des Rates der Europäischen Gemeinschaften vom 21.12.1988 für die Lehrämter des Landes Schleswig-Holstein
EGV	Vertrag zur Gründung der Europäischen Gemeinschaften
Erg. Lieferung	Ergänzungslieferung
etc.	et cetera
EU	Europäische Union

EU-EWR-Lehrer Sachsen	Sächsisches Gesetz zur Umsetzung der Richtlinie 89/48/EWG des Rates der Europäischen Gemeinschaften vom 21. Dezember 1988 über eine allgemeine Regelung zur Anerkennung der Hochschuldiplome, die eine mindestens dreijährige Berufsausbildung abschließen, für Lehrerberufe
EU-EWR-LehrerVO BW	Verordnung des baden-württembergischen Kultusministeriums zur Umsetzung der Richtlinie 89/48/EWG des Rates vom 21. Dezember 1988 über eine allgemeine Regelung zur Anerkennung der Hochschuldiplome, die eine mindestens dreijährige Berufsausbildung abschließen, für Lehrerberufe
EU-Lehrämter-Anerkennungs-verordnung Rheinland-Pfalz	Rheinland-pfälzische Landesverordnung zur Umsetzung der Richtlinie 89/48/EWG des Rates vom 21. Dezember 1988 über eine allgemeine Regelung zur Anerkennung der Hochschuldiplome, die eine mindestens dreijährige Berufsausbildung abschließen, für die Lehrämter an Schulen
EuGH	Europäischer Gerichtshof (= Gerichtshof der Europäischen Gemeinschaften)
EuGRZ	Europäische Grundrechte (Zeitschrift)
EU-Kommission	Europäische Kommission
EuR	Europarecht (Zeitschrift)
EuZBLG	Gesetz über die Zusammenarbeit von Bund und Ländern in Angelegenheiten der Europäischen Union vom 12. März 1993
EuZW	Europäische Zeitschrift für Wirtschaftsrecht
EW	Einwohnerwert
EWG	Europäische Wirtschaftsgemeinschaft
EWGV	Vertrag zur Gründung der Europäischen Wirtschaftsgemeinschaft
EWR	Europäischer Wirtschaftsraum
EWS	Europäisches Wirtschafts- und Steuerrecht (Zeitschrift)
F. D. P.	Freiheitlich Demokratische Partei (Deutschlands)
ff.	fortfolgende
FG	Festgabe
FlHG	Fleischhygienegesetz
Frankfurt a. M.	Frankfurt am Main
FS	Festschrift
Fußn.	Fußnote

G	Gesetz
GA	Generalanwalt
GABl. NW I	Gemeinsames Amtsblatt Teil I Kultusministerium
GATT	General Agreement on Tariffs and Trade
GBl.	Gesetzblatt
Ges.	Gesetz/es
GG	Grundgesetz
ggf.	gegebenenfalls
ggü.	gegenüber
Gl.-NR	Gleitende Nummer
GMBl.	Gemeinsames Ministerialblatt
GO	Gemeindeordnung
GO LSA	Gemeindeordnung für das Land Sachsen-Anhalt
GO NW	Gemeindeordnung für das Land Nordrhein-Westfalen
GVBl.	Gesetz- und Verordnungsblatt
G-Werte	Guidewerte bzw. Zielwerte
Habil.-Schr.	Habilitationsschrift
HambBezWG	Gesetz über die Wahlen zu den Bezirksversammlungen der Hansestadt Hamburg
Hamburgisches EG-RL-G Lehrer	Hamburgisches Gesetz zur Umsetzung der Richtlinie des Rates der Europäischen Gemeinschaften vom 21. Dezember 1988 über eine allgemeine Regelung zur Anerkennung der Hochschuldiplome, die eine mindestens dreijährige Berufsausbildung abschließen, für die Lehrämter
HambWO	Hamburger Wahlordnung
HDSG	Hessisches Datenschutzgesetz
HessKWG	Hessisches Kommunalwahlgesetz
HessKWO	Hessische Kommunalwahlordnung
HessWG	Hessisches Wassergesetz
h. M.	herrschende Meinung
HmbBG	Hamburgisches Beamtengesetz
HmbIFG	Hamburgisches Informationsfreiheitsgesetz
HmbUVPG	Gesetz zur Umsetzung der Richtlinie des Rates vom 27. Juni 1985 über die Umweltverträglichkeitsprüfung bei bestimmten öffentlichen und privaten Projekten (85/337/EWG) in Hamburg
Hrsg.	Herausgeber
Hs.	Halbsatz
HV	Verfassung des Landes Hessen
HwaG	Hamburgisches Wassergesetz

i. d. F.	in der Fassung
i. d. F. v.	in der Fassung vom
IngG	Ingenieurgesetz
IPPC	Integrated Pollution Prevention and Control
i. S. d.	im Sinne des / im Sinne der
i. S. v.	im Sinne von
IuKDG	Informations- und Kommunikationsdienstegesetz
i. V. m.	in Verbindung mit
IVU-RL	Richtlinie 96/61/EG über die integrierte Vermeidung und Verminderung der Umweltverschmutzung
I-Werte	Imperativwerte
i. w. S.	im weiteren Sinne
Jb. d. Umwelt und TechnikR	Jahrbuch des Umwelt- und Technikrechts
JGS-Anlagen	Anlagen zum Lagern und Abfüllen von Jauche, Gülle, Festmist und Silagesickersäften
JöR	Jahrbuch des öffentlichen Rechts der Gegenwart
Jura	Juristische Ausbildung (Zeitschrift)
jur-pc	Jur-PC (Zeitschrift)
JuS	Juristische Schulung (Zeitschrift)
JZ	Juristenzeitung (Zeitschrift)
K&R	Kommunikation und Recht (Zeitschrift)
Kap.	Kapitel
KMBl.	Ministerialblatt des Bayerischen Staatsministeriums für Unterricht und Kultus
KMK	Kultusministerkonferenz
KrO NW	Kreisordnung für das Land Nordrhein-Westfalen
KwahlG NW	Gesetz über die Kommunalwahlen im Lande Nordrhein-Westfalen
KwahlO NW	Kommunalwahlordnung für das Land Nordrhein-Westfalen
KWG LSA	Kommunalwahlgesetz für das Land Sachsen-Anhalt
KWG MV	Kommunalwahlgesetz für das Land Mecklenburg-Vorpommern
KWO LSA	Kommunalwahlordnung für das Land Sachsen-Anhalt
L	Leges
LAWA	Länderarbeitsgemeinschaft Wasserrecht
LBG Brandenburg	Landesbeamtengesetz des Landes Brandenburg

LBG BW	Landesbeamtengesetz Baden-Württemberg
LBG M-V	Beamtengesetz für das Land Mecklenburg-Vorpommern
LBG Nds	Landesbeamtengesetz Niedersachsen
LBG NW	Landesbeamtengesetz Nordrhein-Westfalen
LBG Schl.-H.	Landesbeamtengesetz Schleswig-Holstein
LDSG	Landesdatenschutzgesetz
LDSG NW	Landesdatenschutzgesetz Nordrhein-Westfalen
LDSG-SH 2000	Schleswig-Holsteinisches Gesetz zum Schutz personenbezogener Informationen vom 9. Februar 2000
LfD	Landesbeauftragter für den Datenschutz
LfD NW	Landesbeauftragte/r für den Datenschutz Nordrhein-Westfalen
LfD SH	Landesbeauftragter für den Datenschutz Schleswig-Holstein
lit.	litera
LKO LSA	Landkreisordnung Sachsen-Anhalt
Ls.	Leitsatz
LSA	Land Sachsen-Anhalt
lt.	laut
LT-Drs.	Landtagsdrucksache
LV	Landesverfassung
LV BW	Verfassung des Landes Baden-Württemberg
LV NW	Verfassung des Landes Nordrhein-Westfalen
LWaG MV	Landeswassergesetz Mecklenburg-Vorpommern
LWG	Landeswassergesetz
LWG NW	Landeswassergesetz für das Land Nordrhein-Westfalen
MBl. NW	Ministerialblatt des Landes Nordrhein-Westfalen
ME	Musterentwurf
MG NW	Meldegesetz für das Land Nordrhein-Westfalen
MinBl.	Ministerialblatt
MV	Mecklenburg-Vorpommern
M-V	Mecklenburg-Vorpommern
MVO	Musterverordnung
m. w. N.	mit weiteren Nachweisen
NBl. KM. Schl.-H.	Nachrichtenblatt des Kultusministeriums des Landes Schleswig-Holstein
Nds	Niedersachsen
Nds. Verf.	Niedersächsische Verfassung
n. F.	neue Fassung
NGO	Niedersächsische Gemeindeordnung

NJW	Neue Juristische Wochenschrift (Zeitschrift)
NKWG	Niedersächsisches Kommunalwahlgesetz
NKWO	Niedersächsische Kommunalwahlordnung
NLO	Niedersächsische Landkreisordnung
Nr.	Nummer
NRW, NW	Nordrhein-Westfalen
NuR	Natur und Recht (Zeitschrift)
NVwZ	Neue Zeitschrift für Verwaltungsrecht
NWG	Niedersächsisches Wassergesetz
NWVBl.	Nordrhein-Westfälische Verwaltungsblätter (Zeitschrift)
ÖJZ	Österreichische Juristenzeitung (Zeitschrift)
OVG	Oberverwaltungsgericht
PH-Wert	PH-Wert
PresseG NW	Pressegesetz für das Land Nordrhein-Westfalen
QOTV NW	Nordrhein-Westfälische Verordnung über Qualitätsanforderungen an Oberflächenwasser für die Trinkwassergewinnung
RdErl.	Runderlaß
RdJB	Recht der Jugend und des Bildungswesens (Zeitschrift)
Rdnr.	Randnummer
RDV	Recht der Datenverarbeitung (Zeitschrift)
RfStV	Rundfunkstaatsvertrag (vom 31.08.1991)
RIW	Recht der internationalen Wirtschaft (Zeitschrift)
RhPfGemO	Gemeindeordnung für das Land Rheinland-Pfalz
RhPfKWG	Kommunalwahlgesetz für das Land Rheinland-Pfalz
RhPfKWO	Kommunalwahlordnung für das Land Rheinland-Pfalz
RIW	Recht der internationalen Wirtschaft (Zeitschrift)
RL	Richtlinie
ROkA	Reinhalteordnung kommunales Abwasser des Landes Baden-Württemberg
ROkAbw	Reinhalteordnung kommunales Abwasser des Freistaats Bayern
Rspr.	Rechtsprechung
RVO	Rechtsverordnung
S.	Seite
SaarlKWG	Kommunalwahlgesetz des Saarlandes
SaarlKWO	Kommunalwahlordnung des Saarlandes

SächsBadegewV	Sächsische Badegewässer-Verordnung
SächsBG	Sächsisches Beamtengesetz
SächsGemO	Sächsische Gemeindeordnung
SächsKomWG	Sächsisches Kommunalwahlgesetz
SächsKomWO	Sächsische Kommunalwahlordnung
SächsLKrO	Sächsische Landkreisordnung
SächsVerf	Verfassung des Freistaates Sachsen
SächsWG	Sächsisches Wassergesetz
SBG	Saarländisches Beamtengesetz
Schl.-H.	Schleswig-Holstein
SchlHWG	Landeswassergesetz Schleswig-Holstein
SHKWG	Kommunalwahlgesetz Schleswig-Holstein
SHKWO	Kommunalwahlordnung Schleswig-Holstein
SH GO	Gemeindeordnung Schleswig-Holstein
Slg.	Sammlung
s. o.	siehe oben
sog.	sogenannt
SPD	Sozialdemokratische Partei Deutschlands
StAnz.	Staatsanzeiger
StGB	Strafgesetzbuch
St. Rspr.	Ständige Rechtsprechung
StrWG	Straßen- und Wegegesetz
StuGr	Städte- und Gemeinderat (Zeitschrift)
s. u.	siehe unten
Sverf	Verfassung des Saarlandes
SWG	Saarländisches Wassergesetz
Tab.	Tabelle
TA-Luft	Technische Anleitung zur Reinhaltung der Luft v. 27.02.1986
Tgb.	Tagebuch
Thür.	Thüringen
ThürBG	Thüringer Beamtengesetz
ThürSchulG	Thüringer Schulgesetz
ThürWG	Thüringer Wassergesetz
u.	und
u. a.	unter anderem / und andere
UGB	Umweltgesetzbuch
UIG	Umweltinformationsgesetz des Bundes
UIR	Umweltinformationsrichtlinie
UPR	Umwelt- und Planungsrecht

Urt.	Urteil
u. s. w.	und so weiter
UTR	Jahrbuch des Umwelt- und Technikrechts
u. U.	unter Umständen
u. v. m.	und vieles mehr
UVP	Umweltverträglichkeitsprüfung
UVPG	Gesetz über die Umweltverträglichkeitsprüfung des Bundes
UVPG-Bln	Berliner Gesetz über die Umweltverträglichkeitsprüfung
UVP-Report	UVP-Report (Zeitschrift)
UVP-RL	Richtlinie des Rates über die Umweltverträglichkeitsprüfung bei bestimmten öffentlichen und privaten Projekten
v.	vom
VBlBW	Verwaltungsblätter für Baden-Württemberg (Zeitschrift)
Verf.	Verfasser / Verfassung
Verf. LSA	Verfassung des Landes Sachsen-Anhalt
Verf. M-V	Verfassung des Landes Mecklenburg-Vorpommern
VerfThür	Verfassung des Freistaats Thüringen
VerwArch	Verwaltungsarchiv (Zeitschrift)
VG	Verwaltungsgericht
VGH	Verwaltungsgerichtshof
Vgl.	Vergleiche
v. H.	von Hundert
VO-RLEG 89/48 BeamtNW	Verordnung zur Umsetzung der Richtlinie 89/48/EWG des Rates vom 21. Dezember 1988 über eine allgemeine Regelung zur Anerkennung der Hochschuldiplome, die eine mindestens dreijährige Berufsausbildung abschließen, für die Laufbahnen der Beamtinnen und Beamten im Lande Nordrhein-Westfalen
VR	Verwaltungsrundschau (Zeitschrift)
VvB	Verfassung von Berlin
VVDStRL	Veröffentlichungen der Vereinigung der Deutschen Staatsrechtslehrer
VwVfG	Verwaltungsverfahrensgesetz
WG	Wassergesetz
WG BW	Wassergesetz des Landes Baden-Württemberg
WG LSA	Wassergesetz für das Land Sachsen-Anhalt
WHG	Wasserhaushaltsgesetz
WiVerw	Wirtschaft und Verwaltung (Zeitschrift)

WTO	World Trade Organization (Welthandelsorganisation)
z. B.	zum Beispiel
ZfW	Zeitschrift für Wasserrecht
ZG	Zeitschrift für Gesetzgebung
zit.	zitiert
ZRP	Zeitschrift für Rechtspolitik
z. T.	zum Teil
zugl.	zugleich
ZUM	Zeitschrift für Urheber- und Medienrecht
ZUR	Zeitschrift für Umweltrecht
z. Zt.	zur Zeit

1. Teil Einleitung

Das Europäische Gemeinschaftsrecht gewinnt seit Jahren an Bedeutung für die Rechtsordnungen der EU-Mitgliedstaaten.[1] Die deutsche Rechtswissenschaft hat diese Entwicklung stets begleitet und von Beginn an den Blick auch auf die Auswirkungen des EG-Rechts für die deutschen Länder gerichtet.[2] Schwerpunkt der Forschungsarbeiten war dabei einerseits, den Einfluß des EG-Rechts auf das nationale Verwaltungsrecht zu untersuchen,[3] andererseits, die Verlagerung von Gesetzgebungskompetenzen der Länder hin zur Europäischen Gemeinschaft darzulegen, um so Aufschluß über die Stellung der Länder in der Europäischen Union zu erlangen.[4]

Bereits die Unterzeichnung der Verträge zur Gründung der Europäischen Wirtschaftsgemeinschaft (EWG) im Jahre 1957 bedingte, daß die Mitgliedstaaten, zu denen seit erster Stunde auch die Bundesrepublik Deutschland gehörte, Ho-

---

[1] Vgl. *Götz*, NJW 1992, S. 1849 (1850) ff.; *Gellermann*, Beeinflussung des bundesdeutschen Rechts durch Richtlinien der EG, Diss. Osnabrück 1993/94, S. 3 ff. Der Einfluß des EG-Rechts betrifft im übrigen auch Nichtmitglieder der EU (sog. Drittländer), beispielsweise die im Europäischen Wirtschaftsraum (EWR) verbundenen Staaten. Vgl. *Oppermann*, Europarecht, 2. Auflage 1999, Rdnr. 137 ff.; *Herdegen*, Europarecht, 2. Auflage 1999, Rdnr. 60; *Bleckmann*, in: Bleckmann, Europarecht, 6. Auflage 1997, Rdnr. 1372 u. 2612.

[2] Vgl. *Birke*, Die deutschen Bundesländer in den Europäischen Gemeinschaften, 1973; *Schwan*, Die deutschen Bundesländer im Entscheidungssystem der Europäischen Gemeinschaften, 1982; *Eicher*, Der Machtverlust der Landesparlamente, Diss. Mainz 1987, S. 76 u. 83 ff.; *Kössinger*, Die Durchführung des Europäischen Gemeinschaftsrechts im Bundesstaat, Diss. München 1989; *Blanke*, Föderalismus und Integrationsgewalt, Diss. Osnabrück 1990; *Dröll*, Die deutschen Bundesländer und die Europäische Gemeinschaft, Diss. Freiburg 1992; *Meißner*, Die Bundesländer und die Europäischen Gemeinschaften, Diss. Berlin 1995; *Donoth*, Die Bundesländer in der Europäischen Union, Diss. Kiel 1996.

[3] Vgl. *Kadelbach*, Allgemeines Verwaltungsrecht unter europäischem Einfluß, 1999; *Oebbekke*, Die europäische Integration und die Organisation der Verwaltung, in: FS Heymanns, 1995, S. 607 (608 ff.); *Suerbaum*, Die Kompetenzverteilung beim Verwaltungsvollzug des Europäischen Gemeinschaftsrechts in Deutschland, Diss. Bochum 1996/97, S. 125 ff.; *Schwarze*, in: Schwarze (Hrsg.), Das Verwaltungsrecht unter europäischem Einfluß, S. 123 ff.

[4] *Meißner*, Die Bundesländer und die Europäischen Gemeinschaften, Diss. Berlin 1995; *Donoth*, Die Bundesländer in der Europäischen Union, Diss. Kiel 1996. Aus Sicht der Länder stellt die Kompetenzverlagerung zur EU ein ähnliches Problem dar wie das der Abwanderung von Zuständigkeiten an den Bund. Mit dieser Problematik hat sich besonders die verfassungsrechtliche Literatur in Deutschland auseinandergesetzt. Siehe *Eicher*, Der Machtverlust der Landesparlamente, Diss. Mainz 1987, S. 76 u. 83 ff.; *Blanke*, ZG 1990, S. 1 ff. m. w. N.

heitsrechte auf die neue zwischenstaatliche Einrichtung übertrugen.[5] Waren die Handlungsbefugnisse der EWG anfänglich noch gering, so steigerte sich dies mit den Jahren zusehends. Spätestens seit Ratifizierung der Einheitlichen Europäischen Akte (EEA) 1986 und der Gründung der Europäischen Union durch die „Maastrichter Verträge“ 1992 kann von einem europäischen Unitarisierungsprozeß gesprochen werden.[6]

Kompetenzzuwachs auf Seiten der EG bedeutet, daß sich die Gemeinschaft zunehmend mit Rechtsgebieten befaßt, die innerstaatlich dem Zuständigkeitsbereich der Länder angehören; ein Umstand, den die Länder – auch und gerade aus Sorge um den Bestand ihrer verfassungsrechtlich garantierten Staatlichkeit – stets kritisch betrachtet haben.[7] Besonders der Erlaß mancher EG-Richtlinie sorgte in der Vergangenheit für Brisanz,[8] verpflichten diese doch regelmäßig, das nationale Recht den europäischen Vorgaben anzupassen.[9] Dies ist Grund genug, das Verhalten der Länder bei der Umsetzung sekundären Gemeinschaftsrechts zu untersuchen. Denn supranationales Recht beachten und diesem Eingang in den innerstaatlichen Rechtskreis verschaffen zu müssen, bedeutet aus Sicht der Länder einen Eingriff in ihren Hoheitsbereich.[10] Es stellen sich somit Fragen, die zum Teil verfassungsrechtliche und zum Teil EG-rechtliche Aspekte betreffen, in einer Untersuchung, die im Schwerpunkt die Umsetzungspraxis betrachtet, jedoch primär rechtstatsächlicher Art sind.

---

[5] Vgl. *Dröll*, Die deutschen Bundesländer und die Europäische Gemeinschaft, Diss. Freiburg 1992, S. 13. Der Begriff der „Übertragung von Hoheitsrechten“ ist nicht in dem Sinne wörtlich zu verstehen, daß die Hoheitsrechte („gleichsam dinglich“) auf die zwischenstaatliche Einrichtung übergehen. Vielmehr handelt es sich um einen „Ausübungsverzicht“ mit der Folge, daß die Hoheitsrechte als solche bei der BRD verbleiben, ihre Ausübung jedoch durch die supranationale Organisation erfolgt. Vgl. *Randelzhofer*, in: Maunz/Dürig, Art. 24 Abs. 1 GG, Rdnr. 57; *Klein*, VVDStRL 50 (1991), S. 56 (63) ff.

[6] Allgemein zur Entwicklung der Europäischen Gemeinschaften und der Europäischen Union *Herdegen*, Europarecht, 2. Auflage 1999, Rdnr. 40 ff. Die (verfassungsrechtliche) Grenze weiterer Kompetenzzuweisungen an die EG, die mit dem BVerfG dort zu ziehen ist, wo die „Eigenstaatlichkeit“ der Mitgliedstaaten zu gefährden droht, ist derweil noch nicht in Sicht. Vgl. *BVerfGE* 89, S. 155 (190) ff. (*Maastricht*); *Bleckmann*, in: Bleckmann, Europarecht, 6. Auflage 1997, Rdnr. 85.

[7] Vgl. *Stoiber*, EA 1987, S. 543 ff.

[8] *Stoiber*, EA 1987, S. 543 (546) ff.

[9] Zu Wesen und Funktion von EG-Richtlinien siehe unten 2. Teil / I / 1 sowie *Gellermann*, Beeinflussung des bundesdeutschen Rechts durch Richtlinien der EG, Diss. Osnabrück 1993/94. Die Länder trifft nur dann keine Umsetzungspflicht, wenn das geltende nationale Recht bereits den Zielvorgaben der jeweiligen EG-Richtlinie entspricht. Vgl. *EuGH*, Rs. 29/84, Slg. 1985, S. 1661 (1673) ff.; *Pernice*, EuR 1994, S. 325 (330) ff.; *Wägenbaur*, ZG 1988, S. 303 (310) ff.

[10] *Stoiber*, EA 1987, S. 543 (547) ff.

Basis einer Analyse der Umsetzungspraxis von EG-Richtlinien ist, daß Klarheit über die Grundvoraussetzungen ordnungsgemäßer Richtlinientransformation besteht. Daher gilt es zunächst, die rechtlichen Prämissen jeder Richtlinienumsetzung durch die Länder zu erläutern. Sind die Länder überhaupt zuständig zur Umsetzung der sie innerstaatlich betreffenden Richtlinien und wenn ja, trifft sie eine entsprechende Handlungspflicht? Welche Stelle der Länder ist zur Umsetzung aufgerufen und gibt es Vorgaben für die zu wählende Rechtsform bei der Transformation? Daneben stehen praktische Fragen. Welches ist die bevorzugte oder zu bevorzugende Umsetzungsmethode? Welche Formen der Zusammenarbeit bestehen unter den Ländern? Ist eine solche Zusammenarbeit rechtlich überhaupt möglich oder widerspricht sie den Grundsätzen des föderalen Bundesstaats? Wie sollte eine zulässige „Länderkooperation" gestaltet sein und wann bzw. auf welchen Rechtsgebieten wird auf Absprachen bei der Umsetzung zurückgegriffen? Kann „Länderkooperation" die Umsetzungsarbeit erleichtern und Gesetzgebungsrisiken minimieren? Wo liegen die Gründe für mögliche Schwierigkeiten bei der Richtlinientransformation und gibt es Abhilfe? Wie ist die Rechtslage, wenn sowohl der Bund als auch die Länder zur Umsetzung aufgerufen sind? Lassen sich für diesen Fall Handlungsalternativen benennen, um „Doppelzuständigkeiten" zu vermeiden? Letzteres betrifft speziell die Umsetzung von EG-Richtlinien aus dem Anwendungsbereich des Art. 75 GG.

Diese und weitere Fragen zu beantworten ist das Ziel der vorliegenden Untersuchung. Die Darstellung der gegenwärtigen Umsetzungspraxis soll dabei sowohl der Föderalismusdiskussion als auch der Transformationsgesetzgebung in den Ländern dienen. Denn effiziente Umsetzung ist heute, da dem EG-Recht die eingangs erwähnte Bedeutung zukommt,[11] besonders wichtig.[12]

Umsetzungsgesetzgebung ist nationale Gesetzgebung. Die Untersuchung kann und soll daher auch auf Forschungsergebnisse zurückgreifen, die zur Länderge-

---

[11] In der Literatur ist die Rede davon, daß die Rechtsordnungen der EU-Mitgliedstaaten schon bis zu 80 % durch das EG-Recht beeinflußt sind. Vgl. *Götz*, NJW 1992, S. 1849 (1850) ff.; *Gellermann*, Beeinflussung des bundesdeutschen Rechts durch Richtlinien der EG, Diss. Osnabrück 1993/94, S. 3 ff. Mag es sich bei diesen Angaben auch nur um Schätzungen von geringer wissenschaftlicher Aussagekraft handeln, so ist der hohe Einfluß des Gemeinschaftsrechts auf seine Mitgliedstaaten doch unbestritten.

[12] Die Transformation sekundären EG-Rechts darf sich künftig nicht als ein langatmiger Prozeß darstellen, sondern muß zügig und einwandfrei möglich sein. Nur so läßt sich erreichen, daß die Mitgliedstaaten einerseits der steigenden Umsetzungslast gerecht werden und andererseits die europäische Rechtsharmonisierung nicht gefährdet ist.

setzgebung in der BRD anderweitig erarbeitet wurden.[13] Die dort gewonnenen Erkenntnisse[14] werden durch die vorliegende Arbeit ergänzt und - soweit Parallelen erkennbar sind – auch bestätigt durch die Analyse zur dezentralen Normsetzung, die auf gemeinschaftsrechtlichen Vorgaben beruht. Tragender Gedanke dieser Untersuchung ist somit, Anregungen für die zukünftige Gestaltung der Richtlinienumsetzung zu geben, behilflich zu sein, Defizite in der Gesetzgebungsarbeit zu minimieren, alternative Vorgehensweisen aufzuzeigen oder bereits beschrittene Wege zu unterstützen.

Die Arbeit gliedert sich in fünf Teile. Im Anschluß an diese Einführung beschäftigt sich der 2. Teil mit einigen der bereits erwähnten sowie weiteren verfassungsrechtlichen und EG-rechtlichen Fragestellungen. Im 3. Teil werden die Voraussetzungen einer ordnungsgemäßen Richtlinientransformation durch die Länder dargestellt. Dabei gilt es besonders, die Maßstäbe zu berücksichtigen, die das Europäische Gemeinschaftsrecht den Ländern für eine korrekte Handlungsweise auferlegt. Der höchstrichterlichen Rechtsprechung des Europäischen Gerichtshofes (EuGH) sowie der Rechtsprechung des Bundesverfassungsgerichts (BVerfG) wird im Rahmen der gesamten Arbeit besondere Aufmerksamkeit gewidmet.
Den theoretischen Erörterungen des 2. und 3. Teils schließt sich im 4. Teil der Arbeit die Untersuchung der Umsetzungspraxis in den Ländern an. Die einzelnen Ländermaßnahmen werden aufgezeigt, an den Vorgaben der jeweiligen Richtlinie gemessen[15] und, falls sachdienlich, auch miteinander verglichen.

Die in dieser Arbeit herangezogenen EG-Richtlinien stammen aus den unterschiedlichsten Rechtsgebieten. Bei ihrer Auswahl wurde besonders darauf geachtet, daß die Länder zur Umsetzung entweder gesetzgeberisch tätig waren oder dies zumindest hätten sein müssen. Daß dabei kein Anspruch auf Vollständigkeit erhoben werden kann, liegt zum einen an der Vielzahl erlassener Richtlinien und zum anderen daran, daß EG-Richtlinien häufig einem Fortschrei-

---

[13] Vgl. *Wettach*, Ländergesetzgebung in der Bundesrepublik Deutschland, Diss. Münster 1994; *Oebbecke*, „Die unsichtbare Hand in der Ländergesetzgebung – Zur Praxis und Theorie dezentraler Normsetzung", Staatswissenschaften und Staatspraxis 1997, S. 461 ff.

[14] Konkret genannt seien etwa die Übernahme gesetzgeberischer Lösungen anderer Länder für vergleichbare Regelungsaufgaben, kreative und innovative Elemente in der Gesetzgebung, der Einfluß oppositioneller Standpunkte auf die Landesgesetzgebung oder der Wandel der Probleme, z. B. bedingt durch die Veränderung der tatsächlichen (Lebens)Verhältnisse. Ausführlich zu der Einflußnahme solcher auch als „invisible-hand-Phänomene" bezeichneter Faktoren auf die Ländergesetzgebung *Oebbecke*, „Die unsichtbare Hand in der Ländergesetzgebung – Zur Praxis und Theorie dezentraler Normsetzung", Staatswissenschaften und Staatspraxis 1997, S. 461 (464) ff.

[15] Insofern dienen die Ausführungen stets auch der Erläuterung aktuellen Landesrechts.

bungs- und Änderungsprozeß unterworfen sind. Maßgabe war: aus den innerstaatlich den Ländern zustehenden Kompetenzbereichen einen aussagekräftigen Querschnitt des Umsetzungsverhaltens zu erarbeiten.

Im einzelnen untersucht wurden das Wasserrecht sowie weitere Bereiche des Umweltrechts, ferner die Bildungspolitik, der Rundfunk, das kommunale Ausländerwahlrecht und das Datenschutzrecht. Jeder dieser Bereiche wurde in einem eigenen Kapitel behandelt. Diese Vorgehensweise erschien sinnvoll, da beispielsweise ein Versuch, das Umsetzungsverhalten der Länder im Bereich des Wasserrechts mit dem im Bereich des kommunalen Ausländerwahlrechts oder des Datenschutzrechts zu vergleichen, zu keinem aussagekräftigen Ergebnis geführt hätte. Abgesehen davon, daß es sich um völlig unterschiedliche Sachmaterien handelt, steht einer ressortübergreifenden Betrachtung auch entgegen, daß die mit der Umsetzung betrauten Stellen nicht ohne weiteres vergleichbar sind.[16]

Die Darstellungsweise innerhalb der einzelnen Kapitel erfolgt nach einem ähnlichen Muster. Neben einer Analyse der Landesgesetzgebung steht immer eine ausführliche Erläuterung des Regelungsbereiches der jeweiligen EG-Richtlinie. Dies ist nicht nur für das Verständnis der Umsetzungsmaßnahmen sinnvoll, sondern auch als Hilfe für den Praktiker gedacht, der sich über die Zielvorgaben einer Richtlinie informieren möchte. Um die Recherche zu erleichtern, wurden die Fundstellen zu den Transformationsmaßnahmen im jeweiligen Veröffentlichungsorgan der Länder innerhalb der einzelnen Kapitel tabellarisch aufgeführt.

Die Untersuchung endet in Teil 5 mit einer zusammenfassenden Darstellung ihrer Ergebnisse. Dabei wird neben der Beurteilung der länderübergreifenden Kooperation bei der Umsetzung von EG-Richtlinien anhand der Arbeitsergebnisse Bilanz gezogen.

---

[16] Einige Fachministerien sind beispielsweise personell besonders gut besetzt, andere hingegen müssen mit geringeren Kapazitäten auskommen. Daneben gibt es in manchem Bereich Fragestellungen, die allein der Jurist beantworten kann, während auf anderen Gebieten z. B. verstärkt die Kompetenz des Naturwissenschaftlers verlangt sein kann.

2. Teil EG-Richtlinien und ihre rechtliche Relevanz für die Länder

I. Die Bedeutung der EG-Richtlinie für das deutsche Recht

1. Wesen und Funktion von EG-Richtlinien

Im Europäischen Gemeinschaftsrecht wird begrifflich unterschieden zwischen dem sog. Primärrecht - hierzu zählen sämtliche EG-Verträge - und dem sog. Sekundärrecht, welches die auf der Grundlage der EG-Verträge ergangenen Rechtsakte von EG-Organen bezeichnet.[17] Nach Art. 249 des Vertrages zur Gründung der Europäischen Gemeinschaft[18] ergeht sekundäres Gemeinschaftsrecht entweder in Form der Verordnung, der Richtlinie, der Entscheidung, Empfehlung oder Stellungnahme. Im Rahmen dieser Untersuchung richtet sich das Interesse auf die EG-Richtlinie.

Gemäß Art. 249 Abs. 3 EG[19] ist die Richtlinie für jeden Mitgliedstaat, an den sie gerichtet wird, hinsichtlich des zu erreichenden Zieles verbindlich, überläßt hierbei jedoch den innerstaatlichen Stellen die Wahl der Form und der Mittel. Anders als die gemeinschaftsrechtliche Verordnung, die nach Art. 249 Abs. 2 EG unmittelbar in jedem Mitgliedstaat gilt und deren Bestimmungen sich direkt an die Bürgerinnen und Bürger des europäischen Binnenmarktes wenden,[20] sind

---

[17] *Bleckmann*, in: Bleckmann, Europarecht, 6. Auflage 1997, Rdnr. 525 ff.; *Herdegen*, Europarecht, 2. Auflage 1999, Rdnr. 160.

[18] BGBl. II S. 766, i. d. F. des Vertrages über die Europäische Union v. 07.02.1992, BGBl. II S. 1253/1256, geändert durch Beitrittsvertrag vom 24.06.1994, BGBl. II S. 2022, i. d. F. des Beschlusses vom 01.01.1995, ABl. EG Nr. L 1, S. 1, ber. ABl. EG 1997, Nr. L 179, S. 12, geändert durch den Amsterdamer Vertrag vom 02.10.1997, BGBl. 1998, Teil II, S. 387, ber. BGBl. 1999, Teil II, S. 416.

[19] Mit dem Inkrafttreten des „Amsterdamer Vertrages“ am 1.5.1999 hat der EuGH eine neue Zitierweise für die Bezeichnung der Verträge eingeführt (abgedruckt etwa in JuS 2000, S. 99 ff.). Den Artikeln eines Vertrages in der nach dem 1.5.1999 geltenden Fassung werden zwei Buchstaben angefügt (statt bisher drei), die den jeweiligen Vertrag bezeichnen. Danach wird der EG-Vertrag künftig mit „EG“ (statt bisher EGV) abgekürzt, soweit die nach dem 1.5.1999 geltende Fassung in Bezug genommen wird. Die vorliegende Untersuchung nennt prinzipiell die aktuelle Fassung des EG-Vertrages, und zwar aus Vereinfachungsgründen auch im Hinblick auf Maßnahmen der EG, die auf der alten Fassung des EGV beruhen. Auf die Vorschriften des EGV a. F. wird nur dann Bezug genommen, wenn sich ggü. der neuen Fassung nicht nur die Numerierung der Artikel, sondern auch inhaltliche Änderungen ergeben haben.

[20] *Schmidt*, in: von der Groeben/Thiesing/Ehlermann, Art. 189, Rdnr. 32.

Richtlinien nur an die Mitgliedstaaten adressiert und deshalb zunächst auch nur für diese verbindlich, nicht hingegen für deren Bürger.[21]

Um auch für den Marktbürger Geltung zu erlangen, bedürfen Richtlinien der Umsetzung in das nationale Recht. Erst durch einen solchen Transformationsakt erlangt die Richtlinie innerstaatliche Relevanz und entfaltet Bindungswirkung nicht mehr ausschließlich *für* den Mitgliedstaat, sondern jetzt auch *in* dem Mitgliedstaat.[22] Entspricht das bestehende nationale Recht bereits den Zielvorgaben einer Richtlinie, ist eine explizite Umsetzungsmaßnahme hingegen entbehrlich.[23]

Die Richtlinie ist also auf ein zweistufiges Gesetzgebungsverfahren ausgerichtet[24]: Auf der ersten Ebene erfolgt ihr Erlaß durch die zuständigen Gemeinschaftsorgane. Hierbei werden Inhalt und Ziel der Regelung festgelegt, und zwar mitunter sehr detailliert.[25] Danach folgt zweitens die Eingliederung der Richtlinienbestimmungen in das nationale Recht durch die hierfür zuständigen Stellen der Mitgliedstaaten. Man kann den Erlaß einer Richtlinie insofern als einen Akt „indirekter Rechtssetzung“ bezeichnen.[26] „Rechtssetzung“ deshalb, weil Richtlinien zum sekundären Gemeinschaftsrecht gehören und damit als europäische Gesetze im materiellen Sinne anzusehen sind;[27] „indirekt“, weil sie eben nur ggü. den Mitgliedstaaten unmittelbar verbindlich sind und den Marktbürger selbst erst nach ihrer Umsetzung betreffen.[28]

---

[21] *Grabitz*, in: Grabitz/Hilf, Maastrichter Fassung, Art. 189, Rdnr. 51; *Becker*, DVBl. 1997, S. 588 (593) ff.; *Kadelbach/Sobotta*, EWS 1996, S. 11 (13) ff.; *Fuß*, DVBl. 1965, S. 378 ff.

[22] *Scherzberg*, Jura 1992, S. 572 (574) ff.

[23] Vgl. *EuGH*, Rs. 29/84, Slg. 1985, S. 1661 (1673) ff.; *Pernice*, EuR 1994, S. 325 (330) ff.; *Wägenbaur*, ZG 1988, S. 303 (310) ff.; a. A. *Hilf*, EuR 1993, S. 1 (13) ff., der auch bei bestehender richtlinienkonformer Rechtslage einen expliziten Umsetzungsakt fordert. Hierdurch soll nach Ansicht von Hilf klargestellt werden, daß das nationale Recht nunmehr zur Erfüllung der Richtlinie gelte.

[24] Vgl. *Bleckmann*, in: Bleckmann, Europarecht, 6. Auflage 1997, Rdnr. 416; *Oppermann*, Europarecht, 2. Auflage 1999, Rdnr. 555; *Herdegen*, Europarecht, 2. Auflage 1999, Rdnr. 177; *Kadelbach*, Allgemeines Verwaltungsrecht unter europäischem Einfluß, S. 71; *Scherzberg*, Jura 1992, S. 572 (574) ff.; *Grabitz*, in: Grabitz/Hilf, Maastrichter Fassung, Art. 189, Rdnr. 51.

[25] Vgl. *Everling*, RIW 1992, S. 379 (380) ff.; *Winkel*, ZG 1997, S. 113 (119) ff.; *Kadelbach/Sobotta*, EWS 1996, S. 11 (13) ff.; *Herdegen*, Europarecht, 2. Auflage 1999, Rdnr. 178.

[26] So *Fuß*, DVBl. 1965, S. 378 (379) ff.

[27] *Wägenbaur*, ZG 1988, S. 303 (304) ff.; *Götz*, NJW 1992, S. 1849 (1851) ff.

[28] In diesem Punkt liegt ggü. der Verordnung, welche die Marktbürger direkt und unmittelbar erreicht, zwar ein Nachteil der Richtlinie; ihr Vorteil ist jedoch, daß die Richtlinie den Mitgliedstaaten die Möglichkeit beläßt, bei der Umsetzung den Besonderheiten der nationalen

Insgesamt dient die Richtlinie der Rechtsangleichung in den EU-Mitgliedstaaten,[29] mit dem kurzfristigen Ziel der Harmonisierung des Marktes und der Verhinderung von Wettbewerbsverzerrungen, mit dem langfristigen Ziel der Vereinigung der Mitgliedstaaten zu einer politischen Union.

2. Das Verhältnis von EG-Richtlinien zu nationalem Recht im Kollisionsfall

Nach Erläuterung von Wesen und Funktion der EG-Richtlinie stellt sich die Frage des Rangverhältnisses zu nationalem Recht. Dabei ist zunächst der Fall unproblematisch, daß das bestehende nationale Recht den Zielvorgaben einer EG-Richtlinie entspricht.[30] Ohne Probleme ist es auch, wenn die Richtlinie Vorgaben enthält, die in dieser Form weder bereits Inhalt nationaler Regelungen sind noch mit geltendem Recht zu kollidieren drohen. Hier bleibt es bei der Verpflichtung der Mitgliedstaaten, die Richtlinie in die bestehende Rechtsordnung einzugliedern. Wie aber ist die Rechtslage, wenn das nationale Recht und die Vorgaben einer EG-Richtlinie nicht einander entsprechen? Konkret geht es um das Verhältnis von EG-Richtlinien zu nationalem Recht im Kollisionsfall.

a) Vorrang des Gemeinschaftsrechts

Im Ergebnis besteht heute weitgehend Übereinstimmung, daß sowohl das primäre als auch das sekundäre Gemeinschaftsrecht dem Recht der Mitgliedstaaten vorgeht.[31] Unterschiede existieren in der Frage der dogmatischen Herleitung dieses Ergebnisses.[32] Der Europäische Gerichtshof (EuGH) sieht den Vorrang des Gemeinschaftsrechts in den Gemeinschaftsverträgen begründet. Entscheidend für diese „europäische" Lösung der Vorrangfrage ist dabei der Gedanke,

Rechtsordnung zu entsprechen. Hierdurch werden Probleme minimiert, die bei einer systemkonformen Einbindung des EG-Rechts in das innerstaatliche Recht auftreten können. Darüber hinaus genügt der Richtlinie oft eine Rahmenregelung, um einen materiell-rechtlich einheitlichen Rechtszustand in der EU zu erreichen. Ggü. der Verordnung ist die Richtlinie damit grundsätzlich das schonendere Mittel der Rechtsharmonisierung.

[29] *Oehlert*, JuS 1997, S. 317 ff.; *Scherzberg*, Jura 1992, S. 572 (575) ff.

[30] In diesem Fall bedarf es gerade keines expliziten Umsetzungsaktes durch die Mitgliedstaaten (s. o. Fußn. 23).

[31] *Kadelbach*, Allgemeines Verwaltungsrecht unter europäischem Einfluß, S. 54 ff. und 184 ff.; *Oppermann*, Europarecht, 2. Auflage 1999, Rdnr. 615; *Herdegen*, Europarecht, 2. Auflage 1999, Rdnr. 228; *Epping*, Jura 1995, S. 449 (456); *Ehlers*, DVBl. 1991, S. 605 (608) ff.; *Rengeling*, DVBl. 1995, S. 945 (948) ff.; *Papier*, in: Magiera (Hrsg.), Das Europa der Bürger in einer Gemeinschaft ohne Binnengrenzen, S. 27 (34) ff.

[32] Ausführlich *Oppermann*, Europarecht, 2. Auflage 1999, Rdnr. 616 ff.; *Bleckmann*, in: Bleckmann, Europarecht, 6. Auflage 1997, Rdnr. 1070 ff.

daß das EG-Recht, im Gegensatz zu „gewöhnlichen Völkerrechtsverträgen", eine eigenständige Rechtsordnung mit einer autonomen Gemeinschaftsgewalt darstelle.[33] Demgegenüber stützt sich das Bundesverfassungsgericht (BVerfG)[34] auf den innerstaatlichen Rechtsanwendungsbefehl der Zustimmungsgesetze zu den EG-Verträgen.[35] Nach Ansicht des EuGH gilt der Vorrang des EG-Rechts somit uneingeschränkt, während das BVerfG die Grenze dort zieht, wo das EG-Recht von dem nationalen Rechtsanwendungsbefehl der Zustimmungsgesetze nicht mehr gedeckt ist. Letzteres kommt beispielsweise in Betracht, wenn eine EG-Richtlinie keine Ermächtigungsgrundlage im EG-Vertrag findet[36] bzw. Maßnahmen der Gemeinschaft gegen die in Art. 79 Abs. 3 GG geschützten Verfassungsgarantien verstoßen.[37]

Wie aber ist dieser allgemein anerkannte Vorrang des EG-Rechts zu verstehen? Handelt es sich um einen normhierarchischen Geltungsvorrang oder um einen reinen Anwendungsvorrang? Im ersten Fall muß das gemeinschaftswidrige nationale Recht als nichtig, im zweiten nur als „nicht anwendbar" betrachtet werden. Diese Frage ist umstritten.[38] Sie ist mit der herrschenden Meinung dahin zu beantworten, daß es sich bei dem Vorrang des EG-Rechts nur um einen Anwendungsvorrang handeln kann.[39]
Mit dem Gemeinschaftsrecht und dem nationalen Recht stehen sich zwei selbständige Rechtsordnungen gegenüber. Überschneiden sich in einem konkreten Fall Rechtsvorschriften, dann weicht das nationale dem vorrangigen EG-Recht. Ein solches „Zurückweichen" ist im Einzelfall ausreichend, um der praktischen Wirksamkeit (»effet utile«) des EG-Rechts zu genügen. Daß das entgegenste-

---

[33] St. Rspr. Siehe *EuGH*, Rs. 26/62, Slg. 1963, S. 1 ff. (*Van Gend & Loos*); *EuGH*, Rs. 6/64, Slg. 1964, S. 1251 ff. (*Costa/E.N.E.L.*); *EuGH*, Rs. 11/70, Slg. 1970, S. 1125 ff. (*Internationale Handelsgesellschaft*); *EuGH*, Rs. 106/77, Slg. 1978, S. 629 ff. (*Simmenthal II*).

[34] *BVerfGE* 73, S. 339 (375) ff. (*Solange II*).

[35] Vgl. *Ehlers*, DVBl. 1991, S. 605 (608) ff. Das BVerfG behält sich also einen Überprüfungsspielraum des EG-Rechts vor.

[36] Die EU besitzt nach einhelliger Ansicht als reiner Staatenverbund keine Kompetenz-Kompetenz. Vgl. *BVerfG*, NJW 1993, S. 3047 (3053) ff. (*Maastricht*); *Epping*, Jura 1995, S. 449 ff.; *Herdegen*, Europarecht, 2. Auflage 1999, Rdnr. 85 und 189; *Suerbaum*, Die Kompetenzverteilung beim Verwaltungsvollzug des Europäischen Gemeinschaftsrechts in Deutschland, Diss. Bochum 1996/97, S. 96 ff.; *Scholz*, in: Maunz/Dürig, Art. 23 GG, Rdnr. 20; *Schmidt am Busch*, DuD 1995, S. 197 (200) ff.

[37] Dieser Fall ist jedoch von theoretischer Bedeutung. Derartige Maßnahmen der EG wären zudem auch kompetenzwidrig, da Art. 79 Abs. 3 GG schon für den Bund die absolute Grenze bedeutet, Hoheitsrechte an die Europäische Union zu übertragen. Vgl. *Knöll*, NJW 2000, S. 1845 (1847).

[38] Ausführlich *Middeke*, Nationaler Umweltschutz im Binnenmarkt, Diss. Osnabrück 1993, S. 29 ff.; *Herdegen*, Europarecht, 2. Auflage 1999, Rdnr. 230.

[39] *Kadelbach*, Allgemeines Verwaltungsrecht unter europäischem Einfluß, S. 54 ff.

hende nationale Recht darüber hinaus insgesamt als nichtig beurteilt werden müßte und damit auch in all jenen Fällen unanwendbar wäre, in denen das Gemeinschaftsrecht keine Berücksichtigung beansprucht, ist nicht erforderlich. Schließlich enthält das höherrangige EG-Recht auch keine ausdrückliche Kollisionsnorm, etwa entsprechend der Regelung des Art. 31 GG; dies spricht ebenfalls gegen einen weitreichenden Geltungsvorrang.

Kommt dem Gemeinschaftsrecht im Kollisionsfall somit grundsätzlich ein Anwendungsvorrang vor nationalem Recht zu, stellt sich die weitere Frage, ob dies auch auf EG-Richtlinien zutrifft. Der Vorrang des Gemeinschaftsrechts gilt für primäres und sekundäres EG-Recht gleichermaßen. Zu berücksichtigen ist jedoch, daß eine direkte Kollision entgegenstehender Rechtsvorschriften in der Praxis nur denkbar ist, wenn sowohl das nationale Recht als auch das EG-Recht auf den betreffenden Sachverhalt unmittelbare Anwendung finden. Dies kommt in Betracht, wenn das EG-Recht im innerstaatlichen Rechtsraum unmittelbare Wirkung entfaltet. Bei Richtlinien, die zunächst nur einen Handlungsauftrag an die Mitgliedstaaten enthalten, ist diese Voraussetzung - direkt und unmittelbar zu gelten - in aller Regel nicht erfüllt. Entsprechen die Zielvorgaben einer Richtlinie nicht in jeder Hinsicht dem bestehenden nationalen Recht, ist der Mitgliedstaat bei der Umsetzung zunächst verpflichtet, eine richtlinienkonforme Lösung zu finden. Gelingt ihm dies nicht, dann darf dieses gesetzgeberische Dilemma in keinem Fall zu Lasten der Verwirklichung der Richtlinienziele entschieden werden. Aus dem Vorrang des Gemeinschaftsrechts folgt dann u. U. eine mitgliedstaatliche Verpflichtung, das geltende nationale Recht entsprechend zu ändern oder, falls nötig, sogar aufzuheben. Vor der Richtlinienumsetzung bleibt das nationale Recht aber selbst dann vollumfänglich anzuwenden, wenn es den Zielvorgaben einer EG-Richtlinie nicht entspricht. Etwas anderes gilt nur in dem Ausnahmefall, daß einer Richtlinie unmittelbare Direktwirkung zukommt.[40] Bei unmittelbar wirkenden Richtlinien ist jedoch die Einschränkung zu beachten, daß hier ein Anwendungsvorrang der EG-Richtlinie, zumindest vor nationalen Grundrechten, in aller Regel ausscheidet; eine unmittelbare Direkt-

---

[40] Zu den Voraussetzungen einer unmittelbaren Richtlinienwirkung siehe *Kadelbach*, Allgemeines Verwaltungsrecht unter europäischem Einfluß, S. 71 ff.; *Oppermann*, Europarecht, 2. Auflage 1999, Rdnr. 556; *Bleckmann*, in: Bleckmann, Europarecht, 6. Auflage 1997, Rdnr. 433; *Herdegen*, Europarecht, 2. Auflage 1999, Rdnr. 183; *Gellermann*, Beeinflussung des bundesdeutschen Rechts durch Richtlinien der EG, Diss. Osnabrück 1993/94, S. 125 ff. Eine andere Frage ist, ob dem Mitgliedstaat bei einer trotz Fristablaufs nicht umgesetzten Richtlinie Regreßansprüche Dritter drohen. Diesbezüglich siehe *Gellermann*, Beeinflussung des bundesdeutschen Rechts durch Richtlinien der EG, Diss. Osnabrück 1993/94, S. 203 ff.; *Kadelbach*, Allgemeines Verwaltungsrecht unter europäischem Einfluß, S. 162 ff.; *Herdegen*, Europarecht, 2. Auflage 1999, Rdnr.232. Über die Wirkung von Richtlinien vor Ablauf der Umsetzungsfrist informiert *Weiß*, DVBl. 1998, S. 568 ff.

wirkung von Richtlinien darf nämlich nicht zum Nachteil Privater erfolgen.[41] Andernfalls könnte ein Mitgliedstaat aus der Verletzung seiner gemeinschaftsrechtlichen Pflichten[42] treuwidrig einen Vorteil ziehen.[43]

Schließlich trifft die nationalen Gerichte vor Ablauf der Umsetzungsfrist keine Verpflichtung, bei einer Kollision nationalen Rechts mit einer EG-Richtlinie die Zielvorgaben der Richtlinie im Wege einer richtlinienkonformen Interpretation des nationalen Rechts zu berücksichtigen.[44] Erst nach Fristablauf will die Richtlinie einen bestimmten Rechtszustand in den Mitgliedstaaten erreichen; deshalb besteht auch erst ab diesem Zeitpunkt eine mitgliedstaatliche Pflicht, in Zweifelsfragen die Zielsetzungen einer Richtlinie bei der Auslegung des nationalen Rechts zu beachten.[45] Vor Ablauf der Umsetzungsfrist besteht lediglich eine Pflicht des nationalen Gesetzgebers, kein Recht zu erlassen, das einen (späteren) Erfolg der Richtlinienziele vereiteln oder erschweren würde (sog. Sperrwirkung der Richtlinie).[46]

b) Zwischenergebnis:

Nach heute überwiegender Meinung in Rechtsprechung und Literatur hat sowohl das primäre als auch das sekundäre EG-Recht im Kollisionsfall Anwendungsvorrang vor dem Recht der Mitgliedstaaten.[47] Da eine Kollision nur in

---

[41] Da Grundrechte aber überwiegend „Abwehrrechte des Bürgers gegen den Staat" sind (*Jarass*, in: Jarass/Pieroth, Vorb. vor Art. 1 GG, Rdnr. 5), und nur in Ausnahmefällen juristische Personen des öffentlichen Rechts Grundrechtsträger sein können, würde eine unmittelbare Richtlinienwirkung bei Kollision mit Grundrechten regelmäßig eine Belastung von Privatpersonen bedeuten. Über die Fähigkeit des Staates und seiner Institutionen, Träger von Grundrechten zu sein, siehe *Jarass*, in: Jarass/Pieroth, Art. 19 GG, Rdnr. 8 ff.; *Dürig*, in: Maunz/Dürig, Art. 19 Abs. III GG, Rdnr. 33 ff. m. w. N.

[42] Hierzu zählt gemäß Art. 10, 249 Abs. 3 EG die Umsetzung von EG-Richtlinien.

[43] Ausfluß des Verbots widersprüchlichen Verhaltens („venire contra factum proprium").

[44] *Weiß*, DVBl. 1998, S. 568 (575); *Gellermann*, Beeinflussung des bundesdeutschen Rechts durch Richtlinien der EG, Diss. Osnabrück 1993/94, S. 109 ff.; *Jarass*, EuR 1991, S. 211 (220/221) ff.; *Götz*, NJW 1992, S. 1849 (1854) ff.; *Hilf*, EuR 1993, S. 1 (15) ff.; a. A. *Zuleeg*, VVDStRL 54 (1994), S. 154 (165 ff.).

[45] *Jarass*, EuR 1991, S. 211 (220/221) ff.; *Haslach*, in: Sokol (Hrsg.), Die Bedeutung der EG-Datenschutzrichtlinie für öffentliche Stellen, 1998, S. 1 (56) ff.

[46] Vgl. *Weiß*, DVBl. 1998, S. 568 (575); *Hilf*, EuR 1993, S. 1 (7) ff.; *Scherzberg*, Jura 1992, S. 572 (578).

[47] Nach *EuGH*, Urt. v. 29.4.1999 – Rs. C-224/97 (*Erich Ciola/Land Vorarlberg*), NJW 1999, S. 2355 (2356), greift der Anwendungsvorrang sogar ggü. bestandskräftigen, individuell-konkreten Verwaltungsakten ein, die vor Verabschiedung einer inhaltlich entgegenstehenden Richtlinie erlassen wurden. Ein solch weitgehendes Verständnis von „Anwendungsvorrang"

Betracht kommt, wenn die Vorschriften des EG-Rechts unmittelbar im Rechtskreis der Mitgliedstaaten gelten, greift der Anwendungsvorrang bei Richtlinien nur dann ein, wenn diesen unmittelbare Direktwirkung zukommt. Eine Wirkung zu Lasten von Privatpersonen scheidet dabei aber regelmäßig aus. Die sog. Sperrwirkung von EG-Richtlinien hindert den nationalen Gesetzgeber, vor Ablauf der Umsetzungsfrist und vor erfolgter Umsetzung nationales Recht zu erlassen, welches zwangsläufig zu einem Konflikt mit den Vorgaben der umzusetzenden Richtlinie führen würde. Nach Fristablauf sind die Gerichte gehalten, das nationale Recht bei Auslegungsschwierigkeiten richtlinienkonform zu interpretieren.

II. Die Zuständigkeitsverteilung im Bundesstaat für die Umsetzung von EG-Richtlinien

1. Die notwendige Unterscheidung zwischen der Umsetzung von Richtlinien und der innerstaatlichen Rechtsanwendung

Bevor die Zuständigkeitsverteilung im Bundesstaat für die Umsetzung von EG-Richtlinien erläutert wird, bedarf es einer begrifflichen Klarstellung. Dies erscheint erforderlich, weil sowohl in der Literatur als auch in der Verwaltungspraxis manchmal unterschiedliche Vorstellungen herrschen, was unter „innerstaatlicher Zuständigkeit zur Umsetzung von EG-Richtlinien" zu verstehen ist. Terminologisch und systematisch sind die Umsetzung einer Richtlinie und deren Vollzug zu unterscheiden. Konkret geht es um die Abgrenzung zwischen der Umsetzung als der Maßnahme, welche die Zielvorgaben einer Richtlinie in nationales Recht überträgt, und der anschließenden Anwendung des so geschaffenen staatlichen Rechts auf den Einzelfall. Während die „Umsetzung" den legislatorischen Rechtsakt meint, hat die Rechtsanwendung normvollziehenden Charakter.[48]

---

erscheint jedoch bedenklich, nicht zuletzt aus Gründen der Rechtssicherheit, des Vertrauensschutzes und des Schutzes wohlerworbener Rechte.

[48] Ausführlich zum innerstaatlichen Vollzug sekundären EG-Rechts *Kadelbach*, Allgemeines Verwaltungsrecht unter europäischem Einfluß, 1999; *Suerbaum*, Die Kompetenzverteilung beim Verwaltungsvollzug des Europäischen Gemeinschaftsrechts in Deutschland, Diss. Bochum 1996/97, S. 125 ff.; *Oebbecke*, Die europäische Integration und die Organisation der Verwaltung, in: FS Heymanns, 1995, S. 607 (608 ff.); *Schwarze*, in: Schwarze (Hrsg.), Das Verwaltungsrecht unter europäischem Einfluß, S. 123 ff. Daß bei detaillierten Richtlinienvorgaben das Umsetzungsgesetz mitunter einer Vollzugsmaßnahme gleicht - immerhin verbleiben dem nationalen Gesetzgeber in diesem Fall kaum Handlungsspielräume - schildert *Kadelbach*, Allgemeines Verwaltungsrecht unter europäischem Einfluß, S. 299 ff.

2. Zuständigkeitsverteilung zwischen Bund und Ländern

In der Literatur ist bis heute die Frage umstritten, ob dem Bund oder den Ländern die Umsetzung von EG-Richtlinien zusteht, deren Regelungsvorgaben Bereiche berühren, die innerstaatlich in die Gesetzgebungszuständigkeit der Länder fallen.

Zur Beantwortung werden verschiedene Lösungsansätze diskutiert. Die Vorschläge reichen von einer umfassenden und alleinigen Umsetzungskompetenz des Bundes bis hin zu der entgegengesetzten Ansicht einer ausschließlichen Zuständigkeit der Länder. Zum Teil wird die Lösung in den bestehenden Vorschriften des EG-Rechts erblickt, zum Teil wird bundesdeutsches Verfassungsrecht bemüht. Im Ergebnis sind fast alle diese Modelle durchgreifenden Bedenken ausgesetzt.[49] Daß sich die Zuständigkeit analog der innerstaatlichen Vorschriften der Art. 70 ff. GG verteilt und weshalb die übrigen Meinungen nicht überzeugen, soll im folgenden kurz erläutert werden:

a) Ausschließliche Bundeskompetenz aus EG-Recht

Es wird die Ansicht vertreten, eine ausschließliche Bundeskompetenz zur Umsetzung gemeinschaftsrechtlicher Vorschriften folge direkt aus dem EG-Recht.[50] Das nach Art. 10 EG vorrangige Gemeinschaftsrecht verdränge die nationale Zuständigkeitsverteilung zur Gesetzgebung in bezug auf europäische Rechtsakte, und zwar mit der Folge, daß ausschließlich der Bund zur Umsetzung von EG-Richtlinien berechtigt und verpflichtet sei.[51] Nur der Bund habe ggü. der EG für eine fehlerhafte Umsetzung einzustehen; daher müsse auch dem Bund die volle Möglichkeit gebühren, sich vertragsgetreu zu verhalten.[52] Im übrigen besäße der Bund schon aufgrund einer Rückübertragung von Gemeinschaftskompetenzen[53] die alleinige Zuständigkeit für die Richtlinientransformation.[54]

Ob diese Argumentationsweisen eine alleinige Bundesumsetzungskompetenz begründen können ist fraglich. Das primäre Gemeinschaftsrecht enthält an kei-

---

[49] Vgl. *Grabitz*, AöR 111 (1986), S. 1 (9) ff.

[50] *Birke*, Die deutschen Bundesländer in den Europäischen Gemeinschaften, 1973, S. 122 ff., insbesondere S. 125.

[51] *Riegel*, DVBl. 1979, S. 245 (248/249) ff.; *ders.*, NuR 1981, S. 90 (93) ff.

[52] *Riegel*, NuR 1981, S. 90 (93) ff.

[53] So *Birke*, Die deutschen Bundesländer in den Europäischen Gemeinschaften, 1973, S. 118; *Schwan*, Die deutschen Bundesländer im Entscheidungssystem der Europäischen Gemeinschaften, 1982, S. 135; ausführlich *Bünten*, Staatsgewalt, S. 44 ff., 67 ff, 112 ff., 147 ff.

[54] *Fuß*, DVBl. 1965, S. 378 (382) ff.; *Grabitz*, AöR 111 (1986) S. 1 (13) ff.

ner Stelle eine Aussage über die Verteilung der Zuständigkeiten in den Mitgliedstaaten zur Umsetzung von EG-Richtlinien.[55] Eine solche Regelung wäre auch unzulässig, denn das allgemeine völkerrechtliche Prinzip, wonach internationale Organisationen nicht in die innerstaatlichen Kompetenzen ihrer Mitgliedstaaten eingreifen (domaine réservé der Staaten), gilt auch für die Europäische Gemeinschaft.[56] Und gegen eine Bundeskompetenz aus einer „Rückübertragung von Gemeinschaftskompetenzen" spricht, daß der EG-Vertrag an keiner Stelle eine entsprechende Zuständigkeit der EG für eine solche Rückübertragung vorsieht. Bereits nach dem Prinzip der begrenzten Einzelermächtigung[57] kommt diese Konstruktion daher nicht in Frage.

b) Ausschließliche Bundeskompetenz nach dem Grundgesetz

Eine ausschließliche Bundeskompetenz zur Richtlinienumsetzung läßt sich auch nicht aus dem Grundgesetz ableiten.[58] Der Befugnis des Bundes, Hoheitsrechte der Länder auf supranationale Organisationen zu übertragen, folgt nicht das Recht, innerstaatlich die Allzuständigkeit für die Umsetzung des Rechts dieser zwischenstaatlichen Organisation zu erlangen. Denn Art. 24 GG bzw. Art. 23 GG n. F. öffnet lediglich die Staatsgewalt für das Gemeinschaftsrecht; die nationalen Hoheitsrechte der Gliedstaaten werden durch diese Vorschriften nicht beseitigt.[59] Dieses Ergebnis findet eine Stütze in Art. 23 Abs. 6 GG n. F. Dort ist festgelegt, daß in Angelegenheiten, die innerstaatlich dem Hoheitsbereich der Länder unterstehen, ein Gesandter der Länder im Ministerrat die Bundesrepublik Deutschland vertreten soll. Wenn aber die Befugnisse des Bundes zur Wahrnehmung seiner Rechte nach außen zugunsten der Länder geschwächt werden, ist kaum anzunehmen, daß diese Befugnisse nach innen erweitert sind. Aus den Vorschriften der Art. 24 bzw. 23 GG läßt sich somit keine Bundes-

---

[55] So auch *Blanke*, in: Heckmann/Meßerschmidt (Hrsg.), Gegenwartsfragen des Öffentlichen Rechts, 1988, S. 53 (76) ff.

[56] So *Bleckmann*, in: Bleckmann, Europarecht, 6. Auflage 1997, Rdnr. 741; vgl. auch *Grabitz*, AöR 111 (1986) S. 1 (10) ff.; *Hailbronner*, JZ 1990, S. 149 (157) ff.; *Trüe*, EuR 1996, S. 179 (187) ff. Diese Rechtsauffassung wird vom EuGH bestätigt. Vgl. *EuGH*, Urt. v. 25. 5. 1982, Rs. 96/81, Slg. 1982, S. 1791 (1833) ff.

[57] Hierzu siehe *Bleckmann*, in: Bleckmann, Europarecht, 6. Auflage 1997, § 7, Rdnr. 380; *Oppermann*, Europarecht, 2. Auflage 1999, Rdnr. 513; *Herdegen*, Europarecht, 2. Auflage 1999, Rdnr. 189 ff.; *Grabitz*, in: Grabitz/Hilf, Maastrichter Fassung, Art. 235, Rdnr. 1; *Zuleeg*, NJW 1993, S. 31 (32) ff. sowie unten 4. Teil / 1. Kap. / I / 1a).

[58] A. A. *Birke*, Die deutschen Bundesländer in den Europäischen Gemeinschaften, 1973, S. 121 ff.

[59] Vgl. *Grabitz*, AöR 111 (1986), S. 1 (24) ff.; *Trüe*, EuR 1996, S. 179 (188) ff.; *Rudolf*, in: FS-Schlochauer 1981, S. 117 (128) ff.; *Hailbronner*, JZ 1990, S. 149 (157) ff.

kompetenz zur Umsetzung von EG-Recht ableiten.[60] Wenn die EG Recht setzt auf Gebieten, die innerstaatlich zur ausschließlichen Gesetzgebungszuständigkeit der Länder gehören, bedeutet dies, daß die Länder Kompetenzen an die EG, nicht aber an den Bund verloren haben.[61]

Etwas anderes folgt auch nicht aus den Regelungen zur ausschließlichen und konkurrierenden Gesetzgebung in Art. 73 und 74 GG. Denn die Umsetzung des EG-Rechts ist weder eine auswärtige Angelegenheit i. S. d. Art. 73 Nr. 1 GG noch läßt sich eine generelle Gesetzgebungsbefugnis des Bundes aus Art. 73 Nr. 5 GG oder Art. 74 Nr. 11 GG ermitteln.[62] Selbst wenn nämlich nach wie vor ein Großteil der EG-Richtlinien dem Bereich „Wirtschaft und Warenverkehr" entspringt, sind längst auch andere Gebiete gemeinschaftsrechtlicher Regelungen erschlossen. Es ist somit stets an den Vorgaben einer Richtlinie auszurichten, ob der Bund oder die Länder umsetzungsbefugt sind.

Auch die Art. 59 Abs. 2 S. 1 GG oder 32 Abs. 1 GG vermitteln dem Bund nicht das Recht der alleinigen Richtlinienumsetzung. Während Art. 59 Abs. 2 S. 1 GG nur die Kompetenzverteilung zum Abschluß bzw. zur Transformation völkerrechtlicher Verträge regelt, nicht aber auch eine Aussage über die innerstaatliche Zuständigkeitsverteilung zur Durchführung trifft,[63] verleiht Art. 32 Abs. 1 GG dem Bund allein die Befugnis zur Pflege der auswärtigen Beziehungen.[64] Und weder der Wortlaut der Norm noch Sinn und Zweck des Art. 32 Abs. 1 GG lassen eine andere Auslegung zu.[65] Als nationale Gesetzgebung unterliegt die Richtlinientransformation damit auch im Hinblick auf die Art. 59 Abs. 2 S. 1 und 32 Abs. 1 GG allein den Vorschriften über die Verteilung der innerstaatlichen Gesetzgebungskompetenz.[66]

---

[60] Gegen eine solche Kompetenzverschiebung zugunsten des Bundes auch *Fuß*, NJW 1966, S. 1782 (1783) ff.; *Schwan*, Die deutschen Bundesländer im Entscheidungssystem der Europäischen Gemeinschaften, 1982, S. 96 sowie aus der jüngeren Literatur *Trüe*, EuR 1996, S. 179 (188) ff.

[61] *Ress*, EuGRZ 1986, S. 549 (556) ff.

[62] *Grabitz*, AöR 111 (1986), S. 1 (19) ff.; *Maunz*, in: Maunz/Dürig, Art. 73 GG, Rdnr. 35; *Blanke*, in: Heckmann/Meßerschmidt (Hrsg.), Gegenwartsfragen des Öffentlichen Rechts, 1988, S. 53 (77) ff.

[63] *Blanke*, Föderalismus und Integrationsgewalt, Diss. Osnabrück 1990, S. 294.

[64] *Starck*, in: FS-Lerche 1993, S. 561 (564) ff.; *Trüe*, JuS 1997, S. 1092 (1093) ff.

[65] Siehe *Blanke*, Föderalismus und Integrationsgewalt, Diss. Osnabrück 1990, S. 294; *Grabitz*, AöR 111 (1986), S. 1 (21) ff.

[66] Nach *Winkelmann*, DVBl. 1993, S. 1128 (1133) ff. scheidet ein Rückgriff auf Art. 32 Abs. 1 GG bereits deshalb aus, da die Art. 23 n. F. und 24 GG als die ggü. Art. 32 Abs. 1 GG spezielleren Vorschriften anzusehen seien.

Schließlich vermag auch ein Rückgriff auf die Rechtsinstitute „Annexkompetenz", Kompetenz kraft „Sachzusammenhangs" oder Kompetenz kraft „Natur der Sache" keine alleinige Bundeskompetenz zur Durchführung sekundären Gemeinschaftsrechts begründen.[67] Gegen eine Bundeskompetenz aus der „Natur der Sache" spricht, daß die legislative Durchführung wirksam nicht nur vom Bund, sondern auch von den Ländern vorgenommen werden kann.[68] Eine Bundeskompetenz kraft „Sachzusammenhangs" ist ebenfalls abzulehnen, da die Befugnis, Hoheitsrechte der Länder auf die EG zu übertragen, nicht bedeutet, daß sich die Gesetzgebungszuständigeiten zugunsten des Bundes verschöben.

c) Ausschließliche Zuständigkeit der Länder gemäß Art. 30, 70 Abs. 1 GG

Steht somit fest, daß weder das Gemeinschaftsrecht noch das Grundgesetz eine alleinige Bundesumsetzungskompetenz begründen, heißt dies im Gegenzug nicht, daß eine solche Generalzuständigkeit den Ländern zustünde. Das Grundgesetz regelt die Frage der Kompetenzverteilung zur Umsetzung sekundären EG-Rechts überhaupt nicht. Damit könnte an eine allgemeine Länderzuständigkeit nach Art. 30, 70 Abs. 1 GG gedacht werden. Diesbezüglich ist aber schon zweifelhaft, ob die Art. 30 und 70 Abs. 1 GG überhaupt eine „Vermutung" zugunsten der Länder enthalten, tatsächlich für alle staatlichen Aufgaben zuständig zu sein, die in der Verfassung nicht explizit angesprochen sind.[69] Darüber hinaus ist dem Grundgesetz die deutliche Absicht zu entnehmen, der Bundesrepublik rechtsverbindliche Beziehungen zu auswärtigen Hoheitsträgern zu ermöglichen. Mögen die insofern maßgeblichen Bestimmungen auch keine ausschließliche Umsetzungskompetenz des Bundes begründen, so wird doch deutlich, daß eine alleinige Kompetenz der Länder, EG-Richtlinien zu transformieren, vom Gesetzgeber ebensowenig gewollt wäre, hätte er bei Erlaß des Grundgesetzes die Frage der Zuständigkeitsverteilung für EG-Richtlinien gekannt.[70]

---

[67] *Kössinger*, Die Durchführung des Europäischen Gemeinschaftsrechts im Bundesstaat, Diss. München 1988, S. 44 ff.; *Grabitz*, AöR 111 (1986), S. 1 (25) ff.; zu den Begriffen „Annex", „Natur der Sache" und „Sachzusammenhang" im verfassungsrechtlichen Kontext siehe *Maunz*, in: Maunz/Dürig, Art. 30 GG, Rdnr. 22 bis 26.

[68] *Grabitz*, AöR 111 (1986), S. 1 (27) ff.

[69] Gegen eine solche Vermutung *Rinck*, in: FS Müller, 1970, S. 289 ff.; *Scholz*, in: FG BVerfG II, 1976, S. 252 ff.; *Kössinger*, Die Durchführung des Europäischen Gemeinschaftsrechts im Bundesstaat, Diss. München 1988, S. 42; a. A. *Maunz*, in: Maunz/Dürig, Art. 70 GG, Rdnr. 30.

[70] *Kössinger*, Die Durchführung des Europäischen Gemeinschaftsrechts im Bundesstaat, Diss. München 1988, S. 42 ff.

d) Zuständigkeitsverteilung gemäß Art. 30, 70 ff. GG analog

Da der Verfassungsgeber bei der Konstituierung des Grundgesetzes noch kein sekundäres EG-Recht kennen und die Umsetzungskompetenzen diesbezüglich verteilen konnte, wird mit der heute h. M. diese planwidrige Regelungslücke durch eine Analogie zu den Art. 30, 70 ff. GG geschlossen.[71] Dies entspricht der Gesetzgebungspraxis in Bund und Ländern seit Erlaß der ersten EG-Richtlinien.[72]

3. Der Sonderfall des Art. 75 GG - Die Rahmengesetzgebungskompetenz des Bundes

a) EG-Richtlinien im Kompetenzbereich des Art. 75 GG - Umsetzungsschwierigkeiten in der Praxis

Wie zuvor festgestellt, steht die Kompetenz zur Umsetzung von EG-Richtlinien der jeweils verfassungsrechtlich zuständigen Gebietskörperschaft zu.[73] Dieses Abgrenzungskriterium führt zu klaren Kompetenzzuteilungen, wenn EG-Richtlinien einen Regelungsbereich betreffen, der innerstaatlich entweder ausschließlich oder konkurrierend dem Bund oder allein den Ländern zugewiesen ist. Wie aber ist die Situation, wenn es um gemeinschaftsrechtliche Vorgaben für Rechtsgebiete geht, auf denen dem Bund innerstaatlich das Recht zur Rahmengesetzgebung nach Art. 75 GG zusteht, und der Bund ankündigt, von seiner Zuständigkeit Gebrauch zu machen? Die Praxis verfährt auch in diesen Fällen nach der Kompetenzverteilungsregel des Grundgesetzes, wendet also Art. 75 GG analog an. Diese Vorgehensweise ist einer der wesentlichen Gründe für die zum Teil erheblichen Verzögerungen bei der Umsetzung von EG-Richtlinien in den Ländern:[74]

Bevor mit der gesetzgeberischen Tätigkeit und den diesbezüglich notwendigen Vorarbeiten zur Umsetzung einer EG-Richtlinie begonnen werden kann, müs-

---

71 Statt vieler *A. Weber*, DVBl. 1986, S. 800 (802) ff.; *Trüe*, EuR 1996, S. 179 (190) ff.; *Rengeling*, DVBl. 1995, S. 945 (950) ff.; *Kössinger*, Die Durchführung des Europäischen Gemeinschaftsrechts im Bundesstaat, Diss. München 1988, S. 46.

72 Zur Kompetenzverteilung hinsichtlich des Vollzuges umgesetzten bzw. unmittelbar geltenden EG-Rechts siehe *Lerche*, in: Maunz/Dürig, Art. 83 GG, Rdnr. 51: „Bei unmittelbar geltenden Gemeinschaftsnormen (...) läuft die Staatspraxis im allgemeinen auf eine entsprechende Anwendung der Art. 83 f. GG hinaus.“

73 Vgl. auch *Wägenbaur*, ZG 1988, S. 303 (314) ff.

74 Vgl. auch die Ergebnisse der Untersuchung im 4. Teil; dort besonders die zur Umsetzung der EG-Gewässerschutzrichtlinien (4. Teil / 1. Kap. / XV / 3).

sen bei einer Rahmenkompetenz des Bundes klare Festlegungen darüber getroffen werden, welche Inhalte der jeweiligen EG-Richtlinie bundesrechtlich und welche Inhalte landesrechtlich umzusetzen sind. Ist diese Phase, die bereits einen gewissen Arbeits- und Zeitaufwand erfordert hat, abgeschlossen und besteht im Idealfall Einigkeit über die Zuständigkeitsverteilung, dann stellt sich als nächstes die Frage, ob sowohl der Bund als auch die Länder tatsächlich Maßnahmen zur Umsetzung der jeweiligen EG-Richtlinie treffen müssen. Sollte dies der Fall sein, werden die Länder in aller Regel erst dann mit dem Erlaß ihrer Rechtsvorschriften beginnen, wenn der Bund seine Umsetzungsmaßnahmen beendet hat. Dies ist sowohl sinnvoll, weil die Bundesgesetzgebung eine „Leitfunktion“ für die Landesgesetzgebung haben kann, als auch im Hinblick auf Art. 31 GG grundsätzlich geboten - müssen die Länder doch vermeiden, daß ihre Bestimmungen denen des Bundes inhaltlich widersprechen. Hinzu kommt, daß die Bundesregelung nach Art. 75 Abs. 3 GG auch Ausfüllungsverpflichtungen beinhalten kann und die Länder sich eine mögliche Änderung ihres u. U. schon mühsam erarbeiteten Umsetzungsaktes ersparen wollen. Bedenkt man ferner, welchen Abstimmungsbedarf die Vorbereitung eines Gesetzentwurfs bzw. einer Gesetzesänderung erfordert und berücksichtigt man das zeitintensive deutsche Gesetzgebungsverfahren auf Bundesebene mit

- Zuleitung des Gesetzentwurfs an den Bundesrat (Art. 76 Abs. 2 S. 1 GG),
- Gegenäußerung der Bundesregierung zur Stellungnahme des Bundesrates,
- Beratungen im Bundestag mit 3 Lesungen und Ausschußberatungen sowie
- erneuten Beratungen im Bundesrat,

dann wird deutlich, daß Fristüberschreitungen nicht zuletzt aus der föderalen Staatsform Deutschlands folgen. Dies gilt zumindest bei der Umsetzung solcher EG-Richtlinien, deren materielle Vorgaben innerstaatlich dem Bereich des Art. 75 GG angehören.

Damit wären aber noch nicht alle Umsetzungsprobleme in diesem Zusammenhang genannt. So ist zunächst ein Aspekt anzuführen, der seinen Ursprung bereits in der Natur der EG-Richtlinie hat. Danach besteht die vielleicht wichtigste Funktion der Richtlinie in der Harmonisierung des Rechts innerhalb der EU-Mitgliedstaaten. Den Mitgliedstaaten wird ein rechtlicher Rahmen vorgegeben, dem die innerstaatliche Umsetzungsgesetzgebung entsprechen muß. Erläßt nun die EG auf einem Gebiet, beispielsweise dem Wasserrecht, eine Richtlinie, so ergibt sich nach der momentanen Umsetzungspraxis in Deutschland folgende Situation: Der Bund fühlt sich kraft seiner innerstaatlichen Rahmenkompetenz aufgerufen, zur Umsetzung der jeweiligen Richtlinie Rahmenrecht zu erlassen.[75] Dabei muß er den Ländern regelmäßig einen ausfüllungsbedürftigen Bereich individueller Gesetzgebung überlassen. Weil aber die EG-Richtlinie ihrerseits nur einen rechtlichen Rahmen vorgibt, insofern selbst nur „Rahmenrecht" ist,[76] ergibt sich für den Bund bei der Umsetzung die Problematik, aus den Rahmenvorgaben einer Richtlinie seinerseits nur ein innerstaatliches Rahmenrecht zu konzipieren. Der materielle Gehalt einer Richtlinie, welcher unter Berücksichtigung des Subsidiaritätsprinzips im Idealfall nur Zielbestimmungen enthält, muß daher so „aufgeteilt" werden, daß er noch für zwei Gesetzgeber, nämlich für Bund und Länder, etwas „übrigläßt". Diese Vorgehensweise ist äußerst kompliziert und mühselig, entspricht aber der momentanen Gesetzgebungspraxis.

b) Stellungnahme und eigener Ansatz

Unstreitig ist, daß die verfassungsrechtliche Möglichkeit des Bundes, in den Bereichen des Art. 75 GG gesamtstaatliches Rahmenrecht zu schaffen, bei rein innerstaatlich geprägten Sachverhalten einen berechtigten Sinn haben kann. Die Problematik beginnt, wenn zu der Beziehung „Bund-Länder" eine dritte Ebene, nämlich die EG, mit verbindlichen Vorgaben hinzutritt.[77] Erst jetzt offenbart die gegenwärtige Gesetzgebungspraxis die zuvor beschriebenen Schwächen und langjährige Fristüberschreitungen bei der Umsetzung sind die Folge.[78]

Als Lösungsmöglichkeit könnte sich anbieten, den deutschen Ländern die ihnen verbliebenen Kompetenzen im Bereich des Art. 75 GG vollständig zu entziehen und auf den Bund zu übertragen. Im Hinblick auf den fortschreitenden europäischen Einigungsprozeß wird dieser Weg von Teilen der Literatur durchaus favorisiert.[79] Zur Begründung heißt es, die Notwendigkeit eines handlungsfähigen Zentralstaates und Kompetenzbeschränkungen der Bundesländer seien der Tri-

---

[75] Bei rein nationalen Sachverhalten begründet die Rahmenkompetenz des Art. 75 GG für den Bund nur eine Möglichkeit, gesetzgeberisch aktiv zu werden, hingegen keine Verpflichtung – *Maunz*, in: Maunz/Dürig, Art. 75 GG, Rdnr. 11. Dies kann aufgrund der Umsetzungspflicht des Art. 249 Abs. 3 EG bei supranationalen Sachverhalten durchaus anders beurteilt werden.

[76] *Grabitz*, in: Grabitz/Hilf, Maastrichter Fassung, Art. 189, Rdnr. 51; von einer Ähnlichkeit zum Rahmengesetz im deutschen Bundesstaat spricht auch *Oppermann*, Europarecht, 2. Auflage 1999, Rdnr. 547.

[77] So die Situation bei Erlaß einer EG-Richtlinie, die innerstaatlich zu einem Bereich zählt, der nach Art. 75 GG dem Bund eine Rahmenkompetenz eröffnet.

[78] Als Beispiel sei die Umsetzung einiger EG-Gewässerschutzrichtlinien erwähnt. Hierzu unten 4. Teil / 1. Kap. / XV.

[79] Vgl. *Brenner*, DÖV 1992, S. 903 (907/908) ff.

but, der für die Verwirklichung einer europäischen Integration zu entrichten sei.[80] Obschon dieser Vorschlag eine sicher praktikable Lösung anbietet, stößt er auf verfassungsrechtliche Bedenken. Das Grundgesetz spricht sich in Art. 79 Abs. 3 unwiderruflich für eine Gliederung des Bundes in Länder aus, also für eine prinzipiell föderative Staatsordnung.[81] Eine solche Staatsform setzt voraus, daß den Ländern[82] ein gewisser Anteil an eigenständigen, substantiellen Aufgabenbereichen überantwortet ist.[83] Diese Aufgabenbereiche müssen dabei zumindest eine Qualität aufweisen, die es rechtfertigt, den Gliedstaat als „Staat" und nicht nur als Verwaltungsbezirk oder reinen Selbstverwaltungskörper zu begreifen.[84] Den Ländern muß insofern ein Mindestmaß an Gesetzgebungsrechten zur eigenständigen Wahrnehmung verbleiben.[85] Art. 79 Abs. 3 GG beinhaltet damit praktisch die Garantie der „Staatlichkeit der Länder".[86] Eine Umwandlung des Bundes in einen Zentralstaat[87] verstieße gegen Art. 79 Abs. 3 GG und kommt daher als Alternative zur Lösung des „Art. 75 GG-Problems" nicht in Frage.

In Betracht käme, die Vorschrift des Art. 75 GG aus dem Kanon des Grundgesetzes zu streichen. In diesem Fall bestünde nach Art. 70 Abs. 1 GG eine ausschließliche Gesetzgebungskompetenz der Länder für die momentan in Art. 75 GG genannten Rechtsgebiete. Entgegen einer im Schrifttum vertretenen Meinung, wonach die Abschaffung der Rahmenkompetenz die vorhandenen Umsetzungprobleme zwar möglicherweise verringern, nicht aber beseitigen könnte,[88] hätte die Streichung des Art. 75 GG wohl schon zur Folge, daß zumindest aus der Kompetenzverteilung zwischen Bund und Ländern zur Umsetzung ein und derselben EG-Richtlinie keine Probleme mehr für die Gesetzgebungspraxis re-

---

[80] *Brenner*, DÖV 1992, S. 903 (907) ff., der sich strikt gegen jede Form einer „Reföderalisierung" ausspricht und vielmehr einen starken Zentralstaat fordert.

[81] *Maunz/Dürig*, in: Maunz/Dürig, Art. 79 GG, Rdnr. 33.

[82] Dabei ist unerheblich, daß Art. 79 GG - auch wegen Art. 29 GG - nur das Bundesstaatsprinzip als solches schützt und nicht jedes einzelne Land vor einer eventuellen Auflösung. Einigkeit herrscht darüber, daß zumindest zwei, nach a. A. drei Länder fortbestehen müssen. Vgl. *Pieroth*, in: Jarass/Pieroth, Art. 79 GG, Rdnr. 7; *Maunz/Dürig*, in: Maunz/Dürig, Art. 79 GG, Rdnr. 34.

[83] *Eicher*, Der Machtverlust der Landesparlamente, Diss. Mainz 1987, S. 48 ff.

[84] *Heintzen*, DVBl. 1997, S. 689 (692) ff.; *Maunz/Dürig*, in: Maunz/Dürig, Art. 79 GG, Rdnr. 33; *Knöll*, NJW 2000, S. 1845 (1847).

[85] *BVerfGE* 6, S. 309 (346) ff.; 34, S. 9 (20) ff.; *Eicher*, Der Machtverlust der Landesparlamente, Diss. Mainz 1987, S. 49.

[86] *Maunz/Dürig*, in: Maunz/Dürig, Art. 79 GG, Rdnr. 33; *Knöll*, NJW 2000, S. 1845 (1847).

[87] So der Vorschlag von *Brenner*, DÖV 1992, S. 903 (907) ff.

[88] *Böhm*, ZG 1993, S. 132 (147).

sultieren würden.[89] Art. 75 GG aufzuheben ist dennoch nicht sinnvoll. Bei rein innerstaatlich determinierten Sachverhalten führt diese Norm nämlich nicht zu den hier geschilderten Schwierigkeiten.

Die Lösung folgt aus einer an Sinn und Zweck orientierten Auslegung des Art. 75 GG unter gleichzeitiger Berücksichtigung des Willens des historischen Gesetzgebers von 1994.

Wesentlicher Grund für die Existenz einer Norm wie der des Art. 75 GG ist, dem Gesamtstaat die Möglichkeit zu eröffnen, durch einheitliche Vorgaben einen rechtlichen Rahmen für die Gesetzgebung der Gliedstaaten zu schaffen. Hierdurch kann eine Annäherung der Lebens- und Wirtschaftsverhältnisse in den einzelnen Gliedstaaten erreicht und dauerhaft gesichert werden.

Dieses gesamtstaatliche Interesse, durch verbindliches Rahmenrecht eine Harmonisierung des Rechts der Gliedstaaten zu bewirken, bedarf jedoch dann keines expliziten Rechtsaktes des Bundes, wenn die Harmonisierung auf rechtlich verbindliche Weise gesichert ist. Dies ist bei Erlaß einer EG-Richtlinie der Fall. Denn selbst wenn die EG-Richtlinie nur ausnahmsweise unmittelbar geltendes Recht setzt, beinhaltet sie doch einen zwingenden rechtlichen Rahmen und ist in dieser Hinsicht dem nationalen Rahmenrecht vergleichbar.

Besteht aber mit der EG-Richtlinie eine Rahmenregelung, dann entfällt das berechtigte Interesse des Gesamtstaates, seinerseits eine zusätzliche Rahmengesetzgebung zu verabschieden. Dies erst recht, wenn die Grundlage eines solchen Bundesrahmenrechts ebenfalls nur das sekundäre Gemeinschaftsrecht wäre. Da nach erfolgter Umsetzung ein harmonisierter Rechtszustand innerhalb der Länder gewährleistet ist, fehlt für eine zusätzliche Maßnahme des Bundes die Erforderlichkeit i. S. d. Art. 75 Abs. 1 i. V. m. Art. 72 Abs. 2 GG.

Dieser Auffassung steht nicht entgegen, daß EG-Richtlinien ihrerseits ausfüllungsbedürftig sind und damit eine geringfügig abweichende Gesetzgebung in den Ländern denkbar ist. Zunächst entspricht es dem Wesen der EG-Richtlinie, den innerstaatlichen Stellen einen Handlungsspielraum zu belassen. Darüber hinaus muß aber auch das Rahmengesetz nach Art. 75 GG den Ländern üblicherweise einen Freiraum gewähren.[90] Insofern kann es nicht die berechtigte Sorge des Bundesgesetzgebers sein, ob die Länder - innerhalb der zumeist engen Vorgaben einer EG-Richtlinie - einander abweichende Regelungen erlassen

---

[89] Denn die beiden nationalen Regelungsebenen „Bund und Länder“ wären bei Abschaffung des Art. 75 GG nicht mehr gleichzeitig und nebeneinander zuständig.

[90] *Pieroth*, in: Jarass/Pieroth, Art. 75 GG, Rdnr. 1.

oder nicht. Da die Länder Staatsqualität besitzen, steht ihnen im verfassungsrechtlichen Kontext auch das Recht auf Individualität zu. Hierzu gehört, nicht in allen Lebensbereichen deckungsgleiche Bestimmungen verabschieden zu müssen.[91]

Die hier vertretene Meinung steht schließlich im Konsens zur Auffassung des Verfassungsgesetzgebers. Dieser wollte mit seiner im Zuge der Verfassungsreform aus dem Jahre 1994 erfolgten Neuordnung des Art. 75 GG gerade dem zunehmenden Verlust der Gesetzgebungskompetenzen der Länder entgegentreten.[92]

Läßt sich aus der Untersuchung somit der Grundsatz ableiten, daß es bei der Festlegung der innerstaatlichen Umsetzungskompetenzen in der Regel keiner Analogie zu Art. 75 GG bedarf, so besagt dies jedoch nicht zwingend, daß nunmehr eine Bundeskompetenz zur Umsetzung von EG-Richtlinien aus dem Anwendungsbereich des Art. 75 GG kategorisch ausscheidet. Hat nämlich der Bund bereits vor Erlaß einer EG-Richtlinie von seiner Rahmengesetzgebungsrecht Gebrauch gemacht, und wäre bei einer alleinigen Umsetzung einer EG-Richtlinie durch die Länder ein Konflikt mit diesem Rahmenrecht unausweichlich, dann kann der Bund auch künftig zur Umsetzung einer Richtlinie sein bestehendes Bundesrahmenrecht anpassen.[93] Zur Sicherung einer widerspruchs-

---

[91] Berücksichtigt man zudem, daß eine gesetzgeberische Gestaltungsfreiheit der Länder bei der Umsetzung von EG-Richtlinien auch zu einem Wettstreit unter den Ländern um die »beste« Regelung führen kann, dann wird deutlich, daß eine alleinige Umsetzungskompetenz der Länder bei EG-Richtlinien aus dem Anwendungsbereich des Art. 75 GG nicht zwingend zu einer Gefährdung gesamtstaatlicher Interessen führen muß. Im übrigen sieht die Praxis in den Ländern häufig den Abschluß von Staatsverträgen und die Verständigung auf sog. Mustergesetzentwürfe vor. Hierzu ausführlich unten im 4. Teil.

[92] Vgl. *Reichert*, NVwZ 1998, S. 17 (21); siehe auch die Protokollnotiz der Länder bei der Abstimmung über Art. 75 Abs. 2 GG in der Gemeinsamen Verfassungskommission, wonach punktuelle Vollregelungen des Bundes künftig unzulässig sein sollen, BT-Drs. 12/6000 v. 5. 11. 1993, S. 32, 36. Ausführlich zu der Verfassungsreform und ihren Auswirkungen *Sommermann*, Jura 1995, S. 393 (397) ff.; *Rybak/Hofmann*, NVwZ 1995, S. 230 ff.

[93] Dem Bund auch in dieser Situation mangels Erforderlichkeit - etwa unter Hinweis auf Art. 31 GG - die Umsetzungskompetenz zu versagen, wäre nicht zweckmäßig. Denn das nach erfolgter Richtlinienumsetzung dem geltenden Bundesrecht womöglich widersprechende Landesrecht galt der Transformation einer EG-Richtlinie. Diese Richtlinie ist in Zweifelsfragen als Auslegungshilfe zu berücksichtigen. Da das sekundäre EG-Recht der Regelung des Art. 31 GG vorginge, käme es zu einer Kollision zwischen dem Bundesrecht und der EG-Richtlinie; dieser Konflikt müßte aber zugunsten der Richtlinie entschieden werden. Um eine solche Situation zu vermeiden, muß dem Bund in Ausnahmefällen ein Recht zur Rahmengesetzgebung bei der Richtlinienumsetzung verbleiben. In einem solchen Fall wäre die

freien und einheitlichen Rechtsordnung liegen in einem solchen Fall (ausnahmsweise) die Voraussetzungen der Art. 75 Abs. 1 i. V. m. Art. 72 Abs. 2 GG vor.[94]

Endlich steht dem hier gefundenen Ergebnis der sehr begrenzten Umsetzungskompetenz des Bundes bei Richtlinien aus dem Anwendungsbereich des Art. 75 GG nicht entgegen, daß dem Bund bei Ausübung seiner Rahmengesetzgebungskompetenz in Ausnahmefällen ein Recht zu punktuellen Vollregelungen zukommen kann.[95] Die Befugnis des Bundes, im Bereich des Art. 75 GG detaillierte Regelungen zu erlassen, ist durch die Verfassungsreform von 1994 stark beschnitten worden. Den Maßstab für eine solche Kompetenz bilden nunmehr die engen Voraussetzungen des Art. 75 Abs. 2 GG. Hiernach dürfen Rahmenvorschriften *nur in Ausnahmefällen in Einzelheiten gehende oder unmittelbar geltende Regelungen enthalten.* Steht dem Bund somit selbst bei rein innerstaatlich bezogenen Maßnahmen nur selten eine Detailregelungsbefugnis zu, so ist von einer solchen Kompetenz bei der Umsetzung von EG-Richtlinien erst recht nicht auszugehen.

c) Zwischenergebnis:

Auch wenn der Bund nicht generell sein Recht verloren hat, bei der Umsetzung von EG-Richtlinien aus dem Anwendungsbereich des Art. 75 GG gesetzgeberisch zu handeln, wird für eine Rahmengesetzgebung doch nur selten Raum sein. Wann dies ausnahmsweise der Fall ist, kann nur im Einzelfall und unter Berücksichtigung der Zielvorgaben der konkreten EG-Richtlinie beantwortet werden.[96] Insgesamt steht fest, daß der bundesdeutsche Staatsaufbau mit seinen

---

Änderung des Bundesrahmenrechts zweckmäßig, erforderlich und damit verfassungsrechtlich zulässig.

[94] Als Beispiel für eine zulässige Transformationsgesetzgebung aus dem Bereich des Art. 75 GG durch den Bund sei die Änderung des BNatSchG genannt mit der Einfügung der §§ 19a bis 19f BNatSchG. Diese Änderung des BNatSchG diente der Umsetzung der RL 92/43/EWG zur Erhaltung der natürlichen Lebensräume sowie der wildlebenden Tiere und Pflanzen (FFH) und der RL 79/409/EWG über die Erhaltung der wildlebenden Vogelarten. Zur Transformation dieser Richtlinien siehe aus der umfangreichen Literatur etwa die Beiträge von *Polenz-v. Hahn*, VBlBW 1998, S. 210 ff.; *Iven*, UPR 1998, S. 361 ff.; *Freytag/Iven*, NuR 1995, S. 109 ff.; *Fisahn*, ZUR 1996, S. 3 ff; *Fisahn/Cremer*, NuR 1997, S. 268 ff.; *Gellermann*, NuR 1996, S. 548 ff. sowie die Mitteilung des Bundesumweltministeriums, in: Umwelt Nr. 6/1998, S. 261 ff.

[95] *BVerfGE* 4, S. 115 (129); *Maunz*, in: Maunz/Dürig, Art. 75 GG, Rdnr. 26; *Rybak/Hofmann*, NVwZ 1995, S. 230 (234) ff.

[96] Ein Handeln des Bundesgesetzgebers muß dabei jedenfalls aus Gründen der Rechtssicherheit zwingend geboten erscheinen.

Gesetzgebungszuweisungen an Bund und Länder de lege lata keinen Anlaß für Schwierigkeiten bei der Umsetzung von EG-Richtlinien bereiten dürfte. Dies folgt aus einer an Sinn und Zweck des Art. 75 GG orientierten Auslegung und entspricht zugleich dem Willen des historischen Verfassungsgesetzgebers von 1994.

III. Umsetzungsverpflichtung der Länder

Nach heute einhelliger Meinung besteht nicht nur eine Befugnis der Länder, sekundäres Gemeinschaftsrecht umzusetzen, sondern die Länder sind hierzu auch verpflichtet. Streitig ist allerdings, ob eine solche Umsetzungspflicht unmittelbar aus dem europäischen Gemeinschaftsrecht folgt oder ob sie sich aus nationalem Verfassungsrecht ergibt.

1. Keine Umsetzungspflicht aus EG-Recht

a) Die Länder als unmittelbarer Adressat von EG-Richtlinien

Eine unmittelbare gemeinschaftsrechtliche Verpflichtung der Länder zur Umsetzung von EG-Richtlinien bestünde dann, wenn die Länder unmittelbarer Adressat sekundären EG-Rechts wären. Dies ist streitig.

Ein Teil des Schrifttums vertritt die Ansicht, EG-Richtlinien würden als Bestandteil des supranationalen Gemeinschaftsrechts ihre Wirkungen „aus sich selbst heraus" entfalten. „Kraft ihrer Erzeugung" durch die EG-Organe und „infolge ihrer Natur" als Gemeinschaftsrechtsakt würde die Richtlinie mit ihrem Erlaß unmittelbar in den innerstaatlichen Rechtskreis der Mitgliedstaaten einfließen, ohne daß es eines mitgliedstaatlichen Tätigwerdens bedürfe.[97] Darüber hinaus erwähne Art. 249 Abs. 3 EG ausdrücklich die zur Umsetzung verpflichteten „innerstaatlichen Stellen", womit alle innerstaatlichen Verwaltungsträger zur Realisierung des jeweiligen Richtlinienergebnisses unmittelbar aufgefordert würden.[98]

Dieser Ansicht wird von anderer Seite entgegengehalten, daß Richtlinien ausschließlich an den Mitgliedstaat als „körperschaftliche Einheit" gerichtet sei-

---

[97] *Gellermann*, Beeinflussung des bundesdeutschen Rechts durch Richtlinien der EG, Diss. Osnabrück 1993/94, S. 16; *Himmelmann*, EG-Umweltrecht und nationale Gestaltungsspielräume, Diss. Münster 1997, S. 130; *Trüe*, EuR 1996, S. 179 (191) ff.

[98] *Himmelmann*, DÖV 1996, S. 145 ff.; *Scherzberg*, Jura 1992, S. 572 (576) ff.

en.[99] Eine gemeinschaftsunmittelbare Bindung staatlicher Untergliederungen verletze die völkerrechtliche Autonomie der EU-Mitgliedstaaten.[100] Da nach außen allein der Bund die Trägerschaft hoheitlicher Gewalt verkörpere, sei auch allein der Bund der Gemeinschaft ggü. verpflichtet.[101] Sofern in den Gemeinschaftsverträgen von „Ländern“ oder von den „Hoheitsgebieten eines Mitgliedstaates“ die Rede sei, wären hiermit Drittstaaten bzw. die außereuropäischen Gebiete eines Mitgliedstaates bezeichnet, niemals aber die Länder der Bundesrepublik Deutschland.[102] Dieser Ansicht zufolge sind die Länder nicht unmittelbarer Adressat von EG-Richtlinien und daher auch nicht unmittelbar aus dem EG-Recht umsetzungspflichtig.

b) Stellungnahme

EG-Richtlinien richten sich nach Art. 249 Abs. 3 EG an den jeweiligen Mitgliedstaat, unabhängig von dessen nationalen Verfassungsstrukturen.[103] Für einen Bundesstaat, der wie die BRD föderalistisch ausgerichtet ist, bedeutet dies, daß Adressat von EG-Richtlinien immer der Mitgliedstaat als Gesamtstaat ist, nicht auch dessen Gliedstaaten.[104] Kein Mitgliedstaat kann sich unter Hinweis auf seine innerstaatlichen Verfassungsstrukturen für vertragswidriges Verhalten exkulpieren. Dies ist die Konsequenz dessen, daß die Länder völkerrechtlich nicht unmittelbarer Vertragspartner der EG sind;[105] sie werden dies auch nicht

---

[99] *Kössinger*, Die Durchführung des Europäischen Gemeinschaftsrechts im Bundesstaat, Diss. München 1988, S. 36; *Grabitz*, in: Grabitz/Hilf, Maastrichter Fassung, Art. 189, Rdnr. 55.

[100] *Kössinger*, Die Durchführung des Europäischen Gemeinschaftsrechts im Bundesstaat, Diss. München 1988, S. 36; so auch *Barley*, Das Kommunalwahlrecht für Ausländer nach der Neuordnung des Art. 28 Abs. 1 S. 3 GG, Diss. Münster 1997, S. 109.

[101] *Oldekop*, JöR Band 21, 1972, S. 55 (72) ff.; *Meißner*, Die Bundesländer und die Europäischen Gemeinschaften, Diss. Berlin 1995, S. 61; *Steinberg/Klößner*, UTR 1994, S. 481 (498) ff.; *Haneklaus*, in: Hoppe (Hrsg.), UVPG-Kommentar, Vorbemerkungen, Rdnr. 27.

[102] *Ress*, EuGRZ 1986, S. 549 (550) ff.

[103] Aus Gemeinschaftssicht sind die innerstaatlichen Verfassungsstrukturen im Hinblick auf die Einhaltung gemeinschaftsrechtlicher Verpflichtungen unbeachtlich. Vgl. *EuGH*, verbundene Rs. 227/85 bis 230/85, Slg. 1988, S. 8 (11) ff. (*Kommission ./. Belgien*).

[104] Vgl. *Jahn/Riedel*, NVwZ 1989, S. 716 (720) ff.; *Papier*, in: Magiera (Hrsg.), Das Europa der Bürger in einer Gemeinschaft ohne Binnengrenzen, S. 27 (34) ff.

[105] Hierbei handelt es sich letztlich um eine Frage nach der Kompetenz der Länder, völkerrechtliche Verträge abzuschließen. Diese Zuständigkeit liegt nach Art. 32 Abs. 1 GG vornehmlich beim Bund; vgl. *Starck*, in: FS-Lerche 1993 S. 561 (564) ff. Zwar im Ergebnis richtig aber dennoch inkonsequent ist es daher, wenn selbst Anhänger der erstgenannten Meinung davon sprechen, daß sich die Durchführungspflicht von EG-Richtlinien an den *Mitgliedstaat* als das *Völkerrechtssubjekt* richte; vgl. *Himmelmann*, DÖV 1996, S. 145

als Teil des Gesamtstaates Bundesrepublik. Aus der Zugehörigkeit der Länder zur Bundesrepublik Deutschland mögen innerstaatliche Verpflichtungen der Länder ggü. dem Bund resultieren;[106] unmittelbare Verpflichtungen ggü. der EG folgen hieraus nicht.

Verpflichtungen ggü. der EG ergeben sich auch nicht daraus, daß der Bund nach Art. 24 Abs. 1 bzw. Art. 23 GG n. F. berechtigt ist, Hoheitsrechte der Länder auf die Europäische Union zu übertragen. Die Befugnis des Gesamtstaates, originäre Rechte seiner Gliedstaaten auf supranationale Einrichtungen zu delegieren, ist in den Grenzen der Art. 79 Abs. 2 und 3 GG verfassungsrechtlich vorgesehen, da andernfalls die Möglichkeit gering wäre, als Gesamtstaat supranationalen Einrichtungen dauerhaft und unter Einhaltung der sich hieraus ergebenden Vertragspflichten beizutreten. Aus dem Umstand, daß die Entwicklung der Europäischen Union und die Teilnahme Deutschlands zu einem verfassungsrechtlichen Staatsziel avanciert ist,[107] folgt noch keine Vertragspartnerschaft zwischen den Ländern und der EG.

Eine unmittelbare Umsetzungspflicht der Länder läßt sich auch nicht aus der Zielrichtung des Art. 23 Abs. 1 S. 1 GG ableiten. Art. 23 Abs. 1 S. 1 GG verpflichtet die beteiligten Verfassungsorgane, an der Entwicklung einer Union mitzuwirken, die demokratischen, rechtsstaatlichen, sozialen und föderativen Prinzipien entspricht. Diese Verfassungsvorschrift bezieht sich auf das Wirken deutscher Organe auf europäischer Ebene; sie enthält kein an die Länder gerichtetes Gebot, EG-Richtlinien in Landesrecht zu transformieren.[108]

Die hier vertretene Auffassung, daß die Länder kein *unmittelbarer* Adressat von EG-Richtlinien sind, wird durch die Argumentation der gegenteiligen Literaturmeinung nicht überzeugend in Frage gestellt. Denn was konkret unter einer Wirkung des EG-Rechts „aus sich selbst heraus", „kraft seiner Erzeugung durch EG-Organe" und „infolge seiner Natur" als EG-Recht zu verstehen ist, bleibt unklar. Darüber hinaus kann auch aus dem Begriff der „innerstaatlichen Stellen" in Art. 249 Abs. 3 EG nicht auf eine unmittelbare Umsetzungspflicht der Länder geschlossen werden. Die Bezeichnung „innerstaatliche Stellen" soll nämlich nur auf die innerstaatliche Kompetenzverteilung der Mitgliedstaaten

---

(146) ff.; *ders.*, in: EG-Umweltrecht und nationale Gestaltungsspielräume, Diss. Münster 1997, S. 131.

[106] Hierzu unten 2.

[107] *Scholz*, in: Maunz/Dürig, Art. 23 GG, Rdnr. 36 ff.

[108] So auch *Barley*, Das Kommunalwahlrecht für Ausländer nach der Neuordnung des Art. 28 Abs. 1 S. 3 GG, Diss. Münster 1997, S. 111.

hinweisen und nicht eine „wie auch immer geartete Abhängigkeit der umsetzenden Stelle vom Gesamtmitgliedstaat voraussetzen".[109]

Bestünden für die Länder unmittelbare Vertragspflichten ggü. der EG, stellte sich die Frage, warum der EG-Vertrag der Kommission die Handhabe verwehrt, bei fehlender Umsetzung einer Richtlinie unmittelbar ein Vertragsverletzungsverfahren gegen das säumige Land anzustrengen. Daß der EU-Kommission dieser Weg nicht eröffnet ist, kann als Indiz für die hier vertretene Ansicht gewertet werden.

Schließlich läßt sich eine direkte Umsetzungspflicht der Länder auch nicht mit der in Rechtsprechung und Schrifttum anerkannten Auffassung begründen, daß unter bestimmten Voraussetzungen alle innerstaatlichen Stellen eines Mitgliedstaates verpflichtet sind, unzureichend umgesetzte Richtlinienbestimmungen unmittelbar anzuwenden.[110] Denn das in diesem Zusammenhang weit auszulegende Tatbestandsmerkmal „Mitgliedstaat" in Art. 249 Abs. 3 EG[111] besagt nicht, daß die innerstaatlichen Stellen zugleich „Mitglied" im Sinne eines Vertragspartners der EG wären. Der EuGH vertritt diesbezüglich nur die auch hier unterstützte Meinung, daß innerstaatliche Verfassungsstrukturen der Mitgliedstaaten bei der Durchsetzung des EG-Rechts keine Rolle spielen können. Zur Sicherung der praktischen Wirksamkeit des Gemeinschaftsrechts - damit letztlich zur Sicherung der Funktionsfähigkeit der Gemeinschaft selbst - ist es aus europarechtlicher Perspektive unerläßlich, alle hoheitlichen Stellen eines Mitgliedstaates als dessen Organe zu betrachten, sofern der Gesamtstaat seine vertraglichen Pflichten ggü. der Gemeinschaft mißachtet. Nur so kann wirksam verhindert werden, daß ein Mitgliedstaat unter Verweis auf seine innerstaatlichen Verfassungsstrukturen eine Umsetzung von EG-Richtlinien dauerhaft blockiert. Fehlt es demnach an einer ordnungsgemäßen Umsetzung einer EG-Richtlinie, so folgt aus der extensiven Auslegung des Gesetzeswortlauts von Art. 249 Abs. 3 EG keine unmittelbare Umsetzungspflicht der Länder, sondern vielmehr eine unmittelbare Anwendungspflicht der Zielvorgaben der konkreten Richtlinie durch die staatlichen Hoheitsträger.[112]

---

[109] *Trüe*, EuR 1996, S. 179 (191) ff.

[110] Wie hier *Haneklaus*, in: Hoppe (Hrsg.), UVPG-Kommentar, Vorbemerkungen, Rdnr. 27.

[111] Siehe *EuGH*, Rs. 103/88, Slg. 1989, S. 1839 (1870) ff. (*Costanzo*); *Jarass*, in: Jarass/Neumann, S. 18 (23) ff.

[112] Aus Sicht des EuGH sind dann etwa die Kreise, Gemeinden und die sonstigen Gebietskörperschaften, aber auch öffentlich-rechtliche Anstalten oder mit öffentlich-rechtlichen Sonderrechten ausgestattete Privatpersonen (sog. Beliehene) „Mitgliedstaat" i. S. d. Art. 249 Abs. 3 EG.

Als Zwischenergebnis kann festgehalten werden: Eine unmittelbare gemeinschaftsrechtliche Verpflichtung der Länder, EG-Richtlinien in nationales Recht zu transformieren, besteht nicht.[113] Diese Pflicht trifft ausschließlich den Bund; er ist aus Sicht der EG alleiniger Adressat sekundären Gemeinschaftsrechts.[114]

2. Umsetzungsverpflichtung durch innerstaatliches Recht

Sind die Länder mitunter innerstaatlich zuständig für die Umsetzung von EG-Richtlinien, besteht jedoch diesbezüglich keine unmittelbare gemeinschaftsrechtliche Verpflichtung, dann stellt sich die Frage, ob die Länder zumindest nach nationalen Bestimmungen oder Grundsätzen gehalten sind, eine erforderliche Transformation vorzunehmen.

a) Art. 23 Abs. 6 GG n. F. und das Verbot des „venire contra factum proprium"

Es ist argumentiert worden, die Länder hätten über den Bundesrat den Gründungsverträgen zugestimmt und damit auch der Setzung sekundären EG-Rechts. Daher verhielten sie sich widersprüchlich, weigerten sie sich im nachhinein, die Durchführung des Gemeinschaftsrechts zu gewährleisten.[115] Diese Überlegung könnte durch Art. 23 Abs. 6 GG n. F. noch bestätigt worden sein. Besagt nämlich Art. 23 Abs. 6 GG n. F. i. V. m. § 6 EuZBLG,[116] daß die Wahrnehmung der Rechte, welche der Bundesrepublik Deutschland als EU-Mitglied zustehen, in bestimmten Fällen vom Bund auf einen vom Bundesrat benannten Länderver-

---

[113] Wie hier *Haneklaus*, in: Hoppe (Hrsg.), UVPG-Kommentar, Vorbemerkungen, Rdnr. 27. Im Ergebnis so auch *Schwan*, Die deutschen Bundesländer im Entscheidungssystem der Europäischen Gemeinschaften, 1982, S. 156 (167) ff., der jedoch insgesamt eine Verpflichtung der Länder zur Umsetzung sekundären EG-Rechts ablehnt. Ob diese Auffassung auch unter Berücksichtigung nationaler Verfassungsgrundsätze richtig sein kann, ist fraglich; diesbezüglich siehe nachfolgend unter 2.

[114] Die Umsetzungspflicht selbst folgt aus den Art. 10 und 249 Abs. 3 EG sowie aus entsprechenden Bestimmungen der Richtlinien. Vgl. *Bleckmann*, in: Bleckmann, Europarecht, 6. Auflage 1997, Rdnr. 441; *Scheuing*, NVwZ 1999, S. 475 (479 mit Fußn. 75) ff.; *Jarass*, Grundfragen der innerstaatlichen Bedeutung des EG-Rechts, 1994, S. 52; *Rengeling*, DVBl. 1995, S. 945 (948) ff.; *Pernice*, EuR 1994, S. 325 (328) ff.; a. A. *Beyerlin*, EuR 1987, S. 126 (129) ff.

[115] *Schwan*, Die deutschen Bundesländer im Entscheidungssystem der Europäischen Gemeinschaften, 1982, S. 159.

[116] Gesetz über die Zusammenarbeit von Bund und Ländern in Angelegenheiten der Europäischen Union vom 12. März 1993, BGBl. 1993, Teil I, S. 313.

treter übertragen werden sollen,[117] dann könnte es in der Tat widersprüchlich sein, wenn der von den Ländern gesandte Vertreter zunächst an einer Entscheidung im Ministerrat mitwirkt, diese getroffene Entscheidung jedoch später nicht von den Ländern umgesetzt würde. Es ist jedoch fraglich, ob ein Ländervertreter bei einer Entscheidung im Ministerrat jemals die (politische) Möglichkeit besitzt, die Vorstellungen der Länder adäquat in die Diskussion einzubringen. Darüber hinaus ist die Ableitung einer Ausführungspflicht der Länder unter Berufung auf den Satz des „venire contra factum proprium" deshalb nicht möglich, weil dieser Grundsatz nur die Beschränkung der Rechtsausübung betrifft, er aber keine eigenständigen Pflichten begründet.[118] Ein Rechtsinhaber darf sich nicht in Widerspruch zu dem objektiven Sinn seines früheren Verhaltens begeben und hieraus Rechte ableiten. Dies allein ist Inhalt des Verbots treuwidrigen Verhaltens.

b) Der Grundsatz des bundesfreundlichen Verhaltens

Konnte weder aus dem Gemeinschaftsrecht noch aus Art. 23 Abs. 6 GG eine Umsetzungspflicht der Länder abgeleitet werden, so bedeutet dies nicht, daß die Länder gar keine Pflicht zur Umsetzung von EG-Richtlinien träfe.[119] Eine solche Pflicht ergibt sich vielmehr aus dem Verfassungsgrundsatz der Bundestreue.[120] Mit den Worten des BVerfG besagt der Grundsatz des „bundes-

---

[117] Praktisch geworden ist dieses Verfahren beispielsweise in den Verhandlungen um die RL 94/80/EG des Rates vom 19.12.1994 über die Einzelheiten der Ausübung des aktiven und passiven Wahlrechts bei den Kommunalwahlen für Unionsbürger mit Wohnsitz in einem Mitgliedstaat, dessen Staatsangehörigkeit sie nicht besitzen (ABl. EG 1994, Nr. L 368, S. 38); vgl. *Breier*, ÖJZ 1996, S. 343 (345 mit Fußn. 9) ff. Ausführlich zur Umsetzung der RL 94/80/EG durch die Länder siehe unten 4. Teil / 5. Kap. / I / 4 sowie *Barley*, Das Kommunalwahlrecht für Ausländer nach der Neuordnung des Art. 28 Abs. 1 S. 3 GG, Diss. Münster 1997.

[118] *Schwan*, Die deutschen Bundesländer im Entscheidungssystem der Europäischen Gemeinschaften, 1982, S. 160.

[119] So aber *Schwan*, Die deutschen Bundesländer im Entscheidungssystem der Europäischen Gemeinschaften, 1982, S. 161.

[120] H. M. Siehe nur *Trüe*, EuR 1996, S. 179 (192) ff.; *Schweitzer*, ZG 1992, S. 128 (130) ff.; *Rengeling*, DVBl. 1995, S. 945 (950) ff; *Blanke*, Föderalismus und Integrationsgewalt, Diss. Osnabrück 1990, S. 42; *Papier*, in: Magiera (Hrsg.), Das Europa der Bürger in einer Gemeinschaft ohne Binnengrenzen, S. 27 (34) ff. Historisch geht der Begriff der „Bundestreue" im wesentlichen zurück auf *Smend*. Er ist heute anerkannter Bestandteil der Rechtsprechung des Bundesverfassungsgerichts. Näher hierzu *Faller*, FS Maunz 1981, S. 53 ff.; *Kössinger*, Die Durchführung des Europäischen Gemeinschaftsrechts im Bundesstaat, Diss. München 1988, S. 75. Zur Ableitung des Verfassungsprinzips des „bundesfreundlichen Verhaltens" aus dem Begriff des Bundesstaates siehe den gleichnamigen Bei-

freundlichen Verhaltens", daß in einem Bundesstaat alle an dem verfassungsrechtlichen Bündnis Beteiligten gehalten sind, dem Wesen dieses Bündnisses entsprechend zusammenzuwirken und zu seiner Festigung und zur Wahrung der wohlverstandenen Belange seiner Glieder beizutragen.[121] Hintergrund ist, daß das Verhältnis von Gesamtstaat und Gliedstaaten in einem Bundesstaat geprägt ist von den Spannungen zwischen der Wahrung der jeweiligen Autonomieinteressen einerseits und der Notwendigkeit des Zusammenwirkens im gemeinsamen Interesse andererseits. Sowohl den Bund als auch die Länder treffen daher gegenseitige Rücksichtsnahmepflichten, speziell bei der Ausübung oder Nichtausübung ihrer Kompetenzen. Eine Verletzung der so verstandenen Bundestreuepflicht liegt jedoch nur dann vor, wenn der Bund oder ein Land die ihm aus der bundesstaatlichen Kompetenzverteilung zustehenden Rechte offenbar mißbraucht.[122]

Bezogen auf die Rechtsbeziehung des Bundes zur EU und der sich hieraus ergebenden Verpflichtungen bedeutet der Grundsatz der Bundestreue, daß nicht nur der Bund gehalten ist - speziell bei seinen Entscheidungen im EU-Ministerrat - Interessen der Länder zu berücksichtigen, sondern daß auch die Länder die gebotene Rücksicht auf das Gesamtinteresse des Bundesstaates nehmen müssen, etwa in der Ausübung ihrer Kompetenzen.[123] So hat das BVerfG schon in einer frühen Entscheidung aus dem Grundsatz der Bundestreue abgeleitet, daß gerade auf dem Gebiet der auswärtigen Beziehungen die Treuepflicht der Länder besonders ernst zu nehmen sei.[124] Aus dem Bundesstaatsprinzip ist daher eine Pflicht der Länder abzuleiten, die Gemeinschaftsrechtsordnung zu respektieren und aus Loyalität ggü. dem Mitgliedstaat BRD die ggf. notwendigen Maßnahmen vorzunehmen.[125]

Dieser h. M. stehen aber auch Stimmen in der Literatur entgegen. So heißt es, der Grundsatz bundesfreundlichen Verhaltens könne für sich genommen im Bund-Länder-Verhältnis keine Handlungs-, Duldungs- oder Unterlassungspflichten begründen, sondern setze das Bestehen eines bereits anderweitig existenten Rechtsverhältnisses voraus.[126] Insbesondere vermöge ein sog. Grundsatz

---

trag von *Kaiser*, DÖV 1961, S. 653 ff. sowie *Herzog*, in: Maunz/Dürig, Art. 20 GG, IV, Rdnr. 63. Zur historischen Entwicklung siehe *Hesse*, Grundzüge des Verfassungsrechts der Bundesrepublik Deutschland, 20. Auflage 1995, Rdnr. 269.

[121] *BVerfGE* 6, S. 309 (361) ff.

[122] *Herzog*, in: Maunz/Dürig, Art. 20 GG, IV, Rdnr. 63.

[123] *BVerfG*, Urt. v. 22.3.1995 – 2 BvG 1/89, EuZW 1995, S. 277 (280) ff. (*Fernsehrichtlinie*).

[124] *BVerfGE* 6, S. 309 (362) ff.

[125] *Grabitz*, AöR 111 (1986), S. 1 (31) ff.; *Hailbronner*, JZ 1990, S. 149 (157) ff.

[126] So *Faller*, FS Maunz 1981, S. 53 (62) ff.; *Schwan*, Die deutschen Bundesländer im Entscheidungssystem der Europäischen Gemeinschaften, 1982, S. 161.

der Bundestreue keine neuen Kompetenztitel zu schaffen.[127] Schließlich sei ein Rückgriff auf den Grundsatz der Bundestreue dann ausgeschlossen, wenn das Grundgesetz Sonderregelungen vorsehe. Als Beispiel wird der Bereich des kommunalen Ausländerwahlrechts genannt,[128] wo mit Art. 28 Abs. 1 S. 3 GG eine Spezialregelung im Grundgesetz verankert sei.[129]

Eine Pflicht der Länder, dem Bund die Treue nicht zu versagen, wenn es um Rechtsakte der EG geht, folgt schon aus der Tatsache, daß der Bund im „Außenverhältnis" völkerrechtliche Verpflichtungen auch zu Lasten der Länder eingehen durfte. Diese Verfassungsrechtslage dürfen die Länder nicht unter Verweis auf die föderale Kompetenzverteilung im „Innern" mißachten.

Daß aus dem Prinzip des bundesfreundlichen Verhaltens keine Handlungspflichten folgen sollen, wird ebenfalls nicht überzeugend begründet.[130] Zwar schafft die „Bundestreue" keinen eigenen Kompetenztitel. Um als Gesamtstaat nach „außen" aber nicht handlungsunfähig zu werden, bedarf es einer klaren Verhaltensregel; zumal innerstaatlich verschiedene Gesetzgeber für die Umsetzung zwischenstaatlicher Rechtsakte zuständig sein können. Das Prinzip der Bundestreue beinhaltet eine solche klare Regelung.[131] Mag der Grundsatz des bundesfreundlichen Verhaltens hauptsächlich auch als Kompetenzausübungsschranke dienen, so bedeutet dies nicht, daß die Anwendung dieses Prinzips ausschließlich von bestehenden Rechtsverhältnissen abhinge - mithin akzessorischer Natur wäre. Das Prinzip der Bundestreue kann nämlich auch selbständige, pflichtbegründende Funktionen übernehmen.[132]

Dies gilt auch für den Spezialfall des kommunalen Ausländerwahlrechts. Art. 28 Abs. 1 S. 3 GG ist lediglich als verfassungsrechtliche „Öffnungsklausel" für die Einführung eines Ausländerwahlrechts in Deutschland zu verstehen.[133] Aus dieser Vorschrift einen Umsetzungsbefehl für die Länder abzuleiten heißt, Art.

---

[127] *Schwan*, Die deutschen Bundesländer im Entscheidungssystem der Europäischen Gemeinschaften, 1982, S. 161.

[128] *Barley*, Das Kommunalwahlrecht für Ausländer nach der Neuordnung des Art. 28 Abs. 1 S. 3 GG, Diss. Münster 1997, S. 110 und 112.

[129] Hierzu unten 4. Teil / 5. Kap. / I.

[130] So auch *Blanke*, Föderalismus und Integrationsgewalt, Diss. Osnabrück 1990, S. 41 und 42.

[131] Wie hier *Kössinger*, Die Durchführung des Europäischen Gemeinschaftsrechts im Bundesstaat, Diss. München 1988, S. 76.

[132] *Meißner*, Die Bundesländer und die Europäischen Gemeinschaften, Diss. Berlin 1995, S. 145.

[133] *Scholz*, in: Maunz/Dürig, Art. 28 GG, Rdnr. 41 b; *Engelken*, NVwZ 1995, S. 432 (433) ff. Zum Ganzen auch unten im 4. Teil / 5. Kap. / I / 1b) / bb) / (2) / (iii).

28 Abs. 1 S. 3 GG eine vom Verfassungsgesetzgeber nicht intendierte Bedeutung beizumessen.[134]

Die Frage schließlich, ob es einen Verstoß der Länder gegen den Verfassungsgrundsatz des bundesfreundlichen Verhaltens darstelle, sollten sie sich weigern, eine rechtmäßige EG-Richtlinie umzusetzen, ist wie folgt zu beantworten: Der Bund ist ggü. der EG verpflichtet, die fristgemäße Umsetzung sekundären Gemeinschaftsrechts sicherzustellen.[135] Verstößt er gegen diese Rechtspflicht, droht ihm ein Vertragsverletzungsverfahren nach Art. 226 ff. EG. Da es der Bund innerstaatlich nicht unmittelbar beeinflussen kann, ob ein Land eine in seine nationale Kompetenz fallende EG-Richtlinie fristgemäß umsetzt oder nicht, ist er im Hinblick auf die Erfüllung seiner völkerrechtlichen Pflichten aus dem EG-Vertrag von dem Verhalten der Länder abhängig.[136] Speziell unter Berücksichtigung der Tatsache, daß eine dauerhafte Verweigerungshaltung auch nur eines Landes zu einer Zwangsgeldfestsetzung gemäß Art. 228 Abs. 2 EG durch den EuGH führen kann,[137] wäre es geradezu „bundesunfreundlich“, würden die Länder den Bund bei der Umsetzung von EG-Richtlinien nicht unterstützen.[138]

Zwischenergebnis: Die Länder sind durch den Verfassungsgrundsatz des bundesfreundlichen Verhaltens verpflichtet, umsetzungsbedürftiges und in ihre Zuständigkeit fallendes EG-Recht zu transformieren. Die entgegenstehende Meinung, die im Ergebnis nur eine freiwillige Mitwirkung der Länder bei der Umsetzung von EG-Richtlinien anerkennt,[139] geht von einem unrichtigen Verständnis sowohl der Voraussetzungen als auch der Tragweite „bundesfreundlichen Verhaltens“ aus.

---

134 *Jahn/Riedel*, NVwZ 1989, S. 716 (720) ff.

135 *Grabitz*, AöR 111 (1986), S. 1 (29) ff.

136 Zu der sehr begrenzten Möglichkeit des Bundes, nach Art. 37 GG die fehlende Umsetzung eines Landes bzw. der Länder im Wege einer Ersatzvornahme durchzuführen, siehe nachfolgend unter 4.

137 Hierzu und zu der erstmaligen Verurteilung der Bundesrepublik wegen fehlender Umsetzung einer EG-Richtlinie durch die Länder siehe *Oebbecke*, „Dezentraler Vollzug und europäische Integration“, in: Lhotta/Oebbecke/Reh (Hrsg.), „Deutsche und europäische Verfassungsgeschichte: Sozial- und rechtswissenschaftliche Zugänge“, Hans Boldt zum 65. Geburtstag, S. 35 (41) ff. sowie unten im 4. Teil / 1. Kap. / VIII / 3a) / cc).

138 Vgl. *Schweitzer*, ZG 1992, S. 128 (130) ff.

139 *Schwan*, Die deutschen Bundesländer im Entscheidungssystem der Europäischen Gemeinschaften, 1982, S. 167: „Um einem Vertragsverletzungsverfahren zu entgehen, ist er (der Bund) auf die freiwillige Mitarbeit der Länder angewiesen.“

3. Gemeinschaftstreue der Länder

Ähnlich dem Verfassungsgrundsatz der Bundestreue wird in der Literatur erwogen, aus Art. 10 EG oder aus einer Zusammenschau sowie dem Sinn und Zweck der Gemeinschaftsrechtsordnung für das Verhältnis der Mitgliedstaaten zu der Gemeinschaft und umgekehrt das Bestehen einer Gemeinschaftstreue anzunehmen.[140]

Ob ein solches „Treueband" tatsächlich besteht - immerhin handelt es sich bei der EG nicht um einen Staat, sondern nur um einen Staatenverbund[141] - ist nicht unbestritten.[142] Im Hinblick auf eine Umsetzungsverpflichtung sekundären EG-Rechts durch die Länder wurde aber schon festgestellt, daß hier ggü. der EG allein der Bund in der Pflicht steht. Für die Länder gibt es eine Treuepflicht nur ggü. dem Bund.

4. Bundesersatzvornahmekompetenz gemäß Art. 37 Abs. 1 GG

Wie bereits festgestellt,[143] besitzt der Bund keine Durchführungskompetenz von EG-Recht, das innerstaatlich den Gesetzgebungsbereich der Länder betrifft. Aus diesem Grunde stellt sich die Frage, ob es dem Bund möglich ist - bei einer dauerhaften und willkürlichen Weigerung der Länder,[144] sekundäres Gemeinschaftsrecht umzusetzen - zur Wahrung seiner völkerrechtlichen Pflichten ggü. der EG, anstelle der Länder ein entsprechendes Transformationsgesetz zu erlassen. Als Grundlage einer solchen Sicherungskompetenz wird z. T. Art. 24 Abs. 1 GG herangezogen, was dann konsequent ist, wenn man Art. 24 Abs. 1 GG generell als die Kompetenznorm zur Umsetzung von EG-Richtlinien durch den Bund versteht.[145] Auch hier gilt aber: Art. 24 Abs. 1 GG bzw. Art. 23 Abs. 1 S. 2 GG n. F. eröffnen dem Bund weder eine Umsetzungs- noch eine Ersatzvornahmekompetenz. Letzteres scheidet schon deshalb aus, weil das Grundgesetz mit Art. 37 GG eine ausdrückliche Spezialregelung enthält.[146]

---

[140] *Haas*, DÖV 1988, S. 613 (614) ff.; *Trüe*, EuR 1996, S. 179 (192 und 193) ff.; *Herdegen*, Europarecht, 2. Auflage 1999, Rdnr. 94 ff.

[141] *Epping*, Jura 1995, S. 449 ff.; *Herdegen*, Europarecht, 2. Auflage 1999, Rdnr. 84.

[142] Kritisch etwa *Kössinger*, Die Durchführung des Europäischen Gemeinschaftsrechts im Bundesstaat, Diss. München 1988, S. 89 ff.

[143] Siehe oben 2. Teil / II / 2b).

[144] In Betracht kommt schon die Weigerung nur eines oder mehrerer, nicht aber zwingend aller Länder.

[145] *Riegel*, EuR 1976, S. 79 (87) ff.; *ders.*, in: DVBl. 1979, S. 245 (250) ff.; *ders.*, in: NuR 1981, S. 90 (93).

[146] So auch *Scheuing*, EuR 1985, S. 229 (242) ff.

Zu prüfen bleibt, ob Art. 37 GG auch in dem Fall einer Nichtumsetzung von EG-Richtlinien greift und welches prinzipiell die Voraussetzungen für eine Ersatzvornahme des Bundes sind.

a) Voraussetzungen für die Anwendung von Bundeszwang nach Art. 37 GG

Gemäß Art. 37 Abs. 1 GG ist Bedingung für die Anwendung des Bundeszwangs, daß ein Land eine ihm nach dem Grundgesetz oder einem anderen Bundesgesetz obliegende Bundespflicht nicht erfüllt. Die Umsetzung einer EG-Richtlinie müßte demzufolge für die Länder eine Bundespflicht darstellen. Wie bereits festgestellt, sind die Länder nach dem Grundsatz des bundesfreundlichen Verhaltens zur Umsetzung sekundären EG-Rechts verpflichtet. Dieses Bundestreueprinzip wird aus dem Grundgesetz, speziell aus dem Bundesstaatsprinzip, abgeleitet. Umsetzungsbedürftiges EG-Recht zu transformieren ist daher eine Bundespflicht der Länder i. S. v. Art. 37 Abs. 1 GG.[147]

b) Art. 37 GG als ultima ratio

Verstoßen die Länder gegen eine der in Art. 37 GG bezeichneten Pflichten, so kann die Bundesregierung mit Zustimmung des Bundesrates die „notwendigen Maßnahmen" treffen, um das jeweilige Land zur Erfüllung seiner Pflichten anzuhalten. Mit der h. L. fällt unter die „notwendigen Maßnahmen" auch die Vornahme der unterlassenen Handlung (sog. Ersatzvornahme). Entspricht ein Land also nicht seiner Verpflichtung, EG-Richtlinien umzusetzen, dann kann dem Bund - mittels Bundeszwang - eine eigene Durchführungskompetenz zufallen.[148] Der Bund ist hierbei berechtigt, Landesgesetze zu erlassen.[149]

Dennoch: Schon die Tatsache, daß die Anwendung des Bundeszwanges sowohl im Hinblick auf das Bundesstaatsprinzip[150] als auch bezüglich der Gewaltenteilung[151] ein problematisches Instrument ist, zeigt, daß es hier um eine Maßnahme geht, die als ultima ratio erst in Betracht kommt, wenn sich ein Land

---

[147] Vgl. *Maunz*, in: Maunz/Dürig, Art. 37 GG, Rdnr. 17; Vogel, in: FS Stern, 1997, S. 819 (829).

[148] *Grabitz*, AöR 111 (1986), S. 1 (32) ff.; *Zuleeg*, DVBl. 1992, S. 1329 (1332/1333) ff.

[149] Vgl. *Maunz*, in: Maunz/Dürig, Art. 37 GG, Rdnr. 55.

[150] Rechte der Gliedstaaten können, wenn auch ausnahmsweise, auf den Gesamtstaat übergehen. Dies stellt in jedem Fall einen starken Eingriff in die Eigenstaatlichkeit der Länder dar.

[151] Das Ersatzvornahmerecht zum Erlaß des entsprechenden Landesrechts steht der Bundesregierung, somit der Exekutive zu, und nicht der Legislative, dem Parlament.

dauerhaft weigert, eine EG-Richtlinie umzusetzen.[152] Es verwundert insofern nicht, daß es in der Geschichte der Bundesrepublik Deutschland noch keinen Fall angewandten Bundeszwanges gegeben hat.[153, 154]
Da es sich bei einer auf Art. 37 GG gestützten Ersatzvornahme um ein außerordentlich scharfes Zwangsmittel handelt, sind sowohl vor als auch während der Vornahmehandlung besondere Anforderungen an die Beachtung der allgemeinen rechtsstaatlichen Grundsätze zu erheben.[155] Konkret bedeutet dies, daß die Umsetzung einer EG-Richtlinie aus dem Bereich der Länderkompetenzen durch den Bund erst dann in Frage kommt, wenn dem entsprechenden Land zuvor Gelegenheit gegeben wurde, die fehlende Umsetzung doch noch selbst vorzunehmen.[156] Nicht verpflichtet ist der Bund, zunächst ein Bund-Länder-Streitverfahren nach Art. 93 Abs. 1 Nr. 3 GG vor dem BVerfG anzustrengen. Eine derartige Vorgehensweise wird bei Maßnahmen nach Art. 37 GG allgemein für nicht erforderlich gehalten; vielmehr wird die Feststellung der Tatbestandsvoraussetzungen der Ermessensentscheidung des Bundes überantwortet.[157]

Ungeklärt ist die Situation, wenn kein Fall eines offensichtlich beabsichtigten Umsetzungsdefizits in den Ländern vorliegt, sondern das betreffende Land davon ausgeht, es bestehe kein Umsetzungsbedarf.[158] Ist der Bund auch in einem

---

[152] *Hailbronner*, JZ 1990, S. 149 (157) ff. spricht von einer offenkundigen und anders nicht behebbaren Mißachtung der Gemeinschaftsrechtsordnung durch ein Bundesland.

[153] Siehe den Nachweis bei *Pieroth*, in: Jarass/Pieroth, Art. 37 GG, Rdnr. 1; *Ossenbühl*, DVBl. 1989, S. 1230 (1233) ff.; *Hailbronner*, JZ 1990, S. 149 (157) ff.

[154] Mag die Untersuchung daher in dieser Hinsicht eher theoretischer Natur sein, so ist doch nicht ausgeschlossen, daß es einmal zu einer Verweigerungshaltung eines Landes kommen kann. Immerhin fürchten die Länder nicht völlig zu Unrecht, im Zuge der fortschreitenden Unitarisierung auf europäischer Ebene auch die letzten ihnen innerstaatlich verbliebenen Kompetenzen zu verlieren. Daß es zwischen Bund und Ländern im Hinblick auf europäisches Richtlinienrecht durchaus zu Streit kommen kann, zeigt das Verfahren vor dem BVerfG bezüglich der EG-Fernsehrichtlinie. Hierzu siehe die Erläuterung im 4. Teil / 4. Kap. / II / 1d). Allgemein zur Ratio des Bundeszwanges und zu der Auffassung, daß diese Eingriffsmöglichkeit in einem Bundesstaat unentbehrlich ist, *Maunz*, in: Maunz/Dürig, Art. 37 GG, Rdnr. 9.

[155] Siehe auch *Grabitz*, AöR 111 (1986), S. 1 (32) ff. Zu diesen Grundsätzen zählt speziell das Verhältnismäßigkeitsprinzip und die Pflicht zur Anwendung des mildesten Mittels.

[156] Dies deckt sich prinzipiell mit der Annahme, daß die Anwendung der in Art. 37 GG vorgesehenen Maßnahmen „ultima ratio" ist. Anders *Maunz*, in: Maunz/Dürig, Art. 37 GG, Rdnr. 31, der das Gebot der „ultima ratio" nur als politische Maßgabe und nicht als rechtliche Verpflichtung betrachtet.

[157] *Maunz*, in: Maunz/Dürig, Art. 37 GG, Rdnr. 27 ff.

[158] Etwa weil angenommen wird, das bestehende Landesrecht entspreche bereits den Zielvorgaben der Richtlinie.

solchen Fall berechtigt, ohne richterliche Entscheidung Bundeszwang anzudrohen und ggf. auch anzuwenden, oder obliegt in derartigen Zweifelsfällen die Tatbestandsfeststellung allein den Gerichten? Die bisherige Betrachtung hat ergeben, daß es im Ermessen des Bundes steht, von den Voraussetzungen des Art. 37 GG auszugehen und die „notwendigen Maßnahmen" zu ergreifen. In dem Bereich zulässiger Ermessensausübung muß dem Bund somit auch im vorbezeichneten Fall das Recht zustehen, selbständig über die Anwendung der Tatbestandsvoraussetzungen des Bundeszwanges zu befinden. Da die Ausübung von Bundeszwang jedoch „ultima ratio" ist,[159] wird die Bundesregierung gut beraten sein, vor der Durchführung einer möglichen Ersatzvornahme eine höchstrichterliche Entscheidung zur Tatbestandsfeststellung des Art. 37 GG einzuholen;[160] zumal bei bestehenden Zweifeln ein Rückgriff auf Art. 37 GG ausscheidet.[161]

Eine andere Frage ist, welches Gericht vom Bund im Ernstfall anzurufen wäre, das BVerfG oder der EuGH? Die Frage nach den Tatbestandsvoraussetzungen des Bundeszwanges ist ausschließlich verfassungsrechtlicher Natur; ihre Klärung obliegt damit dem BVerfG; das richtige Verfahren ist das des Bund-Länder-Streites nach Art. 93 Abs. 1 Nr. 3 GG.[162] Kommt es im Rahmen eines solchen Verfahrens streitentscheidend auf die Auslegung europäischen Gemeinschaftsrechts an, dann ist jedoch auch das BVerfG verpflichtet, diese Frage dem EuGH zur Vorabentscheidung gemäß Art. 234 EG vorzulegen.[163]

IV. Ergebnis

EG-Richtlinien verfolgen das Ziel der Harmonisierung der Rechtsordnungen innerhalb der EU-Mitgliedstaaten. Aus Art. 10, 249 Abs. 3 EG i. V. m. den jeweils einschlägigen Bestimmungen der Richtlinien läßt sich ein verbindlicher Handlungsauftrag an die nationalen Gesetzgeber entnehmen, binnen einer regelmäßig vorgegebenen Frist die Zielvorgaben der Richtlinien in nationales Recht umzusetzen.

---

[159] Vgl. Vogel, in: FS Stern, 1997, S. 819 (825) ff.

[160] Die neutrale Klärung der Rechtslage durch die Gerichte wird regelmäßig der geeignetste Weg sein, um zur Entspannung eines Streitverhältnisses zwischen dem Bund und den Ländern beizutragen.

[161] *Hailbronner*, JZ 1990, S. 149 (157) ff.

[162] *Maunz*, in Maunz/Dürig, Art. 37 GG, Rdnr. 59.

[163] Insofern unterliegt auch das BVerfG der Vorlagepflicht; siehe *Oppermann*, Europarecht, 2. Auflage 1999, Rdnr. 773; *Trautwein*, JuS 1997, S. 893 ff.

Sofern innerstaatliches Recht mit dem Recht der Gemeinschaft kollidiert, kommt dem EG-Recht ein Anwendungsvorrang zu; bei EG-Richtlinien jedoch nur insofern, als diese unmittelbare Wirkung entfalten.

EG-Richtlinien, die Bereiche ausschließlicher Gesetzgebungskompetenzen der Länder berühren, sind analog Art. 30, 70 ff. GG von den Ländern in nationales Landesrecht zu transformieren. Ebenfalls in die alleinige Zuständigkeit der Länder fällt in aller Regel die Umsetzung von Richtlinien aus dem Anwendungsbereich des Art. 75 GG. Dies ergibt eine an Sinn und Zweck des Art. 75 GG orientierte Auslegung unter Berücksichtigung des historischen Willens des Reformgesetzgebers von 1994.

Neben das Recht, tritt auch die Verpflichtung der Länder, die Umsetzung tatsächlich durchzuführen. Diese Pflicht ergibt sich nicht unmittelbar aus dem Gemeinschaftsrecht, sondern folgt allein aus dem Verfassungsgrundsatz der Bundestreue. Eine Ersatzvornahmekompetenz des Bundes aus Art. 37 GG ist rechtlich zulässig und künftig nicht ausgeschlossen, momentan aber noch eher von theoretischer Bedeutung.

3. Teil Voraussetzungen einer ordnungsgemäßen Umsetzung von EG-Richtlinien durch die Länder

I. Abstrakte Anforderungen an eine gemeinschaftskonforme Umsetzung von EG-Richtlinien durch die Länder

Gemäß Art. 249 Abs. 3 EG überläßt die EG-Richtlinie den innerstaatlich zuständigen Stellen der Mitgliedstaaten die Wahl der Form und der Mittel bei der Umsetzung.

Nimmt man diesen Wortlaut des Art. 249 Abs. 3 EG, dann fragt sich, warum es überhaupt der gesonderten Untersuchung der Voraussetzungen einer ordnungsgemäßen Umsetzung bedarf. Sind die Mitgliedstaaten nicht frei bei der Gestaltung der Umsetzung von EG-Richtlinien, wie dies der EG-Vertrag vorzugeben scheint? Ergibt die Auslegung des Art. 249 Abs. 3 EG, daß der Wortlaut dieser Vorschrift ein unklares Ergebnis liefert? In dieser Hinsicht hat speziell der Europäische Gerichtshof mit seiner Rechtsprechung der letzen Jahre die Diskussion über die Anforderungen an eine formell ordnungsgemäße Umsetzung europäischen Sekundärrechts entfacht. Ging die allgemeine Meinung bislang davon aus, den Mitgliedstaaten gebühre eine umfassende Wahlfreiheit bei der Umsetzung von EG-Richtlinien, so ist man durch den EuGH eines anderen belehrt worden. Diese Rechtsprechung darzustellen und die Voraussetzungen aufzuzeigen, die nunmehr von den Mitgliedstaaten bei ihrer Umsetzung europäischen Gemeinschaftsrechts zu beachten sind, ist Aufgabe und Ziel in diesem 3. Teil. Erst wenn die Mindestvoraussetzungen an eine „richtige“ Umsetzung geklärt sind, wird es möglich sein, im Anschluß die einzelnen Umsetzungsmaßnahmen der Länder auch unter diesem Gesichtspunkt zu beurteilen.

1. Der gemeinschaftsrechtliche Grundsatz der praktischen Wirksamkeit

Gemäß Art. 10 EG trifft die Mitgliedstaaten die allgemeine Pflicht, ihr nationales Handeln mit den Grundsätzen und Verpflichtungen in Einklang zu bringen, die für sie aus dem EG-Vertrag folgen. In bezug auf die Umsetzung von EG-Richtlinien bedeutet dies, daß die Mitgliedstaaten bei der Transformation die Wege zu beschreiten haben, „die sich zur Gewährleistung der praktischen Wirksamkeit (»effet utile«) der Richtlinien, unter Berücksichtigung des mit ihnen verfolgten Zweckes, am besten eignen“.[164] Der in Art. 249 Abs. 3 EG enthaltene

---

[164] *EuGH*, Urt. v. 08. 04. 1976, Rs. C- 48/75, Slg. 1976, S. 497 (517) ff. (*Royer*); *EuGH*, Urt. v. 10. 04. 1984, Rs. 14/83, Slg. 1984, S. 1891 (1906) ff. (*von Colson und Kamann*); *EuGH*,

Grundsatz der mitgliedstaatlichen Wahlfreiheit bei der Umsetzung von Richtlinien erfährt damit schon durch den EG-Vertrag selbst seine erste Einschränkung: Nicht jede Umsetzung, sondern nur die mit der größtmöglichen Effektivität ist formell ordnungsgemäß.[165]

2. Nichtdiskriminierungsgrundsatz

Eine weitere Einschränkung für die „Wahlfreiheit" der Mitgliedstaaten bei der Umsetzung von EG-Richtlinien ergibt sich aus dem vom EuGH entwickelten „Nichtdiskriminierungsgrundsatz".[166] Diesem Grundsatz zufolge[167] sind die Mitgliedstaaten verpflichtet, ihrer Umsetzungsmaßnahme eine Rechtsqualität beizumessen, die zumindest derjenigen entspricht, welche die betreffende Materie bislang im nationalen Recht regelte.[168] War also ein Rechtsgebiet bislang durch formelles Parlamentsgesetz geregelt, so muß auch die Umsetzungsmaßnahme in dieser Weise ergehen; war ein Rechtsgebiet innerstaatlich durch Rechtsverordnung erfaßt, muß die Umsetzung zumindest durch Rechtsverordnung erfolgen.

Urt. v. 10. 04. 1984, Rs. 79/83, Slg. 1984, S. 1921 (1939) ff. (*Harz*); siehe auch *Rengeling*, DVBl. 1995, S. 945 (952) ff.

165 *Vedder*, EWS 1991, S. 293 (294) ff.; *Gellermann/Szczekalla*, NuR 1993, S. 54 (55) ff.; zum Prinzip des »effet utile« bei der Umsetzung von EG-Richtlinien siehe auch *Wägenbaur*, ZG 1988, S. 303 (314) ff.; *Pernice*, EuR 1994, S. 325 (329) ff.; *Schmidt am Busch*, DÖV 1999, S. 581 (583) ff.; allgemein zur Bedeutung gemeinschaftsrechtlicher Prinzipien für die Mitgliedstaaten *Kadelbach*, Allgemeines Verwaltungsrecht unter europäischem Einfluß, S. 108 ff.

166 *EuGH*, Urt. v. 06. 05. 1980, Rs. 102/79, Slg. 1980, S. 1473 (1486) ff. (*Kommission ./. Belgien*); *EuGH*, Urt. v. 06. 05. 1982, Rs. 54/81, Slg. 1982, S. 1449 (1463) ff. (*Fromme*); *EuGH*, Urt. v. 15.10.1986, Rs. 168/85, Slg. 1986, S. 2945 (2961) ff. (*Kommission ./. Italien*); *EuGH*, Urt. v. 03. 03. 1988, Rs. 116/86, Slg. 1988, S. 1323 (1338) ff. (*Kommission ./. Italien*).

167 In der Literatur auch als Grundsatz der Parallelität bezeichnet - vgl. *Pernice*, EuR 1994, S. 325 (333) ff.; *Kadelbach*, Allgemeines Verwaltungsrecht unter europäischem Einfluß, S. 144. Neuerdings ist auch verstärkt von „Äquivalenzprinzip" die Rede.

168 *Gellermann/Szczekalla*, NuR 1993, S. 54 (56) ff.; *Winter*, NuR 1992, S. 21 (22) ff.; *Pernice*, EuR 1994, S. 325 (333) ff.; *Wägenbaur*, ZG 1988, S. 303 (315) ff.; *Beyerlin*, EuR 1987, S. 126 (135) ff.; *Oppermann*, Europarecht, 2. Auflage 1999, Rdnr. 552; *Kadelbach*, Allgemeines Verwaltungsrecht unter europäischem Einfluß, S. 144.

3. Wahrung allgemeiner Rechtsgrundsätze

Speziell durch einen Rückgriff auf allgemeine Rechtsgrundsätze der EU-Mitgliedstaaten hat die Europäische Gemeinschaft selbst wichtige rechtsstaatliche Prinzipien anerkannt und dem Europäischen Gemeinschaftsrecht zugeführt.[169] Diesen rechtsstaatlichen Prinzipien muß jede mitgliedstaatliche Implementation entsprechen.[170] Aber: Die Pflicht, rechtsstaatliche Anforderungen bei der Gesetzgebung zu beachten, folgt bereits aus dem nationalen Verfassungsrecht und ist nicht erst das Ergebnis einer zulässigen Rechtsfortbildung durch den EuGH. Der Gesetzgeber in der Bundesrepublik Deutschland ist an rechtsstaatliche Grundsätze gebunden. Jede nationale Gesetzgebung – und hierzu zählt die Umsetzung von Richtlinien - muß sich an den in Art. 20 GG niedergelegten Grundsätzen messen lassen. Daher ist es wohl übertrieben, allein durch die Geltung allgemeiner Rechtsgrundsätze auf der Ebene der EG eine „wenn auch gebotene, so doch wesentliche Einschränkung der mitgliedstaatlichen Umsetzungsfreiheit" anzunehmen.[171]

a) Rechtssicherheit, Rechtsklarheit und Bestimmtheit

Jede Implementation sekundären Gemeinschaftsrechts muß den Prinzipien der Rechtssicherheit, Rechtsklarheit und Bestimmtheit genügen.[172] Dies folgt einmal aus den zuvor genannten Verfassungsgründen und zum anderen aus dem berechtigten Interesse der Unionsbürger, erkennen zu können, welches ihre Rechte und ihre Pflichten sind.[173] Die Mitgliedstaaten sind daher gehalten, die jeweilige Umsetzungsmaßnahme in einer hierfür geeigneten Form zu veröffentlichen (Publizitätsgebot).[174] Besonders dann, wenn Richtlinien inhaltlich detail-

---

[169] Hierzu *Oppermann*, Europarecht, 2. Auflage 1999, Rdnr. 479 (482) ff.; *Kadelbach*, Allgemeines Verwaltungsrecht unter europäischem Einfluß, S. 108 ff.

[170] *Kadelbach*, Allgemeines Verwaltungsrecht unter europäischem Einfluß, S. 143 ff.

[171] So *Gellermann/Szczekalla*, NuR 1993, S. 54 (56) ff. Genau genommen läßt sich aus der gesetzgeberischen Pflicht zur Beachtung elementarer Rechtsgrundsätze keine „Einschränkung" der Wahlfreiheit bei der Umsetzung ableiten. Denn für den Gesetzgeber in Bund und Ländern besteht niemals irgendeine einzuschränkende „Wahl", grundlegende Verfassungsprinzipien zu mißachten.

[172] *Trüe*, EuR 1996, S. 179 (182) ff.

[173] *EuGH*, Urt. v. 30.05.1991, Rs. C-59/89, Slg. 1991, S. 2607 (2634) ff. (*Blei*); *EuGH*, Urt. v. 17.10.1991, Rs. C-58/89, Slg. I 1991, S. 4983 (5023) ff. (*Kommission ./. Bundesrepublik Deutschland*); *Rengeling*, DVBl. 1995, S. 945 (952) ff.

[174] Vgl. *Kadelbach*, Allgemeines Verwaltungsrecht unter europäischem Einfluß, S. 123.

lierte Vorgaben enthalten, muß auch die Umsetzung ein hohes Maß an Präzision aufweisen.[175]

Dem Gebot der Rechtsklarheit und Bestimmtheit - speziell dem Grundsatz rechtsförmlicher Umsetzung - dürfte aus Sicht der EG-Organe aber noch eine weitere Funktion zukommen: Die Kontrollierbarkeit mitgliedstaatlichen Handelns.[176] Gewährt eine Richtlinie dem Bürger subjektive Rechte, muß es im Zweifel möglich sein, staatliches Handeln gerichtlich zu überprüfen. Da EG-Richtlinien nur in Ausnahmefällen eine unmittelbare Anwendbarkeit zukommt, bedeutet dies, daß der Mitgliedstaat verpflichtet ist, Umsetzungsmaßnahmen zu wählen, die unmittelbare Außenwirkung entfalten. Rein verwaltungsinterne Rechtsakte scheiden daher grundsätzlich aus.[177] Zudem erschweren unbestimmte Rechtsakte der EU-Kommission die Wahrnehmung des ihr nach Art. 211 EG übertragenen Überwachungsauftrages als „Hüterin der Verträge".[178] Der Kommission fehlt es nämlich häufig an den erforderlichen Kenntnissen der Rechtsordnungen ihrer Mitgliedstaaten, um die tatsächliche Anwendung der Richtlinienziele konkret nachzuvollziehen. Einer rechtsförmlichen Transformation kommt daher für die EG-Organe eine nicht zu unterschätzende Bedeutung zu.[179]

b) Erfordernis wörtlicher Übernahme der Richtlinienbestimmungen

Neuerdings wird über eine Pflicht der Mitgliedstaaten diskutiert, EG-Richtlinien wörtlich in das nationale Recht zu übernehmen.[180] Dies mag paradox erscheinen, ist das Wesen der EG-Richtlinie doch gerade darauf gerichtet, nur einen verbindlichen Rahmen für die nationale Umsetzungsgesetzgebung zu

---

[175] Siehe den Schlußantrag des *GA van Gerven*, Rs. C-131/88, Slg. 1991, S. 851: „Richtlinien, die (...) sehr genaue und ins einzelne gehende Bestimmungen enthalten, können nicht durch das Zusammenspiel bereits bestehender, ungenauer Bestimmungen einerseits und einer (selbst unwiderruflichen) Verwaltungspraxis andererseits umgesetzt werden". Ebenso *Pernice*, EuR 1994, S. 325 (334) ff.

[176] *Langenfeld/Schlemmer-Schulte*, EuZW 1991, S. 622 (624) ff.; *Gellermann/Szczekalla*, NuR 1993, S. 54 (56) ff.; *Beyerlin*, EuR 1987, S. 126 (135) ff.

[177] Vgl. *EuGH*, Urt. v. 17.10.1991, Rs. C-58/89, Slg. I 1991, S. 4983 (5023) ff. (*Kommission ./. Bundesrepublik Deutschland*) = NVwZ 1992, 459 ff = EuZW 1991, S. 761 (762) ff.; *Kadelbach*, Allgemeines Verwaltungsrecht unter europäischem Einfluß, S. 313.

[178] *Gellermann/Szczekalla*, NuR 1993, S. 54 (56) ff.; *Herdegen*, Europarecht, 2. Auflage 1999, Rdnr. 44.

[179] Vgl. *Gellermann/Szczekalla*, NuR 1993, S. 54 (56) ff.

[180] *Bleckmann*, in: Bleckmann, Europarecht, 6. Auflage 1997, Rdnr. 441; *Pernice*, EuR 1994, S. 325 (336) ff.; *Hilf*, EuR 1993, S. 1 (13) ff.; *Gellermann/Szczekalla*, NuR 1993, S. 54 (58) ff.

beinhalten.[181] Zu berücksichtigen sind jedoch zwei Aspekte: Zum einen enthalten EG-Richtlinien in zunehmendem Maße detaillierte Vorgaben,[182] wodurch die mitgliedstaatlichen Gesetzgeber nicht selten zu Vollzugsorganen des EG-Rechts degradiert werden.[183] Zum anderen ist die Zahl der Verurteilungen durch den EuGH wegen fehlerhafter Umsetzung von Richtlinien nach wie vor beachtlich.

Mag es aus Sicht des nationalen Gesetzgebers oft auch sinnvoll sein, bei der Umsetzung streng die Vorgaben der jeweiligen Richtlinie zu beachten, so besteht doch keine Pflicht, eine detaillierte Richtlinie wortgetreu zu transformieren. Art. 249 Abs. 3 EG spricht von der Verbindlichkeit des zu erreichenden Richtlinienzieles, und auch der Rechtsprechung des EuGH läßt sich nicht entnehmen, daß dieser Grundsatz in Zukunft keine Geltung mehr haben werde.[184] Zwar ist es richtig, daß der EuGH einerseits stets erklärt, die Mitgliedstaaten seien bei der Umsetzung frei in der Wahl der Formen und Mittel, andererseits aber gerade dieses Gericht sehr strenge Maßstäbe anlegt an eine ordnungsgemäße Umsetzung.[185] Dennoch: Strenge Maßstäbe anzulegen bedeutet aus Sicht des EuGH nicht, von den Mitgliedstaaten eine Blockübernahme von EG-Richtlinien zu verlangen.[186] Die Mitgliedstaaten müssen sicherstellen, daß die Zielvorgaben einer Richtlinie nationale Berücksichtigung finden. In der Regel werden sie diesbezüglich verpflichtet sein, ein Gesetz im materiellen Sinne zu verabschieden.[187] Da aber selbst detaillierte Richtlinien nur selten Vollregelungen enthalten, scheidet eine Blockübernahme regelmäßig aus.[188] Dem EuGH,

---

[181] So auch *Hilf*, EuR 1993, S. 1 (13) ff.

[182] Als Beispiel seien genannt die Richtlinien auf dem Gebiet des europäischen Umweltrechts, etwa des EG-Gewässerschutzrechts.

[183] *Hilf*, EuR 1993, S. 1 (13) ff. bezeichnet die nationalen Parlamente insofern als „Umsetzungsautomaten".

[184] Einen solchen Umkehrschluß zieht aber *Bleckmann*, in: Bleckmann, Europarecht, 6. Auflage 1997, Rdnr. 441. Dort heißt es, daß nur bei einer wörtlichen Übernahme des Richtlinieneinhalts gesichert erscheint, daß die Richtlinie voll durchgeführt werde. Ähnlich *Oppermann*, Europarecht, 2. Auflage 1999, Rdnr. 552, nach dessen Ansicht sich die mitgliedstaatliche Pflicht zu vollständiger Richtlinienumsetzung jedenfalls bei regelungsintensiven Richtlinien auf ein „Abschreiben" des Richtlinieninhalts reduziere.

[185] Dies beklagen *Gellermann/Szczekalla*, NuR 1993, S. 54 (56) ff.

[186] Eine solche wortgetreue Umsetzung könnte beispielsweise durch die Veröffentlichung des Richtlinientextes im nationalen Gesetzblatt erfolgen. Hierdurch würde sicher nationales Recht geschaffen. Vgl. *Hilf*, EuR 1993, S. 1 (13) ff.

[187] Zum Begriff des „Gesetzes im materiellen Sinne" *Herzog*, in: Maunz/Dürig, Art. 20 GG, VI, Rdnr. 51. Gegen eine Unterscheidung „Gesetz im formellen Sinne" und „Gesetz im materiellen Sinne" *Hesse*, Grundzüge des Verfassungsrechts der Bundesrepublik Deutschland, 20. Auflage 1995, Rdnr. 506.

[188] So auch *Hilf*, EuR 1993, S. 1 (13) ff.

dem es auf die praktische Wirksamkeit des EG-Rechts ankommt, liegt es fern, von den Mitgliedstaaten eine nur formale und wörtliche Übernahme des EG-Rechts zu fordern.[189] Nicht auf die Umsetzungstechnik, sondern auf den Umsetzungserfolg kommt es im Ergebnis an. Allein durch eine verbale Übernahme des Richtlinientextes ist eine Verwirklichung der Richtlinienziele noch nicht gewährleistet.[190]

4. Einhaltung der Umsetzungsfristen

Zu einer ordnungsgemäßen Umsetzung von EG-Richtlinien gehört immer auch die Einhaltung der Umsetzungsfristen;[191] auch wenn man die völlige Untätigkeit des Gesetzgebers kaum als einen Akt unzureichender Transformation im Sinne positiven gesetzgeberischen Tuns bezeichnen kann. Bedeutung erlangt die Frage des gesetzgeberischen Unterlassens sowohl als Voraussetzung einer in Betracht zu ziehenden unmittelbaren Direktwirkung einer Richtlinie[192] als auch hinsichtlich eines eventuellen gemeinschaftsrechtlichen Staatshaftungsanspruchs.[193] Schließlich führt eine fehlerhafte, weil unterbliebene Umsetzung

---

[189] Ausdrücklich gegen eine wörtliche Übernahmepflicht *EuGH*, Urt. v. 17.10.1991, Rs. C-58/89, Slg. 1991, S. 5019 (5023) ff. In diesem Sinne auch *GA Slynn*, Schlußantrag vom 27. März 1985, Rs. 29/84, Slg. 1985, S. 1662 (1665) ff. (*Krankenschwestern und Krankenpfleger*).

[190] Oft dürfte der einzige Vorteil eines wortgleichen Umsetzungsgesetzes in der Beschleunigung des Gesetzgebungsprozesses liegen. Die Anwendungsfähigkeit einer Transformationsnorm auf der Basis wörtlicher Übernahme der Richtlinienvorgaben um der Sache willen ist jedenfalls zweifelhaft. Denn eine Abstimmung mit der nationalen Rechtsordnung findet in diesen Fällen selten statt. Damit aber sind Unsicherheiten und Vollzugsmängel fast vorprogrammiert. Vgl. *Pernice*, EuR 1994, S. 325 (337) ff.; *Engelsberger*, Der Vollzug europarechtlicher Vorschriften auf dem Gebiet des Umweltschutzes, Diss. Bayreuth 1996/97.

[191] *Breuer*, WiVerw 1990, S. 79 (115) ff.; *Scherzberg*, Jura 1992, S. 572 (576) ff.; zum zwingenden Charakter der Umsetzungsfrist auch *EuGH*, Rs. C-221/88, Slg. 1990 I, S. 495 (528/529) ff. (*Busseni*).

[192] *Hilf*, EuR 1993, S. 1 (8) ff.

[193] Zu den Voraussetzungen einer unmittelbaren Richtlinienwirkung siehe *Oppermann*, Europarecht, 2. Auflage 1999, Rdnr. 556; *Bleckmann*, in: Bleckmann, Europarecht, 6. Auflage 1997, Rdnr. 433; *Herdegen*, Europarecht, 2. Auflage 1999, Rdnr. 183; *Kadelbach*, Allgemeines Verwaltungsrecht unter europäischem Einfluß, S. 71 ff.; *Gellermann*, Beeinflussung des bundesdeutschen Rechts durch Richtlinien der EG, Diss. Osnabrück 1993/94, S. 125 ff.; *Haslach*, DuD 1998, S. 693 ff. Zu den Voraussetzungen eines gemeinschaftsrechtlichen Staatshaftungsanspruches siehe *Kadelbach*, Allgemeines Verwaltungsrecht unter europäischem Einfluß, S. 162 ff.; *Gellermann*, Beeinflussung des bundesdeutschen Rechts durch Richtlinien der EG, Diss. Osnabrück 1993/94, S. 203; *Herdegen*, Europarecht, 2. Auflage 1999, Rdnr. 232; *Haslach*, DuD 1998, S. 693 (697) ff.

auch zu der Verpflichtung nationaler Stellen, bei vorhandenen Auslegungsschwierigkeiten das nationale Recht richtlinienkonform zu interpretieren.[194]

Es kann festgehalten werden, daß aus Sicht des Gemeinschaftsrechts eine formell ordnungsgemäße Umsetzung immer die Einhaltung der Umsetzungsfristen erfordert.[195] Zudem kann sich nach ständiger Rechtsprechung des EuGH kein Mitgliedstaat auf Bestimmungen, Übungen oder Umstände seiner Rechtsordnung berufen, um die Mißachtung von Verpflichtungen aus dem EG-Recht zu rechtfertigen.[196] Aus der Perspektive der EG sind nämlich alle nationalen Hoheitsträger Organe eines Rechtsträgers.[197]

II. Auswirkungen dieser abstrakten Anforderungen auf die Wahl der zulässigen Formen und Mittel der konkreten Umsetzungspraxis in den Ländern

1. Umsetzung von Richtlinien durch förmliches Gesetz

Als Grundsatz gilt: Was nach staatlichem Recht dem Gesetzesvorbehalt unterliegt, bedarf auch im Rahmen der Umsetzung von EG-Richtlinien einer Regelung durch ein Gesetz im materiellen Sinne.[198] Ob dieses Umsetzungsgesetz auf der Grundlage einer formellgesetzlichen Ermächtigung als Rechtsverordnung oder Satzung ergeht oder ob ein Parlamentsgesetz erforderlich ist, orientiert sich

---

[194] Zu der richtlinienkonformen Auslegung nationalen Rechts siehe *Gellermann*, Beeinflussung des bundesdeutschen Rechts durch Richtlinien der EG, Diss. Osnabrück 1993/94, S. 103 ff.; *Kadelbach*, Allgemeines Verwaltungsrecht unter europäischem Einfluß, S. 95 ff.; *Götz*, NJW 1992, S. 1849 (1853) ff.; *Zuleeg*, VVDStRL 54 (1994), S. 154 (165 ff.); *Ress*, DÖV 1994, S. 489 ff.; *Jarass*, EuR 1991, S. 211 ff.; *Dänzer-Vanotti*, DB 1994, S. 1052 ff.

[195] Zwar kann eine spätere, wenn auch verfristete Umsetzung noch die Zielvorgaben einer EG-Richtlinie erfüllen und insofern ein mögliches Vertragsverletzungsverfahren gemäß Art. 226 ff. EG abwenden. Im Hinblick auf eventuelle Staatshaftungsansprüche betroffener Unionsbürger bleibt die ursprüngliche Fristversäumnis aber durchaus relevant. Als Beispiel sei die verspätete Umsetzung im Fall der sog. Pauschalreiserichtlinie 90/314/EWG durch die Bundesrepublik Deutschland genannt sowie das mehreren Klagen betroffener Unionsbürger stattgebende Urteil des EuGH im Fall Dillenkofer und andere. Hierzu siehe *EuGH*, Urt. v. 8. 10. 1996 – verbundene Rs. C-178/94, C-179/94, C-188/94, C-189/94 und C-190/94 (*Erich Dillenkofer und andere ./. Bundesrepublik Deutschland*), NJW 1996, S. 3141 ff. = EuGRZ 1996, S. 450 ff. sowie die Anmerkung von *Huff*, in: NJW 1996, S. 3190 ff.

[196] Siehe z. B. *EuGH*, verbundene Rs. 227/85 bis 230/85, Slg. 1988, S. 8 (11) ff. (*Kommission ./. Belgien*); *Grabitz*, in: Grabitz/Hilf, Maastrichter Fassung, Art. 189, Rdnr. 57 m. w. N.

[197] Vgl. *EuGH*, Rs. 102/79, Slg. 1980, S. 1473 ff.; *Mögele*, BayVBl. 1989, S. 577 (583) ff.

[198] Zum Begriff des „Gesetzes im materiellen Sinne" siehe *Herzog*, in: Maunz/Dürig, Art. 20 GG, VI, Rdnr. 51.

zunächst an der Rechtsform, in der die entsprechende Materie bislang innerstaatlich geregelt wurde (Nichtdiskriminierungsgrundsatz). Daneben entscheiden auch die inhaltlichen Vorgaben der Richtlinie selbst über die Wahl der richtigen Umsetzungsweise. Ist nämlich mit der Umsetzung ein nicht nur unwesentlicher Eingriff in verfassungsrechtlich geschützte Rechtspositionen verbunden, dann muß die Umsetzung zwingend durch Parlamentsgesetz erfolgen (Stichwort: „Wesentlichkeitstheorie"[199]). Die Frage der richtigen Rechtsform einer Umsetzung beurteilt sich also in erster Linie an den Maßstäben des nationalen Rechts.[200] Dies entspricht Art. 249 Abs. 3 EG und der Tatsache, daß das Transformationsgesetz nationales Recht ist. In jedem Fall gilt: Eine Umsetzung durch Parlamentsgesetz ist stets ordnungsgemäß.

2. Umsetzung von Richtlinien durch Rechtsverordnung

Auch wenn die Umsetzung von EG-Richtlinien durch das Parlament grundsätzlich möglich ist, handelt es sich bei diesem Mittel nur selten um ein tatsächlich zweckmäßiges. Zunächst geht dem Erlaß eines Parlamentsgesetzes zwingend die Einhaltung strikter Formvorschriften voraus. Die Folge ist zwangsläufig ein erheblicher Zeitaufwand. Demgegenüber beläßt eine Umsetzung durch Rechtsverordnung ein gesteigertes Maß an Flexibilität.[201] Da EG-Richtlinien zunehmend spezielle Rechtsgebiete betreffen, ist es ratsam, die Umsetzung an die mit dem jeweiligen Rechtsgebiet betrauten Ministerien zu delegieren. Der Verlagerung der Rechtssetzung auf die Verwaltung folgt somit zugleich eine Entlastung des parlamentarischen Gesetzgebers.[202]

---

[199] Hierzu nachfolgend 2b).

[200] Aus der Sicht des Gemeinschaftsrechts ist vor allem entscheidend, daß dem EG-Recht die größtmögliche Wirksamkeit verschafft wird (»effet utile«) und daß die allgemeinen Rechtsgrundsätze beachtet werden. Darüber hinaus liegt die Verantwortung allein bei den Mitgliedstaaten. Siehe oben 3. Teil / I.

[201] So auch *Kibele*, VBlBW 1996, S. 239 (240).

[202] *Barnstedt*, in: Heckmann/Meßerschmidt (Hrsg.), Gegenwartsfragen des öffentlichen Rechts, 1988, S. 83 (104) ff.; *Reinhardt*, UTR 1997, S. 337 (361) ff.; *Schulte*, Kommunales Abwasser, Diss. Berlin 1995, S. 172.

a) Verordnungsermächtigungen und deren Bestimmtheit gemäß Art. 80 Abs. 1 S. 2 GG bzw. gemäß der jeweiligen Landesverfassungen

Die Übertragung normativer Gestaltungsrechte von der ersten auf die zweite Gewalt ist nach deutschem Verfassungsverständnis nicht ausgeschlossen.[203] Zur Wahrung rechtsstaatlicher Prinzipien, speziell des Grundsatzes der Gewaltenteilung, bedarf es aber der Einhaltung zwingender verfassungsrechtlicher Vorgaben. Diese Maßstäbe sind niedergelegt in Art. 80 GG bzw. in den entsprechenden Vorschriften der einzelnen Landesverfassungen.[204] Die vielfach verwendete Ermächtigung zum Erlaß der „notwendigen Maßnahmen" eignet sich dann als Grundlage der Transformation sekundären EG-Rechts, wenn der Umfang gesetzgeberischer Befugnisse der Exekutive begrenzt ist auf die Verwirklichung des Europäischen Gemeinschaftsrechts.[205] Nicht entscheidend ist, daß die Ermächtigungsgrundlage speziell zur Umsetzung von Richtlinien konzipiert wurde.[206] Sofern im nationalen Recht eine passende Regelung vorhanden ist, reicht dies aus.[207]

---

[203] Zu den verfassungsgeschichtlichen Hintergründen, der Exekutive rechtsetzende Befugnis zu übertragen, siehe *Reinhardt*, UTR 1997, S. 337 (340) ff. m. w. N.

[204] Beispielsweise Art. 70 LV NW; Art. 61 LV BW; Art. 64 VvB; Art. 80 BbgVerf; Art. 107 i. V. m. Art. 118 HV; Art. 57 Verf. M-V; Art. 104 SVerf; Art. 79 Verf. LSA; Art. 43 Nds. Verf.; Art. 84 VerfThür. Voraussetzung für den Erlaß einer Rechtsverordnung ist demnach, daß die Verwaltung gesetzlich ermächtigt ist und Inhalt, Zweck und Ausmaß der Ermächtigung im Gesetz festgelegt sind. Hierdurch werden sowohl Globalermächtigungen ausgeschlossen als auch dem Gesetzgeber die Pflicht auferlegt, die Grundlinien der zu treffenden Regelung selbst zu bestimmen. Vgl. *Hesse*, Grundzüge des Verfassungsrechts der Bundesrepublik Deutschland, 20. Auflage 1995, Rdnr. 527; *Reinhardt*, UTR 1997, S. 337 (342) ff. Im Hinblick auf Ermächtigungsvorschriften zur Umsetzung einer Richtlinie besteht darüber hinaus Einigkeit, daß hier geringere Anforderungen an die Bestimmtheit der Ermächtigung gestellt werden können, da der Zweck des Art. 80 Abs. 1 S. 2 GG nicht in gleicher Weise wie bei rein nationalen Sachverhalten eingreife. Vgl. *Pieroth*, in: Jarass/Pieroth, Art. 80 GG, Rdnr. 12a; *Schmidt am Busch*, DÖV 1999, S. 581 (584/585) ff.; aus der Rechtsprechung siehe *BVerfGE* 29, S. 198 (210) ff. Grundlegend zu dieser Thematik auch *Meyer zu Brickwedde*, „Die Ermächtigung zum Erlaß von Rechtsverordnungen nach Art. 80 Abs. 1 GG zur Ausführung von Gemeinschaftsrecht: eine Untersuchung über die Zulässigkeit genereller Verordnungsermächtigungen zur normativen Umsetzung des Gemeinschaftsrechts", Diss. Osnabrück 1987. Über die rechtlich zulässigen Möglichkeiten der Gestaltung der Verordnungsermächtigung informiert *Reinhardt*, UTR 1997, S. 337 (352) ff. Einen rechtlichen Überblick hinsichtlich Verordnungsermächtigungen mit supra- und internationalen Bezügen siehe auch *Ziekow*, JZ 1999, S. 963 ff.

[205] *BVerfGE* 45, S. 142 (165) ff.; *Barnstedt*, in: Heckmann/Meßerschmidt (Hrsg.), Gegenwartsfragen des öffentlichen Rechts, 1988, S. 83 (98) ff.; *Ziekow*, JZ 1999, S. 963 (968) ff.

[206] Die Verordnungsermächtigung muß allerdings in jedem Fall den Anforderungen des Art. 80 Abs. 1 Satz 2 GG genügen. Denn die bei EG-Richtlinien bestehende Umsetzungspflicht befreit den Gesetzgeber nicht von der Beachtung zwingenden Verfassungsrechts, sofern er

b) „Wesentlichkeitstheorie“ und Parlamentsvorbehalt

Auch bei der Wahl der richtigen Rechtsform der Umsetzung von EG-Richtlinien sind die Grundsätze zu beachten, die das BVerfG durch die sog. Wesentlichkeitstheorie im Zusammenhang mit dem autonomen Satzungsrecht juristischer Personen des öffentlichen Rechts Anfang der siebziger Jahre entwickelt hat.[208] Den Gesetzgeber trifft hiernach die verfassungsrechtliche Pflicht, die wesentlichen Fragen einer Grundrechte beeinträchtigenden Materie selbst zu regeln und sie nicht ohne weiteres dem ermächtigten Selbstverwaltungs- oder sonstigen Exekutivorgan zu überlassen.[209] Welches konkret die wesentlichen Fragen sind, die der parlamentarischen Entscheidung vorbehalten werden müssen, konnte das Gericht nicht abschließend entscheiden. Diese Prüfung bleibt dem Einzelfall überlassen.[210]

Festgehalten werden kann: Auf der Grundlage einer formellrechtlichen Ermächtigung ist die Umsetzung von EG-Richtlinien durch Rechtsverordnung ein zweckmäßiges Mittel, um flexibel und zügig auf die europäische Entwicklung zu reagieren.[211] Nur wenn die Umsetzungsmaßnahme Grundrechte „wesentlich“

---

bei der Umsetzung auf das Mittel der Rechtsverordnung zurückgreifen möchte. Vgl. auch *Ziekow*, JZ 1999, S. 963 (968) ff.; *Ossenbühl*, DVBl. 1999, S. 1 (7); *Kadelbach*, Allgemeines Verwaltungsrecht unter europäischem Einfluß, S. 301.

[207] Allerdings zeichnet sich in der Gesetzgebung von Bund und Ländern ab, spezielle Ermächtigungsgrundlagen für die Umsetzung Europäischen Gemeinschaftsrechts zu erlassen. Hierdurch werden eindeutige Maßstäbe gesetzt, was aus Gründen der Rechtssicherheit zu begrüßen ist. Als Beispiel seien genannt: *Bund*: § 6a WHG, § 20a BBG, § 48a BImSchG, § 26a BNatSchG, § 22d FlHG. *Länder*: § 21a Abs. 4 LBG NW, § 2a LWG NW, § 2a BrWG; § 2b NWG, § 2 LWaG MV, § 4 SächsWG, § 12a SWG, § 14a WG BW, § 19 Abs. 2 BbgWG, § 19a Abs. 2 HWaG, § 41j BayWG, § 67 WG LSA, § 134 Abs. 1 ThürWG. Kritisch gegenüber „allzu weit“ gefaßten Verordnungsermächtigungen *Ossenbühl*, DVBl. 1999, S. 1 (7).

[208] Zur „Wesentlichkeitstheorie“ in der Rechtsprechung des BVerfG und ihrer Bedeutung für die Auslegung des Art. 80 Abs. 1 S. 2 GG siehe *Cremer*, AöR 122 (1997), S. 248 (259) ff.; *Herzog*, in: Maunz/Dürig, Art. 20 GG, VI, Rdnr. 85; *Hesse*, Grundzüge des Verfassungsrechts der Bundesrepublik Deutschland, 20. Auflage 1995, Rdnr. 509.

[209] *BVerfGE* 33, S. 125 (158) ff. (*Facharzt*); *BVerfG*, Urt. v. 6. 7. 1999 – 2 BvF 3/90, NJW 1999, S. 3253 (3254) ff. (*Legehennen*); *Herzog*, in: Maunz/Dürig, Art. 20 GG, VI, Rdnr. 85.

[210] Nach *Hesse*, Grundzüge des Verfassungsrechts der Bundesrepublik Deutschland, 20. Auflage 1995, Rdnr. 509 sind als „wesentlich“ immer die Entscheidungen anzusehen, die Grundrechte beschränken oder durch die kollidierende Grundrechte gegeneinander abgegrenzt werden.

[211] Siehe auch *Kadelbach*, Allgemeines Verwaltungsrecht unter europäischem Einfluß, S. 314.

beschränkt, bedarf es einer Regelung durch den parlamentarischen Gesetzgeber.[212]

3. Umsetzung von Richtlinien in der Rechtsform der Satzung

Die Satzung unterscheidet sich von den zuvor erläuterten Parlamentsgesetzen und Rechtsverordnungen dadurch, daß sie nicht vom „Staat“ als dem staatlichen Gesetzgeber oder dem staatlichen Exekutivorgan erlassen wird, sondern von einer zwar dem Staat eingeordneten, aber dennoch selbständigen juristischen Person des öffentlichen Rechts im Rahmen der dieser verliehenen Satzungsautonomie.[213] Obschon nicht unstreitig, sind die Voraussetzungen des Art. 80 Abs. 1 S. 2 GG auf das Satzungsrecht nicht, auch nicht analog, anwendbar.[214] Allerdings bedarf auch der Satzungsgeber für seine Gesetzgebung einer formellgesetzlichen Rechtsgrundlage. Ist diese Voraussetzung erfüllt, und fällt die umzusetzende Rechtsmaterie in die Kompetenz des Satzungsgebers, dann bestehen gegen diese Form der Umsetzung von EG-Richtlinien keine Bedenken. Zweifel an der Zulässigkeit ergeben sich auch nicht aus dem Gemeinschaftsrecht. Dieses überläßt es in Art. 249 Abs. 3 EG nämlich gerade den Mitgliedstaaten, die „innerstaatlichen Stellen“ der Umsetzung zu bestimmen; allein die allgemeinen Anforderungen an eine ordnungsgemäße Umsetzung sind zu beachten.[215] Da Satzungen Gesetze im materiellen Sinne darstellen, ihnen damit grundsätzlich Außenwirkung zukommt, unterliegen sie im Streitfall der gerichtlichen Kontrolle und genügen insofern dem Rechtsschutzbedürfnis der Unionsbürger. Wie die Rechtsverordnungen, müssen auch Satzungen den Anforderungen der „Wesentlichkeitstheorie“ genügen. Die für die Ausübung von Grundrechtspositionen bzw. für die Entfaltung grundrechtlicher Gewährleistungen wesentlichen Entscheidungen bleiben so auch hier dem parlamentarischen Gesetzgeber vorbehalten.[216]

---

[212] Ebenso *Ziekow*, JZ 1999, S. 963 (970).

[213] *BVerfGE* 33, S. 125 (156) ff.; *Maurer*, Allgemeines Verwaltungsrecht, § 4, Rdnr. 14.

[214] Zum Streitstand vgl. *Schmidt am Busch*, DÖV 1999, S. 581 (585) ff.

[215] Insofern speziell die Voraussetzungen der praktischen Wirksamkeit, der Rechtsklarheit und der Bestimmtheit; diesbezüglich oben 3. Teil / I.

[216] *Schmidt am Busch*, DÖV 1999, S. 581 (586) ff.

4. Umsetzung von Richtlinien durch Verweisung

a) Dynamische Verweisungsnormen als Umsetzungsinstrument in der Praxis der Rechtssetzung der Länder

Bei der Umsetzung von EG-Richtlinien mittels dynamischer Verweisung ebnet der Gesetzgeber den Richtlinienvorgaben dadurch den Weg in die innerstaatliche Rechtsordnung, daß er die Zielvorgaben der umzusetzenden Richtlinie *in deren jeweils gültiger Fassung* für verbindliches Recht erklärt.[217] Konkret erfolgt dies über eine Bezugnahme auf die umzusetzende Richtlinie in einer Vorschrift des Transformationsgesetzes.[218] Im Unterschied zu statischen Verweisungen, bei denen auf eine andere Norm in einer ganz bestimmten Fassung Bezug genommen wird, akzeptieren dynamische Verweisungen vorab spätere Änderungen des einbezogenen Rechts.[219] Diese Form der Umsetzung ist rechtstechnisch komfortabel.[220] Es bestehen jedoch Bedenken, und zwar sowohl aus verfassungsrechtlicher als auch aus europarechtlicher Perspektive.

b) Verfassungsrechtliche Bedenken

Verweisungsnormen unterliegen als Teil des nationalen Rechts den allgemeinen verfassungsrechtlichen Anforderungen.[221] Fraglich ist, ob sie diesen Maßstäben im Rahmen der Umsetzung von EG-Richtlinien gerecht werden.[222] Ein Teil der

---

[217] Bei der im 4. Teil dieser Arbeit folgenden Untersuchung von Umsetzungsmaßnahmen der Länder wird sich zeigen, daß der nationale Landesgesetzgeber bei der Transformation sekundären Gemeinschaftsrechts gerne „dynamische Verweisungsnormen" verwendet. Dies entspricht der Feststellung von *Klindt*, DVBl. 1998, S. 373 ff., wonach Verweisungsnormen im deutschen Recht zu einem häufig genutzten und festen Bestandteil des gesetzestechnischen Repertoires gehören.

[218] Ausführlich hierzu *Barnstedt*, in: Heckmann/Meßerschmidt (Hrsg.), Gegenwartsfragen des öffentlichen Rechts, 1988, S. 83 (94) ff.

[219] *Klindt*, DVBl. 1998, S. 373 (374) ff. Daß sich der Gesetzgeber auf diese Weise eine sonst erforderliche Umsetzung möglicher Änderungsrichtlinien erspart, hat das OVG NW ausdrücklich für zulässig erklärt. Vgl. *OVG NW*, Beschl. v. 1. 2. 1996 – 13 B 3388/95 - I. VG Minden – 4 L 993/95, NWVBl. 1996, S. 307 (308) ff.

[220] *Haratsch*, EuR 2000, S. 42 (44) ff,; *Klindt*, DVBl. 1998, S. 373 (379) ff., der in der Verweisungstechnik bei der Umsetzung von EG-Richtlinien ein begrüßenswertes Mittel gesetzgeberischer Vereinfachung sieht.

[221] *Klindt*, DVBl. 1998, S. 373 (375) ff.

[222] Ausführlich zu der Verfassungsmäßigkeit der Verweisung von einer Rechtsnorm auf andere Vorschriften siehe den gleichnamigen Beitrag von *Clemens*, AöR 111 (1986), S. 63 ff. sowie *Barnstedt*, in: Heckmann/Meßerschmidt (Hrsg.), Gegenwartsfragen des öffentlichen Rechts, 1988, S. 83 (96) ff.

Literatur verneint dies mit dem Hinweis, dynamische Verweisungsnormen seien »aus rechtsstaatlichen Gründen unzulässig«.[223] Tatsächlich sieht sich die dynamische Verweisungsnorm vor zwei verfassungsrechtliche Hürden gestellt:

Die erste Hürde besteht darin, daß auch das auf eine andere Vorschrift in deren jeweils gültiger Fassung verweisende Gesetz den Grundsätzen der Rechtsklarheit und Bestimmtheit entsprechen muß. Ob die dynamische Verweisungsnorm diesen Maßstäben genügt, kann insoweit bezweifelt werden, als die Rechtsanwender aus dem Text der verweisenden Norm nicht unmittelbar ersehen, welche Fassung - beispielsweise einer EG-Richtlinie – für sie die maßgebende ist.[224] Aber: Sind diese Bedenken auch nicht völlig unbegründet, so belegen sie noch keinen Verstoß der Verweisungsnorm gegen rechtsstaatliche Prinzipien.[225] Durch eine Verweisung auf die *jeweils gültige Fassung* einer Norm wird die geltende Rechtslage nämlich hinreichend klar bestimmt. Eine andere Frage ist, ob diese Vorgehensweise bei der Umsetzung für den Rechtsanwender die praktikabelste Lösung bietet. Insofern ist die Kritik,[226] der Rechtsanwender müsse sich zunächst um die aktuelle Richtlinienfassung bemühen, wolle er sich über die geltende Rechtslage informieren, sicher richtig. Falsch ist jedoch, hieraus die Verfassungswidrigkeit der dynamischen Verweisung auf EG-Richtlinien abzuleiten. Denn allein die aufzubringende Mühe bei der Rechtsfindung macht eine Vorschrift noch nicht verfassungswidrig.

Zweitens könnte es sich bei einer dynamischen Einbeziehung fremden Rechts in die nationale Rechtsordnung um eine unzulässige Übertragung von Hoheitsrechten handeln.[227] So entspricht es der allgemeinen Meinung, daß es dem Gesetzgeber aufgrund des Demokratieprinzips versagt ist, im rein innerstaatlichen Bereich den Bürger ohne dessen Zustimmung der normsetzenden Gewalt nichtstaatlicher Einrichtungen zu unterwerfen.[228] Diese Meinung ist jedoch nicht

---

[223] *Hilf*, EuR 1993, S. 1 (13) ff.; *Himmelmann*, DÖV 1996, S. 145 (146) ff.; *Clemens*, AöR 111 (1986), S. 63 (86 in Fußn. 92) ff.; als verfassungsrechtlich problematisch bezeichnet *Breier*, RIW 1994, S. 584 (589) ff., die Verwendung dynamischer Verweisungsnormen.

[224] So *Himmelmann*, DÖV 1996, S. 145 (146) ff.

[225] Vgl. auch *Kadelbach*, Allgemeines Verwaltungsrecht unter europäischem Einfluß, S. 301.

[226] *Himmelmann*, DÖV 1996, S. 145 (146) ff.

[227] Denn die Änderung einer inkorporierten EG-Richtlinie führt automatisch zu einer inhaltlichen Veränderung der Verweisungsnorm. Damit hat der nationale Gesetzgeber bei einer dynamischen Verweisung für die Geltungsdauer der Verweisungsnorm dem europäischen Gesetzgeber die Rechtsmacht eingeräumt, über den Inhalt einer Materie zu bestimmen. Vgl. auch *Haratsch*, EuR 2000, S. 42 (48) ff.

[228] Siehe *Jarass*, in: Jarass/Pieroth, Art. 20 GG, Rdnr. 34; allgemein zu dieser Problematik *Clemens*, AöR 111 (1986), S. 63 (100) ff. sowie *Klindt*, DVBl. 1998, S. 373 (375) ff. jeweils m. w. N. Die verfassungsrechtliche Zulässigkeit von dynamischen Fremdverweisun-

übertragbar auf die Situation, wie sie sich bei der Umsetzung von EG-Richtlinien darstellt. Zunächst ist auch in der nationalen Verfassungspraxis durchaus anerkannt, daß der dynamische Verweis auf fremdes Recht möglich ist.[229] Im Hinblick auf die Umsetzung von EG-Richtlinien kommt hinzu, daß hier keine unzulässige Übertragung hoheitlicher Befugnisse vorgenommen wird, sondern es sich vielmehr um die Rezipierung kompetenzgemäß gesetzten Rechts der Europäischen Gemeinschaft handelt.[230] Da der bundesdeutsche Gesetzgeber eigene Hoheitsrechte und solche der Länder an die Europäische Gemeinschaft delegiert hat, stellt es keinen Verfassungsverstoß dar, wenn der (Landes)Gesetzgeber weder den Inhalt des in der Zukunft von der Gemeinschaft zu erlassenden Rechts kennt noch den Inhalt seiner eigenen verweisenden Norm absehen und mitbestimmen kann.[231]

Daß die dynamische Verweisung auf EG-Recht nicht gegen nationales Verfassungsrecht verstößt, ist schließlich sowohl vom BVerfG[232] als auch von deutschen Obergerichten bestätigt worden.[233] Das OVG NW geht sogar so weit, selbst dann eine rechtsstaatlich einwandfreie Umsetzung des EG-Rechts anzunehmen, wenn sich die Einbeziehung des europäischen in das nationale Recht nicht ausdrücklich aus dem Wortlaut des nationalen Gesetzes ergibt, sondern diese Einbeziehung erst durch Auslegung zu ermitteln ist.[234] Ein derart weites Verständnis rechtsstaatlicher Grundsätze dürfte aber zumindest im Ergebnis problematisch sein. Für diesen Fall nämlich ist fraglich, ob eine Umsetzung durch Verweisung ohne Inbezugnahme der jeweiligen EG-Richtlinie noch der legislatorischen Verantwortung sowie der Vorhersehbarkeit und Berechenbarkeit des Gesetzes für den Normadressaten gerecht wird.[235]

---

gen im rein nationalen Bereich zwischen „Bund/Land", „Land/Bund" oder „Land/Land" untersucht *Clemens*, AöR 111 (1986), S. 63 (119) ff.

[229] *Jarass*, in: Jarass/Pieroth, Art. 20 GG, Rdnr.44; *Clemens*, AöR 111 (1986), S. 63 (119) ff.

[230] So ausdrücklich *Gellermann*, Beeinflussung des bundesdeutschen Rechts durch Richtlinien der EG, Diss. Osnabrück 1993/94, S. 55; *Gellermann/Szczekalla*, NuR 1993, S. 54 (57) ff. Siehe auch *Klindt*, DVBl. 1998, S. 373 (378) ff.

[231] Vgl. *Barnstedt*, in: Heckmann/Meßerschmidt (Hrsg.), Gegenwartsfragen des öffentlichen Rechts, 1988, S. 83 (97) ff. Damit aber bedarf es entgegen *Hoffmann-Riem*, DVBl. 1999, S. 125 (131) ff. keiner „...neuen Konzeption rechtsstaatlicher Bestimmtheit in dem System wechselseitig koordinierter Rechtssetzung und des dadurch bewirkten dynamisch rückgekoppelten Normengeflechts..." zwischen dem EG-Recht und dem Recht der Mitgliedstaaten.

[232] *BVerfGE* 29, S. 198 ff.

[233] *OVG NW*, Beschl. v. 1. 2. 1996 – 13 B 3388/95 - I. VG Minden – 4 L 993/95, NWVBl. 1996, S. 307 (308/309) ff.

[234] *OVG NW*, Beschl. v. 1. 2. 1996 – 13 B 3388/95 - I. VG Minden – 4 L 993/95, NWVBl. 1996, S. 307 (308) ff.

[235] Diese Bedenken teilt *Hoffmann-Riem*, DVBl. 1999, S. 125 (131) ff.

c) Bedenken aus der Sicht des EG-Rechts

Bedeutet die Verwendung dynamischer Verweisungsnormen - trotz aller Bedenken - auch noch keinen Verfassungsbruch, so könnten sich Zweifel an der Rechtmäßigkeit dieser Umsetzungsmethode doch aus dem Gemeinschaftsrecht ergeben. In dieser Hinsicht sind vor allem der Nichtdiskriminierungsgrundsatz, das Prinzip der praktischen Wirksamkeit sowie das Publizitätsgebot maßgeblich.

Vorab ist festzustellen, daß eine normative Verweisung nur dann in Betracht kommt, wenn die in Bezug genommene Richtlinienbestimmung hinreichend konkret ist, d. h. von ihrem Detaillierungsgrad ohne weiteres angewendet werden könnte.[236] Diese Situation findet sich besonders im europäischen Umweltrecht.[237] Wenn sich aber von vornherein nur detaillierte Richtlinien zur Inkorporation eignen, dann bestehen EG-rechtlich gegen eine Umsetzung mittels Verweisung keine Bedenken:
Der Nichtdiskriminierungsgrundsatz ist gewahrt, da durch die Einbindung des Richtlinientextes in das nationale Recht die Richtlinienregelung den Rang der Verweisungsnorm erhält.[238]

Auch aus dem Prinzip der praktischen Wirksamkeit folgt nicht die Unzulässigkeit einer Umsetzung durch Verweisung. Zwar besteht entgegen einer Ansicht in der Literatur[239] schon ein Unterschied, ob Richtlinien wörtlich abgeschrieben werden oder ob nur auf sie verwiesen wird. Die verbal übernommene Richtlinie hat der Rechtsanwender nämlich in Form des nationalen Gesetzestextes unmittelbar vor Augen; die in Bezug genommene Richtlinie muß er sich erst aus Amtsblättern heraussuchen. Sofern die Richtlinienziele zwingend und ggf. einklagbar im nationalen Recht verankert werden, verlangt die Umsetzung von EG-Richtlinien aber keine bestimmten Formen oder Mittel. Die Umsetzung

---

[236] Vgl. *Breuer*, WiVerw 1990, S. 79 (99) ff.; *Gellermann*, Beeinflussung des bundesdeutschen Rechts durch Richtlinien der EG, Diss. Osnabrück 1993/94, S. 54; *Gellermann/Szczekalla*, NuR 1993, S. 54 (57) ff.

[237] So enthalten beispielsweise die von den Ländern umzusetzenden EG-Gewässerschutzrichtlinien überwiegend Grenzwertvorgaben, die strikt einzuhalten sind. Siehe unten 4. Teil / 1. Kap.

[238] Vgl. *Gellermann*, Beeinflussung des bundesdeutschen Rechts durch Richtlinien der EG, Diss. Osnabrück 1993/94, S. 55; *Gellermann/Szczekalla*, NuR 1993, S. 54 (57) ff.

[239] Vgl. *Gellermann*, Beeinflussung des bundesdeutschen Rechts durch Richtlinien der EG, Diss. Osnabrück 1993/94, S. 55; *Gellermann/Szczekalla*, NuR 1993, S. 54 (57) ff.; siehe auch *Klindt*, DVBl. 1998, S. 373 (379) ff., der in der Verweisungstechnik bei der Umsetzung von EG-Richtlinien ein begrüßenswertes Mittel gesetzgeberischer Vereinfachung sieht.

durch Verweisung genügt somit selbst dann den Prinzipien praktischer Wirksamkeit und Klarheit, wenn die entsprechende Richtlinie subjektive Rechte einzelner begründet.
Schließlich entsprechen dynamische Verweisungsnormen auch dem Publizitätsgebot.[240] Da nach Art. 254 Abs. 1 EG Richtlinien vollständig im Amtsblatt der EG veröffentlicht werden,[241] dürften auch die kritischen Stimmen des älteren Schrifttums[242] zufrieden sein. Für die hier zu diskutierende Frage ist nur die Tatsache wichtig, daß ein in Bezug genommener Rechtsakt tatsächlich im Amtsblatt der EG verkündet ist.[243]

Als Zwischenergebnis ist festzuhalten: Mögen dynamische Verweisungsnormen für den Rechtsanwender aus Gründen der Praktikabilität zwar nicht das Resultat bestmöglicher gesetzgeberischer Gestaltungsfreiheit sein, so ist ihre Verwendung bei der Umsetzung von EG-Richtlinien dennoch zulässig. Weder das nationale Verfassungsrecht noch das europäische Gemeinschaftsrecht stehen dem entgegen.[244]

5. Umsetzung von Richtlinien unter Verwendung unbestimmter Rechtsbegriffe

Kann eine Richtlinie auch unter Verwendung unbestimmter Rechtsbegriffe umgesetzt werden? Hier ist zu differenzieren: Handelt es sich um eine Richtlinie, die nur einen groben und ausfüllungsbedürftigen Rahmen vorgibt, und entspricht die Umsetzungsmaßnahme auch sonst den allgemeinen Voraussetzungen

---

[240] Der Unionsbürger muß bei inkorporierten EG-Richtlinien, welche Rechte oder Pflichten begründen, die Möglichkeit tatsächlicher Kenntnisnahme haben. Aus der Verweisungsnorm selbst wird er nämlich noch nicht über den Richtlinientext und die für ihn geltende Rechtslage informiert.

[241] Vgl. *Oppermann*, Europarecht, 2. Auflage 1999, Rdnr. 667; *Herdegen*, Europarecht, 2. Auflage 1999, Rdnr. 177.

[242] Siehe etwa *Gellermann/Szczekalla*, NuR 1993, S. 54 (57) ff.

[243] *Haratsch*, EuR 2000, S. 42 (47) ff.; *Klindt*, DVBl. 1998, S. 373 (378) ff.

[244] Zwar naheliegend, im Ergebnis aber nicht zutreffend ist die Vorstellung, durch die Verwendung dynamischer Verweisungsnormen würde kategorisch der Versäumung von Umsetzungsfristen vorgebeugt (so *Klindt*, DVBl. 1998, S. 373 (379) ff.). Diese Auffassung trifft nämlich nur für die Umsetzung sog. Änderungsrichtlinien zu, deren Basisrichtlinie bereits durch dynamische Verweisung umgesetzt wurde. In diesem Fall bedarf die Transformation der Änderungsrichtlinie tatsächlich keines neuen Umsetzungsaktes, da sie bereits durch die dynamische Verweisung im Umsetzungsgesetz zur Basisrichtlinie in das nationale Recht inkorporiert wird. Dementsprechend wird sich im 4. Teil dieser Arbeit bestätigen, daß trotz der vom Gesetzgeber genutzten Möglichkeit, Richtlinienumsetzung durch Verweisung auf das EG-Recht zu betreiben, die Umsetzungsfristen in den Ländern z. T. weit überschritten werden.

ordnungsgemäßer Umsetzung - speziell dem Gebot praktischer Wirksamkeit –, dann ist ein Rückgriff auf unbestimmte Rechtsbegriffe nicht zu beanstanden.[245] Anders hingegen, wenn es sich um eine detaillierte Richtlinienbestimmung handelt, die subjektive Rechte oder Pflichten einzelner beinhaltet. In diesem Fall genügen unbestimmte Rechtsbegriffe selbst dann nicht den Anforderungen ordnungsgemäßer Umsetzung, wenn die Transformationsnorm im Wege richtlinienkonformer Interpretation mit den gemeinschaftsrechtlichen Vorgaben in Einklang zu bringen ist.[246] Die Verwendung unbestimmter Rechtsbegriffe ändert nichts an dem verbindlichen Charakter der Transformationsnorm; auch dem Publizitätsprinzip ist ausreichend Rechnung getragen. Aber gemessen an den strengen Anforderungen, die der EuGH zur Gewährleistung der Rechtssicherheit, Rechtsklarheit und Bestimmtheit mitgliedstaatlicher Umsetzungsnormen aufgestellt hat, können klare und detaillierte Richtlinienvorgaben nicht durch unbestimmte und ungenaue nationale Vorschriften umgesetzt werden.[247] Unbestimmte Rechtsbegriffe sind somit in ihrer Anwendung nur sehr begrenzt tauglich zur Umsetzung von EG-Richtlinien.

6. Umsetzung von Richtlinien durch richtlinienkonforme Verwaltungsmaßnahmen

a) Umsetzung durch Einzelfallentscheidungen der Exekutive

Nach ständiger Rechtsprechung des EuGH kann eine bloße Verwaltungspraxis, die nur unzureichend bekannt ist, und welche die Verwaltung naturgemäß beliebig ändern kann, nicht als eine rechtswirksame Erfüllung der Umsetzungsverpflichtung angesehen werden.[248] Etwas anderes folgt auch nicht aus dem

---

[245] Vgl. *Gellermann/Szczekalla*, NuR 1993, S. 54 (58) ff.

[246] *EuGH*, Urt. v. 23. 5 .1985, Rs. 29/84, Slg. 1985, S. 1661 (1675) ff. (*Krankenschwestern und Krankenpfleger*); *Gellermann/Szczekalla*, NuR 1993, S. 54 (58) ff.

[247] Wie hier *Gellermann/Szczekalla*, NuR 1993, S. 54 (58) ff.

[248] *EuGH*, Urt. v. 01. 03. 1983, Rs. 300/81, Slg. 1983, S. 449 (456) ff. (*Kommission ./. Italien*); *EuGH*, Urt. v. 15. 03. 1983, Rs. 145/82, Slg. 1983, S. 711 (718) ff. (*Kommission ./. Italien*); *EuGH*, Urt. v. 23.5.1985, Rs. 29/84, S. 1661 (1671) ff. (*Krankenschwestern und Krankenpfleger*); siehe auch *GA Slynn*, Schlußantrag vom 27. März 1985, Rs. 29/84, Slg. 1985, S. 1662 (1665) ff. (*Krankenschwestern und Krankenpfleger*); *Kadelbach*, Allgemeines Verwaltungsrecht unter europäischem Einfluß, S. 146 und 313; *Wägenbaur*, ZG 1988, S. 303 (310/311) ff.; *Langenfeld/Schlemmer-Schulte*, EuZW 1991, S. 622 (624) ff.; *Hoppe/Otting*, NuR 1998, S. 61 ff.; *Gellermann*, Beeinflussung des bundesdeutschen Rechts durch Richtlinien der EG, Diss. Osnabrück 1993/94, S. 30.

Verfassungsgrundsatz der Selbstbindung der Verwaltung.[249] Der „Umsetzung" von EG-Richtlinien entspricht es daher nicht, wenn die Behörden der Länder nur über die Inhalte einer Richtlinie unterrichtet werden, etwa in Form von Rundschreiben.[250] Eine solche Vorgehensweise wird weder dem Publizitätsgebot gerecht noch erfüllt sie die Anforderungen an Klarheit und Bestimmtheit der Umsetzungsmaßnahme.[251]

b) Umsetzung von Richtlinien durch Verwaltungsvorschriften

„Verwaltungsvorschriften sind generell-abstrakte Anordnungen einer Behörde an nachgeordnete Behörden oder eines Vorgesetzten an die ihm unterstellten Verwaltungsbediensteten".[252]
Zur Konkretisierung allgemeiner Schutzanforderungen werden Verwaltungsvorschriften vor allem im Bereich des Umweltrechts in weitem Umfang verwendet.[253]

Fraglich ist, ob die Zielvorgaben von EG-Richtlinien durch derartige Verwaltungsvorschriften in nationales Recht umgesetzt werden dürfen. Diese Problematik ist von immens praktischer Bedeutung und in Rechtsprechung und Literatur in den vergangenen Jahren immer wieder Gegenstand der Diskussion gewesen.

aa) Norminterpretierende Verwaltungsvorschriften

Norminterpretierende Verwaltungsvorschriften dienen der Verwaltung als Leitfaden bei der Deutung und Auslegung unbestimmter Rechtsbegriffe,[254] um auf diese Weise zugleich eine einheitliche Anwendung der Gesetze zu gewährlei-

---

[249] *EuGH*, Urt. v. 23.5.1985, Rs. 29/84, S. 1661 (1674) ff. (*Krankenschwestern und Krankenpfleger*); aus der Literatur siehe statt vieler *Wägenbaur*, ZG 1988, S. 303 (310) ff. und *Rengeling*, DVBl. 1995, S. 945 (952) ff. m. w. N.

[250] *EuGH*, Urt. v. 20.3.1997, Rs. C-96/95, EuZW 1997, S. 348 (350) ff. (*Kommission ./. Bundesrepublik Deutschland*); *Kadelbach*, Allgemeines Verwaltungsrecht unter europäischem Einfluß, S. 146.

[251] *EuGH*, Urt. v. 20.3.1997, Rs. C-96/95, EuZW 1997, S. 348 (350) ff. (*Kommission ./. Bundesrepublik Deutschland*).

[252] Statt vieler *Maurer*, Allgemeines Verwaltungsrecht, § 24, Rdnr. 1; *Kadelbach*, Allgemeines Verwaltungsrecht unter europäischem Einfluß, S. 304.

[253] *Hoppe/Otting*, NuR 1998, S. 61 ff.

[254] *Langenfeld/Schlemmer-Schulte*, EuZW 1991, S. 622 (624) ff.

sten.[255] Nach einhelliger Auffassung in Rechtsprechung und Literatur entfalten norminterpretierende Verwaltungsvorschriften keine Außenwirkung, da die Befugnis zur letztverbindlichen Auslegung von Normen nicht der Verwaltung, sondern den Gerichten zusteht.[256] Wenn aber den norminterpretierenden Verwaltungsvorschriften keine Bindungswirkung ggü. den Unionsbürgern oder ggü. den Gerichten zukommt, dann können diese Vorschriften auch nicht den gemeinschaftsrechtlich gebotenen Rechtszustand herstellen, der es dem einzelnen ermöglicht, die Vorschriften für sich in Anspruch zu nehmen. Die Rechtslage ergibt sich vielmehr allein aus der Rechtsnorm, auf welche die Verwaltungsvorschrift Bezug nimmt. Norminterpretierende Verwaltungsvorschriften scheiden als Mittel der Richtlinienumsetzung daher aus.[257]

bb) Normkonkretisierende Verwaltungsvorschriften

Im Gegensatz zu den norminterpretierenden zeichnen sich die normkonkretisierenden Verwaltungsvorschriften dadurch aus, daß ihnen eine - wenn auch begrenzte, so doch zumindest durch die Rechtsprechung des BVerwG[258] bestätigte - rechtliche Außenwirkung zuerkannt wird. Ob aus dieser begrenzten Außenrechtsqualität normkonkretisierender Verwaltungsvorschriften eine im Vergleich zur norminterpretierenden Verwaltungsvorschrift andere rechtliche Beurteilung der Frage der Umsetzungstauglichkeit abzuleiten ist, darf jedoch bezweifelt werden. Der EuGH hat diese Frage in seinen viel zitierten Entscheidungen für die Umsetzung europäischer Umweltstandards durch die TA-Luft verneint.[259] In der Argumentation stützt sich das Gericht dabei im wesentlichen auf die Aspekte, die es in ständiger Rechtsprechung auch gegen eine Umsetzung von EG-Richtlinien durch eine bloße Verwaltungspraxis anführt.[260] Der EuGH setzt damit die normkonkretisierende Verwaltungsvorschrift reinem Innenrecht gleich, folgt also nicht der differenzierenden Ansicht des BVerwG aus der „Wyhl-Entscheidung". Diese Rechtsprechung des EuGH hat zu einer wahren Sturmflut der Kritik und der allgemeinen Diskussion in der nationalen Ver-

---

[255] *Maurer*, Allgemeines Verwaltungsrecht, § 24, Rdnr. 9.

[256] Vgl. *Beyerlin*, EuR 1987, S. 126 (136) ff.; *Langenfeld/Schlemmer-Schulte*, EuZW 1991, S. 622 (624) ff.; *Gellermann*, Beeinflussung des bundesdeutschen Rechts durch Richtlinien der EG, Diss. Osnabrück 1993/94, S. 58; *Kadelbach*, Allgemeines Verwaltungsrecht unter europäischem Einfluß, S. 313.

[257] *Gellermann*, Beeinflussung des bundesdeutschen Rechts durch Richtlinien der EG, Diss. Osnabrück 1993/94, S. 60.

[258] *BVerwG*, Urt. v. 19.12.1985 – 7 C 65.82, BVerwGE 72, S. 300 ff. (*Wyhl*).

[259] Siehe *EuGH*, Urt. v. 30.5.1991 – Rs. C-361/88, NVwZ 1991, S. 866 ff. sowie *EuGH*, Urt. v. 30.5.1991 – Rs. C-59/89, NVwZ 1991, S. 868 ff.

[260] Hierzu oben 6a).

waltungsliteratur geführt.[261] Dabei wurde von den Kritikern ein z. T. recht harscher Ton eingeschlagen.[262]

Die insgesamt bereits ausgiebig geführte Auseinandersetzung über die Umsetzungstauglichkeit normkonkretisierender Verwaltungsvorschriften bedarf an dieser Stelle keiner Wiederholung.[263] Bemerkenswert ist jedoch, daß sich der Streit im wesentlichen um die Frage rankt, ob bzw. inwiefern den normkonkretisierenden Verwaltungsvorschriften nach der Rechtsprechung des EuGH eine Außenrechtswirkung zukommt oder nicht.[264] Unter Berücksichtigung der allgemeinen Anforderungen, die der EuGH an eine ordnungsgemäße Richtlinienumsetzung knüpft, ist die Frage der Außenrechtsqualität einer Norm nämlich nur bedingt maßgebend. Vielmehr kommt es zunächst darauf an, daß die Richtlinienziele innerstaatlich verwirklicht werden; welche Formen und Mittel dabei verwendet werden, ist grundsätzlich nicht entscheidend. So heißt es in ständiger Rechtsprechung des EuGH:

„...verlangt die Umsetzung einer Richtlinie in innerstaatliches Recht nicht notwendigerweise, daß ihre Bestimmungen förmlich und wörtlich in einer ausdrücklichen besonderen Gesetzesvorschrift wiedergegeben werden; je nach dem

---

[261] Aus der Fülle der Literatur siehe etwa *v. Danwitz*, VerwArch 1993, S. 73 ff.; *Bönker*, DVBl. 1992, S. 804 ff.; *Langenfeld/Schlemmer-Schulte*, EuZW 1991, S. 622 ff.; *Di Fabio*, DVBl. 1992, S. 1338 ff.; *Wolf*, DÖV 1992, S. 849 ff.; *Steiling*, NVwZ 1992, S. 134 ff.; *Vedder*, EWS 1991, S. 293 ff.; *Weber*, UPR 1992, S. 5 ff.; differenzierend *Kadelbach*, Allgemeines Verwaltungsrecht unter europäischem Einfluß, S. 303 ff.; *Hoppe/Otting*, NuR 1998, S. 61 ff.; *Giesberts/Hilf*, UPR 1999, S. 168 ff.; *Everling*, UTR 1992, S. 3 ff.; *ders.*, RIW 1992, S. 379 ff.; *ders.*, NVwZ 1993, S. 209 ff.; *Gellermann*, Beeinflussung des bundesdeutschen Rechts durch Richtlinien der EG, Diss. Osnabrück 1993/94, S. 60 ff.; aus der älteren Literatur *Beyerlin*, EuR 1987, S. 126 ff.; *Wallerath*, NWVBL 1989, S. 153 ff.; *Erbguth*, DVBl. 1989, S. 473 ff.

[262] Vgl. *v. Danwitz*, VerwArch 1993, S. 73 (85) ff., der dem EuGH eine „methodische Chuzpe" vorwirft (lt. Duden: Unverfrorenheit, Dreistigkeit); *Ossenbühl*, DVBl. 1993, S. 753 (758): „Es kann ja nicht sein, daß durch pauschalierende Judikate aus Luxemburg die feinen Strukturen des Verwaltungsrechts, die das Bundesverwaltungsgericht herausgearbeitet hat und die ihren Sinn haben, zerstört werden"; *Salzwedel/Reinhardt*, NVwZ 1991, S. 946 (947) ff.: „Es wird höchste Zeit, daß der rechtsmißbräuchlichen und besatzungsrechtsähnlichen Intervention in gewachsene und allein vollzugseffiziente Normstrukturen des nationalen Rechts Einhalt geboten wird."; kritisch zu dieser „ggü. einem hohen Gericht doch erstaunliche(n) Rüge" *Everling*, NVwZ 1993, S. 209 (214 mit Fußn. 49) ff.

[263] Verwiesen sei auf die Beiträge von *Kadelbach*, Allgemeines Verwaltungsrecht unter europäischem Einfluß, S. 303 ff.; *Hoppe/Otting*, NuR 1998, S. 61 ff. und *Giesberts/Hilf*, UPR 1999, S. 168 ff. Dort findet sich eine gute Zusammenfassung der Argumentation innerhalb der Literatur.

[264] Vgl. *Kadelbach*, Allgemeines Verwaltungsrecht unter europäischem Einfluß, S. 303 ff. m. w. N.

Inhalt der Richtlinie kann ein allgemeiner rechtlicher Rahmen genügen, wenn er tatsächlich die vollständige Anwendung der Richtlinie in so klarer und bestimmter Weise gewährleistet, daß – soweit die Richtlinien Ansprüche des Einzelnen begründen soll – die Begünstigten in der Lage sind, von allen ihren Rechten Kenntnis zu erlangen und diese ggf. vor den nationalen Gerichten geltend zu machen."[265]

Die Außenwirkung einer Umsetzungsnorm ist also aus der Sicht des EuGH maßgeblich dann von Belang, wenn der umzusetzenden Richtlinie subjektivrechtliche Qualität zukommt, die Richtlinie also die Gewährleistung von Rechten, aber auch von Pflichten der Unionsbürger vorsieht.[266] Ist dies nicht der Fall – was häufig auf Richtlinien zutrifft, die ausschließlich technische Vorgaben enthalten -, dann ist auch künftig eine Umsetzung durch normkonkretisierende Verwaltungsvorschriften denkbar.[267] Denn in diesem Fall bedarf es keiner Rechtsschutzmöglichkeit des Bürgers. Das eigentliche Problem liegt daher neben der Frage der Außenrechtswirkung einer Regelung darin, daß der EuGH sehr schnell die Kriterien bejaht, bei deren Vorliegen von der subjektivrechtlichen Qualität einer Richtlinie bzw. einzelner Richtlinienbestimmungen auszugehen ist.[268] Insofern reicht dem EuGH, daß ein wesentliches Schutzgut der Richtlinie den einzelnen zugute kommen soll und daß die Richtlinie deutli-

---

265 Vgl. nur *EuGH*, Urt. v. 09. 04. 1987, Rs. 363/85, Slg. 1987, S. 1733 ff. (*Kommission ./. Italien*); *EuGH*, Urt. v. 13. 10. 1987, Rs. 236/85, Slg. 1987, S. 3989 ff. (*Kommission ./. Niederlande*).

266 Siehe auch *Kadelbach*, Allgemeines Verwaltungsrecht unter europäischem Einfluß, S. 313.

267 Die hier eingenommene Position, daß die Umsetzung von Gemeinschaftsrecht durch normkonkretisierende Verwaltungsvorschriften auch künftig nicht kategorisch ausgeschlossen ist, vertreten im Ergebnis auch *Ossenbühl*, DVBl. 1999, S. 1 (6) ff.; *Suerbaum*, Die Kompetenzverteilung beim Verwaltungsvollzug des Europäischen Gemeinschaftsrechts in Deutschland, Diss. Bochum 1996/97, S. 249 ff. Vgl. auch *Kadelbach*, Allgemeines Verwaltungsrecht unter europäischem Einfluß, S. 311 ff., mit dem Hinweis, daß der EuGH letztlich eine Art Beweislastentscheidung getroffen habe. Sinngemäß heißt es, daß den Entscheidungen deutscher Obergerichte bislang kein hinreichend verfestigtes Konzept zu entnehmen sei, wonach der normkonkretisierenden Verwaltungsvorschrift eindeutig Außenwirkung zuerkannt werde. Das Instrument der Verwaltungsvorschrift sei daher vor dem EuGH nicht daran gescheitert, daß dieses Gericht ihr selbst keine Außenwirkung hätte zubilligen wollen, sondern daran, daß eine solche Seitens der Bundesregierung nicht verläßlich belegt werden konnte. Ebenso *Herdegen*, Europarecht, 2. Auflage 1999, Rdnr. 180. Vereinzelt hat der EuGH auch eine rechtssatzförmliche Umsetzung verlangt, ohne daß subjektive Rechte einzelner betroffen gewesen wären. Vgl. *EuGH*, Urt. v. 27.04.1988, Rs. 252/85, Slg. 1988, S. 2243 (2263) ff. *(Kommission ./. Frankreich)* sowie *Kadelbach*, Allgemeines Verwaltungsrecht unter europäischem Einfluß, S. 144 ff. m. w. N.

268 Vgl. *Everling*, NVwZ 1993, S. 209 (214) ff.

che Vorgaben für die Art des Schutzes aufstellt.[269] Da diese Voraussetzungen aber fast immer in irgendeiner Form zu bejahen sind, bedarf es grundsätzlich einer Umsetzung durch ein Gesetz im materiellen Sinne. Die mitgliedstaatliche Wahlfreiheit wird damit nicht durch eine generelle Versagung der Umsetzungstauglichkeit der normkonkretisierenden Verwaltungsvorschrift eingeschränkt, sondern vielmehr durch ein sehr weites Verständnis subjektiv-öffentlicher Rechte durch den EuGH.[270] In der Praxis wird dieses extensive Verständnis einer Norm als Schutznorm dazu führen, daß die zuständigen nationalen Stellen - obschon nicht immer hierzu verpflichtet - de facto EG-Richtlinien nur noch durch Vorschriften mit Außenwirkung umsetzen werden. Das Risiko fehlerhafter Umsetzung kann einem Mitgliedstaat nämlich spätestens seit Maastricht (Art. 228 Abs. 2 EG[271]) teuer zu stehen kommen.

7. Pflicht der Länder zu einheitlicher Umsetzung bei EG-Richtlinien mit Regel-Ausnahme-Charakter?

Neuerdings wird in der Literatur die Frage gestellt, ob eine Pflicht der Länder besteht, EG-Richtlinien einheitlich umzusetzen.[272] Ausgangspunkt der Überlegung ist, daß unterschiedliche Rechtsmaßstäbe in den Ländern zu einem Verstoß gegen den Grundsatz der praktischen Wirksamkeit führen könnten. Jedenfalls dürfe durch eine uneinheitliche Vorgehensweise bei der Richtlinienumsetzung nicht die Zweckverwirklichung der Richtlinienziele riskiert werden.[273] Als problematisch werden speziell Richtlinien mit einem „Regel-Ausnahme-Charakter" angesehen.[274] Ob die Landesgesetzgeber zu gegenseitiger Absprache

---

[269] So *Zuleeg*, NJW 1993, S. 31 (37) ff.; vgl. auch *Everling*, NVwZ 1993, S. 209 (214) ff.; *Rengeling*, DVBl. 1995, S. 945 (953) ff. Speziell für den Bereich des Umweltschutzes siehe auch *Giesberts/Hilf*, UPR 1999, S. 168 (169) ff.

[270] So hat der EuGH beispielsweise ein subjektives Recht der Unionsbürger in der Verpflichtung der Mitgliedstaaten erblickt, im Zuge der Umsetzung der RL 75/440/EWG Sanierungspläne für die Oberflächengewässer aufzustellen. Dadurch, daß diese Pläne die Vorgehensweise bei der Gewässersanierung festlegen würden, folge nämlich aus Sicht des EuGH langfristig der Schutz der Unionsbürger; diese müßten mithin auch die Möglichkeit haben, die Sanierungspläne selbst gerichtlich überprüfen zu können. Vgl. *EuGH*, Urt. v. 17.10.1991 – Rs. C-58/89, Slg. I 1991, S. 4983 ff. (*Kommission ./. Bundesrepublik Deutschland*). Näher zu dieser Entscheidung unten im 4. Teil / 1. Kap. / VIII / 3a) / bb).

[271] Zu dieser Vorschrift (Art. 171 Abs. 2 EGV a. F.) *Hölscheidt*, BayVBl. 1997, S. 459 ff. sowie unten im 4. Teil / 1. Kap. / VIII / 3a) / cc).

[272] Vgl. *Schmidt am Busch*, DÖV 1999, S. 581 ff.

[273] *Schmidt am Busch*, DÖV 1999, S. 581 (583) ff.

[274] Diese Bezeichnung steht für Richtlinien, die den Mitgliedstaaten mehrere Alternativlösungen für ihre Umsetzung anbieten. Vgl. *Schmidt am Busch*, DÖV 1999, S. 581 ff. m. w. N.

und einheitlicher Gesetzgebung verpflichtet sind, soll schließlich durch Auslegung im Einzelfall zu ermitteln sein.[275]

Eine gesetzgeberische Pflicht der Länder zu einheitlichem Vorgehen bei der Umsetzung von EG-Richtlinien besteht nicht. Die einzige Pflicht, die die Länder in diesem Zusammenhang zu beachten haben, besteht darin, EG-Richtlinien sowohl formell als auch materiell ordnungsgemäß in das nationale Landesrecht zu implementieren.[276] Etwas anderes folgt auch nicht aus Art. 10 EG und dem Prinzip des »effet utile«. Zunächst darf der Grundsatz der praktischen Wirksamkeit nicht überinterpretiert werden. Praktische Wirksamkeit bedeutet nur, ergebnisorientiert die Rechtswirksamkeit der Umsetzungsmaßnahmen zu betrachten. Aus Sicht der EG heißt dies, daß zwar die BRD als Gesamtstaat ihre Vertragspflicht zu ordnungsgemäßer Umsetzung verletzt hat, wenn auch nur ein Land nicht bzw. nicht korrekt umgesetzt hat; zuständiger Gesetzgeber können aber durchaus die einzelnen Länder sein. Bei der Umsetzung von EG-Recht aus dem Zuständigkeitsbereich der Länder von einer Pflicht zur Einheitlichkeit auszugehen, entspricht weder der Bedeutung des Föderalismus noch der Eigenstaatlichkeit der Länder. Mögen auch die Länder ihre überwiegenden Kompetenzen an den Bund und die EG verloren haben, und besteht darüber hinaus (womöglich) die Tendenz, innerhalb der verbliebenen Bereiche kooperativ zu handeln, so bedeutet dies nicht, daß die Länder zu Verwaltungseinheiten degradiert und zu Kooperation verpflichtet wären. Sind die Vorgaben der Richtlinie durch die Ländermaßnahmen ausreichend beachtet worden - wozu die Möglichkeit gehört, von eingeräumten Alternativen Gebrauch zu machen -, dann ist eine effektive Umsetzung gewährleistet. Eine unter den Ländern abweichende, aber richtlinienkonforme Rechtslage ist nicht zu beanstanden, sondern vielmehr Wesensmerkmal des Bundesstaates.[277]
Endlich besteht auch dann keine Pflicht zu einer einheitlichen Vorgehensweise der Länder, wenn das Gemeinschaftsrecht eine Materie betrifft, die innerstaat-

---

[275] *Schmidt am Busch*, DÖV 1999, S. 581 (584) ff.

[276] Diesbezüglich vgl. die Ausführungen in diesem 3. Teil.

[277] Eine andere Frage ist, ob es sich aus Sicht der Länder nicht vielfach anbietet, vor der Umsetzung einer Richtlinie Absprachen zu treffen und bei der Gesetzgebung einheitlich vorzugehen. Auf diese Weise läßt sich nämlich häufig mühsame Gesetzgebungsarbeit erleichtern und die Gefahr fehlerhafter Umsetzung minimieren. In der Praxis zeichnet sich durchaus ein derartiger Trend ab. Als Mittel zur Vereinheitlichung wird dabei z. B. auf die Erarbeitung sog. Musterentwürfe zurückgegriffen. Selbst bei Einigung auf ein Muster besteht aber keine Bindung der Länder. Näher zu der konkreten Richtlinienumsetzung siehe die Erläuterungen im 4. Teil. Zur Praxis der Ländergesetzgebung allgemein *Wettach*, Ländergesetzgebung in der Bundesrepublik Deutschland, Diss. Münster 1994; *Oebbecke*, „Die unsichtbare Hand in der Ländergesetzgebung – Zur Praxis und Theorie dezentraler Normsetzung", Staatswissenschaften und Staatspraxis 1997, S. 461 ff.

lich der konkurrierenden Gesetzgebungskompetenz des Bundes untersteht, der Bund auf diesem Rechtsgebiet auch gesetzgeberisch tätig war, die konkrete Umsetzung des EG-Rechts aber an die Länder delegiert hat. Als Beispiel sei der Fall der Fleischhygienegebührenrichtlinie genannt.[278] Hier hat der Bund mit Erlaß des Fleischhygienegesetzes (FlHG) von seiner Kompetenz aus Art. 74 Nr. 20 GG Gebrauch gemacht. Nach § 24 Abs. 2 S. 1 FlHG ist die Festlegung der kostenpflichtigen Tatbestände jedoch dem Zuständigkeitsbereich der Länder übertragen, und nach § 24 Abs. 2 S. 2 FlHG sind es die Länder, die nach Maßgabe des Europäischen Gemeinschaftsrechts die zu erhebenden Gebühren für Verwaltungsmaßnahmen bemessen. Diese Konstellation - auf der einen Seite einheitliches Bundesrecht, auf der anderen Seite Gebührenfestsetzung durch die Länder - führt nicht zu einer Verpflichtung der Länder, die Höhe der zu erhebenden Gebühren einheitlich festzusetzen.[279] Erheben also die Kommunen auf der Grundlage einer Gebührensatzung unterschiedliche Gebühren - etwa für Kontrollmaßnahmen von Schlachtvieh - so ist dies im Rahmen der alternativen Vorgaben der EG-Richtlinie möglich. Durch die Übertragung der Befugnis zur Gebührenerhebung auf die Länder, mit der Maßgabe, das EG-Recht zu beachten, sind die Länder nicht an ein einheitliches Vorgehen, sondern nur an zwingende Rechtsvorschriften gebunden.

III. Ergebnis

Die Länder sind bei der Wahl der Formen und Mittel ihrer Umsetzung grundsätzlich frei. Dies folgt aus Art. 249 Abs. 3 EG. Eine richtlinienkonforme Verwaltungspraxis kann jedoch in keinem Fall als ordnungsgemäße Richtlinientransformation bezeichnet werden. EG-Richtlinien mit drittschützendem Charakter bedürfen der Umsetzung durch materielles Gesetz. Aus diesem Grunde scheiden normkonkretisierende Verwaltungsvorschriften zwar nicht kategorisch, doch aber in aller Regel als mögliche Form der Umsetzung aus. Daß jede Umsetzungsmaßnahme den allgemeinen rechtsstaatlichen Prinzipien genügen muß, ist selbstverständlich. Diese Pflicht folgt schon aus dem nationalen Verfassungsrecht und wird bestätigt durch das Europäische Gemeinschaftsrecht.[280] Die nationalen Stellen sind verpflichtet, EG-Recht nach dem Prinzip des »effet utile« die bestmögliche innerstaatliche Wirksamkeit zu verschaffen. Eine

---

278 RL 85/73/EWG des Rates v. 29. 01. 1985 über die Finanzierung der Untersuchung und Hygienekontrollen von frischem Fleisch und Geflügelfleisch, ABl. EG Nr. L 32, S. 14 zuletzt geändert durch RL 96/43/EG des Rates v. 26. 06. 1996, ABl. EG Nr. L 162, S. 1.

279 Anders wohl *Schmidt am Busch*, DÖV 1999, S. 581 (584) ff.

280 Über die Möglichkeit der Umsetzung von EG-Richtlinien durch rückwirkendes Gesetz informiert der gleichnamige Beitrag von *Kadelbach/Sobotta*, EWS 1996, S. 11 ff.

Pflicht, EG-Richtlinien wörtlich in das nationale Recht zu integrieren, folgt hieraus nicht.

Entsprechend dem in richterlicher Rechtsfortbildung entwickelten „Nichtdiskriminierungsgrundsatz“ muß die Umsetzungsnorm der bislang für diesen Bereich geltenden nationalen Rechtsnorm zumindest ranggleich sein. Auch die Einhaltung der Umsetzungsfristen ist Teil einer ordnungsgemäßen Richtlinienumsetzung.

EG-Richtlinien mit sog. Regel-Ausnahme-Charakter verpflichten die Länder nicht zu einheitlicher Vorgehensweise bei der Umsetzung. Die Verwendung dynamischer Verweisungsnormen ist schließlich sowohl verfassungsrechtlich als auch aus der Perspektive des EG-Rechts nicht zu beanstanden. Aus Gründen einer anwenderfreundlichen, praktikablen Umsetzung sollte auf dieses Mittel jedoch nur begrenzt zurückgegriffen werden.

4. Teil Vergleichende Untersuchung der Umsetzungspraxis in den Ländern

Nachdem in den beiden vorangegangenen Teilen die Voraussetzungen einer ordnungsgemäßen Richtlinienumsetzung erläutert wurden, schließt sich nun im vierten Teil der Arbeit die Untersuchung der legislatorischen Umsetzungspraxis in den Ländern an. Am Beispiel von insgesamt 19 EG-Richtlinien wird ein Querschnitt richtlinienbedingter Landesgesetzgebung erarbeitet. Konkret untergliedert sich der vierte Teil in die Kapitel „Wasserrecht" (1. Kapitel), „weitere Bereiche des Umweltrechts" (2. Kapitel), „Bildungspolitik" (3. Kapitel), „Rundfunk" (4. Kapitel), „kommunales Ausländerwahlrecht" (5. Kapitel) und „Datenschutzrecht" (6. Kapitel).

1. Kapitel: Wasserrecht

Der Gewässerschutz gehört bereits seit dem ersten EG-Aktionsprogramm aus dem Jahre 1973[281] zu den Kernbereichen der Gemeinschaft auf dem Gebiet des Umweltschutzes.[282] Die Gründe hierfür sind vielfältig. Zunächst sind Gewässer ein für die Industrie wichtiger Standortfaktor. Sie können bei industrieller Anbindung sowohl zu Transportzwecken genutzt werden als auch der Beseitigung von produktionsbedingten Reststoffen dienen. So ist es kein Zufall, daß z. B. große Chemieunternehmen die Anbindung an Gewässer bevorzugen. Wasserrechtliche Regelungen sind daher von wirtschaftspolitischer Bedeutung; sie dienen der Rechtsharmonisierung des gemeinsamen Binnenmarktes, denn abweichende Bestimmungen innerhalb der EU-Mitgliedstaaten können zu Wettbewerbsverzerrungen führen.[283] Neben diesem wirtschaftspolitischen Aspekt, durch Bestimmungen auf dem Gebiet des Wasserrechts eine Rechtsharmonisierung des gemeinsamen Binnenmarktes zu erreichen, stellt sich die künftig vielleicht wichtigste Aufgabe der Menschen: die Erhaltung des natürlichen Lebensraumes und seiner Ressourcen.

Das Element Wasser hat sowohl für uns Menschen als auch für Tiere und Pflanzen vitale Bedeutung und ist daher in höchstem Maße vor irreversiblen Beeinflussungen zu schützen. Aus diesen Gründen haben die Europäischen Gemeinschaften Mitte der siebziger Jahre begonnen, eine Reihe von Richtlinien zum

---

[281] ABl. EG Nr. C 112, S. 1 ff.

[282] Vgl. *Kloepfer*, Umweltrecht, § 6 Rdnr. 44, S. 309; *Delwing*, Umsetzungsprobleme des EG-Wasserrechts, Diss. Hannover 1994, S. 17.

[283] Eine unterschiedlich strenge Umweltgesetzgebung in den Mitgliedstaaten kann eine abweichende finanzielle Belastung in bezug auf unternehmerische Tätigkeit bedeuten.

Schutz der Gewässer zu erlassen. Um welche Richtlinien es sich dabei im einzelnen handelt und was konkret die Regelungsziele dieser Richtlinien sind, soll Gegenstand der Untersuchung in diesem Kapitel sein. Darüber hinaus stellen sich weitere Fragen, die einer Klärung bedürfen - zum Beispiel:

- Besitzt die EG die Kompetenz, Regelungen auf dem Gebiet des Umweltschutzes zu treffen?
- Wie sind die gesetzgeberischen Kompetenzen auf dem Gebiet des Wasserrechts in der BRD verteilt?
- Stehen auch die Länder in der Pflicht, zur Umsetzung der EG-Gewässerschutzrichtlinien tätig zu werden? Wenn ja, haben sie dieser Pflicht bereits entsprochen bzw. in welcher Art und Weise ist dies geschehen?

I. Kompetenzen der EG auf dem Gebiet des Umweltschutzes

1. Allgemeines zur Kompetenzverteilung zwischen der EG und den Mitgliedstaaten

a) Das Prinzip der begrenzten Einzelermächtigung

Nach Art. 5 Abs. 1 EG wird „die Gemeinschaft ... innerhalb der Grenzen der ihr in diesem Vertrag zugewiesenen Befugnisse und gesetzten Ziele tätig". Diese durch den Vertrag von Maastricht in den EGV neu aufgenommene Bestimmung verankert nunmehr explizit den bereits von Anfang an auf EG-Ebene geltenden Grundsatz der sog. begrenzten Einzelermächtigung.[284] Dieser Grundsatz, der sich in ähnlicher Formulierung auch in anderen Vertragsbestimmungen wiederfindet (etwa Art. 7 Abs. 1 S. 2, 202 S. 1, 211, 249 Abs. 1 EG), bestimmt, daß die Organe der EG für rechtssetzende Tätigkeiten, wie z. B. den Erlaß einer Richtlinie, einer ausdrücklichen Kompetenzzuweisung in den Gründungsverträgen bedürfen.[285] Die EG besitzt somit keine generelle oder sogar originäre Rechtssetzungsbefugnis im Sinne einer Kompetenz-Kompetenz, wie sie völkerrechtlich nur souveränen Staaten zukommt.[286] Mit diesem Prinzip der begrenzten Einzelermächtigung sind drei grundlegende Aussagen verbunden:[287]

---

[284] Auch als „Prinzip der enumerativen Einzelzuweisung" bezeichnet.

[285] Zum Prinzip der enumerativen Einzelermächtigung siehe auch *Bleckmann*, in: Bleckmann, Europarecht, 6. Auflage 1997, § 7, Rdnr. 380; *Oppermann*, Europarecht, 2. Auflage 1999, Rdnr. 513; *Herdegen*, Europarecht, 2. Auflage 1999, Rdnr. 189 ff.; *Grabitz*, in: Grabitz/Hilf, Maastrichter Fassung, Art. 235, Rdnr. 1; *Zuleeg*, NJW 1993, S. 31 (32) ff.

[286] *BVerfGE* 89, S. 155 (181 und 192) ff.; *Herdegen*, Europarecht, 2. Auflage 1999, Rdnr. 85 und 189; *Scholz*, in: Maunz/Dürig, Art. 23 GG, Rdnr. 20; *Schmidt am Busch*, DuD 1995, S. 197 (200) ff.; *Epping*, Jura 1995, S. 449 ff.; *Suerbaum*, Die Kompetenzverteilung beim

Erstens ist die Rechtssetzungskompetenz der EG begrenzt auf die ihr von den Mitgliedstaaten in den Gründungsverträgen - in deren jeweils gültigen Fassung - übertragenen Zuständigkeiten.[288] Die Mitgliedstaaten bleiben so die „Herren der Verträge" und wahren damit ihre Allzuständigkeit.[289] Das Prinzip der enumerativen Einzelermächtigung stellt insofern auch eine Kompetenzschranke für die Gemeinschaft dar;[290] das bedeutet: Ist die Europäische Gemeinschaft nicht ausdrücklich im EG-Vertrag ermächtigt, eine bestimmte Materie zu reglementieren, so darf sie auf diesem Gebiet grundsätzlich nicht tätig werden.

Zweitens sind nur diejenigen Organe der Gemeinschaft zur Rechtssetzung befugt, die in der jeweiligen Kompetenznorm ausdrücklich benannt sind.

Drittens darf sich das zuständige Gemeinschaftsorgan nur der Rechtsakte bedienen, also z. B. dem Erlaß einer Richtlinie oder einer Verordnung, die in der Kompetenznorm zur Regelung des Sachgebietes aufgeführt sind.

b) Generalermächtigungen nach Art. 94, 95, 308 EG

Mit den Art. 94, 95, 308 EG sieht der EG-Vertrag, abweichend von dem Grundsatz der begrenzten Einzelermächtigung, Generalermächtigungen vor, die weitreichende Zuständigkeiten der EG begründen können. Hintergrund derartiger Generalklauseln ist nicht zuletzt der Gedanke, daß ein abschließender Kompetenzkatalog - im Sinne einer aufzählenden Ermächtigung der EG - zu Kompetenzlücken führen kann, die einen kontinuierlichen Integrationsprozeß behindern könnten.[291] Inwiefern allerdings diese Generalklauseln von der EG restriktiv zu handhaben sind, damit die Mitgliedstaaten nicht nur de jure, sondern auch de facto die „Herren der Verträge" bleiben und die EG nicht über den Umweg der Generalklauseln doch eine Allzuständigkeit erlangt,[292] ist nicht Gegenstand der vorliegenden Untersuchung und soll daher an dieser Stelle nicht diskutiert

---

Verwaltungsvollzug des Europäischen Gemeinschaftsrechts in Deutschland, Diss. Bochum 1996/97, S. 96 ff. sowie oben Fußn. 36.

[287] Vgl. *Middeke*, Nationaler Umweltschutz im Binnenmarkt, Diss. Osnabrück 1993, S. 40.

[288] *Emmert*, Europarecht, § 16, Rdnr. 3.

[289] *Herdegen*, Europarecht, 2. Auflage 1999, Rdnr. 89.

[290] *BVerfGE* 89, 155 (192 ff., 209); *Scholz*, in: Maunz/Dürig Art. 23 GG, Rdnr. 20.

[291] Anders wohl *Grabitz*, in: Grabitz/Hilf, Maastrichter Fassung, Art. 235, Rdnr. 2. Auch Grabitz spricht unter Art. 235 Rdnr. 10 jedoch davon, daß die Vorschrift [Art. 235 EGV a. F.] mehr und mehr benutzt werde für die Verlagerung von Kompetenzen der Mitgliedstaaten auf die Gemeinschaft.

[292] Dies käme einer unzulässigen und zumindest faktischen Vertragserweiterung durch die Organe der EG gleich.

werden.[293] Fest steht: Die EG darf grundsätzlich dann auf die Generalklauseln zurückgreifen, wenn sie nicht bereits aufgrund einer speziellen Vertragsbestimmung zuständig ist und ein Tätigwerden der Gemeinschaft erforderlich erscheint, um im Rahmen des Gemeinsamen Marktes eines ihrer Ziele zu erreichen.[294]

2. EG-Kompetenzen auf dem Gebiet des Umweltschutzes, am Beispiel des Gewässerschutzes.

Als die sechs Gründerstaaten am 25. März 1957 in Rom den Vertrag zur Gründung der Europäischen Wirtschaftsgemeinschaft (EWGV) unterzeichneten, stand der Umweltschutz, ja der Bereich der Umweltpolitik insgesamt, noch nicht auf der Tagesordnung des politischen Interesses. Insofern sah auch der Vertrag von Rom über die EWG keinerlei explizite Kompetenzen auf diesem Gebiet vor.[295] Mit zunehmender Gefährdung der Umwelt – vor allem durch die Verschmutzung - und mit einem zunehmend steigenden Bewußtsein um die Bedeutung einer intakten Umwelt für die künftige Entwicklung der Weltwirtschaft - rückte der Umweltschutz verstärkt in das Interesse supranationaler Regelungen; nicht zuletzt, weil es sich bei dem Bereich des Umweltschutzes um ein internationales Thema handelt: Verschmutzungen der Luft oder der Gewässer machen bekanntlich nicht halt an nationalen Grenzen.
Den ersten wichtigen Anstoß für eine gemeinsame Umweltpolitik gaben im Oktober 1972 die Staats- und Regierungschefs auf ihrer Pariser Gipfelkonferenz der Mitgliedstaaten der EWG, indem sie die Organe der Gemeinschaft dazu aufforderten, ein umweltpolitisches Aktionsprogramm aufzustellen und die vorhandenen Bestimmungen des Vertrages bis an die Grenzen zulässiger Interpretation auszulegen.[296] Das daraufhin beschlossene erste Aktionsprogramm vom 22.11.1973,[297] dem bis heute vier weitere folgten,[298] eröffnet jedoch keine

---

[293] Diesbezüglich ausführlich *Häde/Puttler*, EuZW 1997, S. 13 ff.; *Borchmann*, in: Borkenhagen u. a. (Hrsg.), Die deutschen Länder in Europa, S. 100 ff.; für eine striktere Handhabung der Generalklauseln auch *BVerfGE* 89, S. 155 (210) ff. = NJW 1993, S. 3047 ff. (*Maastricht*); siehe auch *Streinz*, in: Heckmann/Meßerschmidt (Hrsg.), Gegenwartsfragen des öffentlichen Rechts, 1988, S. 15 (35) ff.

[294] *Blanke*, in: Heckmann/Meßerschmidt (Hrsg.), Gegenwartsfragen des öffentlichen Rechts, 1988, S. 53 (58) ff.

[295] *Krämer*, ZUR 1994, S. 172 ff.; siehe auch *Zuleeg*, ZfW 1975, S. 133 (134) ff.

[296] Vgl. *Grabitz/Zacker*, NVwZ 1989, S. 297 ff.; *Krämer*, ZUR 1994, S. 172 ff.; *Pieper*, in: Bleckmann, Europarecht, 6. Auflage 1997, § 38, Rdnr. 2813.

[297] ABl. EG 1973, Nr. C, 112 S. 1; siehe auch Bulletin der EG 10/1972, S. 9, 21.

[298] Entschließungen des Rates vom 17.05.1977 (ABl. EG Nr. C 139, S. 3), vom 07.02.1983 (ABl. EG Nr. C 46, S. 17), vom 19.10.1987 (ABl. EG Nr. C 289, S. 3) zur Fortschreibung

Kompetenz der EG zur Rechtssetzung; es handelt sich hierbei ausschließlich um politische Absichtserklärungen.[299] Infolgedessen war es in der Literatur lange Zeit umstritten, ob der EG überhaupt eine Zuständigkeit zum Erlaß von Rechtsakten auf dem Gebiet des Umweltschutzes zukam.[300] In der Praxis stützte die EG die von ihr ergriffenen Maßnahmen zum Umweltschutz auf die Art. 100 und 235 EWGV (= Art. 94, 308 EG). Begründet wurde dieser Zugriff auf die Generalermächtigungen in erster Linie mit den Zielen des gemeinsamen Marktes, da vermehrt nationale Umweltschutzregelungen in den Mitgliedstaaten erlassen wurden, was aus Sicht der EG eine potentielle Beeinflussung des gemeinsamen Marktes darstellte.[301] Erst mit der Einheitlichen Europäischen Akte (EEA) vom 28.02.1986,[302] in Kraft getreten am 01.07.1987,[303] wurde mit den Art. 130r-130t[304] ein Sachbereich „Umwelt" in den EWGV aufgenommen, der - unterstützt durch den neuen Art. 100a EWGV[305] - die Gemeinschaft nun ausdrücklich zu Rechtsakten auf dem Gebiet des Umweltschutzes berechtigte.[306] Dieser Entwicklung entsprach es auch, daß der am 07.02.1992 in Maastricht unterzeichnete und am 01.11.1993 in Kraft getretene Vertrag über die Gründung einer Europäischen Union[307] den Umweltschutz nunmehr als ausdrückliches Ziel auf dem Weg zu einer politischen Union bestimmt hat.[308]

---

und Durchführung der Umweltpolitik und des Aktionsprogrammes der EG für den Umweltschutz und Entschließung des Rates und der im Rat vereinigten Vertreter der Regierungen der Mitgliedstaaten vom 01.02.1993 über ein Gemeinschaftsprogramm für Umweltpolitik und Maßnahmen im Hinblick auf eine dauerhafte und umweltgerechte Entwicklung (ABl. EG Nr. C 138, S. 1).

299 *Grabitz/Zacker*, NVwZ 1989, S. 297 (298) ff.

300 Vgl. *Riegel*, DVBl. 1977, S. 82 ff.; *ders.*, EuR 1976, S. 79 ff.

301 Immerhin können unterschiedliche Schutzstandards in den Mitgliedstaaten Wettbewerbsverzerrungen bedingen.

302 BGBl. II S. 1104.

303 Bekanntmachung vom 31.07.1987 - BGBl. II S. 451.

304 Art. 174 – 176 EG.

305 Art. 95 EG.

306 *Middeke*, Nationaler Umweltschutz im Binnenmarkt, Diss. Osnabrück 1993, S. 43; *Veh/Knopp*, Gewässerschutz nach EG-Recht, 1995, S. 23; *Pieper*, in: Bleckmann, Europarecht, 6. Auflage 1997, § 38, Rdnr. 2817; ausführlich zu den Kompetenzen der EG auf dem Gebiet des Umweltschutzes nach der EEA auch *Pernice*, Die Verwaltung Band 22 (1989), S. 1 ff. und *Himmelmann*, EG-Umweltrecht und nationale Gestaltungsspielräume, Diss. Münster 1997, S. 16.

307 ABl. EG Nr. C 191, S. 1.

308 Vgl. die Präambel sowie die Art. 2 und 3 lit. l EG. Ausführlich *Beyer*, JuS 1997, S. 294 ff.; *Roßnagel*, NVwZ 1997, S. 122 (123) ff. Über die Entwicklung im europäischen Umweltrecht, unter besonderer Berücksichtigung des Vertrages von Amsterdam, informiert der gleichnamige Beitrag von *Schröder*, NuR 1998, S. 1 ff.

Was konkret den Bereich des Gewässerschutzes anbelangt, so setzten hier die Aktivitäten der Gemeinschaft in den siebziger Jahren ein. Von besonderem Interesse für die vorliegende Untersuchung sind dabei die folgenden Richtlinien, weil sie legislative Verpflichtungen der Länder auslösen:

- Richtlinie 75/440/EWG über die Qualitätsanforderungen an Oberflächengewässer für die Trinkwassergewinnung in den Mitgliedstaaten[309]

- Richtlinie 79/869/EWG über die Meßmethoden sowie über die Häufigkeit der Probenahmen und der Analysen des Oberflächenwassers in den Mitgliedstaaten[310]

- Richtlinie 78/659/EWG über die Qualität von Süßwasser, das schutz- oder verbesserungsbedürftig ist, um das Leben von Fischen zu erhalten[311]

- Richtlinie 79/923/EWG über die Qualitätsanforderungen an Muschelgewässer[312]

- Richtlinie 76/160/EWG über die Qualität der Badegewässer[313]

- Richtlinie 91/271/EWG über die Behandlung von kommunalem Abwasser[314]

- Richtlinie 91/676/EWG zum Schutz der Gewässer vor Verunreinigung durch Nitrat aus landwirtschaftlichen Quellen[315]

Mit Ausnahme der beiden letztgenannten Richtlinien 91/271/EWG und 91/676/EWG, die bereits auf der Kompetenznorm Art. 175 EG beruhen, stützen sich die anderen Gewässerschutzrichtlinien jeweils auf Art. 308 und 94 EG.[316]

---

[309] ABl. EG Nr. L 194, S. 26 zuletzt geändert durch Richtlinie 91/692/EWG v. 23.12.1991, ABl. EG Nr. L 377, S. 48 (nachfolgend: Oberflächengewässerrichtlinie).

[310] ABl. EG Nr. L 271, S. 44 zuletzt geändert durch Richtlinie 91/692/EWG v. 23.12.1991, ABl. EG Nr. L 377, S. 48.

[311] ABl. EG Nr. L 222, S. 1 zuletzt geändert durch Richtlinie 91/692/EWG v. 23.12.1991, ABl. EG Nr. L 377, S. 48 (nachfolgend: Fischgewässerrichtlinie).

[312] ABl. EG Nr. L 281, S. 47 zuletzt geändert durch Richtlinie 91/692/EWG v. 23.12.1991, ABl. EG Nr. L 377, S. 48 (nachfolgend: Muschelgewässerrichtlinie).

[313] ABl. EG Nr. L 31, S. 1 zuletzt geändert durch Richtlinie 91/692/EWG v. 23.12.1991, ABl. EG Nr. L 377, S. 48 (nachfolgend: Badegewässerrichtlinie).

[314] ABl. EG Nr. L 135, S. 40 (nachfolgend: Kommunalabwasserrichtlinie).

[315] ABl. EG Nr. L 375, S. 1 (nachfolgend: Nitratrichtlinie).

[316] Statt aller *Zuleeg*, ZfW 1975, S. 133 (134) ff.; *ders.*, NJW 1993, S. 31 (32) ff.; *Pernice*, Die Verwaltung Band 22 (1989), S. 1 (22) ff.; *Riegel*, DVBl. 1977, S. 82 ff.; *Gra-*

Für künftige Umweltschutzbestimmungen der Gemeinschaft wird eine Berufung auf die Generalermächtigung Art. 308 EG bzw. auf die Kompetenznorm zur Rechtsangleichung Art. 94 EG ausgeschlossen sein.[317] Die Gegenmeinung[318] verkennt, daß ein Rückgriff auf die Art. 94, 308 EG zur Reglementierung einzelner Bereiche des Umweltschutzes künftig gegen das Prinzip der enumerativen Einzelermächtigung verstoßen würde und darüber hinaus auch im EG-Recht der allgemeine Rechtsgrundsatz gilt, wonach das speziellere das allgemeinere Gesetz verdrängt. Die Streitfrage, inwiefern neben Art. 175 EG auch oder sogar hauptsächlich Art. 95 EG als Ermächtigungsnorm für die Gemeinschaftsorgane in Frage kommt - denn Umweltpolitik beinhaltet ohne Zweifel auch wettbewerbs- und wirtschaftspolitische Aspekte -, kann an dieser Stelle offen bleiben.[319]

Fest steht: In Zukunft wird es der Gemeinschaft auf dem Gebiet des Umweltschutzes möglich sein, auch andere Rechtsformen zu wählen als die der Richtlinie. Zumindest auf dem Gebiet des Gewässerschutzes stand dem bislang entgegen, daß Vorschriften, die sich (auch) auf Art. 94 EG stützen, von der EG nur als Richtlinien erlassen werden durften.[320] Inwiefern die EG von der erwähnten Möglichkeit Gebrauch machen wird und künftig statt der Richtlinie beispielsweise Umweltschutzverordnungen ergehen werden, bleibt abzuwarten. Die Tendenz zu immer detaillierteren Vorgaben[321] und die zum Teil langen Fristversäumnisse in den Mitgliedstaaten bei der Umsetzung der Richtlinien[322] lassen dieses Mittel naheliegend erscheinen. Immerhin wirken Verordnungen nach Art. 249 Abs. 2 EG von vornherein unmittelbar und sind in allen ihren Teilen verbindlich. Andererseits birgt eine Verordnung die Gefahr, nicht mit dem gesamten schon vorhandenen und bewährten nationalen Regelwerk in Einklang ge-

---

bitz/Zacker, NVwZ 1989, S. 297 (298) ff.; *Pieper*, in: Bleckmann, Europarecht, 6. Auflage 1997, § 38, Rdnr. 2816; *Kromarek*, in: Gündling/Weber, „Dicke Luft in Europa“, S. 143 (144) ff.

[317] *Pieper*, in: Bleckmann, Europarecht, 6. Auflage 1997, § 38, Rdnr. 2820; *Oppermann*, Europarecht, 2. Auflage 1999, Rdnr. 2018.

[318] *Grabitz/Zacker*, NVwZ 1989, S. 297 (302) ff.

[319] Diesbezüglich siehe *EuGH*, Rs. C-300/89, Slg. 1991, S. 2867, Rdnr. 18; des weiteren sei verwiesen auf: *Demmke*, Die Implementation von EG-Umweltpolitik in den Mitgliedstaaten – Umsetzung und Vollzug der Trinkwasserrichtlinie, Diss. Speyer 1994, S. 37 ff.; *Middeke*, Nationaler Umweltschutz im Binnenmarkt, Diss. Osnabrück 1993, S. 223 ff.; *Grabitz/Zacker*, NVwZ 1989, S. 297 (301) ff.; *Zuleeg*, NJW 1993, S. 31 (32-33) ff.; *Schmidt*, JZ 1993, S. 1086 (1089) ff.; *Everling*, NVwZ 1993, S. 209 (211) ff.; *Beyer*, JuS 1997, S. 294 (296) ff.

[320] Vgl. auch *Kromarek*, in: Gündling/Weber, „Dicke Luft in Europa“, S. 143 (145) ff.

[321] Vgl. *Kadelbach/Sobotta*, EWS 1991, S. 11 (13) ff.; *Herdegen*, Europarecht, 2. Auflage 1999, Rdnr. 178.

[322] Zu den Gründen der Fristversäumnisse siehe unten 4. Teil / 1. Kap. / XV.

bracht werden zu können. Dies aber könnte zur Folge haben, daß zwar die einzelne Verordnung als unmittelbar geltendes Recht mit Vorrang vor jedem nationalen Recht Anwendung finden würde, daß aber das Umweltrecht eines Mitgliedstaates insgesamt als ein aufeinander abgestimmtes Rechtssystem gefährdet wäre. Hinzu kommt: Sofern nationale Regelwerke der Mitgliedstaaten stark voneinander abweichen, ist die EG-Richtlinie nach wie vor das geeignetste Mittel, diese Bestimmungen im internationalen Vergleich einander anzugleichen; eine EG-Richtlinie verpflichtet nämlich einerseits die Adressaten zu einer Anpassung aller nationalen Rechtsvorschriften an die in der Richtlinie genannten Ziele - weshalb auch der Richtlinie entgegenstehende nationale Normen angeglichen werden müssen -, beläßt aber andererseits den Freiraum, den die Mitgliedstaaten benötigen, um bei der Umsetzung dieser Richtlinienziele ihren jeweiligen regionalen Besonderheiten adäquat gerecht zu werden. Gerade diese Anpassungspflicht entgegenstehenden Rechts kennt die unmittelbar wirkende Verordnung nicht.[323] Schließlich ist noch folgender Aspekt zu beachten: Sowohl das in Art. 5 Abs. 2 EG normierte Subsidiaritätsprinzip als auch der Grundsatz der Verhältnismäßigkeit (Art. 5 Abs. 3 EG) verbieten den zuständigen EG-Organen den Erlaß einer Verordnung dann, wenn das Regelungsziel der Vereinheitlichung des Binnenmarktes und eines hohen Umweltschutzniveaus ebenso durch eine EG-Richtlinie erreicht werden kann.[324]
Aus diesen aufgezeigten Gründen wird die Richtlinie wohl auch in Zukunft das herausragende Mittel der Angleichung des Umweltrechts innerhalb der EG bleiben.

II. Wasserrechtliche Kompetenzverteilung im bundesdeutschen Recht

Nach der innerstaatlichen Zuständigkeitsverteilung besitzt der Bund gemäß Art. 75 Abs. 1 S. 1 Nr. 4 GG die Rahmengesetzgebungskompetenz für den Bereich des Wasserhaushalts. Unter diesen Kompetenztitel fällt nach Auffassung des BVerfG das Recht der Regelung der haushälterischen Bewirtschaftung des in der Natur vorhandenen Wassers nach Menge und Güte.[325] Der Begriff des Wasserhaushalts entspricht damit dem Begriff der Wasserwirtschaft[326] und umfaßt in dieser Hinsicht, in Abgrenzung zur Kompetenz für das Recht der Wirtschaft nach Art. 74 Nr. 11 GG, alle allgemein geltenden Vorschriften zur Gewässer-

---

[323] *Herdegen*, Europarecht, 2. Auflage 1999, Rdnr. 178, bezeichnet die Richtlinie daher zu Recht als das ggü. der Verordnung schonendere Mittel zur Harmonisierung der Rechtsordnungen.

[324] *Roßnagel*, NVwZ 1997, S. 122 (125) ff. m. w. N.

[325] *BVerfGE* 15, S. 14 ff.; 58, S. 62 ff.

[326] *BVerfGE* 15, S. 14 ff.; siehe auch *Maunz*, in: Maunz/Dürig, Art. 75 GG, Rdnr. 143; *Czychowski*, WHG-Kommentar, Einleitung VI Nr. 1.

reinhaltung.[327] Der Bund hat von seiner diesbezüglichen Kompetenz Gebrauch gemacht durch das Gesetz zur Ordnung des Wasserhaushalts i. d. F. vom 12.11.1996 (Wasserhaushaltsgesetz - WHG).[328] Die Länder ihrerseits haben im Rahmen ihrer Landeskompetenz nach Art. 70 Abs. 1 GG Landeswassergesetze erlassen, die auch der nunmehr durch Art. 75 Abs. 3 GG ausdrücklich normierten Ausfüllungsverpflichtung des Bundesrechts genügen.
Obschon Art. 75 Abs. 1 S. 1 Nr. 4 GG wohl die bedeutendste Kompetenzregelung im „Wasserrecht" darstellt, enthält das Grundgesetz doch keine geschlossene Kompetenzzuweisung auf diesem Gebiet;[329] vielmehr gibt es neben der Regelung des Art. 75 Abs. 1 S. 1 Nr. 4 GG noch weitere Bestimmungen mit Bezug zum Wasserrecht. Der Vollständigkeit halber seien genannt: die konkurrierenden Zuständigkeiten des Bundes nach Art. 74 Nr. 11 GG (Wirtschaftsrecht), Art. 74 Nr. 17 GG (Küstenschutz), Art. 74 Nr. 19 GG (Gesundheitswesen), Art. 74 Nr. 20 GG (Lebensmittelrecht) und Art. 74 Nr. 21 GG (Hochsee- und Küstenschiffahrt sowie die Seezeichen, die Binnenschiffahrt, den Wetterdienst, die Seewasserstraßen und die dem allgemeinen Verkehr dienenden Binnenwasserstraßen), ferner Art. 89 GG, wonach der Bund der Eigentümer der ehemaligen Reichswasserstraßen ist.

III. Die erste Sitzung des Bund-Länder-Arbeitskreises vom 01.03.1993

Am 01.03.1993 hat die erste Sitzung des Bund-Länder-Arbeitskreises „Umsetzung der EG-Gewässerschutzrichtlinien in das deutsche Recht" stattgefunden.[330] Dort wurden allgemeine Leitlinien beschlossen in bezug auf die Frage, ob der Bund oder die Länder die EG-Gewässerschutzrichtlinien umzusetzen haben. Diese Leitlinien - oder auch Grundsätze - lauten wie folgt:[331]

1. Grundsatz der rationellen, übersichtlichen Umsetzung.

D. h.: Nach Möglichkeit soll nur durch eine Rechtsnorm umgesetzt werden, die entweder vom Bund oder von den Ländern erlassen wird. Hierdurch soll eine gesplittete Umsetzung verhindert werden, die den Vollzug der Richtlinie in der Praxis erschwert. In der Tat ist es in höchstem Maße unpraktisch, eine EG-

---

[327] *Maunz*, in: Maunz/Dürig, Art. 75 GG, Rdnr. 147.
[328] BGBl. 1996, Teil I, S. 1695.
[329] *Sieder/Zeitler/Dahme*, WHG, Band I, Vorbemerkung, Rdnr. 1.
[330] Siehe hierzu die Nachweise bei *Veh/Knopp*, Gewässerschutz nach EG-Recht, 1995, S. 29; allgemein zu der Praxis der Bund-Länder-Kooperation in EG-Angelegenheiten und den diesbezüglichen Vor- aber auch Nachteilen *Hrbek*, in: Hrbek/Thaysen (Hrsg.), Die Deutschen Länder und die Europäischen Gemeinschaften, S. 17 (28 und 31) ff.
[331] Zitiert nach *Veh/Knopp*, Gewässerschutz nach EG-Recht, 1995, S. 29.

Richtlinie zunächst durch bundesrechtliche Rahmenvorschriften umzusetzen, die sodann durch Landesrecht ausgefüllt und ergänzt werden müssen. Daß in diesem Punkt außerhalb des Bereiches „Gewässerschutz" leider häufig nicht ein solcher Konsens zwischen Bund und Ländern besteht, wird noch zu zeigen sein.

2. Grundsatz der möglichst einheitlichen, flächendeckenden Umsetzung.

D. h.: Der Bund setzt insoweit um, als ihm dies verfassungsrechtlich möglich ist. Diesbezüglich ist allerdings Art. 75 II GG n. F. zu beachten! Sofern die Gesetzgebungszuständigkeit im Wasserrecht damit in erster Linie bei den Ländern liegt,[332] *bedeutet flächendeckende Umsetzung, daß sich die Länder untereinander um eine inhaltlich möglichst einheitliche Umsetzung bemühen sollen. Derartige länderübergreifende Absprachen - mit ihren an späterer Stelle noch aufzuzeigenden Auswirkungen auf die Umsetzungspraxis - fallen in den Bereich, der in der Gesetzgebungslehre gemeinhin als „kooperativer Föderalismus" bezeichnet wird.*[333]

3. Grundsatz der Prüfung im Einzelfall.

D. h.: Ob der Bund oder die Länder umsetzen, ist von Richtlinie zu Richtlinie jeweils abschließend anhand des Umsetzungsbedarfs zu entscheiden.[334]

Auf dieser ersten Sitzung des Bund-Länder-Arbeitskreises „Umsetzung der EG-Gewässerschutzrichtlinien" wurde weiter beschlossen, daß der Bund im Zuge des 6. WHG-Änderungsgesetzes eine Ermächtigungsgrundlage zur Umsetzung von EG-Recht durch Rechtsverordnung schaffen werde,[335] was mit § 6a WHG geschehen ist. Weiter wurde vereinbart, daß auch die Länder in ihre Landeswassergesetze eine solche Ermächtigungsnorm einführen werden, sofern im jeweiligen Landesrecht eine derartige Bestimmung nicht schon verankert sein sollte.[336] Der Grund dieser Übereinkunft, Rechtsverordnungsermächtigungen für die Umsetzung supranationalen Rechts zu schaffen, entspricht einer ebenfalls auf dieser Sitzung getroffenen Vereinbarung, wonach die EG-Richtlinien zum Gewässerschutz generell durch RVO umgesetzt werden sollen. Mit dieser Ab-

---

[332] Vgl. *Czychowski*, ZUR 1997, S. 71 (74) ff.

[333] Allgemein zur Kooperation im Bundesstaat *Herzog*, in: Maunz/Dürig, Art. 20 GG, IV D, Rdnr. 91-106, m. w. N.

[334] *Czychowski*, ZUR 1997, S. 71 (74) ff.

[335] Siehe *Veh/Knopp* Gewässerschutz nach EG-Recht, 1995, S. 29.

[336] Siehe z. B.: § 2a LWG NW; § 2a BrWG; § 2b NWG; § 2 LWaG MV; § 4 SächsWG; § 12a SWG; § 14a WG BW; § 19 Abs. 2 BbgWG; § 19a Abs. 2 HWaG; § 41j BayWG; § 67 WG LSA; § 134 Abs. 1 ThürWG.

sprache wurde offensichtlich auf die Rechtsprechung des EuGH reagiert, derzufolge eine Umsetzung von EG-Richtlinien durch Verwaltungsvorschriften nur noch in den seltensten Fällen den EG-rechtlichen Anforderungen an eine ordnungsgemäße Umsetzung genügen dürfte.[337] Hinzu kommt, daß auch die Bestimmungen des WHG ohne eine weitere Konkretisierung nicht den inhaltlichen Vorgaben der Gewässerschutzrichtlinien entsprechen.[338]

Die Richtlinien der EG auf dem Gebiet des Gewässerschutzes lassen sich in drei Kategorien einteilen:

IV. Emissionsrichtlinien

Der ersten Gruppe sind jene Richtlinien zuzuordnen, welche die Gewässer vor der Verunreinigung durch bestimmte Substanzen schützen wollen.[339] Dieser Typ der Richtlinie knüpft mit seinen inhaltlichen Anforderungen nicht an die Gewässer selbst an, sondern betrifft die Abwässer, welche in die Gewässer gelangen;[340] man bezeichnet solche Richtlinien auch als Emissionsrichtlinien.[341] Die bedeutendsten Emissionsrichtlinien sind die sog. Gewässerschutzrahmenrichtlinie 76/464/EWG vom 04.05.1976[342] sowie die Grundwasserschutzrichtlinie 80/68/EWG vom 17.12.1979.[343] Beide Richtlinien sind sog. Rahmenrichtlinien und wurden durch einige Folgerichtlinien weiter konkretisiert. Ihre innerstaatliche Umsetzung erfolgte durch den Bund.[344]

V. Immissionsrichtlinien

Die zweite Kategorie bilden die sog. Immissionsrichtlinien. Hierunter fallen diejenigen Richtlinien, welche, entsprechend der jeweiligen Gewässernutzung,

---

337 Hierzu oben 3. Teil / II / 6b).

338 Siehe auch *EuGH*, Urt. v. 17.10.1991, Rs. C-58/89, Slg. 1991, S. 4983 ff. = NVwZ 1992, 459 ff. und *EuGH*, NVwZ 1997, S. 369 ff.

339 Vgl. *Steinberg*, AöR Band 120 (1995), S. 549 (561) ff.

340 *Veh/Knopp*, Gewässerschutz nach EG-Recht, 1995, S. 15; *Reinhardt*, DÖV 1992, S. 102 (103) ff.

341 *Breuer*, WiVerw 1990, S. 79 (86) ff.

342 ABl. EG Nr. L 129, S. 23.

343 ABl. EG Nr. L 20, S. 43.

344 *Czychowski*, ZUR 1997, S. 71 (74) ff.; *Veh/Knopp*, Gewässerschutz nach EG-Recht, 1995, S. 39 mit Fußn. 11. Zur bundesrechtlichen Umsetzung selbst siehe *Delwing*, Umsetzungsprobleme des EG-Wasserrechts, Diss. Hannover 1994.

Güteanforderungen an die Qualität des Wassers stellen.[345] Als solche Nutzungen der Gewässer kommen u. a. die Trinkwassergewinnung, die Nutzung zum Fischfang oder die Nutzung als Badegewässer in Betracht. Der Anwendungsbereich der jeweiligen Immissionsrichtlinien erstreckt sich regelmäßig nur auf eine bestimmte Nutzungsart. Immissions- oder auch Bewirtschaftungsrichtlinien werden im Rahmen dieser Arbeit Gegenstand der Untersuchung sein.[346] Allen Immissionsrichtlinien ist gemeinsam, daß ein Mitgliedstaat die in den Richtlinien festgelegten Grenzwerte nur dann erfüllen muß, wenn er sich entschließt, solche Gewässer zu den genannten Zwecken zu nutzen bzw. eine entsprechende Nutzung zu genehmigen.[347] Dies ist in der Bundesrepublik Deutschland ausnahmslos der Fall. Entspricht ein Gewässer für eine bestimmte Nutzungsart nicht den jeweils vorgegebenen Qualitätsbestimmungen, so sind die erforderlichen Sanierungsmaßnahmen zu ergreifen. Es wird sich zeigen, daß gerade im Bereich der Immissionsrichtlinien die innerstaatliche Umsetzung besonders schwierig war.

VI. Gemischte Richtlinien[348]

Der dritten Gruppe gehören solche Richtlinien an, die sowohl nutzungsbezogene Qualitätsbestimmungen für Gewässer beinhalten als auch stoffbezogene Anforderungen an die Abwässer aufstellen, welche in diese Gewässer gelangen können. Dies sind die RL 91/271/EWG über die Behandlung von kommunalem Abwasser und die RL 91/676/EWG zum Schutz der Gewässer vor Verunreinigung durch Nitrat aus landwirtschaftlichen Quellen.

VII. Parameter und Werte

Den EG-Gewässerschutzrichtlinien ist eines gemeinsam: Um die jeweilige Wasserqualität zu erreichen, legen sie die Anforderungen an die Gewässer in Parametern fest. Die insofern maßgeblichen Kriterien orientieren sich an den physi-

---

345 *Steinberg*, AöR Band 120 (1995), S. 549 (561) ff.; *Riegel*, NuR 1981, S. 90 (92) ff.

346 Hierbei handelt es sich um folgende Richtlinien: RL 75/440/EWG über die Qualitätsanforderungen an Oberflächengewässer für die Trinkwassergewinnung in den Mitgliedstaaten; RL 78/659/EWG über die Qualität von Süßwasser, das schutz- oder verbesserungsbedürftig ist, um das Leben von Fischen zu erhalten; RL 79/923/EWG über die Qualitätsanforderungen an Muschelgewässer und schließlich RL 76/160/EWG über die Qualität der Badegewässer.

347 Vgl. *Winter*, NuR 1988, S. 265 (267) ff.; *Veh/Knopp*, Gewässerschutz nach EG-Recht, 1995, S. 14, 15.

348 Begriff nach *Schulte*, Kommunales Abwasser, Diss. Berlin 1995, S. 89.

kalischen,[349] mikrobiologischen[350] und chemischen[351] Eigenschaften der Gewässer. So sind beispielsweise in der für die Länder relevanten Fischgewässerrichtlinie 14 und in der Muschelgewässerrichtlinie 12 Parameter aufgenommen. Die Richtlinie über die Qualitätsanforderungen an Oberflächengewässer für die Trinkwassergewinnung enthält 46 solcher Parameter.
Die Parameter können entweder zwingende Imperativ-Werte (I-Werte) oder Richtwerte (G- für Guide-Werte) enthalten, dies richtet sich nach den Nutzungszielen der Richtlinien und den hierfür notwendigen Anforderungen an die Gewässerbeschaffenheit. Für einige Parameter schließlich sind bisher weder zwingende I-Werte noch G-Werte vorgeschrieben worden. So beschränkt sich etwa die Muschelgewässerrichtlinie auf die Forderung, schädliche Auswirkungen der Gewässerbeschaffenheit auf die Schalentiere und die Larven zu vermeiden. Die von den Ländern verabschiedeten Umsetzungsmaßnahmen haben die vorgegebenen Werte größtenteils wörtlich übernommen. Von der in jeder Richtlinie vorgesehenen Möglichkeit, strengere Werte festzulegen, ist so gut wie nie Gebrauch gemacht worden. Bei der im Rahmen dieses Kapitels erfolgenden Untersuchung der Umsetzungsmaßnahmen der Länder soll nur dann näher auf die einzelnen Parameter eingegangen werden, wenn es Abweichungen unter den Ländern selbst und/oder ggü. den Vorgaben des EG-Rechts gibt.

VIII. Richtlinie 75/440/EWG und Richtlinie 79/869/EWG

1. Regelungsgehalt der Richtlinien

Die RL 75/440/EWG über die Qualitätsanforderungen an Oberflächengewässer für die Trinkwassergewinnung in den Mitgliedstaaten[352] betrifft solche Gewässer, die zur Trinkwassergewinnung für den menschlichen Verbrauch bestimmt sind (Art. 1 Abs. 2 RL). Neben dem allgemeinen Umweltschutzgedanken und der Angleichung der mitgliedstaatlichen Rechtsnormen zur Verhinderung von Wettbewerbsverzerrungen besteht der Zweck der Richtlinie in erster Linie in einer Überwachung der betreffenden Gewässer zum Schutze der Volksgesundheit (2. Erwägungsgrund). Nach ihrem Art. 1 Abs. 1 S. 2 gilt die Richtlinie ausdrücklich nur für Oberflächensüßwasser und nicht etwa auch für Grundwasser oder Brackwasser. Die RL 75/440/EWG regelt nicht die Qualitätsanforderungen an das Trinkwasser, sondern bestimmt nur die Qualitätsanforderungen des

[349] Ph-Wert, Temperatur, Geruch, Färbung.
[350] Bakterien, Salmonellen u. a.
[351] Nitrate, Chloride, Schwermetalle, Pestizide u. a.
[352] ABl. EG Nr. L 194, S. 26 zuletzt geändert durch Richtlinie 91/692/EWG v. 23.12.1991, ABl. EG Nr. L 377, S. 48 (nachfolgend: Oberflächengewässerrichtlinie).

Rohwassers, welches zur Gewinnung des (späteren) Trinkwassers genutzt wird.[353]

Als Kernstück der Richtlinie kann ihre Parameterliste im Anhang II bezeichnet werden.[354] In dieser Liste sind 46 Parameter aufgeführt, die für die Qualität der Gewässer zur Trinkwassernutzung Bedeutung haben. Dazu zählen u. a. der pH-Wert, die Temperatur oder der Salmonellengehalt des jeweiligen Oberflächengewässers. Nach Art. 4 Abs. 3 RL darf ein Oberflächenwasser, das diesen Parametern nicht entspricht, grundsätzlich nicht zur Trinkwassergewinnung verwendet werden. Und nach Art. 4 Abs. 2 RL sind die Mitgliedstaaten verpflichtet, Sanierungspläne für diejenigen nutzbaren Oberflächengewässer aufzustellen, welche nicht den festgelegten Werten der Liste im Anhang II entsprechen. Darüber hinaus enthält die Richtlinie weitere Bestimmungen, z. B. Ausnahmetatbestände, die hier nicht näher erläutert werden müssen.

Im Gegensatz zu allen späteren Gewässerschutzrichtlinien enthält die RL 75/440/EWG keine Bestimmungen über die Meßmethoden und Probenahmen. Aus diesem Grunde wurde sie 1979 ergänzt durch die RL 79/869/EWG.[355] Diese Richtlinie gibt für die Parameter der RL 75/440/EWG Meßmethoden vor, welche nach Art. 3 Abs. 2 RL 79/869/EWG von den Mitgliedstaaten „soweit wie möglich" angewendet werden sollen; des weiteren bestimmt sie in Art. 4 und Anhang II die Mindesthäufigkeit für Probenahmen und Analysen. Da es sich um eine Ergänzungsrichtlinie handelt, ist es möglich und zweckmäßig, diese Richtlinie gemeinsam mit der Oberflächengewässerrichtlinie 75/440/EWG in einem Rechtsakt umzusetzen.

2. Umsetzungsfrist

a) Umsetzungsfrist der „alten" Länder

Gemäß Art. 10 RL 75/440/EWG beträgt für die Mitgliedstaaten die Frist zur Umsetzung der Richtlinie zwei Jahre nach ihrer Bekanntgabe. Diese Bekannt-

---

[353] Die Anforderungen an die Trinkwasserqualität ergeben sich aus der RL 80/778/EWG. Diese Richtlinie ist jedoch als Teil des Lebensmittelrechts nicht von den Ländern, sondern vom Bund in innerstaatliches Recht umzusetzen. Der Umsetzung dienen das Bundesseuchengesetz, die Mineral- und Tafelwasserverordnung und vor allem die Trinkwasserverordnung; ausführlich *Demmke*, Die Implementation von EG-Umweltpolitik in den Mitgliedstaaten – Umsetzung und Vollzug der Trinkwasserrichtlinie, Diss. Speyer 1994.

[354] Vgl. *Veh/Knopp*, Gewässerschutz nach EG-Recht, 1995, S. 35.

[355] ABl. EG Nr. L 271, S. 44 zuletzt geändert durch Richtlinie 91/692/EWG v. 23.12.1991 (ABl. EG Nr. L 377, S. 48). Vgl. *Kromarek*, in: Gündling/Weber, „Dicke Luft in Europa", S. 143 (149) ff.

gabe erfolgte im Juni 1975; die Umsetzungsfrist endete damit im Juni 1977. Die Umsetzungsfrist der RL 79/869/EWG lief ab im Oktober 1981.

b) Umsetzungsfrist der „neuen" Länder

Mit dem Beitritt der DDR zur Bundesrepublik Deutschland gemäß Art. 23 GG a. F. und der Herstellung der deutschen Einheit gilt das EG-Recht kraft Völkerrecht auch in den „neuen" Ländern.[356] Damit erlangen auch die EG-Richtlinien in den „neuen" Ländern rechtliche Relevanz und bedürfen der Umsetzung und praktischen Anwendung. In diesem Zusammenhang ist die RL 90/656/EWG[357] über die in Deutschland geltenden Übergangsmaßnahmen für bestimmte Gemeinschaftsvorschriften über den Umweltschutz zu beachten. Diese Richtlinie beinhaltet Ausnahmegenehmigungen für die Einhaltung der Umsetzungsfristen bestimmter Umweltrichtlinien im Gebiet der ehemaligen DDR. Hintergrund dieser EG-Richtlinie war die Tatsache, daß nach der Wiedervereinigung in den „neuen" Ländern der Ausbau eines funktionstüchtigen, nicht mehr zentralistisch, sondern nunmehr föderalistisch ausgerichteten Behördenapparates erst noch anstand.[358] Zunächst war es notwendig, die auf dem Gebiet der ehemaligen DDR noch geltenden Rechtsbestimmungen mit dem Gemeinschaftsrecht in Einklang zu bringen, bevor an eine weitergehende Reglementierung gedacht werden konnte. Außerdem waren erhebliche Sanierungsmaßnahmen der Umwelt erforderlich, ohne die weder eine Umsetzung der EG-Richtlinien noch die Einhaltung deren Zielvorgaben realistisch gewesen wäre.[359]
Nach Art. 1 der RL 90/656/EWG wurde somit für das Gebiet der „neuen" Länder die Umsetzungsfrist der Oberflächengewässerrichtlinie 75/440/EWG und deren Ergänzungsrichtlinie 79/869/EWG auf den 31.12.1995 festgelegt.

3. Innerstaatliche Zuständigkeitsverteilung zur Umsetzung der Richtlinien

Die innerstaatliche Zuständigkeit in einem Mitgliedstaat zur Umsetzung von EG-Richtlinien bestimmt sich nach dessen Verfassungsrecht.[360] In der BRD hat der Bund, wie festgestellt,[361] auf dem Gebiet des Wasserhaushalts nach Art. 75 Abs. 1 S. 1 Nr. 4 GG nur eine Rahmenkompetenz. Daraus folgt, daß die Zustän-

---

[356] *Scholz*, in: Maunz/Dürig Art. 23 GG a. F., Rdnr. 43.
[357] ABl. EG Nr. L 353, S. 59.
[358] Vgl. *Breier*, NuR 1993, S. 457 (466) ff.
[359] *Breier*, NuR 1993, S. 457 (466) ff.
[360] Hierzu ausführlich im 2. Teil / II.
[361] 4. Teil / 1. Kap. / II.

digkeit zur Umsetzung von EG-Richtlinien auf dem Gebiet des Wasserrechts grundsätzlich bei den Ländern liegt.[362] Dies gilt zumindest dann, wenn eine ordnungsgemäße Umsetzung eine gesetzgeberische Maßnahme erfordert, die über eine allgemeine Rahmenregelung hinausgeht. Im Fall der EG-Gewässerschutzrichtlinien 75/440/EWG und 79/869/EWG war die Frage der Umsetzungskompetenz lange Zeit umstritten.

a) Vollständige Umsetzung der Richtlinien durch das WHG

aa) Meinungen in der Literatur

Die bislang vorherrschende Meinung in der Literatur vertrat die Auffassung, daß zur Umsetzung der RL 75/440/EWG und 79/869/EWG keine gesonderten Rechtsvorschriften erlassen werden müßten; vielmehr würden die Regelungen des WHG den Vorgaben der Richtlinien genügen.[363] Sofern Sanierungspläne nach Art. 4 Abs. 2 RL 75/440/EWG von den Ländern zu erstellen seien, könnten diese als Bewirtschaftungspläne gemäß § 36b Abs. 2 Nr. 2 WHG oder als Reinhalteordnung nach § 27 WHG aufgestellt werden.[364] Dieser Auffassung entsprach bislang auch die wasserrechtliche Praxis. Die Vorschriften des WHG wurden als ausreichende Grundlage der Umsetzung betrachtet und in den Ländern lediglich durch ministerielle Runderlasse und normkonkretisierende Verwaltungsvorschriften ergänzt.[365]

bb) Die Rechtsprechung des EuGH - Urteil vom 17.10.1991

Am 20.01.1989 hat die Europäische Kommission gemäß Art. 226 Abs. 2 EG Klage gegen die Bundesrepublik Deutschland erhoben. Gegenstand dieser Kla-

---

[362] *Veh/Knopp*, Gewässerschutz nach EG-Recht, 1995, S. 27.

[363] *Dröll*, Die deutschen Bundesländer und die Europäische Gemeinschaft, Diss. Freiburg 1992, S. 24; *Breuer*, WiVerw 1990, S. 79 (104) ff.; *Veh/Knopp*, Gewässerschutz nach EG-Recht, 1995, S. 28; *Riegel*, DVBl. 1977, S. 82 (89); *Riegel*, EuR 1976, S. 79 (82, 83) ff., der bei EG-Richtlinien generell nur eine Umsetzungskompetenz des Bundes befürwortet; *ders.*, DVBl. 1979, S. 245 (250) ff.

[364] *Dröll*, Die deutschen Bundesländer und die Europäische Gemeinschaft, Diss. Freiburg 1992, S. 25; *Riegel*, DVBl. 1977, S. 82 (89).

[365] So z. B. in NRW: RdErl. des Ministers für Ernährung, Landwirtschaft und Forsten vom 18.06.1977, Verwaltungsvorschriften zur Anwendung der EG-Richtlinie vom 16.06.1975 über die Qualitätsanforderungen an Oberflächengewässer für die Trinkwassergewinnung in den Mitgliedstaaten, MBl. NW 1977, S. 860; geändert durch RdErl. des Ministers für Ernährung, Landwirtschaft und Forsten vom 03.07.1981, MBl. NW 1981, S. 1516.

ge war zunächst eine nach Auffassung der Kommission unzureichende Umsetzungspraxis bei der RL 75/440/EWG. Neben einer formell fehlerhaften Umsetzung rügte die Kommission allerdings auch inhaltliche Umsetzungsdefizite. Dies war insofern außergewöhnlich, als die Kommission üblicherweise inhaltliche Defizite in der Rechtsanwendung nur schwer kontrollieren kann, fehlen ihr doch hierfür die rechtlichen und auch personellen Möglichkeiten, etwa zur Kontrolle des Normenvollzugs Inspektoren in die Mitgliedstaaten zu schikken.[366] Soweit es um Defizite der Rechtsanwendung ging, war der Streitpunkt in erster Linie, daß von Seiten der BRD der EU-Kommission keine ausreichende Auskunft gegeben worden sei über die für die betreffenden Gewässer erforderlichen Referenzmeßmethoden sowie über die Häufigkeit der Probenahmen und Analysen. Eine solche Auskunft ist aber nach der Ergänzungsrichtlinie 79/869/EWG vorgeschrieben. Darüber hinaus fehlte nach Ansicht der Kommission eine ordnungsgemäße Aufstellung der Sanierungspläne i. S. v. Art. 4 Abs. 2 RL 75/440/EWG.

Mit Urteil vom 17.10.1991 hat der EuGH der Klage der EU-Kommission im wesentlichen stattgegeben.[367] Nach Auffassung der Luxemburger Richter reiche eine Umsetzung der streitigen EG-Richtlinien durch das WHG und dieses Rahmenrecht konkretisierende ministeriellen Runderlasse und Verwaltungsvorschriften nicht aus, da die Bestimmungen der Richtlinien von subjektivrechtlicher Qualität seien.[368] Im übrigen sei es aus Gründen der Rechtssicherheit erforderlich, eine eindeutige und klare Durchführung der Richtlinienbestimmungen zu gewährleisten.[369]

Fest steht somit, daß eine Umsetzung ausschließlich auf der Basis des WHG nach höchstrichterlicher Rechtsprechung nicht ausreicht, um den Anforderungen des EG-Rechts zu genügen. Die Frage, wer innerstaatlich zuständig und somit verpflichtet ist, dieses vom EuGH festgestellte Umsetzungsdefizit zu beheben, beantwortet das Gericht nicht. Diesbezüglich fehlt dem EuGH auch die Kompetenz, denn das allgemeine völkerrechtliche Prinzip, wonach internationale Organisationen nicht in die innerstaatliche Kompetenzverteilung ihrer Mit-

---

366 Vgl. *Everling*, NVwZ 1993, S. 209 (215) ff.; *Magiera*, DÖV 1998, S. 173 (182) ff.; *Krämer*, in: Gündling/Weber (Hrsg.), „Dicke Luft in Europa“, S. 201 (211) ff.

367 *EuGH*, Urt. v. 17.10.1991 – Rs. C-58/89, Slg. 1991, S. 4983 ff. (*Kommission ./. Bundesrepublik Deutschland*) = NVwZ 1992, S. 459 ff. = EuZW 1991, S. 761 ff. = NJW 1992, S. 167 (Ls.).

368 *EuGH*, Urt. v. 17.10.1991 – Rs. C-58/89, Slg. 1991, S. 4983 ff. (*Kommission ./. Bundesrepublik Deutschland*) = EuZW 1991, S. 761 (762) ff. Zu den Anforderungen an eine ordnungsgemäße Umsetzung siehe oben im 3. Teil.

369 *EuGH*, Urt. v. 17.10.1991 – Rs. C-58/89, Slg. 1991, S. 4983 ff. (*Kommission ./. Bundesrepublik Deutschland*) = EuZW 1991, S. 761 (762) ff.

gliedstaaten eingreifen (domaine réservé der Staaten), dürfte auch von der Europäischen Gemeinschaft übernommen sein.[370]

cc) Antrag der EU-Kommission auf Zwangsgeldfestsetzung

Hat der EuGH für Recht erkannt, daß ein Mitgliedstaat gegen seine Verpflichtungen aus dem EG-Vertrag verstoßen hat, ist dieser Mitgliedstaat nach Art. 228 Abs. 1 EG verpflichtet, „die Maßnahmen zu ergreifen, die sich aus dem Urteil des Gerichtshofs ergeben." Ist der betreffende Mitgliedstaat dieser Pflicht nicht nachgekommen, hat er also das Urteil des EuGH mißachtet, hatte die Kommission lange Zeit nur die Möglichkeit, ein erneutes Vertragsverletzungsverfahren beim EuGH anzustrengen - diesmal wegen Verletzung des Art. 228 Abs. 1 EG. Dennoch konnte auch dieses Verfahren allein zu einem neuen Feststellungsurteil führen, dessen Beachtung wiederum freiwillig war;[371] allenfalls ein politischer Druck von Seiten anderer Mitgliedstaaten, der jedoch zumeist gering war, konnte einen Mitgliedstaat noch zur Einhaltung seiner vertraglichen Pflichten bewegen. Durch den Vertrag zur Gründung der Europäischen Union wurde nunmehr mit Art. 228 Abs. 2 EG ein neues Zwangsmittel in den EG-Vertrag eingefügt, das die Verpflichtung der Mitgliedstaaten verstärken soll, den Urteilen des EuGH zu entsprechen. Dieser Art. 228 Abs. 2 EG eröffnet der Kommission jetzt die Möglichkeit, beim EuGH einen Antrag auf Zwangsgeldfestsetzung gegen einen Mitgliedstaat zu stellen, sofern dieser nach Auffassung der Kommission einem Urteil des EuGH nicht Folge geleistet hat.[372] Zunächst muß die Kommission jedoch eine mit Gründen versehene Stellungnahme an den betreffenden Mitgliedstaat schicken. Diese Stellungnahme umfaßt eine angemessene Frist, innerhalb derer dem Mitgliedstaat Gelegenheit zur Abhilfe eingeräumt wird.[373] Das Verfahren nach Art. 228 Abs. 2 EG gleicht insofern prinzipiell dem des Art. 226 EG.

Am 29.01.1997 hat die Kommission von dieser neuen Möglichkeit Gebrauch gemacht und einen Antrag beim EuGH auf Zwangsgeldfestsetzung gegen die Bundesrepublik Deutschland in Höhe von ECU 158.400,- pro Tag gestellt.[374] Grund hierfür war u. a., daß die BRD ihrer Verpflichtung aus dem Urteil vom

---

370 So *Bleckmann*, in: Bleckmann, Europarecht, 6. Auflage 1997, § 8, Rdnr. 741.

371 *Hölscheidt*, BayVBl. 1997, S. 459 (460) ff.

372 Siehe auch *Oebbecke*, „Dezentraler Vollzug und europäische Integration", in: Lhotta/Oebbecke/Reh (Hrsg.), „Deutsche und europäische Verfassungsgeschichte: Sozial- und rechtswissenschaftliche Zugänge", Hans Boldt zum 65. Geburtstag, S. 35 (41) ff.

373 *Hölscheidt*, BayVBl. 1997, S. 459 (460) ff.

374 Umgerechnet etwa 300.000,- DM täglich. Vgl. Umwelt Nr. 9/1998, S. 437 ff.

17.10.1991 nicht entsprochen hatte, die notwendigen Maßnahmen zu ergreifen, um den Vorgaben der RL 75/440/EWG und 79/869/EWG nachzukommen.

b) Stellungnahme

Der Antrag der Europäischen Kommission auf Zwangsgeldfestsetzung gegen die BRD verdeutlicht die herausragende Bedeutung einer ordnungsgemäßen Umsetzung von EG-Richtlinien. Künftig drohen bei einer unzureichenden Umsetzung nicht nur ein Vertragsverletzungsverfahren und ein sich eventuell anschließendes Feststellungsurteil des EuGH, sondern in Zukunft droht bei einer Mißachtung der Judikate des EuGH auch eine Verurteilung zur Zahlung von Zwangsgeldern in Millionenhöhe. Die Frage, ob bzw. welche Maßnahmen zur Umsetzung einer Richtlinie ergriffen werden müssen, ist daher elementar.

Speziell was die Richtlinien 75/440/EWG und 79/869/EWG betrifft, hat der EuGH festgestellt, daß die bestehenden nationalen Vorschriften zum Wasserrecht keine ausreichende Umsetzungsmaßnahme darstellen.[375] Hinfällig ist damit die bislang überwiegende Meinung in der Literatur, die in den Regelungen des WHG - konkretisiert durch ministerielle Runderlasse und Verwaltungsvorschriften der Länder – eine ordnungsgemäße Umsetzung der EG-Gewässerschutzrichtlinien gesehen hat.[376]
Wie aber muß eine EG-rechtskonforme Umsetzung der Gewässerschutzrichtlinien gestaltet sein? Der EuGH stützt sein Urteil in erster Linie auf die mangelnde Außenwirkung der rein verwaltungsintern geltenden Verwaltungsvorschriften und ministeriellen Runderlasse, bemängelt also hauptsächlich die gewählte Rechtsform. Demnach könnte eine den Anforderungen des EG-Rechts entsprechende Umsetzung der Gewässerschutzrichtlinien dadurch erreicht werden, daß die bislang zur Ausfüllung des WHG erlassenen Regelungen schlicht in Gesetze im materiellen Sinne „umgegossen“ würden. Neben den Regelungen des WHG würden diese Maßnahmen dann sicher den formellen Anforderungen des EuGH genügen. Diesbezüglich ist jedoch zweierlei zu berücksichtigen:

Erstens wäre es in höchstem Maße unpraktisch, eine Umsetzung von EG-Richtlinien „gesplittet“ vorzunehmen - also teils durch den Bund, teils durch die Länder. Ein solches Vorgehen würde die Rechtsanwendung in der Praxis immens erschweren.

---

[375] Siehe 4. Teil / 1. Kap. / VIII / 3a) / bb).
[376] Hierzu oben 4. Teil / 1. Kap. / VIII / 3a) / aa).

Zweitens ist es gerade aus dem zuvor genannten Grund zu den Absprachen des Bund-Länder-Arbeitskreises vom 01.03.1993 gekommen, wo Konsens darüber bestand, daß eine solche Form der „gesplitteten“ Umsetzung vermieden werden sollte.

Sofern nach dieser Vereinbarung zwischen Bund und Ländern eine vollständige Umsetzung der EG-Gewässerschutzrichtlinien entweder durch den Bund oder durch die Länder angestrebt wird, stellt sich die Frage, wer hinsichtlich der Richtlinien 75/440/EWG und 79/869/EWG dieser zuständige Gesetzgeber ist - der Bund oder die Länder? Auf diese Frage konnte und durfte der EuGH in seiner Entscheidung nicht eingehen; ihre Beantwortung ergibt sich - auch bei Sachverhalten mit supranationalem Bezug - ausschließlich aus nationalem Verfassungsrecht.[377] Aber: Bei supranational veranlaßten Maßnahmen des nationalen Gesetzgebers, und hierzu zählt vor allem die Umsetzung von EG-Richtlinien, ist es für die Bestimmung der innerstaatlichen Zuständigkeit mitunter erforderlich, die materiellen Vorgaben des zwischenstaatlichen Rechtsakts zu berücksichtigen. Dies gilt jedenfalls dann, wenn der Bund innerstaatlich nur eine Rahmenkompetenz zur Regelung einer bestimmten Materie besitzt. Für diesen Fall wurde nämlich bereits festgestellt, daß eine Aufteilung von Zuständigkeiten, wie sie in Art. 75 GG vorgesehen ist, bei rein nationalen Sachverhalten noch sinnvoll sein kann, spätestens dann aber zu immensen Schwierigkeiten in der Gesetzgebung führt, wenn der gesetzgeberische Anlaß auf einer EG-Richtlinie beruht - mithin auf gemeinschaftsrechtlichen Vorgaben.[378] Die Umsetzung erfolgt dann in aller Regel allein durch die Länder,[379] so auch im Bereich der EG-Gewässerschutzrichtlinien.[380]
Besonders was die Oberflächengewässerrichtlinie 75/440/EWG betrifft, kommt man zu diesem Ergebnis auch aus folgendem Grund: Bei der Oberflächenge-

---

[377] Siehe oben 2. Teil / II.

[378] 2. Teil / II / 3.

[379] Näher hierzu oben im 2. Teil / II / 3.

[380] Zwar besteht hier mit dem WHG bereits ein nationales Bundesrahmenrecht, mit der Folge, daß selbst nach der in dieser Arbeit vertretenen Ansicht (s. o. 2. Teil / II / 3) eine Umsetzungsbefugnis auch des Bundes angenommen werden könnte. Aber die EG-Gewässerschutzrichtlinien enthalten mit ihren Vorgaben hinsichtlich der zulässigen Grenzwerte und Analyseverfahren etc. derart spezielle Regelungen, daß eine Kollision des neu zu schaffenden Landesrechts mit dem Bundesrahmenrecht insofern ausgeschlossen ist, als eine alleinige Umsetzung durch die Länder einen einheitlichen Rechtszustand in Deutschland gewährleistet. Eine explizite Umsetzung nach § 6a WHG durch RVO, mit dem Ziel, auf diese Weise einen Rahmen für die Maßnahmen der Länder vorzugeben, ist damit weder erforderlich noch zulässig.

wässerrichtlinie[381] handelt es sich um eine Immissions-, also Bewirtschaftungsrichtlinie. Für Bewirtschaftungsfragen sind aber unstreitig die Länder zuständig.

Die im Zusammenhang mit Art. 75 GG zu beachtende Bestandsschutzklausel des Art. 125a GG steht schließlich der hier vertretenen Auffassung nicht entgegen, wonach eine Umsetzung der detaillierten Richtlinienbestimmungen allein durch die Länder zu erfolgen hat; speziell die Voraussetzungen des Art. 125a Abs. 2 GG liegen nämlich nicht vor.

Das Ergebnis lautet daher: Nicht der Bund, sondern die Länder sorgen für eine vollständige und ordnungsgemäße Umsetzung der Oberflächengewässerrichtlinie 75/440/EWG und ihrer Ergänzungsrichtlinie 79/869/EWG.[382] Ob die Länder dieser Maßgabe bereits entsprochen haben, soll im folgenden untersucht werden.

4. Umsetzungsmaßnahmen der Länder

Tabelle 1.1: Transformationsgesetze der deutschen Länder zu den RL 75/440/EWG und 79/869/EWG

Land	**Transformationsnorm**
Baden-Württemberg	Verordnung des Ministeriums für Umwelt und Verkehr über die Entnahme von Wasser aus oberirdischen Gewässern zum Zweck der Trinkwasserversorgung (Oberflächenwasserqualitätsverordnung) vom 26. März 1997, GBl. Nr. 6 vom 30. 4. 1997, S. 146.
Bayern	Verordnung über die Entnahme von Wasser aus oberirdischen Gewässern zum Zweck der Trinkwasserversorgung vom 30. Januar 1996, GVBl. Nr. 3/1996, S. 34.
Berlin	Verordnung über die Entnahme von Wasser aus oberirdischen Gewässern zum Zwecke derTrinkwasserversorgung vom 4. Februar 1997, GVBl. Nr. 8 vom 19. 2. 1997, S. 40.
Brandenburg	Verordnung über die Qualitätsanforderungen an oberirdische Gewässer für die Entnahme von Wasser zum Zwecke der Trinkwasserversorgung (Brandenburgische Oberflächenwas-

381 Auch als Rohwasser- bzw. Wasserversorgungsrichtlinie bezeichnet. Siehe *Breuer*, WiVerw 1990, S. 79 (82) ff.

382 Dieser Ansicht folgt jetzt auch die Praxis der Gesetzgebung in den Ländern, wie sich im weiteren Verlauf der Untersuchung bestätigen wird.

	serqualitätsverordnung für Trinkwasserentnahmezwecke - BbgOwTwV) vom 15. April 1997, GVBl. Nr. 10 vom 16. 5. 1997, S. 218.
Bremen	Verordnung über die Entnahme von Wasser aus oberirdischen Gewässern zum Zweck der Trinkwasserversorgung und über die Meßmethoden sowie über die Häufigkeit der Probenahmen und der Analysen des Oberflächenwassers für die Trinkwassergewinnung vom 11. April 1997, GBl. Nr. 13 der Freien Hansestadt Bremen vom 11. 4. 1997, S. 133.
Hamburg	Verordnung über die Entnahme von Wasser aus oberirdischen Gewässern zum Zweck der Trinkwasserversorgung vom 4. März 1997, Hamburgisches GVBl. Nr. 7/1997, S. 42.
Hessen	Verordnung über die Entnahme von Wasser aus oberirdischen Gewässern zum Zweck der Trinkwasserversorgung vom 30. April 1997, GVBl. Nr. 9 vom 26. 5. 1997, S. 112.
Mecklenburg-Vorpommern	Verordnung über die Entnahme von Wasser aus oberirdischen Gewässern zum Zwecke der Trinkwasserversorgung (Oberflächenwasserverordnung) vom 24. April 1997, GVBl. Nr. 6 vom 21. 5. 1997, S. 195.
Niedersachsen	Verordnung über die Entnahme von Wasser aus oberirdischen Gewässern zum Zweck der Trinkwasserversorgung vom 12. Mai 1997, Nds. GVBl. Nr. 8/1997 vom 16. 5. 1997, S. 127.
Nordrhein-Westfalen	Verordnung zur Umsetzung der Richtlinie 75/440/EWG des Rates vom 16. Juni 1975 über die Qualitätsanforderungen an Oberflächengewässer für die Trinkwassergewinnung in den Mitgliedstaaten - ABl. EG Nr. L 194 S. 34 - sowie der Richtlinie 79/869/EWG des Rates vom 9. Oktober 1979 über die Meßmethoden sowie über die Häufigkeit der Probenahmen und der Analysen des Oberflächenwassers für die Trinkwassergewinnung in den Mitgliedstaaten - ABl. EG Nr. 271 S. 44 - (QOTV) vom 29. April 1997, GVBl. Nr. 17 vom 28. 5. 1997, S. 92.
Rheinland-Pfalz	Landesverordnung über die Qualitätsanforderungen an Oberflächenwasser für die Trinkwassergewinnung vom 19. Februar 1997, GVBl. Nr. 5 vom 6. 3. 1997, S. 59.
Saarland	Verordnung über die Entnahme von Wasser aus oberirdischen Gewässern zum Zweck der Trinkwasserversorgung vom 2. April 1997, Amtsblatt des Saarlandes vom 4. 4. 1997, S. 338.
Sachsen	Verordnung des Sächsischen Staatsministeriums für Umwelt

	und Landesentwicklung über die Qualitätsanforderungen an Oberflächengewässer für die Trinkwassergewinnung in Umsetzung der Richtlinien 75/440/EWG und 79/869/EWG (Trinkwassergewinnungsverordnung – SächsTWGewVO) vom 22. April 1997, GVBl. Nr. 11 vom 21. 5. 1997, S. 400.
Sachsen-Anhalt	a) Verordnung über die Qualitätsanforderungen an oberirdische Gewässer für die Trinkwassergewinnung und deren Überwachung vom 17. April 1997, GVBl. LSA Nr. 16 vom 22. 4. 1997, S. 484. b) Berichtigung der Verordnung über die Qualitätsanforderungen für die Trinkwassergewinnung und deren Überwachung vom 14. Mai 1997, GVBl. Nr. 21 vom 22. 5. 1997, S. 513.
Schleswig-Holstein	Landesverordnung über die Entnahme von Wasser aus oberirdischen Gewässern zum Zwecke der Trinkwasserversorgung vom 17. Februar 1997, GVBl. Nr. 4 vom 6. 3. 1997, S. 101.
Thüringen	Thüringer Verordnung über die Qualitätsanforderungen an Oberflächenwasser für die Trinkwassergewinnung (ThürGewQualVO) vom 20. März 1997, GVBl. Nr. 8 vom 5. 5. 1997, S. 158.

Die Länder haben die EG-Richtlinien 75/440/EWG und 79/869/EWG durchweg in einem Rechtsakt umgesetzt. Dabei ist als Rechtsform immer die Rechtsverordnung gewählt worden.

Die Umsetzungsmaßnahmen basieren auf einem gemeinsamen Entwurf einer Musterverordnung der Länder. Diese Musterverordnung enthält inhaltlich sowohl Regelungen über die Zulässigkeit von Wasserentnahmen und diesbezügliche Ausnahmemöglichkeiten sowie eine Festlegung ihres Anwendungsbereiches, nämlich für diejenigen oberirdischen Gewässer zu gelten, welche für die öffentliche Trinkwassergewinnung genutzt werden. Was die Frage der Überwachung zur Einhaltung der Qualitätsanforderungen sowie der Häufigkeit der Messungen und der dabei anzuwendenden Methoden betrifft, schlägt der Musterentwurf (ME) vor, auf die diesbezüglich einschlägigen Bestimmungen der EG-Richtlinien zu verweisen und diese Normen damit zum Bestandteil des nationalen Rechts zu erklären. Inhaltlich entspricht dieser Entwurf den materiellen Vorgaben der EG-Richtlinien.

Obschon sich alle Länder bei der Umsetzung der EG-Richtlinien 75/440/EWG und 79/869/EWG an dem Entwurf orientiert haben und damit inhaltlich auch den Anforderungen der EG-Richtlinien genügen, sind nicht alle Rechtsverordnungen textgleich. Die Abweichungen sind jedoch marginal und bedürfen insofern keiner ausgiebigeren Analyse.

Interessanter und auch für die Rechtsanwendung bedeutsamer ist hingegen folgender Aspekt: Wie erwähnt, schlägt der ME die Aufnahme dynamischer Verweisungsnormen in die Umsetzungsmaßnahmen der Länder vor. Dies ist von der überwiegenden Zahl der Länder bei der Umsetzung auch berücksichtigt worden. Obschon sowohl der ME als auch die hierauf basierenden Rechtsverordnungen der Länder inhaltlich mit den Vorgaben der Richtlinien vereinbar sind, und damit in dieser Hinsicht nichts gegen das Mittel der dynamischen Verweisungsnorm einzuwenden ist,[383] sprechen gegen die Verwendung von dynamischen Verweisungsnormen doch praktische Überlegungen. Aus diesem Grunde haben einige Länder den Vorschlag des Musters nicht übernommen und auf solche Verweisungen verzichtet. Nachfolgend soll kurz betrachtet werden, in welchen Ländern Verweisungsnormen bei der Umsetzung der RL 75/440/EWG und 79/869/EWG verwendet wurden und in welchen Ländern nicht. Zudem erfolgt eine Darstellung der Probleme, die bei dem Vollzug dynamischer Verweisungsnormen in der Praxis auftreten können. Wegen der überragenden Bedeutung, die der RL 75/440/EWG unter den EG-Gewässerschutzrichtlinien zukommt, erfolgt abschließend eine kurze Erläuterung der Nordrhein-Westfälischen Verordnung über Qualitätsanforderungen an Oberflächenwasser für die Trinkwassergewinnung, kurz: QOTV NW. Dabei werden insbesondere diejenigen Richtlinienbestimmungen erklärt, auf welche in den meisten Rechtsverordnungen der Länder nur verwiesen wird, die aber auch dort Gegenstand des nationalen Rechts sind. Diese letzte Erläuterung ist insofern als praktische Hilfe für die Rechtsanwender gedacht.

a) Umsetzung unter Verwendung dynamischer Verweisungsnormen

In dieser Gruppe befinden sich die Länder, die - dem Musterentwurf folgend - in ihren Umsetzungsmaßnahmen mit dynamischen Verweisungsnormen arbeiten. Hierzu zählen natürlich zunächst jene Länder, die sich bei der Umsetzung auf eine reine Abschrift des Musters beschränkt haben.[384] Eine solche Vorgehensweise ist nicht zu beanstanden, denn immerhin haben sich die Länder untereinander auf diesen Entwurf geeinigt. Darüber hinaus gehören zu dieser

---

[383] Zu der Frage, inwiefern aus verfassungsrechtlicher- oder aus europarechtlicher Sicht bei der Umsetzung von EG-Richtlinien auf dynamische Verweisungsnormen zurückgegriffen werden darf, siehe oben 3. Teil / II / 4.

[384] So etwa Baden-Württemberg, Bayern, Hamburg, Rheinland-Pfalz und Schleswig-Holstein.

Gruppe (auch) die bereits angesprochenen Länder, die - im Vergleich zum Musterentwurf - lediglich eine von diesem Entwurf unbedeutend abweichende Formulierung der einzelnen Bestimmungen wählten.[385]
Alle diese Länder verweisen in ihren Rechtsverordnungen auf Bestimmungen der EG-Richtlinien,[386] wobei die Verweisung überwiegend die Bestimmungen des Art. 5 RL 75/440/EWG und die Regelungen der Art. 3 bis 7 RL 79/869/EWG betrifft.[387]
Gemessen an dem Zweck der Richtlinie, nationales Recht den Zielvorgaben anzupassen, ist die Verweisungsmethode nicht unproblematisch. Selbst wenn eine Umsetzung mittels Verweisung nämlich rechtmäßig ist,[388] wird hier das nationale Recht nicht schonend angepaßt, sondern schlicht die Richtlinienbestimmung selbst zu nationalem Recht erklärt.[389]

b) Umsetzung ohne Verweis auf die Bestimmungen der Richtlinien

Im Gegensatz zu der überwiegenden Zahl der Länder verzichten Nordrhein-Westfalen, Hessen und Sachsen in ihren Umsetzungsverordnungen auf die Verwendung dynamischer Verweisungsnormen. Diese Länder wählen dagegen den Weg, die inhaltlichen Vorgaben der Richtlinien in ihren Gesetzen selbst zu formulieren. Dabei ändert sich ggü. den anderen Ländern weniger die inhaltliche Aussagekraft der Bestimmungen; denn zum einen orientieren sich alle Länder an denselben Richtlinien und demselben Musterentwurf, zum anderen werden durch die Verweisungsnormen die materiellen Vorgaben der Richtlinien auch in den übrigen Ländern nationales Recht. Der Unterschied ist vielmehr, daß es bei einer Umsetzung, welche nicht nur auf die materiellen Vorgaben der Richtlinien verweist, sondern diese komplett wiedergibt und in den nationalen Regelungskontext einbindet, für den Rechtsanwender erheblich leichter zu entscheiden ist, ob ein konkreter Sachverhalt den nationalen Anforderungen ent-

---

385 So Berlin, Brandenburg, Bremen, Mecklenburg-Vorpommern, Niedersachsen, das Saarland und Sachsen-Anhalt.

386 Vgl. § 3 Abs. 2 der Rechtsverordnungen von: Baden-Württemberg, Bayern, Berlin, Bremen, Hamburg, Rheinland-Pfalz, Saarland, Sachsen-Anhalt, Schleswig-Holstein, sowie: § 3 der RVO von Mecklenburg-Vorpommern, § 2 Abs. 2 der RVO von Niedersachsen, § 3 Abs. 1, Abs. 2 und § 4 der RVO des Landes Brandenburg und § 4 Abs. 1 der Thüringer Gewässerqualitätsverordnung.

387 Diese Artikel enthalten die Vorgaben, welche die Überwachung der Gewässerqualitätsanforderungen betreffen, somit die wesentlichen Vorschriften der Richtlinien.

388 Hierzu oben 3. Teil / II / 4.

389 Hieran ändert auch die Tatsache nichts, daß diese Form der Umsetzung nur bei detaillierten Richtlinien in Betracht kommt, bei denen der Handlungsspielraum des nationalen Gesetzgebers sehr begrenzt ist.

spricht oder nicht. Der Vorteil dieser Form der Umsetzung liegt damit in den Aspekten der Rechtssicherheit und Rechtsklarheit.[390] So ist der Rechtsanwender in Nordrhein-Westfalen, Hessen und im Land Sachsen in der Lage, allein anhand der Landesverordnung zu bestimmen, unter welchen Voraussetzungen eine Nutzung von Oberflächengewässer für die Trinkwassergewinnung zu genehmigen ist und wie die (weitere) Überwachung der Gewässerqualität im allgemeinen zu erfolgen hat. Obwohl es sich bei den einschlägigen Vorschriften der Landesverordnungen von Sachsen, Hessen und Nordrhein-Westfalen[391] im Grunde nur um eine leicht modifizierte wörtliche Übernahme derjenigen Richtlinienbestimmungen handelt, auf die in den anderen Ländern verwiesen wird, ist die praktische Bedeutung einer solchen eigenständigen Lösung nicht zu unterschätzen. Der geringfügige Mehraufwand bei der Umsetzung bedeutet eine Arbeitserleichterung in der Praxis und schafft vor allem eine klare Rechtslage. Dies entspricht nicht nur dem Rechtsschutzbedürfnis der Bürger - denn klare gesetzliche Bestimmungen verhindern falsche Maßnahmen zu deren Lasten -, sondern ein Verzicht auf Verweisungsnormen hilft in erster Linie dem Praktiker bei der Entscheidungsfindung. Man bedenke: Bei Verwendung dynamischer Verweisungsnormen muß der Rechtsanwender im Falle der Oberflächengewässerrichtlinie neben der einschlägigen Umsetzungsverordnung parallel noch die beiden EG-Richtlinien 75/440/EWG und 79/869/EWG beachten, will er bei seiner Entscheidung die Rechtslage ordnungsgemäß bestimmen und berücksichtigen.[392]

c) Nordrhein-Westfälische Verordnung über Qualitätsanforderungen an Oberflächenwasser für die Trinkwassergewinnung

§ 1 QOTV NW bestimmt den Zweck der Verordnung. Dieser besteht darin, die Voraussetzungen festzulegen, die sich aus den umgesetzten Richtlinien ergeben:

1. für die Erteilung der Erlaubnis und Bewilligung bei Entnahmen von Wasser aus oberirdischen Gewässern zum Zwecke der Trinkwasserversorgung und
2. zur Regelung der dabei bestehenden Pflichten zur Untersuchung und Überwachung.

---

[390] Was nicht bedeutet, daß dynamische Verweisungsnormen diesen Prinzipien widersprechen müssen. Hierzu oben 3. Teil / II / 4.

[391] §§ 3 und 5 QOTV NW sowie §§ 3 und 4 der hessischen- und §§ 3, 4 der sächsischen Landesverordnung.

[392] Ob also eine Umsetzung mittels Verweisung tatsächlich die Vorteile bringt, wie sie *Klindt*, DVBl. 1998, S. 373 (379 und 380) sieht, ist eher zweifelhaft. Hierzu auch oben 3. Teil / II / 4.

§ 2 QOTV NW regelt den Anwendungsbereich der Verordnung. Dieser umfaßt Gewässer, welche für die direkte Entnahme von Wasser für die öffentliche Trinkwasserversorgung genutzt werden. Andere Rechtsvorschriften über die Entnahme von Wasser aus den entsprechenden Oberflächengewässern (etwa aus dem WHG oder dem LWG NW) bleiben unberührt. Wasserentnahmen zur künstlichen Grundwasseranreicherung werden von der Verordnung nicht erfaßt.

§ 3 QOTV NW legt fest, daß eine Erlaubnis oder Bewilligung für Wasserentnahmen im Sinne der Verordnung nur erteilt werden darf, wenn das entsprechende Gewässer

1. in der Anlage 1 der Verordnung unter einer der drei Kategorien (A1, A2 oder A3) aufgeführt ist und
2. das Wasser mindestens den für die jeweilige Kategorie als verbindlich bezeichneten Immissionsgrenzwerten (Imperativ- oder I-Werten) entspricht.

Bei bereits zugelassenen Wasserentnahmen ist das Recht oder die Befugnis im Rahmen der Vorgaben des WHG anzupassen.

§ 4 QOTV NW zählt mögliche Einzelfallabweichungen von den Anforderungen des § 3 auf. Danach sind Ausnahmen zulässig:

1. wenn das entnommene Wasser durch Mischung oder Aufbereitung eine Qualität erhält, die den Anforderungen für Trinkwasser entspricht,
2. für die in Anlage 2 mit „(O)" gekennzeichneten Parameter, wenn außergewöhnliche meteorologische oder geographische Verhältnisse vorliegen,
3. wenn die in der Anlage 2 festgelegten Werte aufgrund natürlicher Anreicherung überschritten werden,
4. bei Seen mit einer Tiefe bis zu 20 m, in denen die Erneuerung des Wassers mehr als ein Jahr in Anspruch nimmt und in die keine Abwässer eingeleitet werden, für die in Anlage 2 mit „*" gekennzeichneten Parameter,
5. bei Überschwemmungen oder (anderen) Naturkatastrophen.

Darüber hinaus wird klargestellt, daß das Vorliegen eines Ausnahmetatbestandes in keinem Fall von den zwingenden Erfordernissen zum Schutz der Volksgesundheit entbindet. Aufgrund seines Ausnahmecharakters ist § 4 QOTV NW sehr eng auszulegen.

§ 5 QOTV NW regelt schließlich die Überwachung der Brauchwassergüte.

Die Überwachung der Gewässerqualität nach § 5 QOTV NW fällt in die Pflicht zur Selbstüberwachung nach § 50 LWG NW. Hierauf weist § 5 Abs. 6 QOTV NW ausdrücklich hin. Gerade wegen dieser Selbstüberwachungspflicht der Wasserversorger ist es ratsam, die materiellen Vorgaben der RL 75/440/EWG und 79/869/EWG bezüglich der Häufigkeit und der Art und Weise der Gewäs-

serqualitätsüberwachung in der Verordnung konkret festzulegen.[393] Auf diese Weise minimiert man Schwierigkeiten, die sich bei der Verwendung von Verweisungsvorschriften für ein Unternehmen der öffentlichen Trinkwasserversorgung allein bei der Rechtsfindung ergeben können.[394]
Wichtig in diesem Zusammenhang ist die Vorschrift des § 5 Abs. 2 S. 2 QOTV NW. Hiernach werden die in Anhang 3 der Verordnung aufgeführten Referenzmethoden „soweit wie möglich" angewandt. Diese Regelung entspricht der Vorgabe in Art. 3 Abs. 2 RL 79/869/EWG. Sofern andere, modernere Methoden angewendet werden, müssen die Ergebnisse mit denen, der in Anhang 3 aufgeführten Methoden, gleichwertig oder zumindest vergleichbar sein (§ 5 Abs. 2 S. 3 QOTV NW).
Anlage 1 der Verordnung enthält ein Verzeichnis der Oberflächengewässer, die von der QOTV NW erfaßt werden. Die Kategorie A1 enthält 28 Entnahmestellen (Gewässer); in der qualitativ geringwertigeren Kategorie A2 sind zwei Entnahmestellen aufgeführt. Oberirdische Gewässer der am stärksten behandlungsbedürftigen Kategorie A3 sind für NRW nicht ausgewiesen.

Anlage 2 der Verordnung gibt die von der Richtlinie vorgegebenen Parameter wieder. Eine Verschärfung von Werten, wie sie die Richtlinie ausdrücklich zuläßt, ist nicht vorgenommen worden. Jede der drei Gütekategorien ist untergliedert in die jeweils anzustrebenden anspruchsvolleren G-Werte und in die weniger anspruchsvollen, dafür aber verbindlichen I-Werte.

Anlage 3 der Verordnung legt die für jeden Parameter der Anlage 2 anzuwendende Referenzmethode fest.

Anlage 4 der Verordnung bestimmt die jährliche Mindestmeßhäufigkeit der Probenahmen und der Analysen für die einzelnen Parameter der Anlage 2.

---

[393] Anstatt nur auf das EG-Recht zu verweisen, wie dies die meisten Länder bevorzugt haben.

[394] Denn Verweisungsnormen geben noch keinen unmittelbaren Aufschluß über die Rechtslage. Nur in Verbindung mit den einschlägigen Richtlinienbestimmungen ist in diesem Fall das jeweilige Trinkwasserversorgungsunternehmen bzw. der städtische Wasserversorger in der Lage, seine Rechte und Pflichten zu ergründen. Hiermit sind Schwierigkeiten in der Rechtsfindung fast zwangsläufig vorprogrammiert. Daher ist die ausformulierte Regelung in NRW zu begrüßen.

5. Vergleich der Umsetzungsmaßnahmen der Länder mit den Anforderungen des EuGH

Mit der nun vollständig abgeschlossenen Umsetzung sind die Länder den Vorgaben des EuGH aus dem Urteil vom 17.10.1991 gefolgt.[395] Ihrer Verpflichtung, einen Sanierungsplan gemäß Art. 4 Abs. 2 RL 75/440/EWG zu erarbeiten und der Kommission zu übermitteln, ist die Bundesrepublik Deutschland im April 1998 nachgekommen. Dieser Gesamtplan wurde mit Hilfe der Länder vom Bundesumweltministerium erstellt.

6. Zwischenergebnis:

Eine Umsetzung der EG-Richtlinien 75/440/EWG und 79/869/EWG allein durch das Wasserhaushaltsgesetz des Bundes i. V. m. ministeriellen Runderlassen und Verwaltungsvorschriften der Länder entspricht nicht den Kriterien des EuGH an eine ordnungsgemäße Umsetzung. Aus diesem Grunde haben alle Länder, auf der Grundlage eines gemeinsamen Musterentwurfes, eine sowohl formell als auch materiell einwandfreie Umsetzung durchgeführt. Als Mittel ist dabei ausnahmslos die Landesverordnung gewählt worden. Sofern die Mehrzahl der Länder in ihren Verordnungen dynamische Verweisungsnormen auf einschlägige Bestimmungen der EG-Richtlinien verwendet, ist dies rechtlich nicht zu beanstanden; aus der Perspektive der Rechtsanwendung stehen einer solchen Form der Umsetzung allerdings gewichtige Aspekte entgegen. Die Umsetzung in Nordrhein-Westfalen, Sachsen und im Land Hessen berücksichtigt dies und verzichtet deshalb auf die Übernahme der im Musterentwurf vorgeschlagenen Verweisungsnormen in ihre Umsetzungsverordnungen.

Nachdem im Laufe des Jahres 1997 alle Länder ihrer Umsetzungspflicht nachgekommen sind und der von der BRD zu erstellende Gesamtplan im April 1998 an die EU-Kommission übermittelt wurde, hat die EU-Kommission ihre Klage vom März 1997 auf Erlaß eines Zwangsgeldes gegen die Bundesrepublik Deutschland wegen Nichtbefolgung des EuGH-Urteils vom 17.10.1991 im August 1998 insgesamt zurückgenommen.[396]

---

[395] Vgl. *EuGH*, Urt. v. 17.10.1991, Rs. C-58/89, Slg. 1991, S. 4983 ff. = NVwZ 1992, 459 ff. Zu den einzelnen Kritikpunkten des Gerichts siehe oben 4. Teil / 1. Kap. / VIII / 3a) / bb).

[396] Vgl. Umwelt Nr. 9/1998, S. 437 ff.

IX. Richtlinie 76/160/EWG über die Qualität der Badegewässer

1. Regelungsgehalt der Richtlinie

Bei der zweiten von der EG erlassenen Wasserrichtlinie handelt es sich um die RL 76/160/EWG über die Qualität der Badegewässer.[397] Wie schon bei der RL 75/440/EWG ist auch Ziel dieser Richtlinie der Schutz der Volksgesundheit. Um einen solchen Schutz bestmöglich zu gewährleisten, bezweckt die Richtlinie, die Verunreinigung der Badegewässer herabzusetzen und diese vor weiterer Qualitätsminderung zu bewahren.[398] Dabei definiert die Richtlinie als Badegewässer solche stehenden oder fließenden Binnen- oder Meeresgewässer, in denen das Baden entweder erlaubt oder nicht ausdrücklich verboten ist und in denen üblicherweise eine große Anzahl von Personen badet.[399] Die erfaßten Gewässer entsprechen damit denen der §§ 1 Abs. 1 Nr. 1 und Nr. 1a WHG und sind insofern auch vom sachlichen Geltungsbereich des WHG umfaßt. Die Wasserqualität in künstlichen Schwimmbecken wird von der Richtlinie nicht erfaßt, selbst wenn das Wasser aus oberirdischem Gewässer oder dem Küstenmeer stammt (Art. 1 Abs. 1 RL).
Im Anhang der Richtlinie sind insgesamt 19 Parameter bzw. Parametergruppen aufgelistet, welche für die Anwendung der Richtlinie deshalb von besonderer Bedeutung sind, weil sie der Beschreibung der Badewasserqualität dienen. Diese Parameterliste enthält sowohl I-Werte als auch G-Werte.[400]

Gemäß Art. 3 RL sind die Mitgliedstaaten verpflichtet:
a) festzustellen, welche Badegebiete der Richtlinie unterworfen sind,
b) für die Parameter des Anhangs Werte festzulegen, welche im Badegebiet einzuhalten sind. Dabei dürfen die national festgelegten Werte nicht weniger streng als die I-Werte der Richtlinie sein, sondern sollten sich möglichst an deren G-Werten orientieren.[401] Sofern die von den Mitgliedstaaten ausgewiesenen Badegewässer nicht bereits den Vorgaben der (zwingenden) I-Werte entsprechen, hat die zuständige Behörde gemäß Art. 4 Abs. 1 RL binnen zehn Jahren dafür zu sorgen, daß dieser Standard erreicht wird.[402]

---

[397] Richtlinie des Rates v. 08.12.1975 über die Qualität der Badegewässer (76/160/EWG), ABl. EG Nr. L 31, S. 1, zuletzt geändert durch Richtlinie 91/692/EWG v. 23.12.1991, ABl. EG Nr. L 377, S. 48 (nachfolgend: Badegewässerrichtlinie).
[398] Vgl. *Veh/Knopp*, Gewässerschutz nach EG-Recht, 1995, S. 36.
[399] Vgl. Art. 1 Abs. 2 Badegewässerrichtlinie.
[400] Allgemein zu Parametern und Werten siehe oben 4. Teil / 1. Kap. / VII.
[401] Vgl. *Veh/Knopp*, Gewässerschutz nach EG-Recht, 1995, S. 37.
[402] Einer Mitteilung in NJW 2000, Heft 29, S. XLVII zufolge ist der Qualitätsstandard bei Badegewässern in der Union auf einem mittlerweile hohen Niveau angelangt.

Anweisungen für die Untersuchungshäufigkeit und das vorgeschriebene Prüfungsverfahren finden sich sowohl im Anhang der Richtlinie als auch in den Art. 5 ff. RL; eine Mitteilungspflicht der Mitgliedstaaten an die Kommission bestimmt Art. 13 RL.

Ebenso wie die anderen EG-Gewässerschutzrichtlinien eröffnet auch die RL 76/160/EWG über die Qualität der Badegewässer den Mitgliedstaaten die Möglichkeit, national strengere Werte zu normieren und damit einen höheren Umweltschutzstandard anzustreben als der von der Richtlinie vorgesehene (Art. 7 RL). Die RL 76/160/EWG normiert insofern also „nur" einen Mindeststandard der Badegewässerqualität.[403]

Eine nicht zu unterschätzende Schwäche der Richtlinie ist ihr unbestimmt formulierter Anwendungsbereich.[404] So bestimmt die Richtlinie nicht eindeutig, wann ein Gewässer von den Mitgliedstaaten überhaupt als Badegewässer i. S. d. Richtlinie einzustufen ist. Entscheidend für die Geltung der inhaltlichen Vorgaben der Richtlinie für ein Gewässer ist vielmehr:

a) ob die Mitgliedstaaten entweder von sich aus ein Gewässer als Badegewässer bezeichnen oder

b) zumindest das Baden in einem solchen Gewässer nicht ausdrücklich verbieten und ob zudem eine große Menschenmenge in diesem Gewässer üblicherweise badet.

Dieser unbestimmt definierte Anwendungsbereich - der auch äußerst unterschiedliche Interpretationen der Badegewässerrichtlinie innerhalb der EU-Mitgliedstaaten ermöglicht - erschwert es den Mitgliedstaaten einerseits, die Badegewässer als solche zu bestimmen, bietet andererseits aber auch die Gelegenheit, die Richtlinie de facto nicht anzuwenden. Denn wer etwa legt fest, ab welcher Personenzahl eine Menschenmenge als groß einzustufen ist und so die Richtlinie auch auf solche Gewässer Anwendung findet, in denen das Baden nicht ausdrücklich verboten ist? Hierzu wird gesagt, daß es natürlich einen Unterschied mache, ob Griechenland jede einzelne Bucht oder ob die Bundesrepublik die gesamten Strände aller Nord- und Ostfriesischen Inseln als Badezonen bezeichne.[405] Auch sei das - nun korrigierte - frühere Kriterium von 10.000 Personen in Irland eine sichere Ausweichmöglichkeit gewesen, um die Richtlinie nicht anzuwenden.[406]

---

[403] Allerdings wird es in der Praxis kaum möglich sein, die EG-rechtlichen Vorgaben noch zu übertreffen; denn bereits die Leitwerte der Badegewässerrichtlinie setzen einen durchaus hohen Umweltschutzstandard fest.

[404] Vgl. *Schulte*, Kommunales Abwasser, Diss. Berlin 1995, S. 85.

[405] Vgl. *Kromarek*, in: Gündling/Weber, „Dicke Luft in Europa", S. 143 (157) ff.

[406] *Kromarek*, in: Gündling/Weber, „Dicke Luft in Europa", S. 143 (157) ff.

Die unbestimmte Aussage der Richtlinie über ihren eigenen Anwendungsbereich führt aber noch zu einer weiteren Konsequenz: Sie ermöglicht den Mitgliedstaaten ein bereits als Badegewässer ausgewiesenes Gewässer dadurch aus dem Anwendungsbereich der Richtlinie zu streichen, indem für dieses Gewässer schlicht ein Badeverbot ausgesprochen wird; hierdurch kann die Richtlinie dann (zumindest teilweise) faktisch außer Kraft gesetzt werden.[407]

2. Umsetzungsfrist

Gemäß Art. 12 RL 76/160/EWG beträgt die Frist der Mitgliedstaaten zur Umsetzung zwei Jahre nach Bekanntgabe der Richtlinie. Diese Bekanntgabe erfolgte im Dezember 1975. Die Umsetzungsfrist in den „alten" Ländern endete damit im Dezember 1977; in den „neuen" Ländern verstrich die Umsetzungsfrist gemäß Art. 2 RL 90/656/EWG am 31.12.1993.

In diesem Zusammenhang sei bemerkt, daß die EU-Kommission in einem von ihr zunächst gegen die BRD eingeleiteten Vertragsverletzungsverfahren beanstandet hatte, die BRD habe gegen ihre Verpflichtung aus der Richtlinie verstoßen, weil die Isar im Stadtbereich München nicht als Badegewässer ausgewiesen und somit nicht den Qualitätsanforderungen und Kontrollen der Richtlinie unterworfen worden sei.[408] Dieses Vertragsverletzungsverfahren führte selbst bei „ausgesprochenen Integrationsfreunden" zu der Frage, „warum sich die EG um die Qualität des Badewassers in der Isar bei München kümmern muß".[409] Und in der Tat sind diese Zweifel, speziell unter Subsidiaritätsgesichtspunkten, nicht vollkommen unberechtigt. Nachdem allerdings die Bundesregierung durch Mitteilung vom 21.9.1989 der EU-Kommission ein erweitertes Verzeichnis der Badegewässer im Freistaat Bayern zugeleitet hat, welches auch die fraglichen Abschnitte der Isar umfaßte, wurde das Verfahren eingestellt.[410]

---

[407] Allein das Land Sachsen konkretisiert, wann von einer „großen Anzahl regelmäßig Badender" auszugehen ist. Danach gilt die Richtlinie in Sachsen für alle Gewässer, in denen das Baden ausdrücklich gestattet ist sowie für solche, in denen das Baden zumindest nicht ausdrücklich verboten ist und in denen durchschnittlich während der Badesaison täglich mehr als 5000 Badegäste baden. Vgl. § 2 Abs. 1 SächsBadegewV.

[408] EG-Kommission, mit Gründen versehene Stellungnahme vom 11.07.1988, SG (88) D/8388.

[409] So *Streinz*, in: Heckmann/Meßerschmidt (Hrsg.), Gegenwartsfragen des öffentlichen Rechts, 1988, S. 15 (39) ff.; siehe auch *Breuer*, WiVerw 1990, S. 79 (84) ff.

[410] Vgl. die Nachweise bei *Breuer*, WiVerw 1990, S. 79 (84) ff. In einem erneuten Verfahren vor dem EuGH war die BRD allerdings jüngst unterlegen. Hierzu unten 4 b) und c).

3. Innerstaatliche Zuständigkeit der Länder zur Umsetzung der Richtlinie

Wie schon bei den EG-Richtlinien 75/440/EWG und 79/869/EWG fällt auch die Umsetzung der RL 76/160/EWG innerstaatlich in die Kompetenz der Länder. Der gegenteiligen Meinung[411] kann aus denselben Gründen wie bei der Oberflächengewässerrichtlinie nicht gefolgt werden. Auch bei der RL 76/160/EWG entspricht eine Umsetzung allein durch das WHG i. V. m. Verwaltungsvorschriften der Länder nämlich weder den Anforderungen des EuGH an eine ordnungsgemäße Umsetzung von EG-Richtlinien mit subjektiv-rechtlicher Qualität - und die Badegewässerrichtlinie strebt neben einer generellen Verbesserung der Gewässerqualität in erster Linie den Schutz potentiell Badender an - noch besitzt der Bund im Wasserrecht die Kompetenz zu detaillierten Spezialregelungen.

4. Umsetzungsmaßnahmen der Länder

Tabelle 1.2: Transformationsgesetze der deutschen Länder zu der RL 76/160/EWG

Land	**Transformationsnorm**
Baden-Württemberg	Verordnung des Sozialministeriums und des Ministeriums für Umwelt und Verkehr über die Qualität der Badegewässer (Badegewässerverordnung) vom 1. August 1999, GBl. Nr. 16 vom 15.10.1999, S. 389.
Bayern	Bislang keine Umsetzung.
Berlin	Verordnung über die Qualität der Badegewässer (Badegwässerqualitätsverordnung – BaGeQuaV) vom 2. Juli 1998, GVBl. Nr. 28 vom 22.8.1998, S. 222.
Brandenburg	Verordnung über Qualitätsanforderungen an Badegewässer (Badegewässerverordnung – BbgBadV) vom 9. Juni 1997, GVBl. Nr. 18 vom 10.7.1997, S. 466.
Bremen	Verordnung über die Qualität der Badegewässer vom 21. Mai 1999, GBl. Nr. 18 der Freien Hansestadt Bremen vom 4.6.1999, S. 71.
Hamburg	Bislang keine Umsetzung.
Hessen	Badegewässerverordnung vom 15. Dezember 1998, GVBl.

411 *Dröll*, Die deutschen Bundesländer und die Europäische Gemeinschaft, Diss. Freiburg 1992, S. 26; *Schulte*, Kommunales Abwasser, Diss. Berlin 1995, S. 85.

	Teil I, Nr. 1 vom 12.1.1999, S. 3.
Mecklen-burg-Vorpom-mern	Bislang keine Umsetzung.
Nieder-sachsen	Verordnung über die Qualität der Badegewässer (Badegewässerverordnung) vom 25. Januar 1999, GVBl. NR. 3 vom 5.2.1999, S. 19.
Nordrhein-Westfalen	Verordnung über die Qualität der Badegewässer (Badegewässerverordnung –BadegewVO-) vom 14. April 2000, GVBl. Nr 29 vom 29.05.2000, S. 445.
Rheinland-Pfalz	Badegewässerqualitätsverordnung vom 1. April 1999, GVBl. Nr. 8 vom 29.4.1999, S. 98.
Saarland	Bislang keine Umsetzung.
Sachsen	Verordnung des Sächsischen Staatsministeriums für Umwelt und Landesentwicklung zur Umsetzung der Richtlinie 76/160/EWG über die Qualität der Badegewässer (Sächsische Badegewässer-Verordnung – SächsBadegewV) vom 5. Juni 1997, GVBl. Nr. 14 vom 9.7.1997, S. 464.
Sachsen-Anhalt	Verordnung über Anforderungen an Badegewässer und deren Überwachung (Badegewässerverordnung) vom 29. Juni 1998, GVBl. Nr. 23 vom 3.7.1998, S. 294.
Schleswig-Holstein	Bislang keine Umsetzung.
Thüringen	Thüringer Verordnung zur Umsetzung der Richtlinie 76/160/EWG über die Qualität der Badegewässer (ThürBgwVO) vom 23. März 1999, GVBl. Nr. 7 vom 31. 3. 1999, S. 242.

a) Brandenburg und Sachsen (1997) – Berlin, Hessen und Sachsen-Anhalt (1998) - Rheinland-Pfalz, Niedersachsen, Bremen, Thüringen und Baden-Württemberg (1999), Nordrhein-Westfalen (2000)

Als erste Länder haben 1997 Brandenburg und Sachsen die Badegewässerrichtlinie 76/160/EWG in ihr Landesrecht transformiert. Ein Jahr später sind dann Berlin, Hessen und Sachsen-Anhalt gefolgt sowie 1999 die Länder Niedersachsen, Thüringen, Bremen, Rheinland-Pfalz und Baden-Württemberg. Zuletzt hat

Nordrhein-Westfalen 2000 umgesetzt. Obschon die Umsetzungsverordnungen dieser Länder Ähnlichkeiten erkennen lassen,[412] gibt es doch Unterschiede:

§ 2 der Verordnungen definiert die Begriffe „Badegewässer" und „Badesaison" und dient damit der genaueren Bestimmung des Anwendungsbereiches der jeweiligen Verordnung. So wird als „Badesaison" überwiegend der Zeitraum vom 15. Mai bis 15. September eines Kalenderjahres festgelegt.[413] Lediglich Rheinland-Pfalz, Hessen und Baden-Württemberg bestimmen einen kürzeren Zeitraum.[414]
Ein weiterer Unterschied besteht darin, daß die Länder Brandenburg, Berlin, Sachsen-Anhalt, Thüringen und Baden-Württemberg bei der „Konkretisierung" der Qualitätsanforderungen an Badegewässer auf entsprechende Vorgaben der Richtlinie verweisen,[415] während die Länder Bremen, Sachsen, Niedersachsen, Hessen, Nordrhein-Westfalen und Rheinland-Pfalz konkrete Qualitätsvorgaben benennen. Gleiches gilt für die Festlegung der Überwachungsmethoden, also für die Frage nach der Art und Weise sowie der Häufigkeit der Untersuchung der Gewässerqualitäten.[416]
Anders als Sachsen, Niedersachsen, Hessen, Sachsen-Anhalt und Berlin enthalten die brandenburgische, bremische, baden-württembergische, rheinland-pfälzische, thüringische und nordrhein-westfälische Verordnung eine Bestimmung über „Maßnahmen zur Gefahrenabwehr", welche genau vorschreibt, wann die zuständige Behörde den Badebetrieb zu untersagen hat und wann sie ihn

---

[412] Die Gemeinsamkeiten beruhen auf dem Entwurf einer Musterverordnung der LAWA zur Umsetzung der Badegewässerrichtlinie.

[413] § 2 Abs. 4 BbgBadV; § 2 Abs. 2 SächsBadegewV; § 2 Abs. 3 BaGeQuaV Berlin sowie § 1 Abs. 3 Badegewässerverordnung LSA; § 2 Abs. 3 ThürBgwVO; § 1 Abs. 4 Badegewässerverordnung Nds.; § 2 Abs. 5 Bremische Badegewässerqualitätsverordnung; § 2 Abs. 2 Nr. 2 BadegewVO NW.

[414] § 2 Abs. 2 Badegewässerverordnung BW bestimmt als „Badesaison" den Zeitraum vom 1. Juni bis zum 15. September. Nach § 2 Abs. 2 Nr. 2 der rheinland-pfälzischen Badegewässerqualitätsverordnung ist in Rheinland Pfalz „Badesaison" vom 1. Juni bis zum 31. August eines Jahres und in Hessen ist sogar nur vom 1. Juli bis zum 31. August gesetzliche Badezeit i. S. d. Verordnung. Gerade der sehr kurze Zeitraum in Hessen erscheint wenig realistisch und begrenzt die gesetzlichen Anforderungen an die Wasserqualität doch erheblich, da diese nur während der „Badesaison" einzuhalten sind (§ 2 Abs. 1 Hessische Badegewässerverordnung).

[415] In Sachsen-Anhalt handelt es sich zudem um eine dynamische Verweisung.

[416] Auch hier verwenden Brandenburg, Berlin, Sachsen-Anhalt, Baden-Württemberg und Thüringen eine Verweisungsnorm, während die anderen Länder die vorgegebenen Maßnahmen einzeln anführen. Vgl. die §§ 3, 4 BbgBadV, §§ 3, 4 BaGeQuaV Berlin, §§ 2, 3 Badegewässerverordnung LSA, § 4 Badegewässerverordnung BW einerseits und die §§ 3-5 SächsBadegewV, § 6 BadegewVO NW andererseits.

wieder gestatten muß.[417] Diese Bestimmung dient der Klarstellung und ist nicht zu beanstanden; zwingend ist sie jedoch nicht, da andernfalls die Regelungen des allgemeinen Ordnungsrechts des jeweiligen Landes maßgeblich sind.

Schließlich besteht noch folgende Verschiedenheit: Alle ihrer Umsetzungspflicht bislang nachgekommenen Länder haben in ihre Verordnungen eine Bestimmung integriert, wonach die zuständige Behörde für den Fall geeignete Sanierungsmaßnahmen ergreifen muß, daß ein Gewässer nicht der jeweils vorgeschriebenen Gewässerqualität entsprechen sollte.[418] Während in besagtem Fall die meisten Länder nur die Vornahme der „notwendigen Maßnahmen" bestimmen, müssen diese Maßnahmen in Brandenburg immerhin sicherstellen, daß die Qualitätsstandards der Verordnung langfristig erreicht werden. Noch optimistischer das Land Sachsen. Hier räumte man den zuständigen Stellen für die Sanierungsmaßnahmen der Gewässer nur einen Zeitraum von drei Jahren nach Inkrafttreten der Verordnung ein – in diesem Fall bis zum 6. Juni 2000. Das Land Sachsen legte damit einen genauen Zeitraum für jegliche Sanierungsmaßnahmen fest; im Vergleich zu Brandenburg, mit der dort aufgestellten Zeitvorgabe „langfristig" - und erst recht ggü. den anderen Ländern – war dies eine optimistische Zielvorgabe.[419]

b) Die übrigen Länder

In den übrigen Ländern ist die Umsetzung der Badegewässerrichtlinie noch nicht erfolgt. Grund hierfür war nach Auskunft aus den jeweiligen Landesumweltministerien bislang die Tatsache, daß sich die Badegewässerrichtlinie in der Fortschreibung auf EG-Ebene befände und man das Ergebnis dieser Änderung abwarten wolle. Nachdem die BRD im Juni 1999 wegen fehlerhafter Umsetzung der Badegewässerrichtlinie in einem Verfahren vor dem EuGH unterlegen

---

[417] Vgl. § 5 BbgBadV; § 5 ThürBgwVO; § 7 Badegewässerqualitätsverordnung Rheinland-Pfalz; § 6 Badegewässerqualitätsverordnung Bremen; § 5 Badegewässerverordnung BW; § 7 BadegewVO NW.

[418] Siehe § 6 BbgBadV, § 5 BaGeQuaV Berlin, § 4 Badegewässerverordnung LSA; § 6 ThürBgwVO und § 6 SächsBadegewV; § 6 Badegewässerqualitätsverordnung Bremen; § 7 Badegewässerqualitätsverordnung Rheinland-Pfalz; § 6 Abs. 3 Hessische Badegewässerverordnung; § 3 Abs. 2 Badegewässerverordnung Nds; § 6 Badegewässerverordnung BW.

[419] Sachsen hat diesen strikten „Fahrplan" zur Gewässersanierung überwiegend einhalten können. Insgesamt ist die Qualität der Badegewässer in Deutschland zur Zeit als gut bis sehr gut zu beurteilen. Siehe auch die Mitteilung in NJW 2000, Heft 29, S. XLVII.

war,[420] wird die Umsetzung der Richtlinie auch in den übrigen Ländern in Kürze erfolgen.[421]

c) Die Rechtsprechung des EuGH – Urteil vom 08.06.1999[422]

Am 08. Juni 1999 hat der EuGH für Recht erkannt:

1. Die Bundesrepublik Deutschland hat dadurch gegen ihre Verpflichtungen aus den Artikeln 4 Abs. 1 und 6 Abs. 1 der RL 76/160/EWG verstoßen, daß sie in den alten Ländern nicht die notwendigen Maßnahmen getroffen hat, um sicherzustellen, daß die Qualität der Badegewässer binnen zehn Jahren nach Bekanntgabe der Richtlinie am 10. Dezember 1975 den gemäß Artikel 3 RL festgelegten Grenzwerten entspricht und daß sie die Probenahmen nicht mit der im Anhang festgelegten Mindesthäufigkeit durchgeführt hat.
2. Die Bundesrepublik Deutschland trägt die Kosten des Verfahrens.

X. Fischgewässerrichtlinie 78/659/EWG

1. Regelungsgehalt der Richtlinie

Die Richtlinie 78/659/EWG[423] bezweckt die Qualitätssicherung solcher Süßwasser, die Fischen als Lebensraum dienen. Das Besondere an dieser Richtlinie besteht darin, daß es nach Art. 1 Abs. 1 und Art. 4 RL in das Ermessen der Mitgliedstaaten gestellt wird, welche Gewässer sie als Fischgewässer ausweisen; dadurch wird der Anwendungsbereich – ähnlich der Badegewässerrichtlinie 76/160/EWG – letztlich durch die Mitgliedstaaten bestimmt.[424] Für die von den Mitgliedstaaten benannten und somit als besonders schutz- und verbesserungs-

---

[420] *EuGH*, Urt. v. 08.06.1999, Rs. C-198/97, Slg. 1999, S. 3257 ff. (*Kommission ./. Bundesrepublik Deutschland*).

[421] Als erstes der bislang säumigen Länder hat Baden-Württemberg auf die Verurteilung reagiert. Bereits in Erwartung des Richterspruchs haben die Länder Niedersachsen, Rheinland-Pfalz, Thüringen und Bremen die Richtlinie 1999 umgesetzt. Zuletzt hat NRW im April 2000 gehandelt.

[422] *EuGH*, Urt. v. 08.06.1999, Rs. C-198/97, Slg. 1999, S. 3257 ff. (*Kommission ./. Bundesrepublik Deutschland*).

[423] Richtlinie des Rates vom 18. Juli 1978 über die Qualität von Süßwasser, das schutz- oder verbesserungsbedürftig ist, um das Leben von Fischen zu erhalten, ABl. EG Nr. L 222, S. 1, zuletzt geändert durch Richtlinie 91/692/EWG v. 23.12.1991, ABl. EG Nr. L 377, S. 48 (nachfolgend: Fischgewässerrichtlinie).

[424] Vgl. auch *Schulte*, Kommunales Abwasser, Diss. Berlin 1995, S. 86.

bedürftig erachteten Oberflächensüßwasser schlägt die Richtlinie zwei Bezeichnungsarten vor: Als „Salmonidengewässer" können solche Gewässer bezeichnet werden, die das Leben von Lachsen, Forellen sowie verwandten Arten ermöglichen; dagegen werden Gewässer, die Lebensraum bieten für Hechte, Barsche und Aale sowie verwandte Arten, „Cyprinidengewässer" genannt (Art. 1 Abs. 4 RL).

Sofern Gewässer im vorbezeichneten Sinne ausgewiesen werden, müssen die Mitgliedstaaten für diese Gewässer Immissionsgrenzwerte (I-Werte) festlegen, die nicht hinter den in den Anhängen der Richtlinie aufgeführten Qualitäts- und Zielwerten zurückbleiben dürfen (Art. 3 RL). Darüber hinaus haben die Mitgliedstaaten nach Art. 5 RL Sanierungsprogramme aufzustellen, um innerhalb von fünf Jahren den durch die Werte gesetzten Standards zu genügen. Schließlich ist es den Mitgliedstaaten freigestellt, höhere Anforderungen an die Gewässerqualität zu stellen als dies die Richtlinie im Mindestmaß vorschreibt; keinesfalls darf die Anwendung der Richtlinie jedoch zu einer Verschlechterung der Wasserqualität führen (Art. 8, 9 RL).

Selbst mit einer Ausweisung eines Gewässers als Fischgewässer ist jedoch noch nicht dauerhaft gesichert, daß die Wasserqualität in diesem Gewässer ein den Richtlinienvorgaben entsprechendes Niveau erreichen wird bzw. langfristig beibehält; denn den nationalen Behörden bleibt gemäß Art. 7 Abs. 2 RL die Möglichkeit, von weiteren Probeentnahmen in einem Gewässer abzusehen, wenn ein gewisser Qualitätsstandard einmal erreicht wurde. Die dauerhafte Einhaltung der Zielvorgaben der Richtlinie ist daher abhängig von einem gewissenhaft praktizierten „Umweltschutz" in den Mitgliedstaaten. Sollten dagegen wirtschaftspolitische Interessen eine konsequente Gewässerschutzpolitik langfristig erschweren, besteht die Gefahr, daß die RL 78/659/EWG auf Dauer nicht ihre erwünschte Wirkung erzielt. Die EG erwägt daher mit dem Erlaß einer EG-Wasserrahmenrichtlinie den derzeitigen „Flickenteppich der Wasserrichtlinien" zu einem kohärenten, europäischen System fortzuentwickeln.[425] Entsprechende Vorschläge zu einer solchen EG-Richtlinie befinden sich momentan in den Beratungen auf der europäischen Ebene.[426] Ob bzw. inwiefern eine evtl. EG-Wasserrahmenrichtlinie Auswirkungen auf die Landesgesetzgebung haben wird, ist noch nicht abschließend geklärt. Diesbezüglich bleibt besonders abzuwarten, welche inhaltliche Ausgestaltung die Wasserrahmenrichtlinie letztlich

[425] Siehe die Nachweise bei *Lang*, DVBl. 1998, S. 28 (29) ff.

[426] Bzgl. des Beratungsstandes siehe den Richtlinienvorschlag vom 26.02.1997 in der Fassung der deutschen Übersetzung vom 15.04.1997 – ABl. EG Nr. C 184, S. 20 vom 17.06.1997; zum Stand der Diskussion auch NJW 1998, Mitteilungen Heft 22, S. XLIII., sowie aus der jüngeren Literatur *Breuer*, NVwZ 1998, S. 1001 ff. und *Bosenius*, NVwZ 1998, S. 1039 ff.

erfährt.[427] In diesem Punkt gehen die Vorstellungen in den Mitgliedstaaten z. Zt. noch auseinander. Auf deutscher Seite stellt man sich die Wasserrahmenrichtlinie als einen normativen Systemrahmen vor, der ähnlich dem bundesdeutschen Modell eines Rahmengesetzes ausgestaltet ist; innerstaatlich vergleichbar dem WHG.[428]

2. Umsetzungsfrist

Gemäß Art. 17 RL 78/659/EWG beträgt die Frist der Mitgliedstaaten zur Umsetzung zwei Jahre nach Bekanntgabe. Die Bekanntgabe erfolgte im Juli 1978. Die Umsetzungsfrist in den „alten" Ländern endete daher im Juli 1980. In den „neuen" Ländern verstrich die Umsetzungsfrist gemäß Art. 4 RL 90/656/EWG am 31.12.1992.

3. Innerstaatliche Zuständigkeit der Länder zur Umsetzung der Richtlinie

Die innerstaatliche Zuständigkeit zur Umsetzung der Fischgewässerrichtlinie liegt ebenso wie bei den bereits erörterten Richtlinien 75/440/EWG und 76/160/EWG allein bei den Ländern.[429] Da auch der Fischgewässerrichtlinie ein individualschützender Charakter zukommt,[430] reicht eine Umsetzung allein durch das WHG i. V. m. Verwaltungsvorschriften der Länder nicht aus. Dies hat der EuGH erst jüngst in einer gegen die BRD ergangenen Entscheidung bestätigt.[431]

---

[427] Dabei sieht Art. 24 des Kommissionsvorschlags einer EG-Wasserrahmenrichtlinie vor, sowohl die Rohwasserrichtlinie 75/440/EWG und deren Ergänzungsrichtlinie 79/869/EWG als auch die Fischgewässerrichtlinie 78/659/EWG und die RL 79/923/EWG über die Qualitätsanforderungen an Muschelgewässer mit Wirkung vom 31.12.2007 aufzuheben. Hierzu *Breuer*, DVBl. 1997, S. 1211 (1217) ff.; *Bosenius*, NVwZ 1998, S. 1039 (1040) ff.

[428] *Breuer*, DVBl. 1997, S. 1211 (1217 und 1218) ff.; *ders.*, NVwZ 1998, S. 1001 ff.

[429] Siehe auch *Veh/Knopp*, Gewässerschutz nach EG-Recht, 1995, S. 41.

[430] Das primäre Ziel der Fischgewässerrichtlinie besteht - neben dem Schutz der Fische – darin, die Menschen vor möglichen Gesundheitsgefährdungen zu bewahren, indem die Qualität der Gewässer überwacht wird, in denen sich zum menschlichen Verzehr geeignete Fischen befinden oder befinden könnten; vgl. *EuGH*, Urt. v. 12.12.1996, Rs. C-298/95, Slg. 1996, S. 6755 (6760) ff. (*Kommission ./. Bundesrepublik Deutschland*) = NVwZ 1997, S. 369 (370) = ZUR 1997, S. 156 (157) ff.

[431] *EuGH*, Urt. v. 12.12.1996, Rs. C-298/95, Slg. 1996, S. 6755 ff. (*Kommission ./. Bundesrepublik Deutschland*) = NVwZ 1997, S. 369 ff. = ZUR 1997, S. 156 ff.

4. Umsetzungsmaßnahmen der Länder

Tabelle 1.3: Transformationsgesetze der deutschen Länder zu der RL 78/659/EWG

Land	**Transformationsnorm**
Baden-Württemberg	Verordnung des Ministeriums für Umwelt und Verkehr über die Qualität von Fischgewässern (Fischgewässerverordnung) vom 28. Juli 1997, GBl. Nr. 15 vom 12. 8. 1997, S. 340.
Bayern	Verordnung über die Qualität von schutz- oder verbesserungsbedürftigem Süßwasser zur Erhaltung des Lebens der Fische (Bayerische Fischgewässerqualitätsverordnung – BayFischGewV) vom 30. April 1997, GVBl. Nr. 10/1997, S. 101.
Berlin	Verordnung über die Umsetzung der Richtlinie 78/659/EWG des Rates vom 18. Juli 1978 über die Qualität von Süßwasser, das schutz- oder verbesserungsbedürftig ist, um das Leben von Fischen zu erhalten (Süßwasserqualitätsverordnung-SüWaQuaV) vom 20. September 1997, GVBl. Nr. 40 vom 2. 10. 1997, S. 471.
Brandenburg	Verordnung über Qualitätsanforderungen an oberirdische Gewässer, um das Leben von Fischen zu erhalten (Brandenburgische Fischgewässerqualitätsverordnung – BbgFGQV) vom 28. Mai 1997, GVBl. Nr. 17 vom 3. 7. 1997, S. 457.
Bremen	Verordnung über die Qualität von schutz- oder verbesserungsbedürftigem Süßwasser zur Erhaltung des Lebens der Fische vom 23. April 1997, GBl. Nr. 20 der Freien Hansestadt Bremen vom 9. 5. 1997, S. 159.
Hamburg	Verordnung über die Qualität von Fisch- und Muschelgewässern (Fisch- und Muschelgewässerqualitätsverordnung) vom 9. September 1997, Hamburgisches GVBl. Nr. 48/1997, S. 468.
Hessen	1. Fischgewässerverordnung vom 24. April 1997, GVBl. Nr. 8 vom 16. 5. 1997, S. 87 2. Berichtigung der Fischgewässerverordnung vom 24. April 1997, GVBl. Nr. 11 vom 17.6.1997, S. 188. 3. Verordnung zur Änderung der Fischgewässerverordnung vom 13. Mai 1998, GVBl. Nr. 9 vom 29.5.1998, S. 209.
Mecklenburg-	1. Verordnung über die Qualität von Süßwasser, das schutz- oder verbesserungsbedürftig ist, um das Leben von Fi-

Vorpommern	schen zu erhalten (Fischgewässerverordnung - FGVO) vom 23. Oktober 1997, GVBl. Nr. 17 vom 14.11.1997, S. 672. 2. Berichtigung, GVBl. Nr. 18 vom 28.11.1997, S. 747.
Niedersachsen	Verordnung über die Qualitätsanforderungen an Fischgewässer (Fischgewässer-qualitätsverordnung) vom 5. September 1997, Nds. GVBl. Nr. 18/1997 vom 12. 9. 1997, S. 407.
Nordrhein-Westfalen	Verordnung zur Umsetzung der Richtlinie 78/659/EWG des Rates vom 18. Juli 1978 über die Qualität von Süßwasser, das schutz- oder verbesserungsbedürftig ist, um das Leben von Fischen zu erhalten - ABl. EG Nr. L 222 S. 1 – zuletzt geändert durch Art. 2 Abs. 1 in Verbindung mit Anhang I Buchstabe c) der Richtlinie 91/692/EWG des Rates vom 23. Dezember 1991 zur Vereinfachung und zweckmäßigen Gestaltung der Berichte über die Durchführung bestimmter Umweltschutzrichtlinien – ABl. EG Nr. L 377 S. 48 – (FischgewV) vom 27. August 1997, GVBl. Nr. 41 vom 8. 9. 1997, S. 286.
Rheinland-Pfalz	Süßwasserqualitätsverordnung vom 9. Juli 1997, GVBl. Nr. 14 vom 29. 7. 1997, S. 244
Saarland	Verordnung über die Qualität von schutz- oder verbesserungsbedürftigem Süßwasser zur Erhaltung des Lebens der Fische (Saarländische Fischgewässerqualitätsverordnung-SaarlFischGewV) vom 15. Oktober 1997, Amtsblatt des Saarlandes vom 13.11.1997, S. 1070.
Sachsen	Verordnung des Sächsischen Staatsministeriums für Umwelt und Landesentwicklung zur Umsetzung der Richtlinie 78/659/EWG über die Qualität von Süßwasser, das schutz- oder verbesserungsbedürftig ist, um das Leben von Fischen zu erhalten (Sächsische Fischgewässerverordnung – SächsFischgewV) vom 3. Juli 1997, GVBl. Nr. 15 vom 29. 7. 1997, S. 494.
Sachsen-Anhalt	Verordnung über die Qualität von schutz- oder verbesserungsbedürftigem Süßwasser zur Erhaltung des Lebens von Fischen (Fischgewässerqualitätsverordnung-FischVO) vom 26. September 1997, GVBl. LSA Nr. 43/1997 vom 2. 10. 1997, S. 860.
Schleswig-Holstein	Landesverordnung über die Qualität von Fisch- und Muschelgewässern (Fisch- und Muschelgewässerverordnung – FMGVO) vom 4. Juli 1997, GVBl. Nr. 13 vom 24. 7. 1997, S. 361.

Thüringen	Thüringer Verordnung über die Qualitätsanforderungen an Fischgewässer (Thüringer Fischgewässerverordnung – ThürFischGewVO) vom 30 September 1997, GVBl. Nr. 19 vom 6. 11. 1997, S. 362.

Den einzelnen Umsetzungsmaßnahmen der Länder voraus ging ein von der Länderarbeitsgemeinschaft Wasser (LAWA) erarbeiteter gemeinsamer Musterentwurf.[432] Sowohl inhaltlich als auch formell besteht bei allen Umsetzungsverordnungen der Länder weitestgehend Textgleichheit. Obwohl dem Verf. der ME bei der Untersuchung nicht vorgelegen hat, wird aus der Textgleichheit der Umsetzungmaßnahmen der Rückschluß gezogen, daß sich alle Länder an dem vereinbarten ME orientiert haben.[433]

Materiell enthalten alle Umsetzungsverordnungen im wesentlichen die folgenden Regelungen, die auch hinsichtlich ihrer Formulierung länderübergreifend – größtenteils - miteinander identisch sind:

- Eine Bestimmung über den Zweck der Verordnung, der Umsetzung der RL 78/659/EWG zu dienen.[434]

- Eine Konkretisierung des Anwendungsbereiches. Dieser umfaßt die in der Anlage der Rechtsverordnungen aufgelisteten Oberflächensüßwasser des jeweiligen Landes; hierbei handelt es sich um solche Gewässer, die schutz- und verbesserungsbedürftig sind, um das Leben von Fischen zu erhalten.[435]

  In den meisten Ländern wird darüber hinaus festgelegt, daß die Verordnung nicht für Gewässer in natürlichen oder künstlichen Becken gilt, in denen intensive Fischzucht betrieben wird. Lediglich in Bayern, Nordrhein-Westfalen und Sachsen-Anhalt ist auf eine solche Einschränkung des Anwendungsbereichs verzichtet worden. Ein solcher Verzicht ist auch mit den Vorgaben der RL 78/659/EWG vereinbar. Zwar sieht Art. 1 Abs. 2 RL vor, natürliche oder künstliche Fischzuchtbecken aus dem Anwendungsbereich

---

[432] Leider war es nicht möglich, diesen unveröffentlichten ME zu erhalten. Dies erschwert den Vergleich der Ländergesetzgebung, da nicht festgestellt werden kann, inwiefern sich die Länder an dem Muster orientiert haben.

[433] Es dürfte nämlich kein Zufall sein, daß insgesamt 16 RVO erlassen wurden, die in fast allen Punkten sowohl inhaltlich als auch formell übereinstimmen.

[434] § 1 aller Landesverordnungen zur Umsetzung der RL 78/659/EWG, außer Niedersachsen und Sachsen-Anhalt, wo diese Zweckbestimmung in einer Fußnote festgehalten wird.

[435] Vgl. § 2 der Verordnungen von Baden-Württemberg; Bayern; Brandenburg; Berlin; Bremen; Hamburg; Hessen; Mecklenburg-Vorpommern; Nordrhein-Westfalen; Rheinland-Pfalz; Saarland; Sachsen; Schleswig-Holstein; Thüringen sowie § 1 der Verordnungen von Niedersachsen und Sachsen-Anhalt.

der Richtlinie herauszunehmen; insofern hält sich die überwiegende Zahl der Länder nur an die Vorgaben der Richtlinie. Art. 9 RL gestattet es den Mitgliedstaaten jedoch ausdrücklich, strengere nationale Regelungen zu bestimmen. Eine Ausdehnung des Anwendungsbereichs der Richtlinie auch auf Fischzuchtbecken ist sicher eine solche strengere Regelung zum Schutze der Menschen, die Zuchtfische verzehren.[436]

- Legaldefinitionen der Begriffe „Cypriniden- und Salmonidengewässer"[437, 438]

- Normierung der allgemeinen Anforderungen an die Gewässerqualität. Diese muß den in der Anlage der einzelnen Verordnungen aufgelisteten I-Werten entsprechen, wobei jedoch die ebenfalls in der Anlage bezeichneten G-Werte langfristig anzustreben sind.[439] Entspricht die Qualität eines Gewässers nicht mindestens den zwingenden I-Werten, so hat die zuständige Behörde die notwendigen Maßnahmen zu ergreifen, um diese Gewässerqualität künftig sicherzustellen;[440] zudem wird die Erlaubnis oder Bewilligung zur Benutzung der Fischgewässer von der Einhaltung eben dieser Mindestwerte abhängig gemacht. In allen Ländern wird ausdrücklich bestimmt, daß andere

---

[436] Es sollte nicht übersehen werden, daß die Herausnahme der Zuchtfischbecken aus dem Anwendungsbereich der Richtlinie, so wie es Art. 1 Abs. 2 RL vorsieht, letztlich das Ergebnis einer Kompromißlösung zugunsten der Fischzuchtindustrie war; andernfalls hätte die Fischgewässerrichtlinie seinerzeit wohl keine Mehrheit im Rat gefunden.

[437] § 1 der RVO von Sachsen-Anhalt; § 2 der Rechtsverordnungen von Baden-Württemberg; Bayern; Berlin; Brandenburg; Bremen; Hessen; Niedersachsen; Nordrhein-Westfalen; Rheinland-Pfalz; Saarland; Sachsen und Thüringen sowie § 3 der Rechtsverordnungen von Hamburg und Schleswig-Holstein. In Mecklenburg-Vorpommern wird eine gesetzliche Begriffsbestimmung überhaupt nicht vorgenommen, da hier schon die in der Richtlinie vorgegebene begriffliche Einteilung der Gewässer in „Cypriniden- und Salmonidengewässer" ausgespart wurde.

[438] Zu den Begriffen „Cypriniden- und Salmonidengewässer" siehe auch oben 4. Teil / 1. Kap. / X / 1.

[439] § 2 der Umsetzungsverordnung von Sachsen-Anhalt sowie § 3 der Umsetzungsverordnungen von Baden-Württemberg, Bayern, Berlin, Brandenburg, Bremen, Hessen, Niedersachsen, Nordrhein-Westfalen, Mecklenburg-Vorpommern, Rheinland-Pfalz, Saarland, Sachsen, Thüringen und § 4 der Verordnungen von Schleswig-Holstein und Hamburg. In den Ländern Hessen, Mecklenburg-Vorpommern, Rheinland-Pfalz, Saarland, Sachsen und Sachsen-Anhalt wird nicht normiert, daß ein Erreichen der Leitwerte (G-Werte) anzustreben ist. Allerdings heißt es auch in diesen Ländern, daß das Erreichen der Imperativwerte nur eine Mindestqualität bedeutet, so daß der Unterschied zu den anderen Ländern allein darin besteht, daß es hier keinen gesetzlichen Handlungsauftrag zur Erreichung der G-Werte gibt.

[440] Leider verzichten die Umsetzungverordnungen der Länder Bayern, Berlin, Brandenburg, Bremen, Mecklenburg-Vorpommern, Niedersachsen, Rheinland-Pfalz, Schleswig-Holstein und Thüringen darauf, diesen Handlungsbefehl ausdrücklich festzulegen.

Rechtsvorschriften über die Qualität und die Benutzung der Gewässer unberührt bleiben.

- Ausnahmetatbestände zu den vorgenannten Anforderungen. Als Ausnahmetatbestände kommen außergewöhnliche meteorologische oder besondere geographische Verhältnisse in Betracht sowie eine natürliche Anreicherung der Gewässer mit Stoffen, wenn hierdurch eine Überschreitung der sonst zulässigen Gewässerqualität verursacht wird.[441]

- Vorschriften, betreffend das anzuwendende Verfahren der Gewässerqualitätsüberwachung und die Häufigkeit der Probenahmen.[442]

5. Zwischenergebnis:

Alle Länder sind ihrer Verpflichtung zur Umsetzung der EG-Richtlinie 78/659/EWG nachgekommen. Sowohl Aufbau wie Inhalt der Maßnahmen sind weitestgehend identisch. Dies liegt daran, daß die Länder sich im Vorfeld der Umsetzung auf einen Musterentwurf geeinigt haben, der offensichtlich in allen Ländern als Grundlage bei der Transformation gedient hat. Abweichungen in der Ausgestaltung der Umsetzungsverordnungen bestehen hauptsächlich darin, daß manche Länder bei ihrer Gesetzgebung dynamische Verweisungsnormen auf EG-Recht verwenden - andere nicht. Insgesamt ist festzuhalten, daß alle Umsetzungsmaßnahmen sowohl in formeller als auch in materieller Hinsicht den EG-rechtlichen Anforderungen an eine ordnungsgemäße Umsetzung genügen. Die Bundesrepublik Deutschland hat somit ihrer mitgliedstaatlichen Verpflichtung entsprochen, die Fischgewässerrichtlinie 78/659/EWG in nationales Recht zu transformieren.

---

441 Nordrhein-Westfalen bestimmt noch zwei weitere Ausnahmetatbestände. Hierbei handelt es sich um Fälle eventuell auftretender Temperaturdifferenzen zu den vorgegebenen I-Werten, aufgrund derer aber keine nachteiligen Folgen für die ausgewogene Entwicklung des Fischbestands zu befürchten sind; vgl. § 4 lit. 3 und 4 FischgewV NW.

442 Diesbezüglich gibt es wieder eine Reihe von Ländern, die auf die entsprechenden Vorschriften der Fischgewässerrichtlinie verweisen sowie andere, die auf eine solche Verweisung verzichten. Die Vorteile einer Umsetzung ohne Verweisung wurden bereits erläutert (s. o. 4. Teil / 1. Kap. / VIII / 4a) und 4b). Nur auf die Richtlinieninhalte verweisen die Länder Bayern, Brandenburg, Bremen, Mecklenburg-Vorpommern, Niedersachsen, Rheinland-Pfalz, Saarland, Sachsen-Anhalt, Schleswig-Holstein und Thüringen. Den in dieser Untersuchung bevorzugten Weg einer formulierten Landesregelung beschreiten Baden-Württemberg, Berlin, Hamburg, Hessen, Nordrhein-Westfalen und Sachsen.

XI. Richtlinie 79/923/EWG über die Qualitätsanforderungen an Muschelgewässer

1. Regelungsgehalt der Richtlinie

Nach der Richtlinie 79/923/EWG über die Qualitätsanforderungen an Muschelgewässer[443] sind Muschelgewässer vor Verunreinigung zu schützen bzw. bereits verschmutzte Gewässer zu sanieren.[444] Ziel dieser Richtlinie ist es, durch die Erhaltung oder Verbesserung der Muschelgewässerqualität den Muscheln Lebens- und Wachstumsmöglichkeiten zu bieten, um auf diese Weise zur Qualität der von Menschen verzehrten Muschelerzeugnisse beizutragen.[445]

Die Richtlinie bezieht sich nach ihrem Art. 1 auf Küstengewässer und Gewässer mit Brackwasser. Allerdings umfaßt der Anwendungsbereich der Richtlinie nur diejenigen Gewässer, die von den Mitgliedstaaten selbst als schutz- oder verbesserungsbedürftig bezeichnet werden (Art. 4 Abs. 1 RL). Da es den Mitgliedstaaten freisteht, eine solche Bezeichnung durchzuführen, trägt die Richtlinie mehr die Züge einer Empfehlung; in diesem Punkt liegt ebenso eine Schwäche wie bei der Fischgewässerrichtlinie.[446] Der Aufbau der Muschelgewässerrichtlinie gleicht dem der übrigen Gewässerschutzrichtlinien. Im Anhang der Richtlinie sind 12 Parameter bzw. Parametergruppen aufgeführt, welche die Anforderungen an die Gewässerqualität beschreiben. Nach erfolgter Ausweisung von Muschelgewässern sind die Mitgliedstaaten verpflichtet, für diese Parameter Werte festzulegen. Auch bei der Muschelgewässerrichtlinie dürfen die festgelegten Werte nicht weniger streng sein als die I-Werte und sollten möglichst die G-Werte einhalten. Entsprechen Gewässer nicht den festgelegten Werten, so sind Sanierungsprogramme aufzustellen, die eine Verbesserung der Gewässerqualität innerhalb von sechs Jahren gewährleisten.

Art. 7 RL verpflichtet die Mitgliedstaaten zu einer ständigen Qualitätsüberwachung der bezeichneten Gewässer; deshalb sind fortlaufend Probenahmen durchzuführen. Wird hierbei eine schlechtere als die festgelegte Qualität festgestellt, haben die Mitgliedstaaten die geeigneten Maßnahmen zur Verbesserung zu ergreifen.

---

[443] Richtlinie des Rates vom 30. Oktober 1979, ABl. EG Nr. L 281, S. 47, zuletzt geändert durch Richtlinie 91/692/EWG v. 23.12.1991, ABl. EG Nr. L 377, S. 48 (nachfolgend: Muschelgewässerrichtlinie).

[444] Vgl. *Schulte*, Kommunales Abwasser, Diss. Berlin 1995, S. 86.

[445] *Veh/Knopp*, Gewässerschutz nach EG-Recht, 1995, S. 43.

[446] S. o. 4. Teil / 1. Kap. / X / 1.

2. Innerstaatliche Zuständigkeit der Länder zur Umsetzung der Richtlinie

Die innerstaatliche Zuständigkeit zur Umsetzung der Muschelgewässerrichtlinie 79/923/EWG liegt bei den Ländern.[447] Insofern entspricht die Rechtslage hier jener der Fischgewässerrichtlinie.[448]

3. Umsetzungsfrist

Gemäß Art. 15 RL 79/923/EWG beträgt die Frist der Mitgliedstaaten zur Umsetzung der Muschelgewässerrichtlinie zwei Jahre nach ihrer Bekanntgabe. Diese Bekanntgabe erfolgte im November 1979; die Umsetzungsfrist in den „alten" Ländern endete demnach im November 1981.
Von den „neuen" Ländern ist lediglich Mecklenburg-Vorpommern umsetzungspflichtig. Mangels Ausnahmeregelung in der RL 90/656/EWG dürfte sich die Umsetzungsfrist an der Zeitspanne der Fischgewässerrichtlinie orientieren; diese endete für Mecklenburg-Vorpommern mit Ablauf des Jahres 1992.

4. Die Rechtsprechung des EuGH - Urteil vom 12.12.1996

Mit Urteil vom 12. Dezember 1996 hat der EuGH festgestellt, daß die BRD dadurch gegen ihre Verpflichtungen aus dem EGV verstoßen habe, daß sie nicht innerhalb der vorgeschriebenen Frist alle erforderlichen Maßnahmen getroffen habe, um den Art. 3 und 5 der RL 79/923/EWG über die Qualitätsanforderungen an Muschelgewässer nachzukommen.[449] Die Rechtsverletzung sieht der EuGH in der gewählten Rechtsform, nämlich durch ministerielle Runderlasse und durch die Bestimmungen des WHG konkretisierende Verwaltungsvorschriften den EG-rechtlichen Vorgaben entsprechen zu wollen. Zur konkreten Begründung heißt es, daß eines der Ziele der RL 79/923/EWG darin bestehe, das Leben von unmittelbar zum menschlichen Verzehr geeigneten Muscheln und Schnecken zu erhalten. Unter diesen Umständen sei es besonders wichtig, daß die Richtlinie durch Maßnahmen umgesetzt werde, deren zwingender Charakter außer Zweifel stehe. Denn in allen Fällen, in denen die mangelnde Befolgung der durch eine Richtlinie vorgeschriebenen Maßnahmen die Gesundheit von Menschen gefährden könnte, müßten die Betroffenen die Möglichkeit ha-

---

[447] Vgl. *Veh/Knopp*, Gewässerschutz nach EG-Recht, 1995, S. 44.

[448] Siehe 4. Teil / 1. Kap. / X / 3.

[449] *EuGH*, Urt. v. 12.12.1996, Rs. C-298/95, Slg. 1996, S. 6755 ff. (*Kommission ./. Bundesrepublik Deutschland*) = NVwZ 1997, S. 369 ff. = ZUR 1997, S. 156 ff.

ben, sich auf zwingende Vorschriften zu berufen, um ihre Rechte geltend machen zu können.[450]
Bliebe zu prüfen, ob die Länder diesen Vorgaben des EuGH mit ihrer Umsetzung entsprochen haben.

5. Umsetzungsmaßnahmen der Länder - die über Muschelgewässer verfügen

Tabelle 1.4: Transformationsgesetze der deutschen Länder zu der RL 79/923/EWG

Land	**Transformationsnorm**
Bremen	Verordnung über die Ausweisung von Muschelgewässern vom 23. April 1997, GBl. Nr. 20 der Freien Hansestadt Bremen vom 9. 5. 1997, S. 166.
Hamburg	Verordnung über die Qualität von Fisch- und Muschelgewässern (Fisch- und Muschelgewässerqualitätsverordnung) vom 9. September 1997, Hamburgisches GVBl. Nr. 48/1997, S. 468.
Mecklenburg-Vorpommern	1. Verordnung über die Qualitätsanforderungen an Muschelgewässer (Muschelgewässerverordnung – MuGVO) vom 23. Oktober 1997, GVBl. Nr. 17 vom 14. 11. 1997, S. 680. 2. Berichtigung, GVBl. Nr. 18 vom 28. 11. 1997, S. 747.
Niedersachsen	Verordnung über die Qualitätsanforderungen an Muschelgewässer (Muschelgewässer-qualitätsverordnung) vom 5. September 1997, Nds. GVBl. Nr. 18 vom 12. 9. 1997, S. 414.
Schleswig-Holstein	Landesverordnung über die Qualität von Fisch- und Muschelgewässern (Fisch- und Muschelgewässerverordnung – FMGVO) vom 4. Juli 1997, GVBl. Nr. 13 vom 24. 7. 1997, S. 361.

Gemäß Art. 1 RL kommen als schutz- und verbesserungsbedürftige Gewässer im Sinne der Richtlinie von vornherein nur Küstengewässer und Gewässer mit Brackwasser in Betracht. Daher ist die RL 79/923/EWG innerstaatlich nur für diejenigen Länder relevant, die in ihrem Hoheitsbereich über solche Gewässer

[450] *EuGH*, NVwZ 1997, S. 369 ff.; so auch schon die Begründung in der Rs. C - 58/89, *EuGH*, Slg. 1991, S. 4983 = NVwZ 1992, S. 459 ff. (*Kommission ./. Bundesrepublik Deutschland*) – siehe auch oben 4. Teil / 1. Kap. / VIII / 3a) / bb).

verfügen. Hierbei handelt es sich um die Stadtstaaten Bremen und Hamburg sowie um Mecklenburg-Vorpommern, Niedersachsen und Schleswig-Holstein. Alle fünf genannten Länder haben im Laufe des Jahres 1997 Rechtsverordnungen zur Umsetzung der RL 79/923/EWG erlassen (siehe Tab. 1.4). Dabei haben das Land Schleswig-Holstein und die Hansestadt Hamburg die Umsetzung der Muschelgewässerrichtlinie 79/923/EWG mit der Umsetzung der Fischgewässerrichtlinie RL 78/659/EWG in einem Rechtsakt zusammengefaßt. Dies ist durchaus möglich, da beide Richtlinien inhaltlich ähnlich gestaltet sind und manche Passagen der Fischgewässerrichtlinie von der EG sogar fast wörtlich in die Muschelgewässerrichtlinie übertragen wurden.[451]

Hinsichtlich Inhalt und Aufbau sind die Umsetzungsverordnungen der Länder nahezu identisch. Darüber hinaus bestehende Unterschiede sollen kurz dargestellt werden:

- Bei der Normierung der Qualitätsanforderungen an Muschelgewässer verzichtet Mecklenburg-Vorpommern als einziges der fünf umsetzungspflichtigen Länder auf eine gesetzliche Klarstellung, daß für die Gewässerqualität die in der Richtlinie aufgelisteten Leitwerte (G-Werte) anzustreben sind, obwohl deren Erreichen nicht zwingend ist. Alle anderen Länder enthalten eine solche gesetzliche Zielvorgabe.[452]
- Ebenfalls alle Länder außer Mecklenburg-Vorpommern enthalten eine Begriffsbestimmung „Muschelgewässer".[453]
- Niedersachsen und Bremen normieren lediglich eine mögliche Ausnahme für eine Abweichung von den Qualitätsanforderungen an Muschelgewässer. Hierbei handelt es sich um das Vorliegen außergewöhnlicher meteorologischer oder geographischer Verhältnisse.[454] Hamburg und Schleswig-Holstein erachten darüber hinaus noch eine natürliche Anreicherung der Gewässer mit Stoffen als möglichen Ausnahmetatbestand.[455] In Mecklenburg-Vorpommern wird bezüglich zulässiger Ausnahmen auf Art. 6 Abs. 2 RL 79/923/EWG verwiesen.[456] Damit sind Ausnahmen zulässig, „(...) wenn sie durch eine Katastrophe bedingt sind".

---

[451] So etwa die Art. 3 – 5 RL, mit Ausnahme des Art. 3 Abs. 3 über die Einleitung bestimmter Stoffe in die Gewässer und des Art. 5 insofern, als dieser den Mitgliedstaaten eine Frist von sechs anstatt von fünf Jahren einräumt.

[452] Siehe §§ 3 der Muschelgewässerverordnungen Niedersachsens und Bremens sowie §§ 4 der Landesverordnungen von Hamburg und Schleswig-Holstein.

[453] Vgl. §§ 2 der Muschelgewässerverordnungen Niedersachsens und Bremens sowie §§ 3 der Landesverordnungen von Hamburg und Schleswig-Holstein.

[454] §§ 4 der Muschelgewässerverordnungen Bremens und Niedersachsens.

[455] §§ 5 der Fisch- und Muschelgewässerverordnungen von Hamburg und Schleswig-Holstein.

[456] Vgl. § 4 MuGVO M-V.

- Alle Verordnungen enthalten Verweisungsnormen. Eine Besonderheit ist diesbezüglich jedoch in der Umsetzungsmaßnahme Bremens aufgefallen. Die Hansestadt Bremen bestimmt als einziges Land eine Sonderregelung im Rahmen der Normierung der Anforderungen an eine zulässige Gewässerqualität: Es werden bei Einleitungen mit Stoffen, für welche die Parameter „organohalogene Stoffe" und „Metalle" gelten, zu den Bestimmungen der RL 79/923/EWG, *in deren jeweils gültigen Fassung*, noch gleichzeitig die in der Anwendung der RL 76/646/EWG, *in deren jeweils gültigen Fassung*, festgelegten Emissionsnormen angewendet - mit den sich hieraus ergebenden Verpflichtungen.[457] Bei dieser Bestimmung handelt es sich um eine „doppelte Verweisungsnorm"(!), mit der Folge, daß der Rechtsanwender hier zwei Richtlinien - in deren jeweils gültigen Fassung - berücksichtigen und in Beziehung zueinander setzen muß, will er die Verpflichtungen und die zu ergreifenden Maßnahmen erkennen.

  Auch wenn eine Umsetzung unter Verwendung dynamischer Verweisungsnormen grundsätzlich zulässig ist,[458] so gibt es doch rechtsstaatliche Grenzen. Diese sind im Fall der Bremer Verordnung überschritten worden. Denn eine doppelte Verweisung auf verschiedene EG-Richtlinien, noch dazu in deren jeweils gültigen Fassung, entspricht nicht mehr den verfassungsrechtlichen Anforderungen der Rechtsklarheit und Bestimmtheit, die auch bei der Umsetzung von Gemeinschaftsrecht zu beachten sind. Obwohl mit der Bremer Regelung zusätzliche Qualitätsstandards der Gewässerbenutzung normiert wurden und diese gesetzgeberische Intention durchaus zu begrüßen ist, ist die gewählte Rechtsform der doppelten Verweisung verfassungswidrig. Es ist schon zweifelhaft, ob der mit dieser Bestimmung angestrebte Erfolg in der Praxis überhaupt zu erreichen wäre. Denn die Gefahr von Fehlentscheidungen - konkret: die Gefahr irrtümlicher Vorstellungen über die zulässige Einleitung bestimmter Stoffe in die Gewässer - wird durch derart komplizierte Vorschriften nicht gerade verringert. So können sich Verweisungsnormen im Ergebnis als kontraproduktiv erweisen, wenn übertrieben Gebrauch davon gemacht wird.

6. Zwischenergebnis:

Alle über Muschelgewässer verfügenden Länder haben ihrer Verpflichtung zur Umsetzung der RL 79/923/EWG entsprochen. Die dabei verwendeten Bestimmungen sind trotz der erläuterten Unterschiede im großen und ganzen sehr ähn-

---

[457] Vgl. § 3 Abs. 3 der Verordnung über die Ausweisung von Muschelgewässern der Freien Hansestadt Bremen.

[458] Oben 3. Teil / II / 4.

lich. Obschon alle Maßnahmen den EG-rechtlichen Anforderungen an eine ordnungsgemäße Umsetzung der Richtlinie entsprechen, bestätigt sich auch bei der Transformation der RL 79/923/EWG die Tendenz, wasserrechtliche EG-Richtlinien unter Verwendung dynamischer Verweisungsnormen in nationales Recht umzusetzen. Soweit Bremen bei seiner Umsetzung in Landesrecht doppelte Verweisungsnormen verwendet, überschreitet diese Form der Gesetzgebung die rechtsstaatlichen Anforderungen der Rechtsklarheit und Bestimmtheit. Die Bremer Regelung ist insoweit unwirksam. Da sich dieser unwirksame Teil der Bremer Muschelgewässerverordnung auf eine von der EG-Richtlinie zwar zugelassene, aber nicht zwingend vorgesehene Sonderregelung bezieht, erfaßt der ungültige Teil der Verordnung nicht die gesamte Transformationsnorm. Auch Bremen hat somit die Muschelgewässerrichtlinie wirksam in sein Landesrecht integriert.

XII. Richtlinie 91/271/EWG über die Behandlung von kommunalem Abwasser

1. Regelungsgehalt der Richtlinie

Die EG-Richtlinie 91/271/EWG über die Behandlung von kommunalem Abwasser[459] geht zurück auf eine Entschließung der Ratstagung „Umweltfragen" vom 28. Juni 1988 über den Schutz der Nordsee und anderer Gewässer der Gemeinschaft.[460] In dieser Entschließung wurde die EU-Kommission aufgefordert, Maßnahmen über die Behandlung kommunaler Abwässer vorzuschlagen. Hierbei sollten insbesondere die Schlußfolgerungen eines Seminars der EG-Umweltminister vom 27./28. Juni 1988 in Frankfurt a. M. zum Thema „Die Wasserpolitik der Europäischen Gemeinschaften" berücksichtigt werden.[461] Anlaß sowohl der Ratstagung - mit ihrer Beschlußfassung, die Europäische Gewässerpolitik fortzuschreiben - als auch der daraufhin erlassenen Richtlinie über die Behandlung kommunaler Abwässer war die seinerzeit auf Gemeinschaftsebene zunehmende Beeinträchtigung des ökologischen Gleichgewichts in Seen, Flüssen und im Meer sowie die (auch) hiermit verbundene Massenentwicklung von Plankton-Algen und das immense Robbensterben in der Nordsee.[462]

---

[459] Richtlinie des Rates vom 21. Mai 1991, ABl. EG Nr. L 135, S. 40 vom 21.05.1991 (nachfolgend: Kommunalabwasserrichtlinie).

[460] ABl. EG Nr. C 209, S. 3 vom 9. 8. 1988; siehe auch die Erwägungsgründe der RL 91/271/EWG.

[461] Protokoll unveröffentlicht. Siehe aber die Nachweise bei *Veh/Knopp*, Gewässerschutz nach EG-Recht, 1995, S. 53; *Delwing*, Umsetzungsprobleme des EG-Wasserrechts, Diss. Hannover 1994, S. 91.

[462] *Delwing*, Umsetzungsprobleme des EG-Wasserrechts, Diss. Hannover 1994, S. 88 ff.

Das Regelungsziel der Richtlinie 91/271/EWG besteht gemäß ihrem Art. 1 in dem Schutz der Umwelt vor schädlichen Auswirkungen des kommunalen Abwassers sowie des Abwassers von bestimmten Industriebranchen.[463] Um dieses Ziel zu erreichen, sieht die Richtlinie unterschiedliche Regelungen vor, je nachdem, ob es sich bei einem Gebiet um „ein empfindliches" (Art. 3 Abs. 1 S. 2, Art. 5 RL), „ein weniger empfindliches" (Art. 6 RL) oder ein „nicht empfindliches" Gebiet handelt (Art. 3 Abs. 1 S. 1 RL). Die Kriterien für die Ausweisung empfindlicher und weniger empfindlicher Gebiete sind in Anhang II der Richtlinie festgelegt und führen nach einhelliger Meinung dazu, daß es zumindest in der BRD keine „weniger empfindlichen Gebiete" gibt.[464]

Zu „empfindlichen Gebieten" erklärt Anhang II solche Binnen- und Küstengewässer, die bereits eutroph sind oder zu eutrophieren drohen. Unter dem Begriff „Eutrophierung" versteht Art. 2 Nr. 11 RL eine Anreicherung des Wassers mit Nährstoffen, die zu einem vermehrten Wachstum von Algen und höheren Formen des pflanzlichen Lebens führt und damit zu einer unerwünschten Beeinträchtigung des biologischen Gleichgewichts und der Qualität des betroffenen Gewässers. Da in der Bundesrepublik Deutschland alle der Nordsee zufließenden Gewässer solche Nährstoffgehalte aufweisen, und damit zumindest einen potentiellen Beitrag zu den Eutrophierungserscheinungen in der Nordsee leisten, sind diese Einzugsgebiete „empfindliches Gebiet" i. S. d. Art. 5 RL.[465]

Nach Demmke hat die Gemeinschaft mit dem Erlaß der RL 91/271/EWG neue Akzente in der EG-Gewässerschutzpolitik gesetzt.[466] Vor der Untersuchung der Umsetzung dieser Richtlinie in den Ländern soll daher zunächst ein Überblick über die wichtigsten materiellen Vorgaben dieser Richtlinie verschaffen werden.

Im Mittelpunkt der Richtlinie steht die erwähnte Unterscheidung zwischen empfindlichen, weniger empfindlichen und nicht empfindlichen Gebieten. Je nachdem, in welches Gebiet kommunale Abwässer eingeleitet werden, gelten unterschiedliche Anforderungen an eine sog. Zweitbehandlung der Abwässer bzw. unterschiedliche Fristen für die Errichtung einer Kanalisation.

---

463 Die einzelnen Industriebranchen sind in Anhang III der Richtlinie aufgeführt.
464 Vgl. *Veh/Knopp*, Gewässerschutz nach EG-Recht, 1995, S. 54.
465 So *Veh/Knopp*, Gewässerschutz nach EG-Recht, 1995, S. 54.
466 *Demmke*, Die Implementation von EG-Umweltpolitik in den Mitgliedstaaten – Umsetzung und Vollzug der Trinkwasserrichtlinie, Diss. Speyer 1994, S. 297.

a) Pflicht zur Errichtung einer Kanalisation:

Nach Art. 3 Abs. 1 S. 2 RL tragen die Mitgliedstaaten dafür Sorge, daß in Gemeinden mit mehr als 10.000 Einwohnerwerten (EW), die Abwässer in empfindliche Gewässer einleiten, bis zum 31.12.1998 Kanalisationen geschaffen werden.[467]

Für Gemeinden, die Abwässer in „nicht empfindliche Gebiete" ableiten, gelten demgegenüber die in Art. 3 Abs. 1 S. 1 RL bezeichneten Fristen. Hiernach müssen mit Kanalisationen ausgestattet werden:
- bis zum 31. Dezember 2000 diejenigen Gemeinden mit mehr als 15.000 EW,
- bis zum 31. Dezember 2005 alle Gemeinden von 2000 bis 15.000 EW.

b) Pflicht zur Zweitbehandlung der kommunalen Abwässer:

Gemäß Art. 4 verlangt die Richtlinie grundsätzlich eine biologische Behandlung von kommunalem Abwasser. Hierzu unterwirft sie die Einleitungen aus kommunalen Abwasserbehandlungsanlagen festgelegten Konzentrationswerten sowie – wahlweise – einer prozentualen Mindestverringerung.[468] Für die Sicherstellung dieser Zweitbehandlung des kommunalen Abwassers - hierzu zählt auch der eventuelle Bau notwendiger Kläranlagen - ist den Mitgliedstaaten ein Zeitraum eingeräumt:
- bis zum 31. Dezember 2000 in Gemeinden mit mehr als 15.000 EW;
- bis zum 31. Dezember 2005 in Gemeinden von 10.000 bis 15.000 EW;
- bis zum 31. Dezember 2005 in Gemeinden von 2000 bis 10.000 EW, welche in Binnengewässer und Ästuare einleiten.

Gemeinden bis zu 2000 EW sind demnach grundsätzlich von einer Zweitbehandlungspflicht befreit! Allerdings haben die Mitgliedstaaten nach Art. 7 RL sicherzustellen, daß das in Kanalisationen eingeleitete kommunale Abwasser aus diesen Gemeinden vor dem Einleiten in Binnengewässer eine „geeignete Behandlung"[469] erfährt.

---

[467] Art. 2 Nr. 6 RL definiert „1 EW (Einwohnerwert)" als eine organisch-biologisch abbaubare Belastung mit einem biochemischen Sauerstoffbedarf in 5 Tagen (BSB_5) von 60 g Sauerstoff pro Tag.

[468] Hierzu *Breuer*, DVBl. 1997, S. 1211 (1212) ff.

[469] „Geeignete Behandlung" definiert Art. 2 Nr. 9 RL als Behandlung von kommunalem Abwasser durch ein Verfahren und/oder Entsorgungssystem, welches sicherstellt, daß die aufnehmenden Gewässer den maßgeblichen Qualitätszielen sowie den Bestimmungen dieser und jeder anderen einschlägigen Richtlinie der Gemeinschaft entsprechen. Als solche Gemeinschaftsrichtlinien gelten insbesondere die in diesem Kapitel bereits untersuchten RL 75/440/EWG und 78/659/EWG sowie die Richtlinie des Rates vom 21.5.1992 zur Erhal-

Für Einleitungen in die „empfindlichen Gebiete" haben die Mitgliedstaaten darüber hinaus eine weitergehende Abwasserbehandlung vorzusehen als die in Art. 4 RL angeführte (Art. 5 RL). Diese gesteigerten Anforderungen bestehen in Konzentrationswerten sowie in einer – wiederum wahlweisen – Mindestverringerung für die Parameter „Phosphor insgesamt" und „Stickstoff insgesamt". Der Zeitpunkt, zu dem eine Zweitbehandlung der kommunalen Abwässer vor deren Weiterleitung sichergestellt sein muß, ist hier - bei Gemeinden mit mehr als 10.000 EW - auf spätestens den 31. Dezember 1998 datiert.

Zu beachten ist, daß Art. 2 Nr. 4 RL „Gemeinde" als das Gebiet definiert, in welchem Besiedlung und/oder wirtschaftliche Aktivitäten für eine Sammlung von kommunalem Abwasser und einer Weiterleitung zu einer kommunalen Abwasserbehandlungsanlage oder einer Entsorgungsstelle ausreichend konzentriert sind. Damit entspricht dieser Begriff „Gemeinde" nicht dem politischen bzw. kommunalrechtlichen Gemeindebegriff, der sich gemeinhin definiert als ein „innerhalb einer Gebietskörperschaft rechtlich organisierter Zusammenschluß von Personenmehrheiten".[470] Der Gemeindebegriff der RL 91/271/EWG umfaßt vielmehr diejenigen Bereiche einer Gemeinde, in denen eine ausreichend konzentrierte Wohn- oder gewerbliche Bebauung vorliegt.[471] Insofern kann ein gemeindliches Gebiet i. S. d. Richtlinie zwar durchaus übereinstimmen mit einer „Gemeinde" im kommunalrechtlichen Sinne; ein gemeindliches Gebiet i. S. d. Richtlinie kann aber auch darüber hinausgehen oder umgekehrt, auch nur einen Ortsteil einer „Gemeinde" darstellen. Entscheidend sind die Siedlungskonzentration und die angeschlossenen Einwohnerwerte - nicht die festgelegten Grenzen der Gebietskörperschaft. Diese begriffliche Unterscheidung hat durchaus praktische Konsequenzen, etwa hinsichtlich städtebaulicher Planungen, aber auch auf die Frage, ob kommunale Abwässer über eine Gemeinschaftskläranlage oder eine Einzelkläranlage entsorgt werden. Letztere Frage fällt grundsätzlich in den Gestaltungsspielraum der Gemeinden.[472]

In ihren weiteren Bestimmungen enthält die Richtlinie noch Regelungen über mögliche Ausnahmetatbestände, die eine Fristverlängerung der Abwasserbehandlungspflicht rechtfertigen können (Art. 8 RL) bzw. normiert Pflichten der Mitgliedstaaten, Vorschriften über eine Abwasserbehandlungspflicht für industrielle Direkteinleiter über 4000 EW festzulegen (Art. 13 RL).[473]

---

tung der natürlichen Lebensräume sowie der wildlebenden Tiere und Pflanzen (RL 92/43/EWG), ABl. EG Nr. L 207, S. 7.

[470] Zum kommunalrechtlichen Gemeindebegriff vgl. *v. Mutius*, Kommunalrecht, Rdnr. 82.

[471] *Veh/Knopp*, Gewässerschutz nach EG-Recht, 1995, S. 55.

[472] Näher hierzu *Veh/Knopp*, Gewässerschutz nach EG-Recht, 1995, S. 55.

[473] Die Auflistung der entsprechenden Industriebranchen findet sich im Anhang III der Richtlinie.

Art. 12 Abs. 1 S. 1 RL enthält schließlich eine grundsätzliche Verpflichtung, geeignetes Abwasser wiederzuverwenden. Diese Pflicht wird allerdings durch die Worte „nach Möglichkeit“ relativiert, so daß bei der Beurteilung der Wiederverwendungsmöglichkeit eine Abwägung mit anderen Belangen, wie „Sicherheit und Gesundheit“, erfolgen kann. Art. 12 Abs. 1 S. 2 RL sieht vor, daß im Verlauf dieser Wiederverwendung Belastungen der Umwelt auf ein Minimum zu begrenzen sind. Damit wird klargestellt, daß eine mögliche Wiederverwendung nicht zu einer größeren Belastung der Umwelt führen darf.

2. Innerstaatliche Zuständigkeitsverteilung zur Umsetzung der Richtlinie

a) Umsetzung durch die Abwasserverordnung des Bundes

Der Bund hat mit Erlaß der Abwasserverordnung vom 21.03.1997 eine bundesrechtliche Maßnahme erlassen, die in Teilen auch der Umsetzung der RL 91/271/EWG dient.[474] Die Bundesverordnung, die auf der Ermächtigung des § 7a Abs. 1 S. 3 WHG n. F. beruht, entspricht konzeptionell und materiell der Rahmen-Abwasserverwaltungsvorschrift vom 25.11.1992.[475]

Fraglich ist jedoch, ob der Bund gesetzgeberisch tätig werden durfte. Auch wenn es nicht gegen Art. 28 Abs. 2 GG verstößt, wenn der Bund eine Regelung auf dem Gebiet des kommunalen Abwasserrechts trifft,[476] ist doch fraglich, ob er berechtigt war, von seiner Kompetenz aus Art. 75 Abs. 1 Nr. 4 GG Gebrauch zu machen. Hierbei ist zu berücksichtigen, daß es bei einer Umsetzung von EG-Richtlinien, die innerstaatlich dem Bereich des Art. 75 GG unterfallen, regelmäßig an der Notwendigkeit für eine Rahmengesetzgebung des Bundes fehlt und der Bund nur in Ausnahmefällen von seiner Rahmenkompetenz Gebrauch machen darf.[477] Wie zuvor in diesem Kapitel gesehen,[478] ist bei der Umsetzung der EG-Gewässerschutzrichtlinien eine den Bund zur Gesetzgebung berechti-

---

474 BGBl. 1997, Teil I, S. 566. Das Bundeskabinett hat am 9. September 1998 den vom Bundesumweltministerium vorgelegten Entwurf einer Zweiten Verordnung zur Änderung der Abwasserverordnung beschlossen; Mitteilung des Bundesumweltministeriums, in: Umwelt Nr. 10/1998, S. 478 ff.

475 GMBl. 1994, S. 498. In der Literatur heißt es, der Bund habe die Inhalte der Rahmen-Abwasserverwaltungsvorschrift nur als RVO verkündet, um so der EG-rechtlich geforderten Rechtsform zu genügen. Vgl. *Breuer*, DVBl. 1997, S. 1211 (1222/1223).

476 Insofern handelt es sich nämlich nicht um einen unzulässigen Eingriff in die Selbstverwaltungshoheit der Kreise und Gemeinden, sondern um eine wasserrechtliche Regelung, die nach Art. 75 Abs. 1 Nr. 4 GG prinzipiell der Rahmenkompetenz des Bundes untersteht.

477 Vgl. oben 2. Teil / II / 3.

478 Oben VIII / 3b).

gende Ausnahmesituation nicht gegeben. Der Erlaß der Abwasserverordnung vom 21.03.1997 war damit jedenfalls insofern kompetenzwidrig, als hiermit eine Umsetzung der Kommunalabwasserrichtlinie vorgenommen wurde. Im übrigen ist die Abwasservorschrift wirksam.[479]

b) Verbleibende Umsetzungspflicht der Länder

Mangels Umsetzungskompetenz des Bundes ist es Sache der Länder, die RL 91/271/EWG umzusetzen.

3. Umsetzungsfrist

Gemäß Art. 19 Abs. 1 RL erlassen die Mitgliedstaaten die zur Umsetzung erforderlichen Rechts- und Verwaltungsvorschriften,[480] um der Kommunalabwasserrichtlinie bis zum 30. Juni 1993 nachzukommen.

4. Die Rechtsprechung des EuGH - Urteil vom 12.12.1996

Mit Urteil vom 12.12.1996 hat der EuGH festgestellt, daß die Bundesrepublik Deutschland dadurch gegen ihre Verpflichtung aus Art. 19 RL 91/271/EWG verstoßen habe, daß sie nicht innerhalb der vorgeschriebenen Frist die zur Umsetzung erforderlichen Rechts- und Verwaltungsvorschriften erlassen habe.[481] Dieses pflichtwidrige Unterlassen hat auch die deutsche Regierung in ihrer Klageerwiderung nicht in Abrede gestellt; im Verfahren wurde seitens der BRD jedoch vorgetragen, daß innerstaatlich die Länder in der Pflicht stünden, die Richtlinie umzusetzen, dieser Pflicht aber bislang nicht vollumfänglich entsprochen hätten.[482] Daß dieser Einwand aus EG-rechtlicher Sicht völlig unerheblich

---

[479] Die Abwasserverordnung vom 21.03.1997 dient neben der Umsetzung der RL 91/271/EWG noch der Transformation sieben weiterer EG-Richtlinien, die alleinige Bundeskompetenzen betreffen.

[480] Dieser Hinweis der erforderlichen Rechts- und besonders Verwaltungsvorschriften findet sich geradezu refrain-artig in den Urteilen des EuGH, in denen er eine Umsetzung einer EG-Richtlinie durch einen Mitgliedstaat mittels Verwaltungsvorschrift als unzureichend qualifiziert.

[481] *EuGH*, Urt. v. 12.12.1996, Rs. C-297/95, NVwZ 1997, S. 370 ff. (*Kommission ./. Bundesrepublik Deutschland*).

[482] Siehe die Nachweise in *EuGH*, Urt. v. 12.12.1996, Rs. C-297/95, NVwZ 1997, S. 370 (371). Bereits zum Zeitpunkt der Klageerhebung hatten zwei Länder – Bayern und Baden-Württemberg - eine Umsetzungsverordnung erlassen.

war, liegt schon daran, daß sich nach ständiger Rechtsprechung des EuGH kein Mitgliedstaat auf Bestimmungen, Übungen oder Umstände seiner internen Rechtsordnung berufen kann, um die Nichteinhaltung der in einer Richtlinie festgelegten Verpflichtungen und Fristen zu rechtfertigen.[483]

5. Umsetzungsmaßnahmen der Länder

Tabelle 1.5: Transformationsgesetze der deutschen Länder zu der RL 91/271/EWG

Land	**Transformationsnorm**
Baden-Württemberg	Verordnung des Umweltministeriums zur Umsetzung der Richtlinie 91/271/EWG des Rates vom 21. Mai 1991 über die Behandlung von kommunalem Abwasser (Reinhalteordnung kommunales Abwasser - RokA -) vom 10. Dezember 1993, GBl. Nr. 28 vom 21.12.1993, S. 746.
Bayern	Verordnung zur Umsetzung der Richtlinie 91/271/EWG über die Behandlung von kommunalem Abwasser (Reinhalteordnung kommunales Abwasser – RokAbw -) vom 23. August 1992, GVBl. Nr. 18/1992, S. 402.
Berlin	Verordnung zur Umsetzung der Richtlinie 91/271/EWG des Rates über die Behandlung von kommunalem Abwasser (KomAbwVO Bln) vom 19. Mai 1996, GVBl. Nr. 30 vom 15.06.1997, S. 226.
Brandenburg	1. Verordnung über die Behandlung von kommunalem Abwasser im Land Brandenburg (Brandenburgische Kommunalabwasserverordnung – BbgKAbwV) vom 18. Februar 1998, GVBl. II Nr. 7 vom 12.3.1998, S. 182. 2. Erste Verordnung zur Änderung der Brandenburgischen Kommunalabwasserverordnung vom 5. April 2000, GVBl. Teil II – Nr. 9 vom 16.05.2000, S. 112.
Bremen	Verordnung über die Behandlung von kommunalem Abwasser (KomAbwV) vom 23. April 1997, GBl. Nr. 20 der Freien

[483] Siehe nur *EuGH*, Urt. v. 12.12.1996, Rs. C-297/95, NVwZ 1997, S. 370 (371). Der Versuch der Bundesregierung, im Verfahren vor dem EuGH den dort nicht vertretenen Ländern den „schwarzen Peter" der Fristversäumnis zuzuschieben, entspricht weder einer fairen und angemessenen Behandlung der Länder durch die Bundesregierung in Verfahren vor dem EuGH, noch den tatsächlichen Gegebenheiten. Aus diesem Grunde haben die Länder auch z. T. mit Empörung auf das Verhalten der Beklagtenvertreter reagiert.

	Hansestadt Bremen vom 09.05.1997, S. 172.
Hamburg	1. Verordnung zur Umsetzung der Richtlinie 91/271/EWG des Rates über die Behandlung von kommunalem Abwasser (KomAbwVO) vom 24. Juni 1997, Hamburgisches GVBl. Nr. 31 vom 07.07.1997, S. 297. 2. Verordnung zur Änderung der Verordnung zur Umsetzung der Richtlinie 91/271/EWG des Rates über die Behandlung von kommunalem Abwasser vom 11. April 2000, GVBl. Nr. 14/2000, S. 82.
Hessen	1. Verordnung zur Umsetzung der Richtlinie 91/271/EWG des Rates vom 21. Mai 1991 über die Behandlung von kommunalem Abwasser (KomAbw-VO) vom 25. Oktober 1996, GVBl. Nr. 25 vom 15.11.1996, S. 470. 2. Verordnung zur Änderung der Verordnung zur Umsetzung der Richtlinie 91/271/EWG des Rates vom 21. Mai 1991 über die Behandlung von kommunalem Abwasser (KomAbw-VO) vom 24. März 2000, GVBl. Teil I - Nr. 8 vom 31.03.2000, S. 159.
Mecklenburg-Vorpommern	Verordnung über die Behandlung von kommunalem Abwasser (Kommunalabwasserverordnung – KAbwVO M-V) vom 15. Dezember 1997, GVBl. Nr. 1 vom 14.01.1998, S. 25.
Niedersachsen	1. Verordnung über die Behandlung von kommunalem Abwasser vom 23. Oktober 1997, Nds. GVBl. Nr. 20 vom 06.11.1997, S. 434. 2. Verordnung zur Änderung der Verordnung über die Behandlung von kommunalem Abwasser vom 14. Oktober 1999, GVBl. Nr. 20 vom 22.10.1999, S. 373.
Nordrhein-Westfalen	Verordnung zur Umsetzung der Richtlinie 91/271/EWG des Rates vom 21. Mai 1991 über die Behandlung von kommunalem Abwasser (Kommunalabwasserverordnung - KomAbwV) vom 30. September 1997, GVBl. Nr. 48 vom 23.10.1997, S. 372.
Rheinland-Pfalz	1. Landesverordnung über die Beseitigung von kommunalem Abwasser (KomAbwVO) vom 27. November 1997, GVBl. Nr. 25 vom 12.12.1997, S. 441. 2. Erste Landesverordnung zur Änderung der Landesverordnung über die Beseitigung von kommunalem Abwasser vom 16. Juni 1999, GVBl. Nr. 11 vom 13.07.1999, S. 132
Saarland	1. Verordnung über die Behandlung kommunaler Abwasser vom 15. Oktober 1997, Amtsblatt des Saarlandes vom

	13.11.1997, S. 1066. 2. Verordnung zur Änderung der Verordnung über die Behandlung von kommunalem Abwasser vom 22. Mai 2000, Amtsblatt des Saarlandes Nr. 28 vom 23.06.2000, S. 960.
Sachsen	1. Verordnung des Sächsischen Staatsministeriums für Umwelt und Landesentwicklung zur Umsetzung der Richtlinie 91/271/EWG über die Behandlung von kommunalem Abwasser (VokomAbw) vom 3. Mai 1996, GVBl. Nr. 10 vom 31.05.1996, S. 180. 2. Verordnung des Sächsischen Staatsministeriums für Umwelt und Landesentwicklung zur Änderung der Verordnung zur Umsetzung der Richtlinie 91/271/EWG über die Behandlung von kommunalem Abwasser vom 6. Oktober 1998, GVBl. Nr. 19 vom 29.10.1998, S. 547. 3. Verordnung des Sächsischen Staatsministeriums für Umwelt und Landesentwicklung zur Änderung der Verordnung zur Umsetzung der Richtlinie 91/271/EWG über die Behandlung von kommunalem Abwasser und der Verordnung über Zuständigkeiten auf dem Gebiet des Wasserrechts und der Wasserwirtschaft vom 20. Juli 2000, GVBl. Nr. 10 vom 31.07.2000, S. 348.
Sachsen-Anhalt	1. Verordnung über kommunales und Industrieabwasser bestimmter Branchen (Kommunalabwasserverordnung – KomAbwVO) vom 18. November 1997, GVBl. Nr. 53 vom 21.11.1997, S. 970. 2. Verordnung zur Änderung der Kommunalabwasserverordnung vom 5. Juli 2000, GVBl. Nr. 25 vom 10.07.2000, S. 441.
Schleswig-Holstein	1. Landesverordnung über die Beseitigung von kommunalem Abwasser (KomAbwVO) vom 1. Juli 1997, GVBl. Nr. 13 vom 24.07.1997, S. 357. 2. Landesverordnung zur Änderung der Landesverordnung über die Beseitigung von kommunalem Abwasser vom 18. Juni 1999, GVBl. Nr. 9 vom 29.07.1999, S. 200. 3. Landesverordnung zur Änderung der Landesverordnung über die Beseitigung von kommunalem Abwasser vom 17. Februar 2000, GVBl. Nr. 5 vom 16.03.2000, S. 203.
Thüringen	Thüringer Verordnung zur Umsetzung der Richtlinie 91/271/EWG über die Behandlung von kommunalem Abwasser (ThürkoAbwVO) vom 10. Oktober 1997, GVBl. Nr. 19 vom 06.11.1997, S. 368.

a) Bayern

Als erstes Land hat der Freistaat Bayern die notwendigen Regelungen getroffen, um der RL 97/271/EWG *fristgemäß* zu genügen. Insofern kann mit Recht davon gesprochen werden, daß Bayern bei der Umsetzung dieser Richtlinie vorangegangen sei.[484] Die bayerische Reinhalteordnung kommunales Abwasser (kurz: ROkAbw) stützt sich auf die Ermächtigungsnorm des § 27 WHG.[485] Diese Vorgehensweise ist nicht zu beanstanden[486] und hat ihren Ursprung vor allem darin, daß Bayern in seinem LWG 1992 noch nicht auf eine entsprechende Verordnungsermächtigung zur Umsetzung von EG-Richtlinien zurückgreifen konnte.[487]

Wie bei der Umsetzung von EG-Gewässerschutzrichtlinien üblich, bestimmt auch die bayerische ROkAbw in § 1 Abs. 1 ihren Zweck, der Umsetzung der Kommunalabwasserrichtlinie zu dienen; dies entspricht der Vorgabe des Art. 19 Abs. 2 RL, wonach die nationalen Transformationsgesetze ausdrücklich Bezug auf die Richtlinie nehmen müssen.

§ 1 Abs. 2 der bayerischen ROkAbw enthält Begriffsdefinitionen („kommunales Abwasser“, „gemeindliches Gebiet“, „Einwohnerwert“, „Kanalisation“, „Klärschlamm“), die wörtlich mit denen des Richtlinientextes übereinstimmen.

§ 2 ROkAbw beinhaltet eine Ausweisung der „empfindlichen Gebiete“ und entspricht damit dem Art. 5 RL. Berücksichtigt wurden diejenigen Flüsse und Binnengewässer, die in die Nordsee entwässern und die bereits eutroph sind oder in naher Zukunft eutroph werden könnten. Ausdrücklich benannt werden dabei z. B. die Flüsse Main und Elbe, die beide hohe Nährstoffgehalte aufweisen und damit unmittelbar zur Eutrophisierung der Nordsee beitragen.

Speziell was die Erlaubnis des Einleitens von kommunalem Abwasser in diese empfindlichen Gebiete betrifft, normiert § 4 Abs. 2 ROkAbw die notwendigen Voraussetzungen. Damit ist Art. 5 Abs. 3 RL in bayerisches Recht umgesetzt.

Für Einleitungen in „nicht empfindliche Gebiete“ enthält § 4 Abs. 1 i. V. m. Anlage 3 ROkAbw eine Regelung. Das Wiederverwendungsgebot aus Art. 12 EL findet sich wörtlich in § 4 Abs. 4 ROkAbw wieder.

Die Frage, was bei bereits genehmigten Einleitungen zu geschehen hat, die nicht (mehr) den EG-rechtlichen Anforderungen der RL 91/271/EWG entspre-

---

[484] So *Schulte*, Kommunales Abwasser, Diss. Berlin 1995, S. 190.

[485] Aus diesem Grunde auch die Bezeichnung „Reinhalteordnung“. Ebenso in Baden-Württemberg (siehe unten b)). Die Umsetzungsmaßnahmen in den übrigen Ländern stützen sich nicht mehr auf § 27 WHG, sondern auf eigens zur Umsetzung von EG-Richtlinien erlassene Verordnungsermächtigungen.

[486] Siehe in diesem Zusammenhang die Erläuterung des § 27 WHG bei *Schulte*, Kommunales Abwasser, Diss. Berlin 1995, S. 191 und 192 und *Czychowski*, WHG-Kommentar, § 27 Rdnr. 7.

[487] Nunmehr § 41j BayWG.

chen, beantwortet § 4 Abs. 6 ROkAbw. Diese Norm sichert die regulative Anpassung der vorhandenen Einleitungen aus kommunalen Abwasserbehandlungsanlagen. Danach ist durch Benutzungsbedingungen und Auflagen, durch Beschränkung, Widerruf oder Rücknahme der Erlaubnis bzw. durch Anordnung sicherzustellen, daß die Bescheide der neuen Rechtslage angepaßt werden. Eine solche Anpassungsmaßnahme ist im übrigen Bedingung dafür, daß eine Reinhalteordnung Wirkung entfaltet ggü. den Inhabern einer nach altem Recht erteilten Erlaubnis, Bewilligung oder Befugnis. Dies bestimmt § 27 Abs. 2 S. 1 WHG.[488]

§ 3 ROkAbw setzt die richtlinienbedingten Vorgaben über die Kanalisationspflicht um; § 5 ROkAbw regelt die Erlaubnis für das industrielle Direkteinleiten von biologisch abbaubarem Industrieabwasser in Gewässer und § 6 ROkAbw normiert die Voraussetzungen für solche Industrieabwassereinleitungen in Kanalisationen.

§ 7 ROkAbw setzt die Vorgabe des Art. 16 RL um, indem sich das Bayerische Landesamt für Wasserwirtschaft zur Veröffentlichung eines Berichts über die Beseitigung von kommunalen Abwässern und Klärschlamm im Zwei-Jahres-Turnus verpflichtet; § 9 ROkAbw untersagt, in Anlehnung an Art. 14 Abs. 3 RL, ausdrücklich die Klärschlammverklappung.

Die bayerische Reinhalteordnung kommunales Abwasser implementiert die Vorgaben der Kommunalabwasserrichtlinie sowohl formell als auch materiell ordnungsgemäß. Dabei wird der Weg der *wortlautorientierten* Umsetzung beschritten; ein Umsetzungsverhalten, das auch bei den übrigen Transformationsgesetzen zu den EG-Wasserrichtlinien zu beobachten ist und das sich immer dann anbietet, wenn die EG-rechtlichen Vorgaben bereits einen hohen Detailierungsgrad aufweisen, wie dies im EG-Wasserrecht der Fall ist. Andere sehen in dieser Form der Umsetzung nur die Konsequenz einer Rechtsprechung des EuGH, die, genauer betrachtet, nichts weniger als eine Umsetzung durch Rechtssatz fordere und letztlich dazu führe, daß der Gesetzgeber bei der zur Umsetzung der Richtlinie über die Behandlung von kommunalem Abwasser ergangenen Reinhalteordnung den Richtlinientext praktisch Wort für Wort übernommen habe. Dies sei der letzte Rest „kooperativer" Rechtssetzung.[489]

Nicht zuletzt weil bei der Umsetzung der Kommunalabwasserrichtlinie in Bayern auf dynamische Verweisungsnormen verzichtet wurde, garantiert die bayerische Reinhalteordnung kommunales Abwasser (ROkAbw) ein hohes Maß an Rechtssicherheit.

---

[488] So auch *Schulte*, Kommunales Abwasser, Diss. Berlin 1995, S. 193.

[489] *Kibele*, VBlBW 1996, S. 239 (240), bezogen allerdings auf die baden-württembergische Reinhalteordnung, was aber in der Sache keinen Unterschied macht.

b) Baden-Württemberg

Ein Jahr nach Bayern ist 1993 als zweites Land Baden-Württemberg seinem Umsetzungsauftrag gefolgt. Auch Baden-Württemberg hat den Weg nach § 27 WHG gewählt und i. V. m. § 45i WG BW eine Reinhalteordnung erlassen (Reinhalteordnung kommunales Abwasser - ROkA -). Ein Vergleich der baden-württembergischen ROkA mit der bayerischen ROkAbw zeigt, daß die Reinhalteordnung Baden-Württembergs sowohl in ihrem Aufbau als auch inhaltlich dem bayerischen Vorbild folgt. Insofern kann durchaus davon gesprochen werden, daß Baden-Württemberg die bayerischen Vorgaben rezipiert hat. Dies ist grundsätzlich nicht zu beanstanden, spart man doch durch die Übernahme bewährter Transformationsnormen eines anderen Landes kostbare Zeit der ansonsten mühsamen Gesetzgebungsarbeit und minimiert gleichzeitig die Risiken einer unzureichenden Umsetzung.[490]

In § 2 ROkA BW werden als „empfindliche Gebiete" die Einzugsgebiete des Rheins, des Bodensees und der Oberen Donau ausgewählt. In diesen Gebieten ist Phosphor zu beseitigen und die Stickstoffelimination nach „wasserwirtschaftlichen Notwendigkeiten" vorzunehmen (§ 4 Abs. 2 ROkA BW). Ein kleiner Unterschied zur Umsetzung in Bayern besteht darin, daß § 9 ROkA BW auf das im Falle technischer Schwierigkeiten einzuleitende Verfahren des Art. 8 RL hinweist. Danach kann in Ausnahmefällen bei der EU-Kommission eine Fristverlängerung für die Sicherstellung einer Zweitbehandlung kommunaler Abwässer vor deren Einleitung in die Gewässer beantragt werden.
Durch die Reinhalteordnung kommunales Abwasser ist die RL 91/271/EWG auch in dem Land Baden-Württemberg ordnungsgemäß umgesetzt worden.[491]

c) Die übrigen Länder

Die übrigen Umsetzungsmaßnahmen sind allesamt erst nach dem Feststellungsurteil des EuGH von Dezember 1996 ergangen. Insofern ist die Situation vergleichbar mit jener bei der Umsetzung der Oberflächengewässerrichtlinie bzw. der Fisch- oder der Muschelgewässerrichtlinie. Auch die Umsetzung dieser Richtlinien ist in den Ländern erst durchgeführt worden, nachdem der EuGH eine Vertragsverletzung der BRD festgestellt hatte.

---

490 Allgemein zur „Rezeption" innerhalb der Ländergesetzgebung *Wettach*, Ländergesetzgebung in der Bundesrepublik Deutschland, Diss. Münster 1994, S. 30 ff.; *Oebbecke*, „Die unsichtbare Hand in der Ländergesetzgebung – Zur Praxis und Theorie dezentraler Normsetzung", Staatswissenschaften und Staatspraxis 1997, S. 461 (463) ff.

491 *Schulte*, Kommunales Abwasser, Diss. Berlin 1995, S. 194.

Was den Aufbau und den Inhalt der übrigen Umsetzungsmaßnahmen der Länder zur Kommunalabwasserrichtlinie betrifft, so kann hier durchaus von Textgleichheit gesprochen werden. Ein Vergleich mit der bayerischen Reinhalteordnung aus dem Jahr 1992 zeigt, daß auch die fünf Jahre später ergangenen Umsetzungsverordnungen der übrigen Länder[492] im wesentlichen der bayerischen Verordnung ähneln. Dies bedeutet aber nicht, daß die übrigen Länder bei ihrer Gesetzgebung zwingend dem bayerischen Vorbild gefolgt wären; denn auch die bayerische Verordnung besteht überwiegend aus einer wörtlichen Übernahme der Richtlinienbestimmungen. Richtig ist also, daß alle Umsetzungsmaßnahmen der Richtlinie gleichen und die Länder lediglich in wenigen Punkten individuelle Regelungen getroffen haben - etwa bei der Festlegung der „empfindlichen Gebiete".[493]

Darüber hinaus bedürfen allein die folgenden Regelungen in den einzelnen Umsetzungsmaßnahmen besonderer Erwähnung:

Hamburg, Hessen, Mecklenburg-Vorpommern, Niedersachsen und Sachsen-Anhalt normieren die in Art. 8 RL eingeräumte Ausnahmemöglichkeit und bestimmen, daß bei technischen Schwierigkeiten die Frist verlängert werden kann, wonach grundsätzlich ab dem 1. Januar 1999 bestimmte Anforderungen für Einleitungen kommunaler Abwässer eingehalten werden müssen.[494]

Mecklenburg-Vorpommern, Nordrhein-Westfalen, Niedersachsen und Sachsen-Anhalt verzichten auf eine Festlegung, daß gereinigtes Abwasser nach Möglichkeit wiederverwendet werden soll. In NRW ist allerdings bestimmt, daß Kanalisation und Abwasserbehandlungsanlagen so zu errichten und zu betreiben sind, daß die nach § 57 LWG NW vorgegebenen Anforderungen an die Schadstoffrückhaltung für das Einleiten von Niederschlagswasser aus öffentlichen Kanalisationen beachtet werden.[495] Schließlich definieren Nordrhein-Westfalen und Schleswig-Holstein in ihren Umsetzungsverordnungen „gemeindliches Gebiet" ausdrücklich als „von den Gemeindegrenzen unabhängiges Gebiet". Diese Aussage fehlt in den übrigen Rechtsverordnungen und dient jedenfalls der begrifflichen Klarstellung.[496]

---

[492] Außer Baden-Württemberg, wo die Umsetzung ja bereits 1993 erfolgte.

[493] Keine konkrete Normierung „empfindliche Gebiete" enthalten die Umsetzungsverordnungen von Hamburg, Hessen, Mecklenburg-Vorpommern, Niedersachsen und Thüringen. Bedenkt man aber, daß es nach überwiegender Auffassung in Deutschland keine „nicht- oder weniger empfindlichen Gebiete" gibt, kann auf eine ausdrückliche Bestimmung „empfindliches Gebiet" wohl auch verzichtet werden. Vgl. schon die Hinweise in Fußn. 464.

[494] Vgl. § 3 Abs. 2 der Verordnung von Niedersachsen, § 6 KabwVO M-V, §§ 7 der Verordnungen von Hamburg und Hessen sowie § 8 KomAbwVO LSA.

[495] § 6 KomAbwV NW.

[496] Vgl. oben XII / 1 b). „Gemeindliches Gebiet" i. S. d. Kommunalabwasserrichtlinie ist nicht zwingend identisch mit dem kommunalrechtlichen Gemeindebegriff.

Interessant ist schließlich, daß die Hälfte der Länder bei den festzulegenden Anforderungen an kommunale Abwassereinleitungen auf die Abwasserverordnung des Bundes vom 21. März 1997 verweisen.[497] Dabei handelt es sich durchweg um dynamische Verweisungsnormen, was unter verfassungsrechtlichen Aspekten zumindest bedenklich erscheint.[498]

6. Zwischenergebnis:

Mittlerweile haben alle Länder die notwendigen Rechtsverordnungen zur Umsetzung der RL 91/271/EWG über die Behandlung von kommunalem Abwasser erlassen und z. T. sogar schon überarbeitet.[499] Dabei entsprechen sowohl die Form der Umsetzung als auch die inhaltlichen Regelungen den europarechtlichen Anforderungen. Als erstes Land hat der Freistaat Bayern 1992 eine „Reinhalteordnung kommunales Abwasser“ erlassen. Bayern war damit das einzige Land, das die Kommunalabwasserrichtlinie fristgemäß umgesetzt hat. Abgesehen von Baden-Württemberg (1993), folgten die übrigen Länder erst 1997 und '98. Alle Umsetzungsmaßnahmen orientieren sich eng an den europäischen Vorgaben.[500] Darüber hinaus gab es auch bei der Umsetzung der RL 91/271/EWG Absprachen unter den zuständigen Fachressorts und auf Ministerebene.

---

[497] Brandenburg (§ 5), Hamburg (§ 4), Mecklenburg-Vorpommern (§ 4), Niedersachsen, Rheinland-Pfalz (§ 5), Saarland (§ 4), Sachsen (§ 4) und Sachsen-Anhalt (§§ 5, 6).

[498] Zur Frage der Zulässigkeit landesgesetzlicher Verweisungen auf bundesgesetzliche Vorschriften siehe *Klindt*, DVBl. 1998, S. 373 ff.

[499] Hintergrund dieser Überarbeitungen war ein neuerliches Vertragsverletzungsverfahren. Die EU-Kommission sah Defizite bei der Ausweisung der empfindlichen Gebiete in der BRD.

[500] Sofern dies im Fall der badenwürttembergischen Umsetzung kritisiert wird (vgl. *Kibele*, VBlBW 1996, S. 239 (240)) ist hierauf zu erwidern, daß es individuelle Regelungen bei einer Umsetzung stets nur in dem Umfang geben kann, wie ihn die jeweilige Richtlinie zuläßt. Und auch wenn die EG-Richtlinie grundsätzlich ausfüllungsbedürftig sein soll, geht die Tendenz doch dahin, daß immer detailliertere Zielvorgaben im sekundären EG-Recht normiert sind (vgl. *Kadelbach/Sobotta*, EWS 1996, S. 11 (13) ff.; *Herdegen*, Europarecht, 2. Auflage 1999, Rdnr. 178). Aus diesem Grunde ist gegen eine wörtliche Übernahme von EG-Richtlinien dann nichts einzuwenden, wenn von vornherein kein Spielraum für individuelle Lösungen besteht.

XIII. Nitratrichtlinie 91/676/EWG

1. Regelungsgehalt der Richtlinie

Dem Problem der Gewässerverunreinigung durch die Landwirtschaft hat sich die Europäische Gemeinschaft in der RL 91/676/EWG angenommen.[501] Nach ihrem Art. 1 bezweckt die Nitratrichtlinie, die durch Nitrat aus landwirtschaftlichen Quellen verursachte oder ausgelöste Gewässerverunreinigung zu verringern bzw. einer weiteren Gewässerverunreinigung dieser Art vorzubeugen. Ebenso wie die Kommunalabwasserrichtlinie, geht auch die RL 91/676/EWG auf eine Entschließung des EG-Umweltministerrates vom 28. Juni 1988 über den Schutz der Nordsee und anderer Gewässer der Gemeinschaft zurück[502] (Erwägungsgrund 4 der Richtlinie). Obwohl Nitratgrenzwerte bereits in der Oberflächengewässerrichtlinie 75/440/EWG und in der Trinkwasserrichtlinie 80/778/EWG[503] Eingang gefunden hatten, offenbarte sich nämlich die Notwendigkeit einer eigenständigen Regelung, da die bisherigen Bestimmungen keinen ausreichenden Schutz der Gewässer boten (erste Begründungserwägung der RL 91/676/EWG). Ob die Nitratrichtlinie an dieser Situation etwas ändern wird, ist fraglich:

Die Richtlinie enthält kaum verbindliche Emissions- oder Immissionsvorgaben, sondern läßt als Rahmenrichtlinie den Mitgliedstaaten weiten Raum zur Ausgestaltung der nationalen Regelungen. Belegt wird dies beispielsweise dadurch, daß die inhaltlichen Vorgaben im wesentlichen nur Aufträge an die Mitgliedstaaten enthalten, selbst konkrete Rechtsakte und Programme zur Nitratverminderung zu benennen. Jedoch sind die Mitgliedstaaten gemäß Art. 3 RL gehalten, diejenigen Gewässer festzulegen, die besonders von Verunreinigungen durch Nitrat belastet sind;[504] auch müssen die Mitgliedstaaten jene Gebiete, welche in die betroffenen Gewässer entwässern, als „gefährdete Gebiete" ausweisen (Art. 3 Abs. 2 RL) und für diese Gewässer Aktionsprogramme aufstellen (Art. 5 RL).[505] Folgende Maßnahmen sollen die Mitgliedstaaten ergreifen:

---

[501] Richtlinie 91/676/EWG des Rates vom 12.12.1991 zum Schutz der Gewässer vor Verunreinigung durch Nitrat aus landwirtschaftlichen Quellen, ABl. EG Nr. L 375, S. 1 (nachfolgend: Nitratrichtlinie).

[502] ABl. EG Nr. C 209, S. 3.

[503] Zu dieser Richtlinie und ihrer Umsetzung durch den Bund siehe *Demmke*, Die Implementation von EG-Umweltpolitik in den Mitgliedstaaten – Umsetzung und Vollzug der Trinkwasserrichtlinie, Diss. Speyer 1994 m. w. N.

[504] Eine besondere Belastung liegt etwa vor bei einer Überschreitung des Nitratgehaltes im Grundwasser von mehr als 50 mg/l.

[505] Wobei den Inhalt dieser Aktionsprogramme Anhang III RL vorgibt. Danach sollen z. B. Zeiträume bestimmt werden, in denen das Ausbringen gewisser Arten von Düngemitteln auf landwirtschaftlichen Flächen verboten ist (Anhang III Nr. 1.1 RL).

- Zur Vorbeugung einer weiteren Gewässerverschmutzung sind an die regionalen Verhältnisse angepaßte Regeln der „guten fachlichen Praxis der Landwirtschaft“ flächendeckend einzuführen. Diese Regeln sollen von den Landwirten auf *freiwilliger* Basis angewendet werden (Art. 4 Abs. 1a RL). Nur in Gebieten mit akuten Nitratproblemen sind diese Regeln der „guten fachlichen Praxis“ verbindlich vorzuschreiben (Art. 5 RL). Damit bleibt es den Landwirten so lange (freiwillig) überlassen, die „gute fachliche Praxis“ zu beachten, so lange ein Gebiet noch keine erhöhte Nitratkonzentration aufweist. Ist ein Gewässer dann „nitratverseucht“, sind die Mitgliedstaaten verpflichtet zu sanieren und die Landwirte verpflichtet, die „gute fachliche Praxis“ zu wahren. Diese Bestimmungen verdeutlichen die Schwierigkeiten des Ministerrates, speziell im Bereich der Landwirtschaft Lösungen und Kompromisse zu erzielen. Einerseits soll der Gewässerschutz verbessert werden, andererseits kann man sich nicht zu Maßnahmen durchringen, die einen wirklich sicheren Gewässerschutz bedeuteten. Im Ergebnis verpflichtet die Nitratrichtlinie die Mitgliedstaaten somit, verunreinigte Gewässer zu sanieren, anstatt zwingende Vorgaben für die Landwirtschaft aufzustellen, um einem solchen Sanierungsgrund vorzubeugen. Eines darf trotz dieser Kritik aber nicht übersehen werden. Die Nitratrichtlinie läßt die Frage offen, welche hoheitliche oder private Stelle mögliche Ertragseinbußen der Landwirte zu tragen hätte, die nicht auszuschließen wären, würden die Bauern „freiwillig“ von einer verstärkten Düngung ihres Anbaus zugunsten des Gewässerschutzes absehen. Die Wasserwirtschaft lehnt eine Kostenübernahme jedenfalls ab.[506] Diese Kostenfrage aber nicht zu regeln, bedeutet gleichzeitig, einen vorbeugenden Schutz der Gewässer vor Nitratverunreinigungen durch die Landwirtschaft nicht erreichen zu können.[507] Da in der BRD das gesamte Staatsgebiet, mit Ausnahme des Donau-Einzugsgebietes, als gefährdetes Gebiet angesehen wird,[508] sind hier die Landwirte nach Maßgabe des nationalen Umsetzungsgesetzes zur Einhaltung der „guten fachlichen Praxis“ verpflichtet. Europaweit bleibt es jedoch bei dem Defizit wirksamer Vorbeugung einer Gewässerverunreinigung durch Nitrat aus landwirtschaftlichen Quellen.

- Art. 4 Abs. 1b) RL sieht von den Mitgliedstaaten zu erstellende Programme vor, welche die Anwendung der Regeln „der guten fachlichen Praxis“ in der

---

[506] Nachweise bei *Demmke*, Die Implementation von EG-Umweltpolitik in den Mitgliedstaaten – Umsetzung und Vollzug der Trinkwasserrichtlinie, Diss. Speyer 1994, S. 297.

[507] Dies Befürchtung teilt *Breuer*, DVBl. 1997, S. 1211 (1213) ff. Dort heißt es, daß der eher „weiche“ Inhalt der Richtlinie und die wirtschaftlichen Zwänge der europäischen Agrarpolitik Anlaß zu abwartender Skepsis gäben.

[508] Vgl. *Veh/Knopp*, Gewässerschutz nach EG-Recht, 1995, S. 58.

Landwirtschaft fördern sollen und ggf. auch Schulungs- und Informationsmaßnahmen für Landwirte beinhalten.

- Art. 5 Abs. 4 i. V. m. Anhang III RL stellt technische Anforderungen für Anlagen i. S. d. § 19 Abs. 2 WHG auf, die zum Lagern und Abfüllen von Jauche, Gülle, Festmist und Silagesickersäften vorgesehen sind (abgekürzt: JGS-Anlagen).

- Vorschriften über die anzuwendenden Meß- und Überwachungsmethoden der Gewässerqualität enthält schließlich Art. 6 RL.

2. Umsetzungsfrist

Nach Art. 12 RL erlassen die Mitgliedstaaten die erforderlichen Umsetzungsvorschriften binnen zwei Jahren nach Bekanntgabe der Nitratrichtlinie. Diese Bekanntgabe erfolgte am 19. Dezember 1991; damit endete die Umsetzungsfrist am 19.12.1993.

3. Innerstaatliche Zuständigkeitsverteilung zur Umsetzung der Richtlinie 91/676/EWG

a) Umsetzung durch den Bund

Die nationale Umsetzung der Nitratrichtlinie erfolgte im wesentlichen durch die Bundesverordnung über die Grundsätze der guten fachlichen Praxis beim Düngen (Düngeverordnung).[509]

b) Verbleibende Umsetzungspflicht der Länder

In der Literatur ist mitunter die Rede von einer vollständigen Umsetzung der Nitratrichtlinie durch den Bund.[510] Schon verfassungsrechtlich ist diese Auffassung jedoch nicht korrekt, wenn auch unbestritten der Erlaß der Düngemittelverordnung den Großteil der Umsetzung ausmacht. Obschon einige Länder eine bundeseinheitliche Transformation der Nitratrichtlinie begrüßt hätten, sah selbst der Bund hierfür keine hinreichende Rechtsgrundlage; und dies mit Recht, denn insbesondere nach der Verfassungsreform von 1994 ließe sich eine vollständige

---

[509] BGBl. 1996, Teil I, S. 118.
[510] Vgl. *Schulte*, Kommunales Abwasser, Diss. Berlin 1995, S. 91.

Regelung durch den Bund nicht mehr realisieren.[511] Den Ländern obliegt danach die Umsetzung des Art. 5 Abs. 4 i. V. m. Anhang III RL. Dort werden in erster Linie technische Anforderungen an Anlagen zum Lagern und Abfüllen von Jauche, Gülle, Festmist und Silagesickersäften i. S. d. § 19g Abs. 2 WHG (abgekürzt: JGS-Anlagen) aufgestellt.[512]

4. Umsetzungsmaßnahmen der Länder

Tabelle 1.6: Transformationsgesetze der deutschen Länder zu der RL 91/676/EWG

Land	**Transformationsnorm**
Baden-Württemberg	Bislang keine Umsetzung.
Bayern	Bislang keine Umsetzung.
Berlin	Bislang keine Umsetzung.
Brandenburg	Bislang keine Umsetzung.
Bremen	Verordnung über Anforderungen an Anlagen zum Lagern und Abfüllen von Jauche, Gülle, Festmist und Silagesickersäften vom 23. April 1997, GBl. Nr. 20 der Freien Hansestadt Bremen vom 9. 5. 1997, S. 170.
Hamburg	Verordnung über Anforderungen an Anlagen zum Lagern und Abfüllen von Jauche, Gülle, Festmist und Silagesickersäften (JGS-Anlagenverordnung – JGS-VO) vom 8. Juni 1999, GVBl. 1999, Nr. 14, S. 107.
Hessen	Bislang keine Umsetzung.
Mecklenburg-Vorpommern	Bislang keine Umsetzung.

511 Aus diesem Grunde spricht die Düngeverordnung, BGBl. 1996, Teil I, S. 118, in ihrer Fußnote auch nur davon, daß diese Verordnung *in Teilen* der Umsetzung der Nitratrichtlinie dient.

512 Da Vorschriften über die Beschaffenheit von JGS-Anlagen Rechte und vor allem Pflichten von Privatpersonen betreffen, die solche Anlagen entweder herstellen oder betreiben wollen, muß die nationale Umsetzung durch die Länder in Form eines Gesetzes im materiellen Sinne erfolgen.

Nieder-sachsen	Bislang keine Umsetzung.
Nordrhein-Westfalen	Verordnung zur Umsetzung von Artikel 4 und 5 der Richtlinie 91/676/EWG des Rates vom 12. Dezember 1991 zum Schutz der Gewässer vor Verunreinigungen durch Nitrat aus landwirtschaftlichen Quellen – ABl. EG Nr. L 375 S. 1 – (JGS-AnlagenV) vom 13. November 1998, GVBl. Nr. 45 vom 26.11.1998, S. 647.
Rheinland-Pfalz	Bislang keine Umsetzung.
Saarland	Verordnung über Anforderungen an Anlagen zum Lagern und Abfüllen von Jauche, Gülle, Festmist, Silagesickersäften (JGS-Anlagen) vom 12. November 1997, Amtsblatt des Saarlandes vom 11. 12. 1997, S. 1162.
Sachsen	Verordnung des Sächsischen Staatsministeriums für Umwelt und Landwirtschaft über Anforderungen an Anlagen zum Lagern und Abfüllen von Dung und Silagesickersäften (Sächsische Dung- und Silagesickersaftanlagenverordnung – SächsDuSVO) vom 26. Februar 1999, GVBl. Nr. 5 vom 31.3.1999, S. 131.
Sachsen-Anhalt	Bislang keine Umsetzung.
Schleswig-Holstein	Bislang keine Umsetzung.
Thüringen	Bislang keine Umsetzung.

a) Musterverordnung

Um eine möglichst einheitliche Umsetzung der Nitratrichtlinie auf Länderebene zu gewährleisten, haben sich die Länder auf den Entwurf einer „Muster-Verordnung über Anforderungen an Anlagen zum Lagern und Abfüllen von Jauche, Gülle, Festmist, Silagesickersäften (JGS-Anlagen)“ verständigt.[513] Diese Musterverordnung enthält detaillierte Ausführungen über die Beschaffenheit von JGS-Anlagen und entspricht inhaltlich in allen Belangen den Vorgaben des Art. 5 Abs. 4 i. V. m. Anhang III RL. Zusammengefaßt sieht die Musterverordnung (MVO) die folgenden Regelungen vor:

[513] Unveröffentlicht; Stand: 15.05.1997. Für die Zusendung eines Exemplars dankt der Verf. dem Umweltministerium Nordrhein-Westfalen.

§ 1 MVO bestimmt den Geltungsbereich der Verordnung. Danach sind alle Anlagen zum Lagern und Abfüllen von Jauche, Gülle und Silagesickersäften i. S. d. § 19g Abs. 2 WHG sowie ortsfeste Anlagen zum Lagern von Festmist und Silagen (JGS-Anlagen) den Anforderungen der Verordnung unterworfen.

§ 2 MVO stellt die Grundsatzanforderungen an die Beschaffenheit von JGS-Anlagen auf. Solche Anlagen müssen insbesondere gewährleisten, daß in ihnen vorhandene wassergefährdende Stoffe nicht austreten können.

Die §§ 3-5 MVO enthalten weitergehende Anforderungen und Ausnahmetatbestände. Danach richten sich die einzuhaltenden Anforderungen an die Anlagen i. S. v. § 1 nach den „allgemein anerkannten Regeln der Technik“. Als solche gelten insbesondere die technischen Vorschriften und Baubestimmungen, welche die zuständige Behörde durch öffentliche Bekanntmachung eingeführt hat (§ 3 Abs. 1 MVO). Der Musterentwurf schlägt diese öffentliche Bekanntmachung durch die Regelungen im Anhang zu § 3 MVO vor.
Sind im Einzelfall die Voraussetzungen des § 19g Abs. 2 WHG erfüllt, kann die zuständige Behörde auch ganz von der Einhaltung der aufgestellten Anforderung absehen (§ 4 Abs. 2 MVO). Eine besondere Bestimmung für JGS-Anlagen in Schutz- und Überschwemmungsgebieten enthält § 5 MVO.

§ 6 MVO legt fest, daß der Betreiber einer Anlage nach § 1 deren ordnungsgemäßen Betrieb und Dichtheit eigenständig zu überwachen hat (§ 6 S. 1 MVO) und bei einem Verdacht auf Undichtigkeiten unverzüglich die zuständige Behörde benachrichtigen muß (§ 6 S. 2 MVO). Entspricht der Betreiber diesen Pflichten aus § 6 MVO vorsätzlich oder fahrlässig nicht, so soll dies nach § 8 MVO gemäß den entsprechenden Vorschriften der Landeswassergesetze der Länder als Ordnungswidrigkeit mit einer Geldbuße geahndet werden.

b) Die Hansestädte Bremen und Hamburg, das Saarland, Nordrhein-Westfalen und Sachsen

Bislang haben nur die Hansestädte Bremen und Hamburg, das Saarland, Nordrhein-Westfalen sowie der Freistaat Sachsen eine Verordnung zur Umsetzung des Art. 5 Abs. 4 RL 91/676/EWG erlassen. Dabei folgen diese Länder sowohl formell als auch materiell den Vorgaben des Musterentwurfes. Der einzige Unterschied innerhalb der Umsetzungsverordnungen besteht in der Höhe der angedrohten Geldbuße im Falle eines Verstoßes gegen die jeweils normierte Eigenüberwachungspflicht.[514] Während in NRW ganz auf einen speziellen Ordnungswidrigkeitstatbestand verzichtet wurde,[515] kann in Hamburg ein Verstoß gegen die Eigenüberwachungspflicht mit einer Geldbuße von bis zu 10.000,- DM, in Bremen mit bis zu 20.000,- DM, im Saarland mit bis zu 100.000,- DM und in Sachsen sogar mit bis zu 200.000,- DM geahndet werden. Diese sehr stark variierenden Obergrenzen möglicher Bußgelder beruhen auf verschiedenen Vorgaben der jeweiligen Landeswassergesetze.[516]

c) Die übrigen Länder

Die übrigen Länder haben bislang keine Maßnahmen zur Umsetzung der technischen Anforderungen an JGS-Anlagen erlassen. Die EU-Kommission hat deswegen beschlossen, gegen die Bundesrepublik Deutschland vor dem EuGH Klage zu erheben. Unter dem Druck dieses bevorstehenden Verfahrens planen die noch säumigen Länder in Kürze die Umsetzung vorzunehmen.

XIV. Verweisungsvorschriften auf europäisches Gemeinschaftsrecht in den Landeswassergesetzen

Unter dem Blickwinkel der Umsetzung der EG-Gewässerschutzrichtlinien durch die Länder sind schließlich noch die in einigen Landeswassergesetzen enthaltenen Vorschriften zu nennen, wonach Abwassereinleitungen nicht gegen bindende Beschlüsse oder zwischenstaatliche Vereinbarungen der Europäischen Gemeinschaft über die Beschaffenheit von Abwassereinleitungen verstoßen dürfen. Eine solche Bestimmung findet sich etwa in § 52 Abs. 1 lit. d) LWG NW.[517]

---

[514] Zur Eigenüberwachungspflicht siehe etwa § 5 der JGS-AnlagenV NW und §§ 6 der Verordnungen Bremens und des Saarlandes.

[515] Insofern wird dem Vorschlag des § 8 Musterentwurf nicht gefolgt.

[516] Vgl. § 171 Abs. 2 Nr. 7 i. V. m. Abs. 3 Nr. 1 BrWG; § 141 Abs. 3 SWG; § 135 Abs. 1 Nr. 22, Abs. 2 SächsWG; § 102 Abs. 1 Nr. 15, Abs. 2 HWaG.

[517] Siehe z. B. auch § 65 Abs. 1 Nr. 4 BbgWG: „Abwassereinleitungen in ein Gewässer dürfen nur erlaubt werden, wenn und soweit sie nicht gegen verbindliche zwischenstaatliche Vereinbarungen oder Richtlinien der Europäischen Gemeinschaft verstoßen". Ähnlich auch § 22a HessWG; § 12 SWG; § 36 SchlHWG; § 19a HWaG und § 2 Abs. 1 LWaG MV. Diese Verweisungsvorschriften sind nicht zu verwechseln mit den dynamischen Verweisungsnormen, welche von den Ländern mitunter in einem konkreten Umsetzungsgesetz verwendet werden. Der Unterschied ist, daß es sich hier um Regelungen handelt, in denen *abstrakt* auf die Inhalte von „EG-Richtlinien" verwiesen wird, ohne daß jedoch ein konkreter Bezug

Die Rechtmäßigkeit solcher Verweisungsvorschriften ist in der Literatur bereits untersucht worden mit dem Ergebnis, daß diese Vorschriften zwar unter verfassungsrechtlichen Gesichtspunkten unbedenklich erscheinen, sie aber nicht den europarechtlichen Anforderungen entsprechen, wie sie insbesondere der EuGH in den letzten Jahren konkretisiert hat.[518] Nach Gellermann verstößt es insbesondere gegen das Publizitätsgebot, wenn eine landesrechtliche Norm Richtlinienbestimmungen in bezug nimmt, die Rechte und Pflichten einzelner begründet.[519] Da sich der Inhalt des dem einzelnen zuwachsenden Rechts nicht aus der Verweisungsnorm erschließe, bedürfe es eines Blickes in das Amtsblatt der Europäischen Gemeinschaften. Diese rein tatsächliche Möglichkeit der Kenntnisnahme reiche aber nach Gemeinschaftsrecht nicht aus.[520] Darüber hinaus genügten nationale Bestimmungen wie § 52 Abs. 1 lit. d) LWG NW nicht den EG-rechtlichen Anforderungen der Rechtssicherheit und -klarheit[521] und verletzten damit das Bestimmtheitsgebot.[522]

Die diesen Beurteilungen zugrunde liegenden Untersuchungen sollen hier nicht wiederholt, sondern um einen weiteren Aspekt ergänzt werden. Dieser hängt eng mit dem Wesen der Richtlinie zusammen, die auf ein zweistufiges Gesetzgebungsverfahren aufbaut und damit grundsätzlich erst nach einer erfolgten Umsetzung in das nationale Recht die Rechte und Pflichten der Marktbürger begründet.[523]
Damit sich ein Mitgliedstaat nicht durch Nachlässigkeit oder einer bewußten Verweigerungshaltung den materiellen Verpflichtungen einer EG-Richtlinie entziehen kann, hat der EuGH in zulässiger Rechtsfortbildung anerkannt, daß einzelnen Richtlinienbestimmungen mitunter eine sog. unmittelbare Direktwir-

---

zu einer bestimmten Richtlinie bestünde und diese spezielle Richtlinie bzw. Richtlinienbestimmung durch die Verweisung in das nationale Recht inkorporiert würde.

518 Siehe *Gellermann*, Beeinflussung des bundesdeutschen Rechts durch Richtlinien der EG, Diss. Osnabrück 1993/94, S. 54 ff.; *Schulte*, Kommunales Abwasser, Diss. Berlin 1995, S. 195; *Delwing*, Umsetzungsprobleme des EG-Wasserrechts, Diss. Hannover 1994, S. 168; a. A. *Breuer*, WiVerw 1990, S. 79 (103) ff., der in § 52 Abs. 1 S. 1 lit. d) LWG NW eine einwandfreie landesrechtliche Ergänzung zu § 7a WHG a. F. erblickt.

519 *Gellermann*, Beeinflussung des bundesdeutschen Rechts durch Richtlinien der EG, Diss. Osnabrück 1993/94, S. 55.

520 *Gellermann*, Beeinflussung des bundesdeutschen Rechts durch Richtlinien der EG, Diss. Osnabrück 1993/94, S. 55.

521 So *Delwing*, Umsetzungsprobleme des EG-Wasserrechts, Diss. Hannover 1994, S. 168.

522 *Schulte*, Kommunales Abwasser, Diss. Berlin 1995, S. 195; in diesem Sinne auch *Hilf*, EuR 1993, S. 1 (13) ff., wonach eine generelle Umsetzung durch Verweisungnorm aus rechtsstaatlichen Gründen unzulässig sei.

523 Ausführlich hierzu oben 2. Teil / I.

kung zukommen kann.[524] Diese „unmittelbare Direktwirkung“ greift aber nur zugunsten der Unionsbürger ein, d. h. nur im vertikalen Verhältnis Bürger/Staat. Grund ist, daß eine unmittelbare Wirkung von Richtlinienbestimmungen den bei der Transformation säumigen Staat sanktionieren soll, indem der Bürger, trotz unterlassener Umsetzung, aus dieser Richtlinie unmittelbar Rechte ableiten kann. Könnte sich hingegen auch der säumige Staat zu Lasten eines Bürgers auf eine noch nicht umgesetzte Richtlinie berufen, würde damit nicht der Staat, sondern vielmehr der jetzt betroffene Bürger sanktioniert. Darüber hinaus verstieße ein solches Verhalten gegen den allgemeinen Rechtsgrundsatz des „venire contra factum proprium“; denn einerseits eine Richtlinie nicht umzusetzen, um sich dann andererseits hierauf zu berufen, wäre in der Tat widersprüchlich. Dies aber ist der Situation bei Vorschriften wie § 52 Abs. 1 lit. d) LWG NW bzw. den entsprechenden Vorschriften in den Landeswassergesetzen anderer Länder. In diesen Vorschriften wird die generelle Abwassereinleitung in Gewässer untersagt, wenn eine solche Einleitung gegen „EG-Richtlinien“ verstößt. Damit beruft sich der Staat generell und unmittelbar zu Lasten der am Rechtsverkehr teilnehmenden Personen auf einzelne Regelungen von „EG-Richtlinien“, *unabhängig davon*, ob diese Bestimmungen in nationales Recht umgesetzt sind oder nicht. § 52 Abs. 1 lit. d) LWG NW und die entsprechenden Vorschriften anderer Länder sind damit auch unter diesem Aspekt mit europäischem Gemeinschaftsrecht unvereinbar.

XV. *Fristversäumnisse bei der Umsetzung der EG-Gewässerschutzrichtlinien und deren Gründe*

Nachdem zuvor die Umsetzung derjenigen EG-Wasserrichtlinien untersucht wurde, die innerstaatlich in die Gesetzgebungskompetenz der Länder fallen, soll an dieser Stelle die Frage gestellt werden, warum bei dieser innerstaatlichen Umsetzung die vorgeschriebenen Umsetzungsfristen um bis zu 20 Jahre überschritten wurden. Die im folgenden analysierten Gründe für derartige Fristversäumnisse können dabei bereits jeder für sich zu erheblichen Umsetzungsschwierigkeiten und damit - fast notwendigerweise - zu Fristversäumnissen führen. Bei der Umsetzung der EG-Wasserrichtlinien lagen sie häufig kumulativ vor.

---

[524] Zu den Voraussetzungen einer unmittelbaren Direktwirkung von Richtlinienbestimmungen siehe *Jarass*, in: Jarass/Neumann, S. 1 (9) ff.

1. „Umweltpolitische Einstellung“

Betrachtet man die immensen Fristüberschreitungen bei der Umsetzung der EG-Gewässerschutzrichtlinien, dann kann der Eindruck einer eher mäßigen „umweltpolitischen Einstellung“ der Länder entstehen. Diese Ansicht wird in der Literatur teilweise vertreten.[525] Gleiches ist wohl gemeint, wenn von einer „auffälligen Unlust“ - besonders zur Durchführung der Qualitätsrichtlinien - gesprochen wird,[526] und zwar abgesehen davon, ob der Grund für diese „Unlust“ auf seiten der EG oder der Länder zu suchen ist.

Eine schlechte „umweltpolitische Einstellung“, die auch als „fehlender Wille“ zur Umsetzung bezeichnet wurde oder zurückgeführt wurde auf „das Wissen um fehlende Sanktion durch die EG“[527], kann den Landesgesetzgebern nach hier vertretener Meinung indes nicht vorgeworfen werden:
Das Bemühen um einen hohen nationalen Umweltschutzstandard ist nicht erst durch die Aktivitäten der EG auf dem Gebiet des Umweltschutzes angeregt worden, sondern bereits seit Jahren innerstaatliche Praxis. Geändert hat sich durch die europäische Entwicklung zunächst nur, daß die intakten nationalen Schutzbestimmungen, etwa des WHG i. V. m. normkonkretisierenden Verwaltungsvorschriften der Länder, nicht mehr als EG-rechtskonform angesehen wurden. Dabei spielten selten inhaltliche Gründe eine Rolle, sondern häufig rein rechtsformale Aspekte. Was die Behauptung des „Wissens um fehlende Sanktionen“ betrifft, so hat der EuGH diese Auffassung bereits vor der Einführung des Art. 228 Abs. 2 EG widerlegt, und zwar durch die in dieser Untersuchung erwähnten Verurteilungen der BRD im Zusammenhang mit diversen EG-Gewässerschutzrichtlinien. Sofern es heißt, eine strukturelle Schwäche der Umweltverwaltungen sei der Grund für Fristüberschreitungen,[528] muß dem vielfach zugestimmt werden. Hier ist sicher eine Verbesserung der gegenwärtigen Situation anzustreben. Insbesondere das unstreitig bestehende Personaldefizit in der Umweltverwaltung wird jedoch - bei realistischer Prognose - auf absehbare Zeit kaum zu beheben sein.[529]

Schließlich wird in der Literatur bezüglich der „umweltpolitischen Einstellung“ noch ein weiterer Grund für die Fristüberschreitungen angeführt. Danach liege eine Fristversäumnis mitunter an bloßer Nachlässigkeit, indem vergessen werde,

---

[525] *Breier*, NuR 1993, S. 457 (464) ff. Siehe auch *Krämer*, ZUR 1994, S. 172 (175) ff.
[526] *Breuer*, WiVerw 1990, S. 79 (95) ff.
[527] *Krämer*, ZUR 1994, S. 172 (175) ff.
[528] *Krämer*, ZUR 1994, S. 172 (175) ff.
[529] So auch die Einschätzung von *Rengeling/Gellermann*, UTR 1996, S. 1 (18) ff.

daß die Mitteilungsfristen verstrichen.[530] Zwar muß es nicht zwingend für eine schlechte „umweltpolitische Einstellung“ stehen, wenn der Ablauf einer Umsetzungs- oder Mitteilungsfrist vergessen wird; aber sollte dieser Vorwurf der Nachlässigkeit zutreffen, daß tatsächlich in manchen Fällen die Fristen schlicht übersehen wurden, dann spräche vieles dafür, daß dem umzusetzenden EG-Recht nicht besonders viel Aufmerksamkeit zuteil wurde. Dieser Vorwurf der Nachlässigkeit im Umgang mit der Umsetzung der EG-Gewässerschutzrichtlinien ist jedoch, zumindest was die deutschen Länder betrifft, nicht stichhaltig.

2. Widersprüche zwischen dem europäischen und nationalen Rechtssystem

Ein weiterer Faktor, der Probleme und Verzögerungen bei der Umsetzung von EG-Richtlinien verursacht, wird in den – nicht nur im Bereich des Umweltrechts - bestehenden Widersprüchen zwischen dem europäischen und dem nationalen Rechtssystem gesehen.[531] Besonders das europäische Umweltrecht sei in den letzten 20 Jahren bereichsspezifisch angelegt und immer weiter verfeinert worden. Dabei seien die einzelnen Rechtsakte nicht immer genügend aufeinander abgestimmt worden, mit der Folge, daß es ihnen - zum Schaden der Umsetzungstauglichkeit - an „innerer Kohärenz“ fehle[532] und daß mit ihrer Transformation erhebliche Eingriffe in nationalstaatlich[533] bzw. traditionell[534] gewachsene Systeme und Gesetzesstrukturen verbunden seien.
Dies gilt auch und gerade für das europäische Wasserrecht.[535] So ist beispielsweise das deutsche Wasserrecht von einem kombinierten Emissions- und Immissionsansatz geprägt. Danach gilt für alle Emissionen die Vorgabe, daß die Schadstoffracht so gering zu halten ist, wie dies nach dem „Stand der Technik“ möglich ist (§ 7a WHG). Gewässer- und immissionsbezogene Qualitätsziele sind somit in der Bundesrepublik als Verschärfung der Emissionsanforderungen konzipiert. Diese Art der Kombination von Emissions- und Immissionsanforde-

---

[530] So *Kromarek*, in: Gündling/Weber, „Dicke Luft in Europa“, S. 143 (155) ff. Mitteilungspflicht bedeutet die Verpflichtungen der Mitgliedstaaten, spätestens mit Fristablauf einer Richtlinie der EU-Kommission die jeweilige nationale Umsetzungsmaßnahme zur Notifizierung vorzulegen.

[531] *Hansmann*, NVwZ 1995, S. 320 ff.; *ders.*, UTR 1992, S. 21 (22) ff. Nach *Breuer*, DVBl. 1997, S. 1211 (1222) ff., liegen bei der Kommunalabwasserrichtlinie in diesem Punkt sogar offensichtlich die Gründe für die Fristversäumnisse bei der Umsetzung. Grundlegend hierzu auch *Rengeling/Gellermann*, UTR 1996, S. 1 (14) ff.

[532] *Schröder*, NuR 1998, S. 1 (5) ff.

[533] *Breier*, NuR 1993, S. 457 (465) ff.

[534] *Delwing*, Umsetzungsprobleme des EG-Wasserrechts, Diss. Hannover 1994, S. 225.

[535] Vgl. *Spillecke*, zitiert nach Lang, Tagungsbericht, DVBl. 1998, S. 28 (30) ff.

rungen findet sich in den EG-Wasserrichtlinien nicht.[536] Zur Veranschaulichung folgendes Beispiel:
Das WHG und die Landeswassergesetze sind von einem umfassenden, kohärenten Ansatz geprägt. Die ersten 22 Paragraphen des WHG enthalten gemeinsame Bestimmungen für alle Gewässer. So statuiert § 2 Abs. 1 WHG ein allgemeines Erlaubnis- und Bewilligungserfordernis für Gewässerbenutzungen. Das EG-Wasserrecht dagegen enthält diesbezüglich nur punktuelle Regelungen. Die erste Wasserrichtlinie von 1975 (RL 75/440/EWG) normiert lediglich Immissionsvorgaben, Sanierungs- und Berichtspflichten für jene Oberflächengewässer, die zur Trinkwassergewinnung herangezogen werden. Gleiches gilt für die Richtlinien zu den Badegewässern, den Fisch- und den Muschelgewässern.[537]
Das Beispiel zeigt, daß sich die innerstaatliche Umsetzung als schwierig erweist, will man ein „in sich geschlossenes und stimmiges" nationales Rechtssystem beibehalten. Unterschiedliche Regelungssysteme auf unterschiedlichen Regelungsebenen (hier der Mitgliedstaat - dort die EG) sind damit ein gravierender Grund für Fristüberschreitungen bei der Umsetzung.
Weshalb aber kommt es zu solchen „Reibungspunkten" in den Regelungssystemen der „nationalen deutschen" und der „internationalen europäischen" Ebene? Zunächst beruht dies auf unterschiedlichen historischen Entwicklungen. Das deutsche Wasserrecht hat eine lange Geschichte; die ersten Landeswassergesetze entstanden um die Jahrhundertwende.[538] Das Wasserhaushaltsgesetz des Bundes wurde 1957 vom Bundestag beschlossen und trat 1960 in Kraft; die das WHG ausfüllenden Landeswassergesetze wurden in der Folgezeit erlassen.[539] Das EG-Wasserrecht ist im Vergleich hierzu relativ jung. Die erste Wasserrichtlinie stammt aus dem Jahre 1975.[540] Das sich seitdem herausbildende EG-Wasserrecht muß so mit einem bereits bestehenden, zu umfassenden Regelungen neigenden deutschen System in Einklang gebracht werden.[541]

---

[536] Hier enthalten die meisten Richtlinien nur Aussagen zu Immissionsvorgaben. So z. B. die Oberflächengewässer-, Badegewässer-, Fischgewässer- und die Muschelgewässerrichtlinie.

[537] Ausführlich hierzu siehe die in diesem Kapitel dargestellten Regelungsinhalte der genannten Richtlinien.

[538] Baden 1899-1913, Württemberg 1900, Bayern 1907, Sachsen 1909, Preußen 1913, Mecklenburg-Schwerin 1928 und Thüringen 1932. Vgl. *Czychowski*, WHG-Kommentar, Einleitung I.

[539] Beispielsweise in NRW das LWG NW vom 22.05.1962 (GVBl. NW S. 235).

[540] Zur Geschichte des europäischen Umweltrechts s. o. 4. Teil / 1. Kap. / I / 2.

[541] Dies unterstreicht die Ansicht von *v. Danwitz*, NWVBl. 1997, S. 7 (8) ff., wenn er in der „Komplexität der innerstaatlichen Regelungswerke" künftig den vielleicht wichtigsten Grund erblickt für Defizite und Verzögerungen bei der staatlichen Umsetzung von EG-Richtlinien.

Ein anderer ebenso maßgeblicher Grund für die unterschiedlichen Regelungssysteme liegt zudem in folgendem Aspekt: Gerade wegen der Schwierigkeiten, die ein von dem jeweiligen nationalen Rechtssystem unterschiedlicher Regelungsansatz einer Richtlinie dem einzelnen Mitgliedstaat bei der normativen Umsetzung bereitet, entwickelt sich die supranationale Rechtssetzung mehr und mehr zu einem „Wettstreit der Systeme" der einzelnen Mitgliedstaaten. Dieser „Wettstreit" äußert sich darin, daß die Ratsvertreter der unterschiedlichen Mitgliedstaaten zunehmend versuchen, ihre typisch national geprägten Vorstellungen auch auf EG-Ebene durchzusetzen. Dabei steht im „Kern des Konflikts" der Gegensatz zwischen britischer und deutscher Regierungsphilosophie.[542] Sofern das bestehende EG-Umweltrecht eher in der angelsächsischen Rechtskultur wurzelt,[543] sind die deutschen Ratsvertreter hier bislang als „zweiter Sieger" aus den Verhandlungen im EG-Ministerrat gegangen.[544]

3. „Föderalismus"

Ein weiterer Grund für die Überschreitung von Umsetzungsfristen ist in den z. T. langwierigen nationalen Gesetzgebungsverfahren zu sehen.[545] Auch und gerade der föderale Staatsaufbau in der BRD erweist sich hier als Umsetzungshindernis. Speziell in den Rechtsgebieten, in denen der Bund nur die Rahmengesetzgebungskompetenz hat, ergeben sich die Schwierigkeiten.[546] So auch im EG-Gewässerschutzrecht, und auch die mitunter hohe Regelungsdichte der EG-Wasserrichtlinien ändert hieran nichts. Mit Einfügung des § 6a WHG hat der Bund auf die Entwicklung im europäischen Gewässerschutzrecht reagiert. Erst im Anschluß daran konnten die Länder mit ihren Transformationsmaßnahmen beginnen.[547]

Die innerstaatliche Kompetenzverflechtung zwischen Bund und Ländern im Bereich der Wasserwirtschaft ist schließlich aus einem weiteren Grund Ursache für Fristversäumnisse bei der Umsetzung der EG-Wasserrichtlinien. Besitzen

---

[542] *Kahl*, Der Vollzug des europäischen Umweltrechts, Tagungsbericht, DÖV 1995, S. 860 (863).

[543] Vgl. *Schmidt-Aßmann*, DVBl. 1993, S. 924 (928) ff., wonach einige EG-Richtlinien ganz von englischen Ansätzen her konzipiert seien.

[544] Dies ist aber keineswegs stets der Fall. So orientiert sich beispielsweise die EG-Datenschutzrichtlinie 95/46/EG ganz am bestehenden deutschen Ansatz. Zur Umsetzung dieser Richtlinie siehe unten 4. Teil / 6. Kap.

[545] *Breier*, NuR 1993, S. 457 (465) ff.

[546] Näher hierzu oben 2. Teil / II / 3.

[547] Zu einem Lösungsansatz siehe oben 2. Teil / II / 3b).

nämlich die Länder die Gesetzgebungskompetenzen,[548] dann ist eine Richtlinie aus Sicht der EG erst in dem Augenblick vollständig umgesetzt, in dem alle 16 Länder die hierfür erforderlichen Rechtsvorschriften erlassen haben.[549] Hintergrund ist, daß aus EG-rechtlicher Perspektive nur die Bundesrepublik Deutschland als Gesamtstaat Mitglied der Europäischen Union ist und die nationale Staats- und Regierungsform des Mitgliedstaates grundsätzlich keine Rolle spielt. Konsequenz: Kein Mitgliedstaat kann sich auf Bestimmungen, Übungen oder Umstände seiner internen Rechtsordnung berufen, um die Nichteinhaltung der in einer Richtlinie festgelegten Verpflichtungen und Fristen zu rechtfertigen.[550] Setzen also beispielsweise nicht alle Länder eine bestimmte EG-Richtlinie fristgemäß um, dann ist der Bund nicht in der Lage, seinen vertraglichen Verpflichtungen ggü. der EG (rechtzeitig) nachzukommen und kann sich diesbezüglich auch nicht exkulpieren. Dies gilt selbst dann, wenn nur ein Land säumig ist.

4. Knappe Umsetzungsfristen

Berücksichtigt man die zuvor beschriebenen Probleme der nationalen Gesetzgeber bei der Umsetzung und Eingliederung des europäischen Rechts in die nationalen Rechtsordnungen, so sind die in den einzelnen Richtlinien vorgesehenen Umsetzungsfristen von durchschnittlich zwei bis drei Jahren eher knapp bemessen.[551] In dieser Zeit lassen sich oft keine geeigneten Lösungen finden, um das EG-Recht in die z. T. über Jahrzehnte gewachsene nationale Rechtsordnung zu integrieren; und zwar erst recht dann nicht, wenn infolge der europäischen Vorgaben weite Teile eines Rechtsgebietes umgeschrieben werden müssen, wie dies im deutschen Wasserrecht - im Bereich des Grundwasserschutzes - der Fall ist.[552] Soll mit der Umsetzung auch die praktische Anwendung der Umsetzungsnorm einhergehen – nur dies kann Sinn und Zweck einer ernsthaften

---

[548] Wie bei den in dieser Arbeit dargestellten Richtlinien.

[549] Siehe auch *Winkel*, ZG 1997, S. 113 (122) ff.; *Hölscheidt*, BayVBl. 1997, S. 459 (463); *Kromarek*, in: Gündling/Weber, „Dicke Luft in Europa", S. 143 (156) ff.

[550] So mittlerweile ständige Rechtsprechung des EuGH; siehe nur *EuGH*, Urt. v. 12.12.1996, Rs. C-298/95, Slg. 1996, S. 6755 (6760) ff. (*Kommission ./. Bundesrepublik Deutschland*) = NVwZ 1997, S. 369 (370) und *EuGH*, Urt. v. 12.12.1996, Rs. C-297/95, NVwZ 1997, S. 370 (371) (*Kommission ./. Bundesrepublik Deutschland*), jeweils m. w. N.

[551] Ähnlich *Breier*, NuR 1993, S. 457 (464) ff.; *Hölscheidt*, BayVBl. 1997, S. 459 (463); *Hansmann*, NVwZ 1995, S. 320 (323) ff.; *ders.*, UTR 1992, S. 21 (22) ff.

[552] Siehe auch *Rengeling/Gellermann*, UTR 1996, S. 1 (8) ff.; *Pernice*, EuR 1994, S. 325 (335) ff.

Umsetzung sein –, dann müssen die Umsetzungsfristen dem jeweiligen mitgliedstaatlichen Umsetzungsaufwand zumindest annähernd entsprechen.[553]

5. Umsetzung der EG-Gewässerschutzrichtlinien durch Verwaltungsvorschriften als Grund für Fristüberschreitungen

Bleibt die Frage, ob ein langwieriges innerstaatliches Gesetzgebungsverfahren, Widersprüche zwischen dem deutschen und dem europäischen Rechtssystem und zu knappe Umsetzungsfristen die alleinigen Gründe sein können für Fristüberschreitungen, die im Fall der Oberflächengewässer-, der Badegewässer- und der Fisch- und Muschelgewässerrichtlinie bis zu 20 Jahre betragen haben. Dies ist sicher nicht der Fall. Entscheidender Faktor war hier, daß der nationale Gesetzgeber in Bund und Ländern, und mit ihm weite Teile der Literatur,[554] über Jahre davon ausgegangen sind, die Vorschriften des WHG - konkretisiert durch Verwaltungsvorschriften und ministerielle Runderlasse in den Ländern - genügten einer ordnungsgemäßen Umsetzung der Richtlinien zum EG-Gewässerschutz. Erst als der EuGH sein strenges Anforderungsniveau an eine (formell) ordnungsgemäße Richtlinienumsetzung offenbarte,[555] bestätigte sich das Gegenteil. Damit bestand das Umsetzungsdefizit aus EG-rechtlicher Perspektive zwar de facto bereits mit Ablauf der einzelnen Umsetzungsfristen; aus Sicht der Länder ging man aber von einer ordnungsgemäßen Umsetzung durch die bisherigen Maßnahmen aus.[556] Damit sind die langen Fristüberschreitungen bei der Umsetzung der EG-Wasserrichtlinien zumindest insofern zu relativieren, als diese bei anfänglicher Kenntnis der später vom EuGH festgeschriebenen Kriterien sicher nicht bis zu 20 Jahre betragen hätten. Eine andere Frage ist, ob es die Länder als der innerstaatlich zuständige Gesetzgeber hätten wissen können oder gar müssen, daß der EuGH die bisherige Umsetzungspraxis in der BRD nicht akzeptieren würde. Hält man sich an den Wortlaut des Art. 249 Abs. 3 EG, kann man den Ländern wohl keinen Vorwurf machen. Dort ist nur von

---

553 Die Pflicht, die Umsetzungsfristen einzuhalten, betrifft natürlich alle Mitgliedstaaten gleichermaßen.

554 Diesbezüglich siehe oben 4. Teil / 1. Kap. / XIII / 3a); IX / 3 m. w. N.

555 Statt aller *EuGH*, Urt. v. 17.10.1991, Rs. C-58/89, Slg. 1991, S. 4983 ff. = NVwZ 1992, 459 ff. und *EuGH*, NVwZ 1997, S. 369 ff.

556 Für NRW bestanden diese bisherigen Maßnahmen im Fall der Oberflächengewässerrichtlinie 75/440/EWG in folgenden Vorschriften und ministeriellen Erlassen: RdErl. des Ministers für Ernährung, Landwirtschaft und Forsten vom 18. 06. 1977, Verwaltungsvorschriften zur Anwendung der EG-Richtlinie vom 16. 06. 1975 über die Qualitätsanforderungen an Oberflächengewässer für die Trinkwassergewinnung in den Mitgliedstaaten, MBl. NW 1977, S. 860; geändert durch RdErl. des Ministers für Ernährung, Landwirtschaft und Forsten vom 03. 07. 1981, MBl. NW 1981, S. 1516.

der Verbindlichkeit der Richtlinien hinsichtlich des zu erreichenden Zieles die Rede; die Wahl der Formen und Mittel, um dieses Ziel zu erreichen, wird ausdrücklich in das Ermessen der zuständigen Stellen der Mitgliedstaaten gestellt. Wenn der EuGH heute eine Umsetzung der Umweltrichtlinien durch Verwaltungsvorschriften als in aller Regel nicht EG-rechtskonform beurteilt, dann mag man diese Rechtsprechung befürworten oder nicht. Die Länder hätten diese höchstrichterliche Auslegung des Art. 249 Abs. 3 EG aber wohl nicht vorhersehen und dementsprechend Richtlinien von Beginn an durch Gesetz in materiellem Sinne umsetzen müssen.[557]

6. Weitere Gründe für Fristversäumnisse bei der Umsetzung von EG-Richtlinien

Zu den bereits angesprochenen Faktoren, die bei der Transformation von EG-Richtlinien generell - und bei der Umsetzung der EG-Wasserrichtlinien speziell – zu Problemen und damit zu Überschreitungen der Umsetzungsfristen führen, treten weitere Gründe: Unbestimmtheit der Anforderungen, eingeschränkte Möglichkeiten einer Umsetzung durch Rechtsverordnung, die Gefahr des „Draufsattelns", Klärung von Grundsatzfragen, Abwarten von Änderungs- bzw. Folgerichtlinien.

a) Unbestimmtheit der Anforderungen

Ein häufiger Kritikpunkt, gerade im Bereich des EG-Umweltrechts, ist der Vorwurf mangelnder Bestimmtheit bzw. Klarheit der Regelungsvorgaben einzelner EG-Richtlinien.[558] Als Ursache hierfür wird gemeinhin der Umstand angeführt, daß die endgültige Fassung einer Richtlinie oft das Ergebnis von Kom-

---

[557] In der Literatur heißt es sogar, die Umsetzungsdefizite seien erst durch die höchstrichterliche Anhebung der Anforderungen an die Richtlinienumsetzung entstanden. Vgl. *v. Danwitz*, NWVBl. 1997, S. 7 (8) ff. Diese Einschätzung ist sicher etwas überzogen, da sie die übrigen – und rein innerstaatlich bedingten – Umsetzungsprobleme außer acht läßt. Im übrigen hat der EuGH der normkonkretisierenden Verwaltungsvorschrift auch nicht kategorisch die Umsetzungstauglichkeit abgesprochen, sondern dies nur solange, bis die nationale Rechtsdogmatik die Außenrechtsqualität der Verwaltungsvorschriften eindeutig festgestellt hat. Weiterführend *Kadelbach*, Allgemeines Verwaltungsrecht unter europäischem Einfluß, S. 311 ff. sowie oben Fußn. 267.

[558] *Rengeling/Gellermann*, UTR 1996, S. 1 (19) ff.; *Sendler*, NJW 2000, S. 2871 ff.; speziell im Fall der EG-Gewässerschutzrichtlinien beklagt diesen Zustand auch *Spillecke*, zitiert nach Lang, Tagungsbericht, DVBl. 1998, S. 28 (30) ff.

promissen sei;[559] diese würden aber am ehesten erzielt, wenn Probleme ausgeklammert oder die Regelungen mehrdeutig formuliert würden.[560] Die Folgen solcher inhaltlichen Unbestimmtheit sind in erster Linie Auslegungsschwierigkeiten und damit verbunden Schwierigkeiten bei der inhaltlichen Gestaltung einer entsprechenden nationalen Umsetzungsnorm.[561] Darüber hinaus ergeben sich Probleme bei der Überprüfung, ob die Regelungen der jeweiligen EG-Richtlinie inhaltlich den Bestimmungen einer bereits existierenden nationalen Vorschrift entsprechen; denn einer Umsetzung europäischen Rechts bedarf es grundsätzlich nur dann, wenn nicht das nationale Recht schon diesen europäischen Anforderungen genügt.[562] Bestehen schon bei dem Verständnis einer EG-Richtlinie Probleme, dann ist die Folge fast zwangsläufig eine Überschreitung der regelmäßig kurzen Umsetzungsfristen.

Die in diesem 1. Kapitel untersuchten EG-Wasserrichtlinien enthalten z. T. sehr detaillierte Vorgaben. Insofern hat sich bei deren Umsetzung dem nationalen Gesetzgeber das Interpretationsproblem nicht so gravierend gestellt, wie dies in anderen Bereichen der Fall gewesen ist.[563] Dennoch: Ohne Verständnisschwierigkeiten verlief auch die Umsetzung der EG-Wasserrichtlinien nicht.[564] Und selbst wenn detaillierte EG-Richtlinien prinzipiell der Gefahr vorbeugen, auslegungsbedürftige Regelungslücken zu enthalten, so bedeutet dies nicht, daß hiermit verbunden auch die innerstaatliche Umsetzung problemlos verlaufen müsse. Oft bestehen bei detaillierten Richtlinienbestimmungen nämlich anderweitige Schwierigkeiten, etwa diese „bruchlos" in das mitgliedstaatliche Regelungssystem zu integrieren.[565]

Die Lösung dieses „Dilemmas" - Umsetzungsschwierigkeiten sowohl bei ausfüllungsbedürftigen als auch bei detaillierten EG-Richtlinien - findet sich bei einer Rückbesinnung auf das Wesen der EG-Richtlinie. Danach soll die Richtli-

---

559 *Rengeling/Gellermann*, UTR 1996, S. 1 (19) ff.; *Hansmann*, UTR 1992, S. 21 (22) ff.; *Sendler*, NJW 2000, S. 2871 ff.

560 *Hansmann*, UTR 1992, S. 21 (22) ff.

561 *Breier*, NuR 1993, S. 457 (465) ff.; vgl. auch *Sendler*, NJW 2000, S. 2871 ff.

562 Vgl. *EuGH*, Rs. 29/84, Slg. 1985, S. 1661 (1673) ff.; *Pernice*, EuR 1994, S. 325 (330) ff.; *Wägenbaur*, ZG 1988, S. 303 (310) ff.

563 Etwa bei der Umsetzung der UVP- oder auch der IVU-Richtlinie. Hierzu unten 4. Teil / 2. Kap. sowie die Nachweise bei *Rengeling/Gellermann*, UTR 1996, S. 1 (20) ff.

564 Erinnert sei an die Badegewässerrichtlinie 76/160/EWG, bei der bereits Interpretationsprobleme hinsichtlich des Begriffes „Badegewässer" bestanden. Hierzu oben 4. Teil / 1. Kap. / IX / 1. Siehe auch *Kromarek*, in: Gündling/Weber, „Dicke Luft in Europa", S. 143 (156/157) ff. mit einem Beispiel zu Auslegungsschwierigkeiten bei der Oberflächengewässerrichtlinie 75/440/EWG.

565 *Rengeling/Gellermann*, UTR 1996, S. 1 (22) ff.

nie den Mitgliedstaaten nur Vorgaben für das wesentliche Ergebnis einer nationalen Regelung auferlegen. Welche gesetzgeberischen Formen und Mittel die Mitgliedstaaten bei ihrer innerstaatlichen Reglementierung verwenden, bleibt deren Wahlfreiheit überlassen. Dies bedeutet zunächst: EG-Richtlinien sind, entgegen der augenblicklichen EG-rechtlichen Praxis, nur in Ausnahmefällen detailliert zu gestalten. Hierdurch würde zugleich eine klare Grenzziehung zwischen der Verordnung und der Richtlinie hergestellt - was der Ratio dieser beiden Regelungsinstrumente entsprechen würde. Unbestimmte Rechtsbegriffe als Folge offener Rechtssetzung wären in Kauf zu nehmen. Jeder Mitgliedstaat definiert dann die ausfüllungsbedürftigen Merkmale nach seinen nationalen Vorstellungen. Bewegen sich diese „Vorstellungen" noch in dem Rahmen der richtlinienbedingten Regelungsvorgaben, dann ist eine solche Auslegung zudem richtlinienkonform.[566]

Ein weitgehender Verzicht auf detaillierte EG-Richtlinien bedeutet auch keinen unsachgemäßen Vorschub von Wettbewerbsverzerrungen innerhalb der Gemeinschaft. Denn die EG-Richtlinie garantiert bereits ihrer Rechtsnatur nach niemals einen völlig identischen Rechtszustand innerhalb der EU-Mitgliedstaaten. Hält man einen solchen identischen Rechtszustand für unabdingbar, dann muß seitens der EG eine Verordnung erlassen werden. Sieht der EG-Vertrag eine solche Möglichkeit nach dem Prinzip der begrenzten Einzelermächtigung nicht vor oder steht dem im Einzelfall das Subsidiaritätsprinzip bzw. der Verhältnismäßigkeitsgrundsatz des Art. 5 Abs. 2 und 3 EG entgegen, ist es Sache der Mitgliedstaaten, den EG-Organen die notwendigen Kompetenzen einzuräumen. Damit ist es möglich, durch eine *bewußt* offen formulierte Richtliniengesetzgebung Umsetzungsschwierigkeiten in den Mitgliedstaaten von Anfang an zu minimieren.[567]

b) Eingeschränkte Möglichkeit der Umsetzung durch Rechtsverordnung

Ein weiterer Faktor für Umsetzungsprobleme ist, daß nach deutschem Verfassungsrecht nur eine eingeschränkte Möglichkeit der Rechtssetzung durch

[566] Nur wenn eine Richtlinienbestimmung derart unklar sein sollte, daß der mitgliedstaatliche Umsetzungsauftrag de facto nicht mehr planmäßig mit den Richtlinienvorgaben zu vereinbaren wäre - wenn also beispielsweise die Mitgliedstaaten den Sinngehalt einer Regelung nicht mehr im Wege der Interpretation erschließen könnten - sie vielmehr „raten müßten, was sich hinter der jeweiligen Regelungsvorgabe verbirgt", ist der Kritik ggü. „unbestimmten Anforderungen" beizupflichten. Siehe *Rengeling/Gellermann*, UTR 1996, S. 1 (20) ff., mit einem Beispiel aus dem Bereich der UVP-Richtlinie.

[567] Wie hier *Rengeling/Gellermann*, UTR 1996, S. 1 (19/20) ff.

Rechtsverordnung besteht.[568] Besonders als feststand, daß eine Umsetzung der EG-Wasserrichtlinien mittels Verwaltungsvorschriften nicht den europäischen Anforderungen entsprach, stand der nationale Gesetzgeber in der Handlungspflicht. Wegen des erheblichen Zeitaufwandes, den die Umsetzung von EG-Richtlinien durch formelles (Parlaments)Gesetz bedeutet hätte, wählte man im Bereich des Wasserrechts eine andere Lösung: Zunächst wurden entsprechende Verordnungsermächtigungen zur Umsetzung des EG-Rechts in die Landeswassergesetze eingefügt, um dann in einem zweiten Schritt die Verordnungen zur Durchführung der Einzelrichtlinien zu erlassen. Daß eine solche Vorgehensweise bei den ersten umzusetzenden Richtlinien viel Zeit beanspruchte, ist selbstverständlich. Daher war es den Ländern auch nicht möglich, schneller als geschehen auf die Verurteilung durch den EuGH vom 17.10.1991 im Fall der Oberflächengewässerrichtlinie 75/440/EWG zu reagieren. Speziell in den „neuen" Ländern konnten die nach der RL 90/656/EWG gewährten Übergangsfristen ebenfalls nicht eingehalten werden. Nachdem heute alle Länder über Rechtsverordnungsermächtigungen in ihren Landeswassergesetzen verfügen, wird eine Richtlinienumsetzung im Wasserrecht künftig über eine „exekutive Abwicklung"[569] schneller vorgenommen werden können.

c) Klärung von Grundsatzfragen und Gefahr des „Draufsattelns"

Zwei weitere Punkte bedürfen der Erwähnung. Beide hängen im wesentlichen mit einer in Deutschland zu beobachtenden Gesetzgebungspraxis zusammen, abstrakte Sachverhalte so umfassend zu reglementieren, daß möglichst jeder erdenkliche Fall erfaßt wird. Ohne diese „deutsche Gründlichkeit" bewerten zu wollen,[570] handelt es sich hier im einzelnen um die Punkte „Klärung von Grundsatzfragen" und die in der Literatur als solche bezeichnete „Gefahr des Draufsattelns".[571]

Beim ersten Punkt geht es darum, daß einige Richtlinien bei dem Umsetzungsverfahren Grundsatzfragen aufwerfen, die zeitaufwendig geklärt werden müssen[572] - im Wasserrecht etwa die Frage nach der Art und Weise einer systemkonformen Eingliederung des EG-Wasserrechts in das nationale Recht. Bei Punkt zwei geht es um die speziell in umstrittenen Bereichen häufig bestehende

---

[568] Zu den allgemeinen Voraussetzungen einer Umsetzung mittels RVO siehe oben 3. Teil / II / 2 sowie *Winkel*, ZG 1997, S. 113 (116) ff.

[569] *Siedentopf/Hauschild*, DÖV 1990, S. 445 (451) ff.

[570] Kritisch *Herzog*, NJW 1999, S. 25 ff.; *Sendler*, NJW 2000, S. 2871 ff.

[571] *Winkel*, ZG 1997, S. 113 (118 und 122) ff.

[572] So *Hölscheidt*, BayVBl. 1997, S. 459 (463). Das mitunter auch wenig fruchtbare, aber zeitraubende Diskussionen zum notwendigen Umsetzungsumfang geführt werden beklagt *Sendler*, NJW 2000, S. 2871 ff.

Gefahr, daß zusätzliche Aspekte in einen Gesetzentwurf eingebracht werden, die mit der Richtlinienumsetzung nichts zu tun haben („Draufsatteln").[573] Hintergrund solcher zusätzlicher Regelungen ist einmal das schon erwähnte Bedürfnis, keinen denkbaren Regelungstatbestand zu übersehen; darüber hinaus erfüllt diese Form der Umsetzung aber auch die Funktion, eine möglichst allen von der gesetzlichen Regelung betroffenen Interessensvertretern gerecht werdende Lösung zu bieten bzw. insgesamt unter den am Gesetzgebungsverfahren Beteiligten einen Konsens zu erzielen.

d) Abwarten von Änderungs- bzw. Folgerichtlinien

Schließlich verzögert sich die nationale Umsetzung einer EG-Richtlinie bisweilen dadurch, daß sich auf Gemeinschaftsebene Änderungs- bzw. Folgerichtlinien in der Vorbereitung befinden, die der nationale Gesetzgeber bei der Umsetzung aus gesetzessystematischen Gründen zu sammeln versucht.[574] Dies ist verständlich, denn es wäre vertane Zeit, zunächst eine Umsetzungsverordnung zu erlassen, um kurz darauf dieses erlassene Recht wieder überarbeiten zu müssen.[575]

XVI. Bewertung der Umsetzungsmaßnahmen im Wasserrecht unter Berücksichtigung der Absprachen des Bund-Länder-Arbeitskreises vom 01.03.1993

Nachdem fast ein Vierteljahrhundert vergangen ist, seit die Europäische Gemeinschaft[576] ihre erste Gewässerschutzrichtlinie erlassen hat,[577] sind nunmehr alle Länder dem Umsetzungsauftrag dieser und weiterer EG-Richtlinien zum Wasserrecht gefolgt – aus den genannten Gründen mit Ausnahmen bei der Badegewässer- und der Nitratrichtlinie.

Formell wurde zur Umsetzung durchweg auf das Mittel der RVO zurückgegriffen; dies entspricht nicht nur den getroffenen Vereinbarungen im Bund-Länder-

---

[573] *Winkel*, ZG 1997, S. 113 (118) ff.; siehe auch *Dammeyer*, zitiert nach Landtag intern 1997, Heft 2, S. 14.

[574] *Winkel*, ZG 1997, S. 113 (123) ff.

[575] So haben beispielsweise im Fall der Badegewässerrichtlinie 76/160/EWG einige Länder die Umsetzung in der Erwartung verzögert, eine geplante EG-Fortschreibung abwarten zu können.

[576] Damals noch „Europäische Wirtschaftsgemeinschaft (EWG)".

[577] Richtlinie 75/440/EWG über die Qualitätsanforderungen an Oberflächengewässer für die Trinkwassergewinnung in den Mitgliedstaaten - ABl. EG Nr. L 194, S. 26 - zuletzt geändert durch Richtlinie 91/692/EWG v. 23.12.1991 - ABl. EG Nr. L 377, S. 48.

Arbeitskreis „Umsetzung der EG-Gewässerschutz-richtlinien“, sondern ist auch sinnvoll, da den Ländern so die Möglichkeit verbleibt, zügig, flexibel und dennoch mit der gebotenen Sorgfalt auf künftige Änderungen im europäischen und nationalen Wasserrecht zu reagieren.[578]

Materiell entsprechen die getroffenen Regelungen ebenfalls den jeweiligen europäischen Vorgaben. Obschon Abweichungen innerhalb der Ländergesetzgebung auftreten, sind diese doch eher marginaler Natur. Die Umsetzungsverordnungen der Länder können insofern überwiegend als textgleich bezeichnet werden. Hauptfaktoren dieses »Umsetzungskonsens« sind dabei zum einen die sehr detaillierten Richtlinienvorgaben, zum anderen die weitreichenden Absprachen unter den Ländern.
Was die Umsetzung auf der Grundlage von Musterentwürfen betrifft ist festzuhalten: Diese Form der Absprache war nicht nur aus dem zuvor bezeichneten Grund sinnvoll, da die EG-Gewässerschutzrichtlinien z. T. sehr detaillierte Vorgaben enthalten und individuelle Regelungen in den Ländern daher kaum möglich gewesen wären. Eine überwiegend einheitliche Umsetzung ist speziell im Wasserrecht auch aus Gründen der Rechtssicherheit und Praktikabilität geboten – enden Gewässer doch nicht zwangsläufig an Landesgrenzen. Es ergäbe aber keinen Sinn, wenn verschiedene Länder - etwa für ein und dasselbe Gewässer - hinsichtlich nutzungsbezogener Anforderungen unterschiedlich strenge Vorschriften festlegten, selbst wenn sich jede einzelne dieser Regelungen noch im Rahmen der inhaltlichen Vorgaben einer Richtlinie bewegte. In einem solchen Fall könnte es vorkommen, daß die in dem Land X aufgewendeten Mühen und finanziellen Mittel umsonst eingesetzt würden, sofern in dem Land Y andere (weniger strenge) Maßnahmen vorgeschrieben wären.

Sofern in der Literatur eine Länderkooperation bei der Gesetzgebung kritisch betrachtet und sogar als Grund für Kompetenzverluste der Länder im Bereich der Gesetzgebung angesehen wird,[579] mag diese Einschätzung in Teilbereichen zutreffen. Werden jedoch Absprachen zwischen den Ländern speziell im Hinblick auf die Umsetzung von detaillierten EG-Richtlinien getroffen, ist festzustellen, daß eine einheitliche Rechtslage immer dann erstrebenswert ist, wenn hiermit praktische Vorteile verbunden sind und es aus Sicht einzelner Länder keinen Anlaß für völlig eigene Wege gibt - etwa aus historisch-kulturellen Gründen. Dies ist bei den EG-Gewässerschutzrichtlinien der Fall. Wegen ihres hohen Detaillierungsgrades belassen diese Richtlinien keinen großen Spielraum für eigenständige Lösungen. Darüber hinaus besteht gerade im Umweltrecht ein

---

[578] Allgemein zur Rechtssetzung durch Rechtsverordnung zum Zwecke der flexiblen Implementation *Ziekow*, JZ 1999, S. 963 (970).

[579] *Blanke*, ZG 1990, S. 1 (8) ff.

gesteigertes Interesse an einheitlichen Schutznormen, zumal Umweltmedien häufig grenzüberschreitend sind. Die generellen Absprachen des Bund-Länder-Arbeitskreises vom 01.03.1993, und besonders die hierauf basierenden Musterentwürfe für die Umsetzung der EG-Gewässerschutzrichtlinien, sind daher als Bestandteil eines »kooperativen Föderalismus« zu begrüßen. Gerade bei der Umsetzung von EG-Richtlinien gilt: „Daß alle Länder in weiten Bereichen dasselbe oder sehr ähnliches tun, heißt nicht, daß sie etwas falsch machen.“[580]

2. Kapitel: Weitere Bereiche des Umweltrechts

I. Richtlinie 85/337/EWG über die Umweltverträglichkeitsprüfung bei bestimmten öffentlichen und privaten Projekten

1. Regelungsgehalt der Richtlinie

Sinn und Zweck der Umweltverträglichkeitsprüfung (UVP) ist, bereits im Zulassungsverfahren die möglichen Auswirkungen von Projekten und Vorhaben auf die Umwelt abzuschätzen, um so eine wirksame Umweltvorsorge zu betreiben.[581] Unter diesem Gesichtspunkt betrifft die UVP-RL[582] nahezu alle (Groß)Vorhaben, die in irgendeiner Form umweltrelevante Bezüge aufweisen.[583] Im Gegensatz zu dem im deutschen Umweltrecht bislang vorherrschenden bereichsspezifischen Ansatz verlangt die UVP eine möglichst umfassende, d. h. medienübergreifende Ermittlung, Bewertung und Beschreibung der eventuellen Folgen einer Umweltbelastung durch geplante Projekte. Mit Recht wur-

---

580 *Oebbecke*, „Die unsichtbare Hand in der Ländergesetzgebung – Zur Praxis und Theorie dezentraler Normsetzung“, Staatswissenschaften und Staatspraxis 1997, S. 461 (477) ff.

581 Es erscheint jedoch illusorisch zu erwarten, daß es als Folge dieser grundsätzlichen Kontrollpflicht von Projekten und Vorhaben auf mögliche Umweltauswirkungen künftig keine umweltunverträglichen Projekte und Vorhaben mehr geben werde; vgl. *Schink*, NVwZ 1999, S. 11 (12) ff.

582 RL 85/337/EWG des Rates über die Umweltverträglichkeitsprüfung bei bestimmten öffentlichen und privaten Projekten vom 27. Juni 1985, ABl. EG Nr. L 175, S. 40, geändert durch RL 97/11/EG des Rates vom 3. März 1997, ABl. EG Nr. L 73, S. 5. Über die Inhalte der Änderungsrichtlinie nebst ihren Anforderungen für die nationalen Gesetzgeber in Bund- und Ländern informieren die Beiträge von *Becker*, NVwZ 1997, S. 1167 ff.; *Stüer/Hermanns*, DVBl. 1999, S. 972 (974) ff.; *Schink*, NVwZ 1999, S. 11 (14) ff.; *Neumann/Schweitzer*, UTR 1997, S. 517 (520) ff. sowie ausführlich *Martini*, ZG 1998, S. 378 ff. Zum Stand der Umsetzung der UVP-Änderungsrichtlinie siehe *Wasielewski*, NVwZ 2000, S. 15 ff., *Hopp*, DVBl. 2000, S. 400 ff. sowie *Stüer/Rude*, DVBl. 2000, S. 250 ff.

583 *Erbguth*, Die Verwaltung Band 24 (1991), S. 283 ff.

de die UVP daher auch als eine der wesentlichen Fortentwicklungen des Umweltrechts der letzten Jahre bezeichnet.[584] Merkmal der UVP-RL ist, sich nicht allein mit der Prüfung der eigentlichen Umweltverträglichkeit eines Vorhabens zufrieden zu geben, sondern zugleich detailliert festzulegen, welchen Kriterien das dabei anzuwendende Verfahren entsprechen muß.[585] Auf diese Weise wird versucht, die Entscheidung *ob* und *wie* ein Projekt durchzuführen ist, auf eine nachvollziehbare Basis zu stellen.[586]
Methodisch bedeutet UVP ein formalisiertes Prüfungsverfahren. Die Einzelheiten sind bereits in der UVP-RL selbst festgelegt[587] und vom Bundesgesetzgeber mit seinem Gesetz über die Umweltverträglichkeitsprüfung (UVPG) in nationales Recht übernommen worden.[588]

2. Innerstaatliche Zuständigkeitsverteilung zur Umsetzung der Richtlinie 85/337/EWG

a) Umsetzung durch den Bund

Das UVPG des Bundes zielt auf eine medienübergreifende Bestandsaufnahme und Bewertung der Umweltfolgen einer Maßnahme, in die alle Umweltgüter, einschließlich ihrer Wechselwirkungen, einbezogen sind.[589] Die UVP ist ein unselbständiger Teil des verwaltungsbehördlichen Verfahrens (§ 2 Abs. 1 S. 1 UVPG), und die aus ihrer Durchführung gewonnenen Erkenntnisse sind so früh wie möglich bei allen Exekutiventscheidungen zu berücksichtigen (§ 1 Nr. 2 UVPG). Dem Gesetzeswortlaut des § 2 Abs. 1 S. 1 UVPG entsprechend, betrachtet die höchstrichterliche Rechtsprechung des BVerwG die UVP allein als Bestandteil des Verwaltungsverfahrens.[590] Dies ist in der Literatur z. T. auf Kritik gestoßen. Nicht zuletzt, weil nach § 12 UVPG das Prüfergebnis Berücksich-

---

[584] *Schink*, NVwZ 1999, S. 11 (12) ff.

[585] Kritisch zu der Entwicklung und dem Stellenwert der UVP in der BRD *Schink*, NVwZ 1999, S. 11 (13) ff.

[586] *Schink*, NVwZ 1999, S. 11 (12) ff.

[587] Zu Inhalt und Aufbau der UVP-RL siehe *Cupei*, NuR 1985, S. 297 ff.; *ders.*, Umweltverträglichkeitsprüfung, 1986; *Jarass*, NuR 1991, S. 201 ff.; *Becker*, BayVBl. 1990, S. 353 (354) ff.; *Schmidt-Aßmann*, in: FS Doehring, 1989, S. 889 ff.

[588] UVPG vom 12. Februar 1990, BGBl. 1990, Teil I, S. 205. Verkündet als Art. 1 G zur Umsetzung der Richtlinie des Rates vom 27. Juni 1985 über die Umweltverträglichkeitsprüfung bei bestimmten öffentlichen und privaten Projekten (85/337/EWG). Ausführlich mit dem UVP-Gesetz des Bundes, dessen Entstehung sowie der Entwicklungsgeschichte der UVP auf europäischer Ebene beschäftigt sich *Erbguth*, Die Verwaltung Band 24 (1991), S. 283 ff.

[589] Vgl. § 2 Abs. 1 S. 2 UVPG sowie *Schink*, NVwZ 1999, S. 11 (12) ff.

[590] *BVerwG*, Urt. v. 25.1.1996 – 4 C 5/95, NVwZ 1996, S. 788 (790) ff.

tigung findet bei der planerischen Abwägung über die Frage der Zulässigkeit eines Vorhabens, sehen manche nämlich in der UVP auch eine materiellrechtliche Komponente verwirklicht.[591] § 3 UVPG definiert den Anwendungsbereich der UVP. Dieser umfaßt all jene Vorhaben, die in der Anlage zu § 3 UVPG aufgeführt sind. § 6 UVPG enthält einen Ermittlungsauftrag des Vorhabenträgers, der federführenden Behörde alle die Planungen betreffenden und entscheidungserheblichen Unterlagen vorzulegen. § 11 UVPG schreibt vor, das Ergebnis einer UVP zusammenfassend darzustellen; in den §§ 7 ff. UVPG ist die Beteiligung weiterer Behörden sowie der Öffentlichkeit geregelt.
Mit Urteil vom 22. Oktober 1998 hat der EuGH festgestellt, daß die Umsetzung der UVP-RL in der BRD nicht vollständig den EG-rechtlichen Anforderungen entspricht.[592] Die Luxemburger Richter rügten insbesondere die Tatsache, daß der Bund bestimmte, in Anhang II der Richtlinie aufgeführte Projekte von der Pflicht zur Umweltverträglichkeitsprüfung ausgenommen hat sowie den Umstand, daß die bis 1988 zu erfolgende Umsetzung erst mit zweijähriger Verspätung erfolgte.[593]

b) Obligatorische oder fakultative Umsetzung durch die Länder

Unstreitig sind die Länder berechtigt, eigene Maßnahmen zur Umsetzung der UVP-RL zu erlassen. Dies folgt aus dem integrativen Ansatz der UVP-RL[594] und insbesondere daraus, daß ein Vorhaben auch in Landeskompetenzen fallende und UVP-pflichtige Bereiche berühren kann. Fraglich ist, ob die Länder - über eine Umsetzungsbefugnis hinaus - sogar eine dementsprechende Pflicht trifft. Dies ist bislang im Schrifttum nicht abschließend geklärt und auch in der Rechtsprechung offen gelassen worden.[595] Berücksichtigt man, daß nach der Intention der UVP-RL nahezu alle umweltrelevanten Vorhaben im Zulassungsverfahren einer UVP zu unterziehen sind und sieht man weiter, daß sich aus

---

[591] *Schink*, NVwZ 1999, S. 11 (12) ff.

[592] *EuGH*, Urt. v. 22.10.1998, Rs. C-301/95, ZUR 1999, S. 44 ff. = DVBl. 1999, S. 232 ff. = JuS 1999, S. 827 ff.

[593] *EuGH*, Urt. v. 22.10.1998, Rs. C-301/95, ZUR 1999, S. 44 ff. = DVBl. 1999, S. 232 ff. = JuS 1999, S. 827 ff.; näher hierzu auch NJW 1998, Mitteilung, Heft 48, S. XLV.

[594] *BVerwG*, Urt. v. 25.1.1996 – 4 C 5/95, NVwZ 1996, S. 788 (790) ff.

[595] Allerdings hat das *BVerwG*, Beschluß v. 30. 08. 1995 – 4 B 185/95, NuR 1996, S. 198 ff., angedeutet, im Ergebnis wohl von einer Umsetzungspflicht der Länder auszugehen. So heißt es: „Auf Länderebene besteht ein Umsetzungsbedarf ggf. in den Bereichen, in denen die ausschließliche Gesetzgebungskompetenz bei den Ländern liegt“. Weiter wird gesagt: „Mit dieser Konzeption dürfte es schwerlich vereinbar sein, wenn der zur Umsetzung berufene nationale (Landes)Gesetzgeber gänzlich untätig bleibt. Von einer UVP abzusehen, stellt (...) eher die rechtfertigungsbedürftige Ausnahme als die Regel dar.“

dem Grundgesetz keine strikte Kompetenzzuweisung für die Normierung einer UVP ergibt, dann resultiert daraus, daß die Länder eine Pflicht zur Umsetzung der UVP-RL für jene Umweltbereiche trifft, in denen ihnen ausschließliche bzw. Rahmengesetzgebungskompetenzen zustehen.[596] Ob die Länder in ihrer Vorgehensweise sodann ein eigenes, individuelles UVPG verabschieden, ob sie die Umsetzung bereichsspezifisch vornehmen oder ob sie sich an dem Beispiel des Bundes orientieren, bleibt ihrer Gestaltungsfreiheit überlassen.[597] Soweit die Länder Bundesgesetze als eigene Angelegenheiten ausführen, werden sie sowohl verfahrensrechtliche als auch organisatorische Fragen klären müssen. In dieser Hinsicht ist speziell an die Bestimmung der sog. federführenden Behörde bei der UVP zu denken.
Als Bereiche, wo den Ländern die Gesetzgebungskompetenz zur Regelung der UVP zusteht, seien z. B. genannt: das Landesstraßenrecht, die Baugenehmigungsverfahren nach den Landesbauordnungen, die Zulassungsverfahren etwa für Sand-, Kies- und Torfabbauvorhaben sowie die Landeseisenbahnen und Bergbahnen. Aus dem Bereich des ausfüllungsbedürftigen Rahmenrechts sind zu nennen: die Zulassungsverfahren nach dem WHG sowie das Raumordnungsverfahren.[598]

3. Umsetzungsmaßnahmen der Länder

Tabelle 2.1: Transformationsgesetze zu der RL 85/337/EWG

Land	**Transformationsnorm**
Baden-Württemberg	Landesgesetz zur Umsetzung der Richtlinie des Rates vom 27. Juni 1985 über die Umweltverträglichkeitsprüfung bei bestimmten öffentlichen und privaten Projekten (85/337/EWG) vom 12. Dezember 1991, GBl. 1991 Nr. 32, S. 848.
Bayern	Gesetz zur Umsetzung der Richtlinie 85/337/EWG des Rates vom 27. Juni 1985 über die Umweltverträglichkeitsprüfung

[596] *Hennecke*, UTR 1989, S. 117 (134) ff.; *Steinberg/Klößner*, UTR 1994, S. 481 (498) ff.; *Steinberg/Müller*, NuR 1989, S. 277 (281) ff.; *Schink*, StuGr 1992, S. 176 (177) ff.; *Hösch*, NVwZ 2001, S. 519 (521) ff. Nur einen obligatorischen Umsetzungsbedarf sieht *Haneklaus*, in: Hoppe (Hrsg.), UVPG-Kommentar, Vorbemerkungen, Rdnr. 20. Allgemein zu den Landeskompetenzen im Umweltrecht *Müller*, BayVBl. 1988, S. 289 ff. sowie *Engelhardt*, BayVBl. 1988, S. 294 ff.
[597] *Steinberg/Klößner*, UTR 1994, S. 481 (498) ff.
[598] Vgl. *Schink*, StuGr 1992, S. 176 (177) ff.

	bei bestimmten öffentlichen und privaten Projekten, geändert durch die Richtlinie 97/11/EG des Rates vom 3. März 1997 (Bayerisches UVP-Richtlinie Umsetzungsgesetz – BayUVPRLUG) vom 27. Dezember 1999, GVBl. Nr. 28/1999, S. 532.
Berlin	Berliner Gesetz über die Umweltverträglichkeitsprüfung (UVPG-Bln) vom 21. Juli 1992, GVBl. Nr. 34 vom 30.07.1992, S. 234.
Branden-burg	Bislang keine explizite Umsetzung in Form eines UVPG.
Bremen	Bislang keine explizite Umsetzung in Form eines UVPG.
Hamburg	Gesetz zur Umsetzung der Richtlinie des Rates vom 27. Juni 1985 über die Umweltverträglichkeitsprüfung bei bestimmten öffentlichen und privaten Projekten (85/337/EWG) in Hamburg vom 10. Dezember 1996, GVBl. 1996 Nr. 49, S. 310.
Hessen	Bislang keine explizite Umsetzung in Form eines UVPG.
Mecklen-burg-Vorpom-mern	Bislang keine explizite Umsetzung in Form eines UVPG.
Nieder-sachsen	Bislang keine explizite Umsetzung in Form eines UVPG.
Nordrhein-Westfalen	Gesetz zur Umsetzung der Richtlinie des Rates vom 27. Juni 1985 über die Umweltverträglichkeitsprüfung bei bestimmten öffentlichen und privaten Projekten (85/337/EWG) im Lande Nordrhein-Westfalen vom 29. April 1992, GVBl. Nr. 21 vom 03.06.1992, S. 175.
Rheinland-Pfalz	Bislang keine explizite Umsetzung in Form eines UVPG.
Saarland	Bislang keine explizite Umsetzung in Form eines UVPG.
Sachsen	Bislang keine explizite Umsetzung in Form eines UVPG.
Sachsen-Anhalt	Bislang keine explizite Umsetzung in Form eines UVPG.
Schleswig-Holstein	Bislang keine explizite Umsetzung in Form eines UVPG.
Thüringen	Bislang keine explizite Umsetzung in Form eines UVPG.

a) Baden-Württemberg

Als erstes Land hat Baden-Württemberg im Jahre 1991 ein eigenes UVPG erlassen. Entsprechend seiner Umsetzungsverpflichtung war die Zielsetzung des Gesetzgebers, das Prüfverfahren für alle landesrechtlichen Bereiche abschließend und einheitlich zu regeln.[599] Inhaltlich und von seiner Systematik entspricht das UVPG BW weitgehend dem Bundesrecht. Wie der Bund hat auch Baden-Württemberg das UVP-Verfahren nicht als eigenständiges Verfahren konzipiert, sondern als einen Bestandteil in bestehende Verfahren übernommen.[600] Darüber hinaus hat Baden-Württemberg keine spezielle Behörde für das Prüfverfahren errichtet; die Durchführung und Kontrolle der UVP wurde vielmehr der für das jeweilige Vorhaben zuständigen Fachbehörde unterstellt. Ein Vergleich des UVPG BW - als der ersten Umsetzungsmaßnahme eines Landes - mit dem ein Jahr zuvor in Kraft getretenen Bundesgesetz zeigt, daß Baden-Württemberg die bundesrechtlichen Vorgaben als Maßstab genommen hat, zumindest soweit dies mit landesspezifischen Besonderheiten vereinbar war.[601]

b) Nordrhein-Westfalen

Nordrhein-Westfalen hat die UVP-RL durch ein sog. Artikelgesetz umgesetzt. Dieses Artikelgesetz enthält in Art. 1 ein „Stammgesetz" - das UVPG NW - und in den Art. 2 bis 7 die Anpassung der richtlinienbetroffenen Fachgesetze.[602] Nach Art. 1 § 1 UVPG NW ist für Vorhaben, für die aufgrund des Landesrechts eine UVP durchzuführen ist, das UVPG des Bundes anzuwenden, soweit im UVPG NW nichts anderes bestimmt ist. Nordrhein-Westfalen verweist damit in seiner Umsetzungsnorm im wesentlichen - und zwar vollinhaltlich - auf das bestehende Bundesrecht. Die Grundstrukturen des UVPG NW entsprechen damit

---

599 Vgl. die amtliche Begründung, LT-Drs. 10/5342 v. 3.6.1991; *Willner*, VBlBW 1992, S. 281 ff.

600 *Willner*, VBlBW 1992, S. 281 (282) ff.

601 Eine Abweichung ggü. dem Bundesrecht besteht etwa in § 5 Satz 2 UVPG BW. Dort wurde die Beteiligung für „Dritte", wie sie § 5 UVPG BW vorsieht, auf „die nach § 29 BNatSchG anerkannten Verbände" beschränkt. Weiter ist § 5 Abs. 6 UVPG BW zu beachten, wonach die Behörde unverzüglich die Vollständigkeit der Unterlagen nach Art und Umfang zu prüfen hat. Der Zweck dieser Erweiterung ggü. dem Bundes-UVPG liegt in der Hoffnung einer Verfahrensbeschleunigung und –konzentration. Hierüber informiert *Willner*, VBlBW 1992, S. 281 (282/283) ff.

602 *Schink*, StuGr 1992, S. 176 (178) ff. Zu den betroffenen Landesgesetzen zählen etwa das Landeswassergesetz, das Landschaftsgesetz, das Landesforstgesetz, das Abgrabungsgesetz, das Landeseisenbahngesetz und das Straßen- und Wegegesetz. Vgl. auch *Schink*, StuGr 1992, S. 176 (186) ff.

denen der UVP auf Bundesebene.[603] Obschon die Verwendung von Verweisungsnormen im Rahmen einer Richtlinienumsetzung grundsätzlich kritisch betrachtet werden muß,[604] ist der in Nordrhein-Westfalen beschrittene Weg durchaus sachgerecht. Zunächst besteht ein Unterschied, ob der Landesgesetzgeber auf eine EG-Richtlinie dynamisch verweist oder ob nur ein statischer Bezug auf nationales (Bundes)Recht erfolgt. Letzteres ist für den Rechtsanwender leichter zugänglich als das EG-Recht und überdies auch vertrauter in Aufbau und Inhalt. Darüber hinaus ist ein Verweis auf das Bundesrecht im Fall der UVP sinnvoll, da auf diese Weise schon im Vorfeld Schwierigkeiten vermieden werden, die ansonsten im Rahmen paralleler Zulassungsverfahren bei unterschiedlichem Landes- und Bundesrecht auftreten könnten. So sind etwa die Strukturen der UVP in den zur Landeskompetenz zählenden wasserrechtlichen Verfahren die gleichen wie beim immissionsschutzrechtlichen Zulassungsverfahren, das der konkurrierenden Bundeskompetenz unterfällt.[605] In Art. 1 § 3 UVPG NW ist schließlich eine Regelung über die federführende Behörde bei der Durchführung einer UVP enthalten.

c) Berlin

Gemäß § 1 UVPG-Bln richtet sich das Verfahren der UVP für alle zu prüfenden Vorhaben nach den Vorschriften des UVPG Bund i. V. m. UVPG-Bln. Wie im nordrhein-westfälischen Recht finden somit auch in Berlin die bundesrechtlichen Vorschriften auf Vorhaben Anwendung, die der alleinigen Landeskompetenz unterstehen. Da die UVP in die fachgesetzlichen Zulassungsverfahren eingebunden ist und insofern ein unselbständiges Verfahren darstellt, bedarf es zur Vermeidung von Zuständigkeitskonflikten einer Regelung über die zuständige/federführende Behörde; zumal, wenn ein Vorhaben der Zulassung durch mehrere Landesbehörden bedarf. Eine solche Bestimmung enthält § 2 UVPG-Bln.

d) Hamburg

Als viertes der 16 Länder hat die Hansestadt Hamburg Ende des Jahres 1996 ein eigenständiges UVP-Gesetz erlassen. Auch Hamburg hat sich für ein sog. Artikelgesetz entschieden, dessen Artikel 1 das Gesetz über die Umweltverträglich-

---

603 *Schink*, StuGr 1992, S. 176 (178) ff.

604 Siehe schon oben 3. Teil / II / 4.

605 So das Beispiel von *Schink*, StuGr 1992, S. 176 (178) ff.

keitsprüfung in Hamburg enthält.[606] Inhaltlich beschränkt sich das HmbUVPG auf eine einzige Bestimmung. Diese schreibt für alle nach Landesrecht UVP-pflichtigen Vorhaben die Anwendung des Bundesrechts vor.

e) Bayern

Zuletzt hat der Freistaat Bayern Ende 1999 die Umsetzung der UVP-RL betrieben und, im Gegensatz zu den vorherigen Ländern, bereits die Änderungsrichtlinie 97/11/EG berücksichtigen können.[607] Systematisch ähnelt die Bayerische Regelung der nordrhein-westfälischen. Wie NRW hat sich auch Bayern für ein Artikelgesetz entschieden, dabei jedoch kein ressortübergreifendes UVP-Gesetz verabschiedet. Das insgesamt 10 Paragraphen starke Regelwerk enthält ausschließlich Änderungen einzelner Fachgesetze. Im einzelnen werden an die Richtlinienvorgaben angepaßt: das Bayerische Verwaltungsverfahrensgesetz, das Bayerische Abgrabungsgesetz, das Bayerische StrWG, das Eisenbahn- und Bergbahngesetz, das Naturschutzgesetz und das Wassergesetz sowie die Bayerische Bauordnung und das Denkmalschutzgesetz. Das BayUVPRLUG tritt rückwirkend zum 14. März 1999 in Kraft. Die zuständige Behörde im jeweiligen Prüfverfahren bestimmt sich weiter nach einer Verordnung aus dem Jahre 1990,[608] ergänzt um eine Vollzugsregelung im Bereich der Flurbereinigung.[609]

f) Die übrigen Länder

Die übrigen Länder haben bislang keine eigenständigen UVP-Gesetze verabschiedet. Berücksichtigt man, daß sich auch die Maßnahmen von Baden-Württemberg, Nordrhein-Westfalen, Hamburg und Berlin im wesentlichen auf die Wiedergabe oder Bezugnahme des Bundesrechts beschränken, dann wiegt das Fehlen expliziter UVP-Ländergesetze in der Praxis nicht so schwer. Sofern Vorhaben ausschließlich nach Landesrecht zu beurteilen sind, gibt es z. T. auch in den übrigen Ländern Hinweise und/oder Regelungen einer UVP. Im einzelnen zu nennen sind die folgenden Maßnahmen:

---

[606] Die weiteren Art. 2 bis 4 ändern das Landeswaldgesetz, das Hafenentwicklungsgesetz und die Hamburgische Bauordnung.

[607] Ausführlich zur Umsetzung der UVP-RL in Bayern *Hösch*, NVwZ 2001, S. 519 ff.

[608] Bayerische Verordnung zur Bestimmung der federführenden Behörde und ihrer Aufgaben gemäß § 14 Abs. 1 des Gesetzes über die Umweltverträglichkeitsprüfung vom 24. Juli 1990, GVBl. 1990, S. 254.

[609] Vollzugsrichtlinien UVP in der Flurbereinigung, Bekanntgabe des Landwirtschaftsministeriums vom 06. August 1993, AMBl. 1993, S. 1044.

In *Niedersachsen* findet sich in § 127 Abs. 2 NWG ein Hinweis auf die UVP. Danach ist bei der wasserrechtlichen Planfeststellung die Umweltverträglichkeit zu prüfen. Im übrigen gibt es untergesetzliche Regelungen, welche die Vorhaben auf ihre UVP-Relevanz beschreiben.[610]

Eine Verordnung zur Bestimmung der federführenden Behörde wurde in *Rheinland-Pfalz*[611], im *Saarland*[612] und in *Schleswig-Holstein*[613] verabschiedet.

In der *Freien Hansestadt Bremen* enthält nur das Gesundheitsdienstgesetz Vorgaben zur UVP.[614] Daneben bestehen, wie in Niedersachsen, untergesetzliche Erläuterungen.[615]

In *Hessen* gibt es seit 1993 konkrete Vorschläge für ein Landes-UVPG.[616] Diese Überlegungen sind bis heute jedoch über einen Entwurf nicht hinaus gekom-

---

610 Aus dem Niedersächsischen Innenministerium wurde dem Verf. genannt: Erlaß des Umweltministeriums an die Bezirksregierungen zu den Beratungsaufgaben der UVP-Dezernenten vom 13.11.1991; Runderlaß des Innenministeriums zur Durchführung von Raumordnungsverfahren mit integrierter Prüfung der Umweltverträglichkeit vom 02.12.1991; Umweltministerium (Hrsg.), UVP-Leitlinie Niedersachsen, Stand: Oktober 1993; Niedersächsisches Innenministerium (Hrsg.), Raumordnung und Landesplanung, Stand: Juni 1996; Bekanntmachung des Innenministeriums vom 03.07.1991 mit Empfehlungen zur Standortsicherung und raumordnerischen Beurteilung von Windanlagen; Runderlaß des Innenministeriums zur raumordnerischen Beurteilung von touristischen Großprojekten vom 16.04.1991; Runderlaß des Innenministeriums zur raumordnerischen Behandlung von Planungen für Antennenträger und Richtfunkstrecken vom 04.06.1992.

611 Rheinland-pfälzische Verordnung über die federführende Behörde nach § 14 des Gesetzes über die Umweltverträglichkeitsprüfung vom 28. Juli 1992, GVBl. 1992, S. 279.

612 Saarländische Verordnung über Zuständigkeiten nach dem Gesetz über die Umweltverträglichkeitsprüfung vom 22. Januar 1991, ABl. 1991, S. 166.

613 Landesverordnung über die federführende Behörde nach § 14 des Gesetzes über die Umweltverträglichkeitsprüfung vom 15. Januar 1991, GVBl. 1991, S. 67.

614 Gesetz über den Öffentlichen Gesundheitsdienst im Lande Bremen (Gesundheitsdienstgesetz) i. d. F. der Veröffentlichung vom 07. April 1995, GBl. Nr. 17/1995, S. 175.

615 Beschluß des Senates vom 19. März 1991 über die Umsetzung des Gesetzes über die Umweltverträglichkeitsprüfung im Lande Bremen; Gemeinsamer Erlaß des Senators für Wirtschaft, Mittelstand und Technologie und des Senators für Häfen, Schiffahrt und Außenhandel über die Zusammenarbeit der Verwaltungsbehörden bei der Durchführung von Umweltverträglichkeitsprüfungen (zur Einrichtung einer UVP-Leitstelle) vom 19. August 1992, ABl. Bremen 1993, S. 103; Bekanntmachung des Senates über die federführende Behörde nach dem Gesetz über die Umweltverträglichkeitsprüfung vom 17. Oktober 1995, ABl. Bremen 1995, S. 851; Amtsverfügung über die Behandlung der Umweltbelange in der Bauleitplanung der Stadtgemeinde Bremen im Sinne einer Umweltverträglichkeitsprüfung vom 21. November 1988.

616 Hierzu siehe *Steinberg/Klößner*, UTR 1994, S. 481 ff.

men. Zur federführenden Behörde existiert eine Regierungsanordnung;[617] außerdem gibt es eine Landesrichtlinie zum Raumordnungsverfahren.[618]

In *Mecklenburg-Vorpommern* befindet sich ein Landes-UVPG in der Vorbereitung. Darüber hinaus enthält das Landesplanungsgesetz bereits Regelungen zur UVP.[619] Die Einrichtung einer federführenden Behörde ist in Form der RVO geregelt.[620]

In *Brandenburg* existieren untergesetzliche Regelungen[621] und im Freistaat Sachsen wurde eine das UVPG des Bundes ergänzende Verwaltungsvorschrift erlassen.[622]

In *Thüringen* besteht schließlich nur ein Leitfaden[623] und in *Sachsen-Anhalt* wurde lediglich ein Ministerialerlaß geschaffen.[624]

4. Beurteilung und Ergebnis

Das Umsetzungsverhalten der Länder bei der UVP-RL läßt sich in zwei Lager unterteilen:
Auf der einen Seite stehen die Länder, die entweder über ein eigenes Landes-UVP-Gesetz verfügen oder die Umsetzung allein über Änderungen betroffener Fachgesetze vorgenommen haben. Inhaltlich verweisen die bestehenden Landes-UVP-Gesetze überwiegend auf das Bundesrecht; nur Baden-Württemberg, als das erste umsetzende Land, hat eine wörtliche Übernahme des Bundesrechts bevorzugt.

---

[617] Anordnung über die Zuständigkeit zur Durchführung der UVP bei der Zulassung eines Vorhabens durch mehrere Behörden vom 20. Juli 1990.

[618] Hierzu *Boeschen*, Hessische Richtlinie zur Durchführung von Raumordnungsverfahren mit UVP, in: UVP-report 1991, S. 205 ff.

[619] Landesplanungsgesetz M-V, GVBl. 1998, S. 503, berichtigt S. 613.

[620] Landesverordnung über die federführende Behörde nach § 14 des Gesetzes über die Umweltverträglichkeitsprüfung vom 23. Juli 1992, GVBl. M-V 1992, S. 483.

[621] Hauserlaß zur Durchführung der UVP im Ministerium für Umwelt, Naturschutz und Raumordnung, Nr. 13/94.

[622] Verwaltungsvorschrift des Sächsischen Staatsministeriums für Umwelt und Landesentwicklung über die Regelung der Zuständigkeit bei der Durchführung des Gesetzes über die UVP vom 19. September 1991, abgedruckt in: UVP-Report 1992, S. 9.

[623] Leitfaden Umweltverträglichkeitsprüfung mit Eingriffsregelung in Thüringen.

[624] Erlaß des Ministeriums für Umwelt, Naturschutz und Raumordnung zu den Aufgaben des Landesamtes für Umweltschutz und der Staatlichen Ämter für Umweltschutz bei der Umweltverträglichkeitsprüfung.

Auf der anderen Seite befindet sich die Mehrheit der Länder, die sich auf den Erlaß verwaltungsinterner Anweisungen beschränkt bzw. nur die Minimalregelung der federführenden Behörde vorgenommen hat. Welcher dieser Wege der richtige, der EG-rechtskonforme ist, läßt sich wohl eindeutig nur anhand formaler Kriterien beantworten. Danach hätten alle Länder ein UVP-Gesetz verabschieden oder die einzelnen Fachgesetze anpassen müssen, und zwar, weil es Vorhaben gibt, die Bereiche ausschließlicher Gesetzgebungskompetenzen der Länder betreffen, für die eine Anwendung des Bundesrechts prinzipiell ausgeschlossen ist. Wegen der Bedeutung und Tragweite, die eine UVP für die Antragsteller im Zulassungsverfahren hat, genügen verwaltungsinterne Anweisungen regelmäßig nicht den EG-rechtlichen Anforderungen an eine ordnungsgemäße Richtlinienumsetzung[625] - mit Ausnahme der Regelung der zuständigen Behörde. Andererseits gibt es bislang keine Anhaltspunkte dafür, daß in den Ländern ohne eigenes UVP-Gesetz die Durchführung der UVP anders zu beurteilen wäre als in den Ländern mit UVP-Gesetz. Vielleicht ist dies auch der Grund dafür, daß Kommission und EuGH in der Vergangenheit zwar stets die Umsetzung der UVP-RL durch den Bundesgesetzgeber analysiert und gerügt haben, dem Bund jedoch zu keiner Zeit die unvollständige Umsetzung in seinen Ländern vorgeworfen wurde.

Abschließend kann festgehalten werden: Bislang sind zwar durch die in der Mehrzahl der Länder fehlende, jedoch formal erforderliche Umsetzung noch keine größeren Rechtsprobleme entstanden;[626] dem BVerwG wird man aber zustimmen können, daß es mit der Konzeption der UVP-RL schwerlich zu vereinbaren ist, wenn der zur Umsetzung berufene nationale Landes-gesetzgeber gänzlich untätig bleibt.[627] Spätestens im Zuge der Umsetzung der UVP-Änderungsrichtlinie[628] sollten daher alle Länder die Möglichkeit nutzen, ihr nationales Recht den europäischen Vorgaben anzupassen.

---

[625] Hierzu ausführlich oben im 3. Teil / II / 6.

[626] Dies kann sich im Zusammenhang mit der fehlenden Umsetzung der UVP-Änderungsrichtlinie bald ändern, etwa für den Bereich der Beteiligung der Öffentlichkeit in Baugenehmigungsverfahren. Insofern wird auf Länderebene bereits über mögliche Auswirkungen der Nichtumsetzung heftig diskutiert. Hierzu siehe nur die Nachweise bei *Stüer/Hermanns*, DVBl. 1999, S. 972 (974) ff.; *Wasielewski*, NVwZ 2000, S. 15 ff.

[627] Vgl. *BVerwG*, Beschluß v. 30.08.1995 – 4 B 185/95, NuR 1996, S. 198 ff.

[628] Richtlinie 97/11/EG des Rates vom 03.03.1997 zur Änderung der Richtlinie 85/337/EWG über die UVP bei bestimmten öffentlichen und privaten Projekten, ABl. EG Nr. L 73, S. 5. Zu Inhalt und Anpassungsbedarf der UVP-Änderungsrichtlinie siehe schon die Nachweise in Fußn. 582.

II. Richtlinie 90/313/EWG über den freien Zugang zu Informationen über die Umwelt

Am 7.6.1990 erließ der Rat der Europäischen Gemeinschaften die Richtlinie über den freien Zugang zu Informationen über die Umwelt.[629] Diese Richtlinie hat mit dem Tage ihres Erlasses eine außerordentliche Aufmerksamkeit in der Fachliteratur erfahren[630] und selbst nationale Verwaltungs- und Oberverwaltungsgerichte sowie der EuGH waren schon mit der Beurteilung ihrer Zielvorgaben befaßt.[631]
Nach einem kurzen Überblick über die wesentlichen Inhalte der Richtlinie wird nachfolgend die strittige Frage untersucht, ob neben dem Bund auch die Länder berechtigt und verpflichtet sind, Umsetzungsmaßnahmen zu ergreifen. Da diese Frage im Ergebnis zu bejahen ist, stellt sich das Problem, welche gesetzestechnische Vorgehensweise bei der Umsetzung ratsam ist. Schließlich wird geprüft, ob die Länder bereits Regelungen zur Umsetzung der Richtlinie erlassen haben oder ob und weshalb dies womöglich überhaupt nicht vorgesehen ist.

1. Regelungsgehalt der Richtlinie

Ziel der UIR ist es, den freien Zugang zu den bei den Behörden vorhandenen Informationen über die Umwelt sowie die Verbreitung dieser Informationen zu gewährleisten (Art. 1 UIR). Damit steht fest, daß sich die UIR ihrer Intention nach nur an die Behörden der Mitgliedstaaten wendet und nicht auch an Dritte, etwa die Industrieunternehmen.[632]
Art. 2 UIR enthält die Definitionen der Begriffe „Informationen über die Umwelt"[633] und „Behörde" i. S. d. Richtlinie.[634] Die Zentrale Bestimmung der

---

[629] Richtlinie 90/313/EWG, ABl. EG Nr. L 158, S. 56 (nachfolgend: Umweltinformationsrichtlinie (UIR)). Der vollständige Wortlaut der Richtlinie ist abgedruckt in NVwZ 1990, S. 844 ff.

[630] Aus der Fülle der Literatur seien genannt: *Schomerus/Schrader/Wegener*, Umweltinformationsgesetz, Kommentar, 1995; *Turiaux*, Umweltinformationsgesetz, Kommentar, C. H. Beck 1995; *Scherzberg*, DVBl. 1994, S. 733 ff.; *Blumenberg*, NuR 1992, S. 8 ff.; *Drescher*, VR 1991, S. 18 ff.; *Burkholz*, NVwZ 1994, S. 124 ff.; *Kremer*, NVwZ 1990, S. 843 ff.; *v. Schwanenflügel*, DVBl. 1991, S. 93 ff.

[631] *VG Stade*, Urt. v. 21.04.1993, NVwZ 1994, S. 201 = ZUR 1993, S. 225; *VG Minden*, Urt. v. 5.3.1993, ZUR 1993, S. 284; *OVG Münster*, Urt. v. 27.9.1993 – 21 A 2565/92 - ZUR 1994, S. 253; *EuGH*, Urt. v. 09.09.1999, Rs. C-217/97.

[632] So ausdrücklich § 1 des Umweltinformationsgesetzes des Bundes vom 8. Juli 1994, BGBl. 1994, Teil I, S. 1490; *Drescher*, VR 1991, S. 18 (19) ff.

[633] Hierbei handelt es sich um eine sehr weit gefaßte Bestimmung, die ausdrücklich nicht unterscheidet, ob die Informationen in Schrift-, Bild-, Ton- oder DV-Form vorliegen. So un-

Richtlinie ist aber Art. 3 Abs. 1. Dort wird der freie Zugang zu den bei den Behörden vorhandenen Umweltinformationen zum verbindlichen Prinzip für die Mitgliedstaaten erklärt; allerdings mit der Einschränkung der sich aus Art. 3 Abs. 2 UIR ergebenden Ausnahmen.[635] Die weiteren Bestimmungen der Richtlinie regeln die Eröffnung des Rechtsweges gegen ablehnende Entscheidungen nach Maßgabe der nationalen Rechtsordnung (Art. 4 UIR), die Möglichkeit der Gebührenerhebung für die Informationsweitergabe (Art. 5 UIR) sowie eine Pflicht der Mitgliedstaaten, der Öffentlichkeit allgemeine Informationen über den Zustand der Umwelt mitzuteilen (Art. 7 UIR).

2. Innerstaatliche Zuständigkeitsverteilung zur Umsetzung der Richtlinie 90/313/EWG

Unstreitig ist, daß der Bund sowohl die Befugnis als auch eine dementsprechende Verpflichtung hat, die UIR umzusetzen. Mit Erlaß des Umweltinformationsgesetzes (UIG) vom 8. Juli 1994 ist er dieser Pflicht nachgekommen.[636]

---

terfallen der „Information über die Umwelt" die Zustandsdaten über die Situation der Umwelt genauso wie vorhaben- und tätigkeitsbezogene Daten, welche über Quellen und Gefährdungen der Umwelt Auskunft geben.

634 Behörde i. S. d. Richtlinie sind „...die Stellen der öffentlichen Verwaltung, die auf nationaler, regionaler oder lokaler Ebene Aufgaben im Bereich der Umweltpflege wahrnehmen und über diesbezügliche Informationen verfügen, mit Ausnahme der Stellen, die im Rahmen ihrer Rechtsprechungs- oder Gesetzgebungszuständigkeit tätig werden".

635 Hierbei handelt es sich um Ausnahmen zum Zwecke des Datenschutzes, zur Wahrung der öffentlichen Sicherheit, der Vertraulichkeit der Beratungen von Behörden, der internationalen Beziehungen sowie der Landesverteidigung, zum Schutze der Geheimhaltung behörden- und gerichtsanhängiger Verfahren oder von Betriebsgeheimnissen.

636 BGBl. 1994, Teil I, S. 1490. Ausführlich zu Inhalt und Umfang dieses Gesetzes *Turiaux*, Umweltinformationsgesetz, Kommentar, 1995; *Scherzberg*, DVBl. 1994, S. 733 ff. Kürzlich hat der EuGH die Umsetzung durch den Bund als in einigen Punkten unzureichend kritisiert und damit einer entsprechenden Feststellungsklage der EU-Kommission entsprochen (*EuGH*, Urt. v. 09.09.1999, Rs. C-217/97). Besonders die nach deutschem Recht den Behörden mögliche und umfassende Weigerung, Auskünfte über vertrauliche Informationen von Wirtschaftsunternehmen oder über interne Beratungen von Behörden und Dienststellen bzw. über Belange der Landesverteidigung zu erteilen, stieß auf eine ablehnende Haltung der Luxemburger Richter. Sinngemäß heißt es, die Richtlinie 90/313/EWG sehe zwar eine Regelung vor, wonach Ausnahmen in den genannten Bereichen möglich seien; diese Ausnahmevorschrift sei jedoch nicht als Befugnis für einen Ausschluß jeglicher Information zu verstehen. Vielmehr müsse die Behörde zumindest auszugsweise dem Antragsteller Auskünfte zur Verfügung stellen, wenn eine „Aussonderung" der zu schützenden Daten möglich sei. Daneben beanstandete der EuGH noch die deutschen Bestimmungen des UIG über die Gebührenpflicht, wonach diese auch erhoben würden, wenn die Be-

Streitig ist, ob neben dem Bund auch die Länder berechtigt sind, gesetzgeberisch zu handeln. Es gibt Stimmen in der Literatur, die eine ausschließliche Zuständigkeit des Bundes annehmen.[637] Daneben stehen andere, die auch den Ländern Bereiche eigener Gesetzgebungskompetenzen zur Umsetzung der UIR zusprechen.[638]
Die Beantwortung der Frage nach der Umsetzungsbefugnis der Länder für die UIR richtet sich allein nach den in dieser Untersuchung erarbeiteten Kriterien.[639] Maßgeblich sind somit die Art. 70 ff GG analog.
Da die UIR – ähnlich der UVP-RL – einen medienübergreifenden Ansatz verfolgt, läßt sie sich nicht einem spezifischen Kompetenzbereich eingliedern;[640] vielmehr berührt sie all jene Rechtsgebiete, wo Umweltauswirkungen positiv wie negativ zu verzeichnen sind. Der Anwendungsbereich der UIR ist damit von vornherein nicht beschränkt auf die klassischen Umweltbereiche „Luft, Boden, oder Wasser". Sind also Materien betroffen, deren innerstaatliche Regelung in die ausschließliche Kompetenz der Länder fällt, dann sind auch nur die Länder zuständig für eine Umsetzung. Das *ob* expliziter Umsetzungsmaßnahmen hängt dann von dem Bestehen eines Umsetzungsbedarfs ab.[641] Es steht somit fest, daß die Umsetzungskompetenz für jedes in Betracht kommende Rechtsgebiet allein nach den allgemeinen Kompetenzverteilungsregeln, unter Berücksichtigung der Grundsätze über die Zuständigkeit kraft Sachzusammenhangs bzw. als Annexkompetenz,[642] zu ermitteln ist.[643]

Diese Rechtslage wird auch nicht durch die Argumente der entgegenstehenden Ansicht[644] widerlegt. Danach wird zugunsten einer alleinigen Umsetzungskompetenz des Bundes vorgetragen, daß es schwerlich einzusehen sei und außerdem merkwürdig anmute, wenn man Regelungen über den Zugang zu Umweltinformationen beispielsweise als solche des Denkmalschutzes ansehe.[645] Und aus

hörde ein Auskunftsersuchen abgelehnt habe. Vgl. NJW 1999, Mitteilungen, Heft 40, S. XLV ff.

[637] So vor allem *Burkholz*, NVwZ 1994, S. 124 (127).

[638] *Schomerus*, in: Schomerus/Schrader/Wegener, Umweltinformationsgesetz, Kommentar, 1995, § 2, Rdnr. 16 ff.; *Blumenberg*, NuR 1992, S. 8 (11) ff.; *Erichsen*, NVwZ 1992, S. 409 (415) ff.; *Scherzberg*, UPR 1992, S. 48 (52) ff.

[639] Hierzu oben 2. Teil / II / 2d.

[640] Zumal es im Rahmen der Art. 70 ff. GG auch keine spezielle Kompetenzzuweisung für den „Umweltschutz" gibt.

[641] Dies ist etwa auf folgenden Gebieten der Fall: Denkmalschutzrecht, Fischereirecht, Presserecht, Landesdatenschutzrecht, Landeswasserrecht, Gefahrenabwehrrecht im Eilfall und Bauordnungsrecht.

[642] Der Informationszugang als Annex zur jeweiligen Sachmaterie.

[643] So auch *Drescher*, VR 1991, S. 18 (21).

[644] *Burkholz*, NVwZ 1994, S. 124 ff.

[645] *Burkholz*, NVwZ 1994, S. 124 ff.

dem Fehlen einer ausdrücklichen Kompetenzzuweisung im Grundgesetz für den „Umweltschutz" folge lediglich, daß der Bund zwar nicht alles abschließend regeln dürfe, die Länder aber außen vor zu bleiben hätten.[646] Da schließlich der Bund für den Erlaß seines Umweltinformationsgesetzes auf ausreichende Rechtsgrundlagen zurückgreifen könne, bedürfe es schon deshalb keines Rückgriffs auf weitere Kompetenztitel zugunsten der Länder.[647]

Diese Ansicht überzeugt nicht. Sie mißachtet die Staatsqualität der Länder und wird auch nicht dem medienübergreifenden Ansatz der UIR gerecht. Zunächst ist nach der Kompetenzverteilung des Grundgesetzes für die Frage der Zuständigkeit der Länder nicht entscheidend, ob auch der Bund eine Regelung auf einem bestimmten Gebiet treffen darf. Entscheidend ist allein die Frage, ob es sich um eine ausschließliche, eine konkurrierende oder eine Rahmengesetzgebungszuständigkeit des Bundes handelt. Ist weder das eine noch das andere der Fall,[648] dann schließt dies zwar noch nicht notwendigerweise ein Tätigwerden des Bundesgesetzgebers aus;[649] in keinem Fall läßt sich aber hieraus ableiten, den Ländern fehle eine Umsetzungskompetenz.[650]
Weshalb schließlich das berechtigte Interesse eines Antragstellers merkwürdig anmuten soll, Informationen über ein durch Luftverschmutzung beschädigtes Baudenkmal zu erhalten, ist nicht ersichtlich.[651] Gerade der Zugang zu solchen Informationen ist ein Sinn und Zweck der UIR. Die Länder haben somit das Recht, und falls erforderlich auch die Pflicht, die Zielvorgaben der Umweltinformationsrichtlinie in ihr Landesrecht zu integrieren.

---

646 *Burkholz*, NVwZ 1994, S. 124 (126) ff.
647 *Burkholz*, NVwZ 1994, S. 124 (126) ff.
648 So im Bereich des Umweltrechts wegen fehlender Spezialzuweisung im Grundgesetz an Bund oder Länder.
649 Etwa auf der Grundlage einer Annexkompetenz.
650 Mit dem Argument der Gegenmeinung müßte im Prinzip entgegengesetzt argumentiert werden. Wegen der im Grundgesetz fehlenden Zuweisung der Materie „Umweltschutz" müßte die Zuständigkeit - wenn schon nur bei einer staatlichen Ebene - wegen Art. 70 Abs. 1 GG doch eher alleine bei den Ländern liegen als ausschließlich beim Bund. Diese Sicht würde im Ergebnis natürlich genauso wenig dem medienübergreifenden Ansatz der UIR gerecht und wird daher in der Literatur auch nicht vertreten.
651 Wie hier *Schomerus*, in: Schomerus/Schrader/Wegener, Umweltinformationsgesetz, Kommentar, 1995, § 2, Rdnr. 17.

3. Gesetzestechnische Vorgehensweise bei der Umsetzung der Richtlinie 90/313/EWG

Was die gesetzestechnische Vorgehensweise der Länder bei der Umsetzung der RL 90/313/EWG betrifft, so kommen hier verschiedene Möglichkeiten in Frage:[652] Zunächst ist an eine Änderung der Verwaltungsverfahrensgesetze der Länder zu denken. Darüber hinaus ist eine Ergänzung der betroffenen Fachgesetze ebenso möglich wie die Schaffung selbständiger Landesumweltinformationsgesetze. Schließlich kommt eine Verankerung eines Informationszugangsrechtes in den Landesverfassungen in Betracht. Alle diese Möglichkeiten haben Vor- und Nachteile. Im Ergebnis erscheint vorzugswürdig die Umsetzung in Form eigenständiger Landesumweltinformationsgesetze.

Eine ausschließliche Verankerung eines Informationszugangsrechtes in den Landesverfassungen ist äußerst unbestimmt und ohne einfachgesetzliche Konkretisierung kaum ausreichend. Zwar schafft man bei Fehlen einfachgesetzlicher Ausfüllungsnormen auf diese Weise u. U. einen verfassungsrechtlichen Anspruch auf Umweltinformationen. Aber für den Anspruchsgegner - die jeweiligen öffentlichen Stellen bzw. Private, die mit der Wahrnehmung hoheitlicher Aufgaben betraut sind - bleibt ungewiß, in welchen Fällen und in welchem Ausmaß der Zugang zu Informationen zu gewähren ist.[653]

Gegen eine Verortung des Informationszugangsrechts in den Verwaltungsverfahrensgesetzen der Länder spricht, daß Regelungsgegenstand dieser Gesetze das konkrete Verwaltungsverfahren mit seinen verfahrensabhängigen Rechten der am Verfahren Beteiligten ist. Hingegen zeichnet sich das Zugangsrecht zu Umweltinformationen gerade durch seine Verfahrensunabhängigkeit aus.[654] Insbesondere § 29 VwVfG (Bund) und die entsprechenden Landesvorschriften normieren ein Akteneinsichtsrecht nur für die am Verwaltungsverfahren Beteiligten. Demgegenüber stellt das verfahrensunabhängige und selbständige Informationszugangsrecht nach der UIR im Grundsatz nichts anderes dar, als die Öffnung behördlicher Informationen für jedermann - also einen Einbruch in tradierte Verwaltungsstrukturen.[655] Eine Einbindung des Informationszugangs-

---

[652] Diesbezüglich auch *Blumenberg*, NuR 1992, S. 8 (12) ff.; *Erichsen*, NVwZ 1992, S. 409 (414) ff.; *Scherzberg*, UPR 1992, S. 48 (52) ff.

[653] Mögliche Folge: Ein zwingender Rückgriff auf die UIR selbst; sei es als unmittelbar anzuwendendes Recht, sei es zur Konkretisierung des nationalen Zugangsrechts.

[654] *Blumenberg*, NuR 1992, S. 8 (12) ff.

[655] Nach *Drescher*, VR 1991, S. 18 (21) begründet die UIR für die deutsche Verwaltungslehre sogar einen „Grundsatz der Öffentlichkeit behördlicher Informationen".

rechts in die Verwaltungsverfahrensgesetze der Länder birgt somit die Gefahr erheblicher systematischer Spannungen, so daß diese Methode nicht ratsam ist. Auch die Umsetzung im Rahmen fachgesetzlicher Regelungen ist nicht die geeignetste Lösung. Der Kreis der Informationspflichtigen ist nach der Richtlinie nicht nur auf die Behörden des Bundes, der Länder und Gemeinden, der öffentlich-rechtlichen Körperschaften und der Beliehenen begrenzt, sondern erfaßt auch Private, sofern diese öffentliche Aufgaben mit Bezügen zur „Umweltpflege“[656] wahrnehmen und der behördlichen Auskunft unterliegen.[657] Wollte man den kompletten Adressatenkreis der Richtlinie und all jene von diesen zu befolgenden und anzuwendenden Gesetze mit Bezügen zur „Umweltpflege“ rechtlich erfassen, dann wäre eine große Zahl von gleichlautenden Gesetzesänderungen erforderlich, und zwar in einer Vielzahl unterschiedlicher Fachgesetze. Diese Vorgehensweise ist somit nicht nur äußerst umständlich, sie birgt auch die Gefahr, nicht alle regelungsbedürftigen Bereiche tatsächlich zu erfassen. Fazit: Eine Umsetzung der UIR durch Änderung der einzelnen Fachgesetze ist zwar rechtlich möglich, jedoch gesetzgebungstechnisch sehr aufwendig und unpraktikabel.[658]

Somit bleibt zuletzt die Möglichkeit eines eigenen Umweltinformationsgesetzes der Länder. Ein solches ist weder den zuvor genannten Einwänden ausgesetzt noch bedürfte es eines umfangreichen Regelungswerkes. Die Anlehnung an das bestehende Bundesrecht ist möglich - natürlich unter Berücksichtigung der Rechtsprechung des EuGH.[659] Eine zusätzliche Verankerung im Landesverfassungsrecht ist nicht erforderlich. Ob dies aus Umweltschutzaspekten oder zur besonderen Stärkung der Bedeutung von Informationszugangsrechten zu wünschen ist, ist eine eher politische als gesetzestechnische Frage. Sie darf daher an dieser Stelle unentschieden bleiben.

4. Umsetzungsfrist

Gemäß Art. 9 Abs. 1 UIR verstrich die Umsetzungsfrist am 31. 12. 1992.

---

[656] Nach *v. Schwanenflügel*, DVBl. 1991, S. 93 (98) ff. ist dieser Begriff weit auszulegen.

[657] Dies ist das Resultat des weiten Begriffsverständnisses „Behörde“ seitens des EuGH. Hierzu oben 2. Teil / III / 1b) sowie *v. Schwanenflügel*, DVBl. 1991, S. 93 (98) ff. Nach *Blumenberg*, NuR 1992, S. 8 (14) ff. kommen als informationspflichtige Private etwa die Energieversorgungsunternehmen, die Flughafenverwaltungen oder Abfallentsorgungsbetriebe in Betracht. Der Bund hat dieser Tatsache in § 2 Nr. 2 UIG Rechnung getragen.

[658] Ebenso *Drescher*, VR 1991, S. 18 (21); *Blumenberg*, NuR 1992, S. 8 (14) ff.

[659] Diesbezüglich oben Fußn. 636.

5. Umsetzungsmaßnahmen der Länder[660]

Obwohl in der Vergangenheit den Landesparlamenten einiger Länder Gesetzgebungsentwürfe für Landes-Umweltinformationsgesetze vorgelegen haben,[661] hat bislang kein einziges Land ein eigenes Umweltinformationsgesetz erlassen. Insofern erscheint die Annahme richtig, daß sich die überwiegende Zahl der Länder mit der im UIG vorgenommenen bundesrechtlichen Regelung abgefunden hat[662] bzw. keinen Spielraum für eigene Landesumweltinformationsgesetze erkennt.[663] Dennoch bestehen in manchen Ländern vereinzelt teils verfassungsrechtliche, teils fachgesetzliche Maßnahmen.
In Brandenburg besteht eine Kombination aus verfassungsrechtlicher und fachgesetzlicher Regelung.[664] Hier ist aber zu beachten, daß diese Vorschriften nicht zur Umsetzung der UIR erlassen wurden und insofern auch nicht alle Bereiche der UIR abdecken.

In Mecklenburg-Vorpommern, Sachsen, Sachsen-Anhalt und Thüringen wurden ebenfalls Informationszugangsrechte in die jeweilige Landesverfassung inte-

---

[660] Hinweise auch bei *Schomerus*, ZUR 1994, S. 226 ff. mit Fußn. 1.

[661] Siehe z. B. den Entwurf für ein Hamburgisches Informationsfreiheitsgesetz (HmbIFG), Bürgerschafts-Drs. 15/1355 v. 15. 6. 1994; Gesetzentwurf des Abgeordneten Karl Otto Meyer und der Fraktion der F.D.P. für ein Landesumweltinformationsgesetz für das Land Schleswig-Holstein, LT-Drs. 13/838 v. 10.3.1993.

[662] So die Einschätzung von *Schomerus*, in: Schomerus/Schrader/Wegener, Umweltinformationsgesetz, Kommentar, 1995, § 2, Rdnr. 7.

[663] Nach Auskunft aus den Landesumweltministerien ggü. dem Verf. ist eine ausdrückliche Umsetzung in keinem Land vorgesehen. Überwiegend wird schon das Bedürfnis für eine landeseigene Regelung verneint und sich darauf beschränkt, landesinterne Hinweise zum Vollzug des UIG zu erlassen. Nur gelegentlich wird auf einzelne fachgesetzliche Regelungen verwiesen. Aus dem niedersächsischen Umweltministerium kam der Hinweis, die Länder hätten das UIG durch ihre Zustimmung im Bundesrat mitgetragen und sich insofern auf die alleinige Regelung durch den Bund verständigt. Schon aus Praktikabilitätsgründen werde es bei der einen Regelung durch das UIG bleiben.

[664] **Art. 21 Abs. 4 Verf. des Landes Brandenburg** lautet: „Jeder hat nach Maßgabe des Gesetzes das Recht auf Einsicht in Akten und sonstige amtliche Unterlagen der Behörden und Verwaltungseinrichtungen des Landes und der Kommunen, soweit nicht überwiegende öffentliche oder private Interessen entgegenstehen."
Art. 39 Abs. 7 Verf. des Landes Brandenburg konkretisiert: „Das Land, die Gemeinden und Gemeindeverbände sind verpflichtet, Informationen über gegenwärtige und zu erwartende Belastungen der natürlichen Umwelt zu erheben und zu dokumentieren; Eigentümer und Betreiber von Anlagen haben eine entsprechende Offenbarungspflicht. Jeder hat das Recht auf diese Informationen, soweit nicht überwiegende öffentliche oder private Interessen entgegenstehen. Das Nähere regelt ein Gesetz." Dieses Gesetz ist das Brandenburgische Gesetz über Naturschutz und Landschaftspflege. Die Spezifizierung des Informationszugangsrechtes findet sich dort in **§ 67 BbgNatSchG**.

griert.[665] Anders als Brandenburg haben diese Länder ihre verfassungsrechtliche Bestimmung aber nicht durch eine einfachgesetzliche Regelung ausgefüllt.[666] Die übrigen Länder haben bislang überhaupt keine Umsetzungsmaßnahmen ergriffen, sondern beschränken sich auf den Vollzug des Bundesrechts und, sofern vorhanden, auf einen Rückgriff auf einige wenige Spezialregelungen in manchem Fachgesetz.[667] Daneben wurden zum Teil in Ergänzung des UIG ministerielle Erlasse[668] bzw. Verwaltungsvorschriften[669] verabschiedet, auch um den Landesbehörden eine Anleitung im Umgang mit der UIR an die Hand zu geben. Diese rein verwaltungsinternen Maßnahmen sind zum Teil noch in Kraft, zum Teil auch nicht mehr gültig.[670] In keinem Fall können sie jedoch als ausreichen-

---

[665] **Art. 6 Abs. 3 Verf. des Landes Mecklenburg-Vorpommern**: „Jeder hat das Recht auf Zugang zu Informationen über die Umwelt, die bei der öffentlichen Verwaltung vorhanden sind."
Art. 34 Verf. des Freistaates Sachsen: „Jede Person hat das Recht auf Auskunft über die Daten, welche die natürliche Umwelt in ihrem Lebensraum betreffen, soweit sie durch das Land erhoben oder gespeichert worden sind und soweit nicht Bundesrecht, rechtlich geschützte Interessen Dritter oder überwiegende Belange der Allgemeinheit entgegenstehen."
Art. 6 Abs. 2 S. 1 Verf. des Landes Sachsen-Anhalt: „Jeder hat das Recht auf Auskunft über die Vorhaben und Daten im Verfügungsbereich der öffentlichen Gewalt, welche die natürliche Umwelt in seinem Lebensraum betreffen, soweit nicht Bundesrecht, rechtlich geschützte Interessen Dritter oder das Wohl der Allgemeinheit entgegenstehen."
Art. 33 Verf. des Freistaats Thüringen: „Jeder hat das Recht auf Auskunft über die Daten, welche die natürliche Umwelt in seinem Lebensraum betreffen und die durch den Freistaat erhoben worden sind, soweit gesetzliche Regelungen oder Rechte Dritter nicht entgegenstehen."

[666] Zur Begründung wurde dem Verf. seitens der zuständigen Fachministerien mitgeteilt: eine fachgesetzliche Konkretisierung sei nicht vorgesehen, da es zur Zeit keine Vollzugsprobleme mit dem Bundesrecht gebe. Außerdem stehe wegen der UVP-Änderungsrichtlinie und der Aarhus-Konvention (UN/ECE-Konvention) eine Änderung des Bundesrechts an, womit eine Landesregelung obsolet werde. Schließlich sei es auch zu mühsam(!), im Einzelfall zu prüfen, ob ein Informationsanspruch auf Bundes- oder Landesrecht gestützt werden könne (Mitteilung aus Baden-Württemberg). Diese Argumentation verkennt, das das Bundesrecht auf die Regelungsbereiche, die der ausschließlichen Landeskompetenz unterfallen, gerade keine Anwendung finden kann.

[667] Am Beispiel Nordrhein-Westfalen siehe etwa § 4 PresseG NW; § 3 Abs. 5 Satz 1 DschG NW; § 160 Abs. 1 LWG NW; § 83 Abs. 5 BauO NW.

[668] So etwa in Hessen, „Erlaß des Ministeriums für Umwelt, Energie und Bundesangelegenheiten zur UIR vom 14. Dezember 1992, StAnz. Nr. 52 v. 28.12.1992, S. 3306"; Schleswig-Holstein, „gemeinsamer Runderlaß der Ministerpräsidentin und aller Ministerien vom 12. Mai 1999 – X 133 – Amtsblatt für Schl.-H. Nr. 22/1999, S. 225".

[669] Beispielsweise in Rheinland-Pfalz, Anwendung der EG-Richtlinie über den freien Zugang zu Informationen über die Umwelt, Verwaltungsvorschrift des Ministeriums für Umwelt und weiterer Ministerien, MinBl. der Landesregierung von Rheinland-Pfalz, 1994, Nr. 1, S. 11 ff.

[670] So etwa in Rheinland-Pfalz und in Thüringen.

de oder gar ordnungsgemäße Umsetzungsmaßnahmen bezeichnet werden. Dem steht entgegen, daß die UIR – wegen ihrer subjektiv-rechtlichen Qualität[671] - nur durch Rechtssatz mit Außenwirkung umgesetzt werden kann.[672]
Eines haben jedoch alle Länder im Zuge der Umsetzung der UIR erlassen: Gebührenordnungen über die von den Behörden zu erhebenden Gebühren für die Bearbeitung der Auskunfts- und Informationserteilung.[673]

6. Ergebnis:

Obwohl hierzu verpflichtet, hat bislang kein einziges Land die Umsetzung der UIR in sein Landesrecht ordnungsgemäß vorgenommen. Auch die verfassungsrechtlichen Informationszugangsrechte, wie sie sich in den Landesverfassungen der „neuen" Länder finden, können nicht als adäquate Transformationsmaßnahme bezeichnet werden. Lediglich in Brandenburg ist mit § 67 BbgNatSchG eine im Ansatz zufriedenstellende Regelung vorhanden, die jedoch nicht alle regelungsbedürftigen Bereiche der Richtlinie erfaßt. Ein Landesumweltinformationsgesetz existiert in keinem Land.

Die Gründe für die fehlende Umsetzung sind nicht auf mangelnde Kenntnis der Richtlinie zurückzuführen,[674] zumal Gebührenordnungen zum Vollzug des Bundesrechts durchweg vorhanden sind. Nach einhelliger Aussage aus den einzelnen Landesumweltministerien verzichten die Länder bewußt auf eine landeseigene Regelung. Dabei wird entweder ein Umsetzungsbedarf neben dem UIG verneint[675] oder die Ansicht vertreten, den Ländern fehle schon die Umset-

---

[671] Das subjektiv-öffentliche Recht der Bürger besteht in dem Recht auf Zugang zu Umweltinformationen.

[672] Zur Art und Weise ordnungsgemäßer Umsetzung ausführlich oben 3. Teil / II.

[673] Siehe hierzu die Aufstellung der Gebührenordnungen der Länder (außer Bremen) bei *Turiaux*, Umweltinformationsgesetz, Kommentar, C. H. Beck 1995, Anhang C. Bezüglich Bremen siehe den Gebührentatbestand für umweltbezogene Informationen aus der Bremischen Kostenordnung, abgedruckt im Bremischen Gebührenhandbuch, Grundwerk 05/98, B 01, Kap. 6-91 bis 6-92. Anläßlich der jüngsten Entscheidung des EuGH (hierzu Fußn. 636) ist anzumerken, daß die bestehenden Gebührenregelungen der Länder nicht haltbar sind und Anpassungen zwingend erfolgen müssen.

[674] Derartiges wäre zwar ungewöhnlich, aber auch nicht völlig ausgeschlossen, wie das Beispiel der RL 77/486/EWG zeigt. Hierzu unten 4. Teil / 3. Kap. / II.

[675] So die Meinung aus Rheinland-Pfalz (behördeninternes Az. 1015-05010-2), aus Sachsen (Az. 16-8800.35) sowie aus Mecklenburg-Vorpommern (Az. X 130 a – UM 1600.6.5). Ggü. dem Verf. heißt es etwa aus dem Umweltministerium M-V sinngemäß, daß eine Umsetzung der RL 90/313/EWG in landesrechtliche Vorschriften nicht erforderlich sei, weil der Anwendungsbereich des bundesrechtlichen Umweltinformationsgesetzes auch Umweltinformationen nach Landesrecht umfasse.

zungsbefugnis.[676] Darüber hinaus wird die fehlende Umsetzung noch mit der Notwendigkeit einer gesamtdeutschen Einheitsregelung begründet[677] sowie damit, eine zwar zeitlich noch nicht absehbare, aber künftig doch zu erwartende Änderung des Bundesrechts abwarten zu wollen.[678]

III. Richtlinie 96/61/EG über die integrierte Vermeidung und Verminderung der Umweltverschmutzung

1. Regelungsgehalt der Richtlinie

Ebenfalls für den nationalen Gesetzgeber in Bund und Ländern relevant ist die RL 96/61/EG über die integrierte Vermeidung und Verminderung der Umweltverschmutzung.[679] Obschon die Umsetzungsfrist für diese Richtlinie mittlerweile abgelaufen ist,[680] gibt es bislang noch keine Maßnahmen des Bundes oder der Länder, um den Vorgaben der Richtlinie innerstaatliche Anwendung zu ver-

---

[676] So die Auffassung aus dem Ministerium für Umwelt und Verkehr des Landes Baden-Württemberg. Von dort kam die Mitteilung: den Ländern fehle die Umsetzungskompetenz, weshalb man auch in Baden-Württemberg „nichts weiter in Sachen UIR machen müsse" (Az. 23-8800.10/1). Aus Thüringen (Az. 115-05090-5/99) kam die Antwort: der Bund habe umgesetzt, hieran seien die Länder nach der Kompetenzordnung des GG gebunden.

[677] So die Ansicht Hessens (Az. I 11b-7qu-Haslach-7122/99). Diese Begründung gesetzgeberischen Unterlassens ist jedoch zumindest überraschend. Üblicherweise beklagen die Länder nämlich, im Zuge der europäischen Entwicklung zu „staatlichen Vollzugsautomaten" degradiert zu werden. Da das Bundesrecht zudem aus Kompetenzgründen die Zugangsrechte zu Umweltinformationen nicht umfassend behandelt, ist eine Regelung in den Ländern auch erforderlich. Ausführlich zum schleichenden Kompetenzverlust der Länder im Rahmen der „Europäisierung" *Eicher*, Der Machtverlust der Landesparlamente, Diss. Mainz 1987, S. 76 u. 83 ff.; *Meißner*, Die Bundesländer und die Europäischen Gemeinschaften, Diss. Berlin 1995; *Donoth*, Die Bundesländer in der Europäischen Union, Diss. Kiel, 1996.

[678] Mitteilung ggü. dem Verf. aus dem Freistaat Bayern (Az. 221b-8023-1999/14), der Freien und Hansestadt Bremen (Az. 3-1), aus Schleswig-Holstein (Az. X 113-UIG-DIV) und Niedersachsen. Allein diese Begründung fehlender Umsetzung ist nachvollziehbar. Es bleibt zu hoffen, daß diese Länder somit in Zukunft eine Umsetzung vornehmen werden.

[679] Richtlinie 96/61/EG des Rates vom 24. September 1996, ABl. EG Nr. L 257, S. 26; ohne Anhänge abgedruckt in NVwZ 1997, S. 363 ff. Die Richtlinie hat entgegen früherer Entwürfe auf eine amtliche Abkürzung verzichtet und wird daher im deutschen Kontext als IVU-RL abgekürzt. Ihre englische Bezeichnung lautet „Integrated Pollution Prevention and Control", weshalb diese Richtlinie in der Literatur mitunter auch als IPPC-RL bezeichnet wird.

[680] Die Umsetzungsfrist endete am 25. September 1999.

schaffen.[681] Die diesbezüglichen Gründe sowie die zu bevorzugende Vorgehensweise der nationalen Gesetzgeber bei einer künftigen Transformation sollen im Folgenden ebenso untersucht werden wie der Regelungsgehalt der Richtlinie selbst.[682] Eines jedenfalls ist unstreitig: Die Umsetzung der IVU-RL bedeutet für den nationalen Gesetzgeber eine besondere Hürde. Dabei dürfte entscheidend für die Schwierigkeiten in erster Linie das integrative Konzept der Richtlinie sein, welches nicht ohne weiteres mit dem bestehenden deutschen Ansatz einer Vermeidung und Verminderung von Umweltverschmutzung zu vereinbaren ist, der traditionell auf die einzelnen Umweltmedien selbst abzielt.[683]

Ziel der IVU-RL ist es, dazu beizutragen, daß bei der Genehmigung und der Kontrolle industrieller Tätigkeit die Probleme der Schadstoffanreicherung und –verlagerung in der Umwelt durch eine integrative Betrachtung besser und wirksamer als bisher bewältigt werden können.[684] Dabei wird insbesondere angestrebt, Belastungsverlagerungen von einem Umweltmedium in ein anderes zu verhindern und so zu einem geschlossenen und kohärenten System des Umweltrechts zu gelangen. Zur Verdeutlichung folgendes Beispiel: Nach dem Regelungsziel der Richtlinie und nach einer erfolgten Umsetzung wäre etwa im Rahmen eines Anlagegenehmigungsverfahrens sicherzustellen, daß die Umweltauswirkungen der jeweiligen Anlage nicht nur selektiv und in isolierter Betrachtung einzelner Umweltbereiche kontrolliert würden, sondern daß dies nach einem übergreifenden/integrierten Konzept zu erfolgen hätte.[685] Auch alte und bereits genehmigte Anlagen wären erneut zu berücksichtigen. So sieht die IVU-RL vor, daß alte Anlagen innerhalb von acht Jahren nachzugenehmigen bzw. erforderlichenfalls durch nachträgliche Auflagen den Anforderungen der Richtlinie anzupassen sind.[686] Änderungen mit möglichen Umweltauswirkungen sind

---

[681] Zu denken wäre an eine unmittelbare Direktwirkung der Richtlinie, die jedoch an den fehlenden Voraussetzungen der hinreichenden Bestimmtheit und inhaltlichen Unbedingtheit scheitern dürfte. Allgemein zu den Voraussetzungen einer unmittelbaren Richtlinienwirkung siehe *Kadelbach*, Allgemeines Verwaltungsrecht unter europäischem Einfluß, S. 71 ff.; *Oppermann*, Europarecht, 2. Auflage 1999, Rdnr. 556; *Bleckmann*, in: Bleckmann, Europarecht, 6. Auflage 1997, Rdnr. 433; *Gellermann*, Beeinflussung des bundesdeutschen Rechts durch Richtlinien der EG, Diss. Osnabrück 1993/94, S. 125 ff.; *Epping*, Jura 1995, S. 449 (456); *Haslach*, DuD 1998, S. 693 ff.

[682] Siehe auch die Veröffentlichungen, die sich bereits mit den Inhalten der IVU-RL beschäftigt haben. Statt vieler seien hier genannt: *Rengeling*, Gesetzgebungskompetenzen für den integrierten Umweltschutz, 1999; *Stüer/Hermanns*, DVBl. 1999, S. 972 ff.; *Lübbe-Wolff*, NVwZ 1998, S. 777 ff.; *Schäfer*, UPR 1997, S. 444 ff.; *Di Fabio*, NVwZ 1998, S. 329 ff.; *Schnutenhaus*, ZUR 1994, S. 299 ff.; *Koch/Jankowski*, ZUR 1998, S. 57 ff.

[683] Vgl. *Koch/Jankowski*, ZUR 1998, S. 57 (58) ff.

[684] Vgl. *Stüer/Hermanns*, DVBl. 1999, S. 972 (973) ff.

[685] So die Intention der Art. 3 ff. IVU-RL; vgl. auch *Lübbe-Wolff*, NVwZ 1998, S. 777 ff.

[686] Art. 4 und 5 IVU-RL; *Lübbe-Wolff*, NVwZ 1998, S. 777 ff.

von den Anlagebetreibern anzuzeigen, und für den Schadstoffausstoß sind seitens des nationalen Gesetzgebers Emissionsgrenzwerte in Anlehnung an Anhang III der Richtlinie festzulegen.[687]

2. Ausblick:

Wegen der zahlreichen Gesetzesänderungen, die im Zusammenhang mit der Umsetzung der IVU-RL erforderlich werden,[688] wurde innerstaatlich lange eine Umsetzung im Zuge eines umfangreichen Gesetzgebungsvorhabens zur Schaffung eines Umweltgesetzbuches bevorzugt.[689] Da es momentan eher so aussieht, als sollte eine Gesamtkodifikation „Umweltrecht" nicht zu realisieren sein,[690] wird die Umsetzung der IVU-RL gesondert vorgenommen werden müssen. Dabei dürfte die gesetzgeberische Vorgehensweise so ausgerichtet sein, daß zunächst der Bund - vermutlich durch „Artikelgesetz" - und im Anschluß daran die Länder die Umsetzung durchführen werden.[691] Fest steht, daß die Vorbereitungen zur Umsetzung der IVU-RL in Deutschland in vollem Gange sind. Tatsache ist aber auch, daß die dreijährige Umsetzungsfrist der RL 96/61/EG aus Sicht der Mitgliedstaaten viel zu kurz war und auch von keinem Mitgliedstaat

[687] Art. 9 und 12 IVU-RL.

[688] Die Umsetzung kann nicht durch ein Umsetzungsgesetz erfolgen, da eine Vielzahl von bestehenden gesetzlichen Vorschriften zu modifizieren und aufeinander abzustimmen sind.

[689] Zu den einzelnen Vorschlägen, die von einer eher abwartenden Haltung bis zu einem umfangreichen Gesamtwerk „Umweltgesetzbuch" reichen, siehe *Stüer/Hermanns*, DVBl. 1999, S. 972 ff.

[690] So die Auskunft aus den Landesumweltministerien ggü. dem Verf. Im Kern geht es dabei um die kompetenzrechtliche Ausgestaltung eines UGB I. Niedersachsen teilte beispielsweise mit, daß jedenfalls ein Verzicht der Länder zur Wahrnehmung ihrer Kompetenzen aus dem Bereich des Wasserrechts, des Baurechts oder des Naturschutzrechts nicht zu erwarten sei. Der Bund hat auf diesen Gebieten aber nach Art. 75 Abs. 1 Nr. 3 und 4 GG nur eine Rahmenkompetenz. Und nach Art. 75 Abs. 2 GG sind nur ausnahmsweise detaillierte oder unmittelbar geltende bundesrechtliche Regelungen möglich. Dies gilt speziell für das Verfahrensrecht, da die Gesetzgebungskompetenz hier grundsätzlich der Sachkompetenz folgt. Weil aber eine Umsetzung allein durch den Bund (UGB I) wohl über den Rahmen des Art. 75 Abs. 2 GG hinausginge, verstieße eine Kodifikation „UGB I" gegen Art. 75 Abs. 3 GG, wonach das „Rahmenrecht" den Ländern einen nicht nur ausfüllungsfähigen, sondern vielmehr ausfüllungsbedürftigen Rahmen zu belassen hat. Ausführlich zum Stand der Umsetzung der UVP-Änderungs- und der IVU-Richtlinie *Wasielewski*, NVwZ 2000, S. 15 ff. Kritisch ggü. der Interpratation des Art. 75 Abs. 2 GG im Zusammenhang mit dem Scheitern eines UGB I *Sendler*, NJW 2000, S. 2871 ff.

[691] So eine Mitteilung ggü. dem Verf. aus dem BMU. Siehe auch *Wasielewski*, NVwZ 2000, S. 15 (19) ff.; *Sendler*, NJW 2000, S. 2871 (2872).

eingehalten werden konnte.[692] Die vollständige Umsetzung der IVU-RL wird in der Bundesrepublik noch Jahre in Anspruch nehmen und sowohl den Bundesgesetzgeber als auch die Landesparlamente beschäftigen.[693]

IV. Ländervereinbarung und Bund-/Länder-Treffen vom 08. Oktober 1999[694]

Angesichts der durch die internationale Entwicklung einem ständigen Wandel unterzogenen Situation im Bereich des Umweltrechts und in Anbetracht der Tatsache, daß die Gesetzgeber in Bund und Ländern offensichtlich große Schwierigkeiten haben, ihrem nationalen bzw. EG-rechtlichen Umsetzungsauftrag zu entsprechen,[695] fand am 08.10.1999 ein Treffen von Ländervertretern statt. Geprägt durch die Probleme bei der Schaffung eines UGB und der mittlerweile verstrichenen Umsetzungsfrist der IVU-RL vereinbarte man, daß die klärungsbedürftigen Fachfragen für die Umsetzung von EG-Umweltrichtlinien künftig in kleinen Arbeitsgruppen von Sachverständigen aus den obersten Landesbehörden gelöst werden sollen. Rechtsfragen im Zusammenhang mit der Umsetzung der UVP-Änderungsrichtlinie werden zwischen den zuständigen Referenten von Bund und Ländern erörtert.
Auf einem parallel veranstalteten Treffen von Bund-/Ländervertretern kündigte das BMU an, zur Umsetzung der UVP-Änderungsrichtlinie nur die absolut erforderlichen Mindestgebote der Richtlinie umsetzen zu wollen. Außerdem seien das bestehende UVP-Gesetz sowie das Umweltinformationsgesetz auszubessern.[696]

Die Schwierigkeiten, welche speziell bei der Umsetzung von EG-Richtlinien aus dem Bereich des Umweltrechts bestehen, erfordern Absprachen unter den zuständigen nationalen Gesetzgebungsorganen. Ob über einen solchen Weg der „informationellen Kooperation" die Umsetzungsgesetzgebung künftig be-

---

[692] Dieser Einwand zu kurzer Umsetzungsfristen findet vor dem EuGH allerdings kein Gehör, wie die BRD zuletzt im Rechtsstreit „Dillenkoffer u. a." („MP Travel Line") erfahren mußte. Vgl. *EuGH*, Urt. v. 8.10.1996, verb. Rs. C-178/94 u. a. (*„Dillenkoffer u. a. ./. Bundesrepublik Deutschland"*), NJW 1996, S. 3141 (3144) (*„MP Travel Line"*).

[693] Einen umfangreichen Überblick verschaffen *Rengeling*, Gesetzgebungskompetenzen für den integrierten Umweltschutz, 1999 sowie *Wasielewski*, NVwZ 2000, S. 15 ff.

[694] Nachweise bei *Wasielewski*, NVwZ 2000, S. 15 (20) ff.

[695] Die Gründe für die Schwierigkeiten bei der Umsetzung von EG-Richtlinien und den damit verbundenen Fristversäumnissen sind im wesentlichen bereits oben, 4. Teil / 1. Kap. / XV, erörtert worden. Bei der Umsetzung der EG-Umweltrichtlinien kam als zusätzlicher Verzögerungsfaktor das (vorerst gescheiterte) Bemühen um die Schaffung einer „Gesamtkodifikation Umweltrecht" hinzu.

[696] Hierzu bereits oben, Fußn. 636.

schleunigt werden kann und hierdurch ein - gerade im Umweltrecht - notwendiger, einheitlicher Rechtsstandard zu erreichen ist, bleibt abzuwarten. Im Ergebnis jedenfalls ist zu hoffen, daß es bald nicht mehr schlechter deutscher Tradition entspricht, diese Richtlinien entweder fehlerhaft, oder aber zumindest deutlich verspätet umzusetzen.[697] Gerade im Hinblick auf die Regelung des Art. 75 GG n. F. sollte ferner bedacht werden, die Umsetzung europarechtlicher Vorgaben aus dem Anwendungsbereich des Art. 75 GG künftig stärker den Ländern zu überlassen.[698]

3. Kapitel: Die Bildungspolitik

I. Kompetenzen der EG im Bereich des Bildungswesens

Die kulturelle Entwicklung einer Gesellschaft wird wesentlich bestimmt durch die Ausbildung ihrer Jugend im primären, sekundären und tertiären Bereich. Bildung ist daher ein elementarer Bestandteil der Kultur; dementsprechend umfaßt nach deutschem juristischen Sprachgebrauch der Begriff „Kultur" auch die Bildung.[699] Fraglich ist, ob dieses deutsche Begriffsverständnis auch dem europäischen entspricht, und damit die seit Jahren streitige Zuständigkeitsproblematik der EG auf dem Gebiet des Kultursektors auch für den in diesem Kapitel zu untersuchenden Bildungsbereich relevant ist.[700]

Aus der Systematik des EGV folgt, daß auf Gemeinschaftsebene Kultur und Bildung weder einheitlich behandelt noch als Teil eines Gesamtbereiches „Kultur" verstanden werden. Mit Abschluß zunächst des Maastrichter, später des Amsterdamer Vertrages wurden die Art. 149 und 150 EG neu gefaßt und in ein eigenes Kapitel über die »allgemeine und berufliche Bildung und Jugend« integriert. Damit erfolgte eine bewußte Trennung ggü. Art. 151 EG, der in einen separaten und neuen Titel XII. »Kultur« eingegliedert wurde.

Mit der nunmehr in Art. 3 lit. q EG enthaltenen Klarstellung, daß die Gemeinschaft einen Beitrag zu einer qualitativ hochstehenden allgemeinen und beruflichen Bildung anstrebt, dürfte der Streit um die grundsätzliche Zuständigkeit der EG auf dem Gebiet des Bildungswesens zugunsten der Gemeinschaft entschie-

---

[697] So auch *Wasielewski*, NVwZ 2000, S. 15 ff.

[698] Dies würde der verfassungsrechtlichen Bedeutung des Art. 75 GG n. F. gerecht. Vgl. oben 2. Teil / II / 3 sowie *Hopp*, DVBl. 2000, S. 400 ff.

[699] *Fechner*, RdJB 1996, S. 35 (36) ff.

[700] Zur Kompetenzproblematik auf dem Gebiet des Kultursektors siehe auch unten 4. Teil / 4. Kap. / I.

den sein;[701] eine Entwicklung, die aus Sicht der deutschen Länder stets kritisch begleitet wurde - speziell aus Gründen kontinuierlicher Kompetenzverluste.[702]

Bleibt die Frage, ob die EG, über eine allgemeine Zuständigkeit hinaus, auch die Richtlinienkompetenz zur Regelung der allgemeinen und beruflichen Bildung besitzt. Die Antwort folgt aus dem EG-Vertrag: Nach Art. 149 Abs. 4, 150 Abs. 4 EG wird die Gemeinschaft nur insoweit tätig, als jegliche Harmonisierung der Rechtsvorschriften der Mitgliedstaaten ausgeschlossen ist. Damit steht fest, daß den Gemeinschaftsorganen keine Richtlinienkompetenz auf dem Gebiet „Bildung“ zusteht;[703] eine gesetzgeberische Entscheidung im Sinne des Subsidiaritätsprinzips. Dennoch besagt die fehlende Richtlinienkompetenz der EG nicht, daß eine „Ökonomisierung der Bildung“ und verbindliche Eingriffe in Landeskompetenzen verhindert werden können.[704] Zunächst bedeutet die Zuweisung des Bildungsbereiches an die EG rechtlich und tatsächlich eine Einschränkung der Kulturhoheit der Länder, die nach nationalem Verständnis auch die Bildungspolitik umfaßt. Darüber hinaus wird sich zeigen, daß der Gemeinschaft nach den Art. 149, 150 EG zwar kein Gesetzgebungsrecht zusteht, die EG aber durchaus verbindliche Regelungen auf der Grundlage anderer Ermächtigungsnormen treffen kann, und zwar speziell mit Bezügen zur allgemeinen und beruflichen Bildung.

Als solche Ermächtigungsgrundlagen kommen etwa die Art. 40, 47 Abs. 1 und 55 EG in Betracht. Dabei ist allerdings zu berücksichtigen, daß Maßnahmen, die auf der Grundlage dieser Artikel erlassen werden, neben dem zulässigen Bildungsbezug vor allem binnenmarktorientiert sein müssen. Dies wird regelmäßig dadurch gewährleistet, daß die Richtlinien im Kern der Förderung der Freizügigkeit der Arbeitnehmer innerhalb der Europäischen Union dienen.[705]

---

[701] Allgemein zu den EG-Kompetenzen auf den Gebieten „Bildung, Ausbildung und Kultur“ nach Maastricht siehe den gleichnamigen Beitrag von *Berggreen/Hochbaum*, in: Borckenhagen u. a. (Hrsg.), Die deutschen Länder in Europa, S. 47 ff.

[702] Vgl. *Stoiber*, EA 1987, S. 543 ff.; siehe auch *Konow*, RdJB 1992, S. 428 ff.

[703] So auch *Dohms*, RdJB 1992, S. 451 (464) ff.; *Fechner*, RdJB 1996, S. 35 (41) ff.

[704] So aber *Konow*, RdJB 1992, S. 428 (429) ff.

[705] Nach *Fechner*, RdJB 1996, S. 35 (47), ist es künftig für den Erlaß bildungspolitischer Maßnahmen nach den Art. 149, 150 EG nicht mehr erforderlich, daß die EG einen wirtschaftspolitischen Aspekt ihrer Regelung begründet. Dies ist richtig und widerspricht nicht den Feststellungen in dieser Untersuchung. Nur kann es sich bei Maßnahmen nach Art. 149 und 150 EG niemals um Richtlinien oder Verordnungen handeln. Strebt die Gemeinschaft also eine verbindliche bildungspolitische Regelung an, bedarf sie hierfür einer speziellen Ermächtigungsgrundlage, die dann regelmäßig binnenmarktorientiert sein wird.

II. Richtlinie 77/486/EWG über die schulische Betreuung von Kindern von Wanderarbeitnehmern

1. Regelungsgehalt der Richtlinie

Zur Erleichterung der Freizügigkeit für Arbeitnehmer dient die auf Art. 40 EG gestützte Richtlinie 77/486/EWG über die schulische Betreuung der Kinder von Wanderarbeitnehmern.[706] Die Richtlinie verfolgt den Zweck, die Freizügigkeit der Arbeitnehmer innerhalb der Europäischen Union dadurch zu fördern, daß die Kinder der in einem Mitgliedstaat beschäftigten ausländischen Unionsbürger eine spezielle schulische Betreuung in diesem Gastland erhalten. Damit knüpft die Richtlinie an wirtschaftspolitische Gesichtspunkte an; denn die Entscheidung eines Arbeitnehmers, von seinem Freizügigkeitsrecht Gebrauch zu machen, wird auch von der Überlegung beeinflußt, ob sein Kind nach eventueller Rückkehr in das Heimatland dort wieder „Anschluß findet", also reintegriert werden kann.[707]

Die Richtlinie enthält drei umsetzungsbedürftige Vorschriften: Zunächst bestimmt Art. 1 RL den Anwendungsbereich. Dieser umfaßt schulpflichtige Kinder, die in einem anderen als ihrem EU-Heimatstaat wohnen, weil ihre Eltern in diesem ausländischen Mitgliedstaat arbeiten. Art. 2 S. 1 RL schreibt vor, daß den Kindern von Wanderarbeitnehmern ein kostenloser Einführungsunterricht anzubieten ist, der die „spezifischen Bedürfnisse" dieser Kinder berücksichtigt.[708] Gemäß Art. 3 RL sollen die Kinder schließlich – unter Koordinierung mit dem Regelunterricht – in ihrer Muttersprache und der heimatlichen Landeskunde unterrichtet werden.

Auch wenn der Gemeinschaft durch den primären Anknüpfungspunkt „Wirtschaftspolitik" die Regelungskompetenz auf der Grundlage des Art. 40 EG zustand, betrifft die Richtlinie fast gleichermaßen die unmittelbare Bildungspolitik der Mitgliedstaaten. Um nicht in die Gefahr der Zuständigkeitsüberschreitung zu geraten, beschränkt die Richtlinie die Umsetzungspflicht der Mitgliedstaaten auf „das diesen Staaten Mögliche", und zwar „nach Maßgabe ihrer innerstaatlichen Verhältnisse und ihrer Rechtssysteme".

---

[706] Richtlinie des Rates vom 25.07.1977, ABl. EG Nr. L 199, S. 32.

[707] Vgl. *Schneider*, in: Bleckmann, Europarecht, 6. Auflage 1997, § 32, Rdnr. 2645. Grundsätzlich zum Begriff des Wanderarbeitnehmers *EuGH*, Urt. v. 26. 2. 1992, Rs. C-357/89 (*V.J.M. Raulin ./. Minister van Onderwijs en Wetenschappen*), EuZW 1992, S. 315 (316) ff.

[708] Hierzu gehört nach Art. 2 S. 2 RL, daß bereits die Aus- bzw. Weiterbildung der Lehrer entsprechend zu gestalten ist, die diesen Unterricht erteilen sollen.

2. Innerstaatliche Zuständigkeit der Länder zur Umsetzung der Richtlinie

Das Recht der Gesetzgebung in Schulangelegenheiten – hierzu zählt auch die Ausgestaltung der schulischen Betreuung der Kinder und Jugendlichen von Wanderarbeitnehmern - ist in der Bundesrepublik Deutschland allein Sache der Länder (Kulturhoheit der Länder).

3. Umsetzungsfrist

Die Umsetzungsfrist endete gemäß Art. 4 RL am 25.07.1981.

4. Umsetzungsmaßnahmen der Länder

Tabelle 3.1: Transformationsgesetze zu der RL 77/486/EWG

Land	**Transformationsnorm**
Baden-Württemberg	Bislang keine Umsetzung.
Bayern	Bislang keine Umsetzung.
Berlin	Bislang keine Umsetzung.
Brandenburg	Bislang keine Umsetzung.
Bremen	Bislang keine Umsetzung.
Hamburg	Bislang keine Umsetzung.
Hessen	Bislang keine Umsetzung.
Mecklenburg-Vorpommern	Bislang keine Umsetzung.
Niedersachsen	Bislang keine Umsetzung.
Nordrhein-Westfalen	Bislang keine Umsetzung.
Rheinland-Pfalz	Richtlinien für den Unterricht der Kinder ausländischer Arbeitnehmer, Verwaltungsvorschrift des Kultusministeriums vom 30. Juli 1986 (943 B Tgb. Nr. 2000), Amtsblatt des Kultusministeriums vom 24.09.1986, Nr. 18, S. 457.
Saarland	Bislang keine Umsetzung.

Sachsen	Bislang keine Umsetzung.
Sachsen-Anhalt	Bislang keine Umsetzung.
Schleswig-Holstein	Bislang keine Umsetzung.
Thüringen	Bislang keine Umsetzung.

a) Rheinland-Pfalz

Als einziges der deutschen Länder hat Rheinland-Pfalz die RL 77/486/EWG über die schulische Betreuung von Kindern von Wanderarbeitnehmern in sein Landesrecht umgesetzt. Die rheinland-pfälzische Regelung entspricht inhaltlich den Anforderungen der Richtlinie, berücksichtigt aber wegen ihrer Umsetzung aus dem Jahre 1986 notwendigerweise noch nicht die zwischenzeitlich erfolgte Gründung und mitgliedstaatliche Erweiterung der Europäischen Union.[709] Die rheinland-pfälzische Vorschrift umfaßt acht Punkte, einschließlich weiterer Untergliederungen. Neben allgemeinen Grundsätzen (Punkt 1), in denen etwa festgelegt ist, daß die Lehrpläne der Schulen auf die Kultur und die soziale Situation der ausländischen Schüler Rücksicht zu nehmen haben, werden schulrechtliche Grundlagen (Punkt 2), die Zusammenarbeit der Schule mit den Eltern (Punkt 3) sowie der Einsatz und die Rechtsstellung ausländischer Lehrer (Punkt 4) geregelt.

Im Hinblick auf die Umsetzung der RL 77/486/EWG muß besonders Punkt 5 der Verwaltungsvorschrift genannt werden, der die erforderlichen Einzelheiten eines muttersprachlichen Ergänzungsunterrichts regelt. Dabei wird auch ein für den Erlaß der EG-Richtlinie tragender Gedanke in Bezug genommen: die Möglichkeit der Wiedereingliederung ausländischer Kinder in ihren Heimatstaat aufrechtzuerhalten und zu erleichtern. Um dieses Ziel zu erreichen, bedarf es nach der rheinland-pfälzischen Regelung einer Unterrichtsgestaltung, die jede Entfremdung von Sprache und Kultur des Heimatlandes zu vermeiden sucht. Daß eine so umfassende Vorgabe im übrigen unter dem Vorbehalt der personellen

[709] Insofern ist an eine inhaltliche Überarbeitung zu denken, was nach einer dem Verf. ggü. erteilten Auskunft aus dem Ministerium für Bildung, Wissenschaft und Weiterbildung Rheinland-Pfalz überprüft und ggf. auch geschehen soll. Zu berücksichtigen ist dabei, daß die Richtlinie den Mitgliedstaaten weder aufgibt, unzumutbare Maßnahmen zu ergreifen noch ihnen vorschreibt, die vorhandenen personellen und finanziellen Kapazitäten über Gebühr zu erweitern. Unzumutbar und auch kaum praktikabel wäre es, heimatsprachlichen Unterricht beispielsweise in Schwedisch oder Finnisch für die momentan wohl eher geringe Zahl von Schülerinnen und Schülern aus diesen Mitgliedstaaten bereitstellen zu müssen.

und organisatorischen Möglichkeiten des Schulträgers steht, ist fast selbstverständlich und verstößt nicht gegen das Gemeinschaftsrecht.
Punkt 6 der Verwaltungsvorschrift enthält besondere Bestimmungen für die einzelnen Schularten (Grund- und Hauptschule, Realschule, Gymnasium, Gesamtschule, berufsbildende Schule und Sonderschule); Punkt 7 regelt Einzelheiten der Leistungsbeurteilung und der Zeugnisse. Punkt 8 schließlich bestimmt den Zeitpunkt des Inkrafttretens.[710]

Kann man die Umsetzung der RL 77/486/EWG inhaltlich als ordnungsgemäß beurteilen, so bestehen doch Bedenken, ob dies auch auf die gewählte Rechtsform zutrifft. Rheinland-Pfalz hat die Richtlinie über die schulische Betreuung der Kinder von Wanderarbeitnehmern mittels Verwaltungsvorschrift in sein Landesrecht integriert. Da diese Richtlinie - speziell an den diesbezüglichen Kriterien des EuGH gemessen[711] - zweifelsohne individualschützenden Charakter hat,[712] genügt eine nur verwaltungsintern geltende und damit der gerichtlichen Kontrolle weitestgehend entzogene Verwaltungsvorschrift nicht den Anforderungen an eine formell korrekte Richtlinienumsetzung. Diesen Makel sollten die zuständigen Stellen in Rheinland-Pfalz bald beheben; beispielsweise im Rahmen einer Überarbeitung der jetzigen Regelung.[713] Im übrigen ist die rheinland-pfälzische Vorschrift als gelungen zu bezeichnen.

b) Die übrigen Länder

Die übrigen Länder haben die RL 77/486/EWG nicht in ihr Landesrecht umgesetzt, was insofern bemerkenswert ist, als sie - mit Ausnahme Schleswig-Holsteins – vom Gegenteil überzeugt sind. So wurden dem Verf. auf eine informatorische Anfrage von den jeweils zuständigen Fachministerien der Länder die folgenden Maßnahmen als Transformationsakt bzw. als mit den Zielvorgaben der Richtlinie übereinstimmendes Landesrecht übermittelt:

---

[710] 25. September 1986.
[711] Hierzu oben 3. Teil / II / 6 b) / bb).
[712] Nämlich das Recht ausländischer Arbeitnehmerkinder aus EU-Staaten beinhaltet, innerhalb der vorhandenen bzw. zumutbar zu schaffenden Kapazitäten von den geschilderten Richtlinienzielen zu profitieren, deren Umsetzung Aufgabe der Mitgliedstaaten ist.
[713] Hier bietet sich dann etwa der Erlaß einer Rechtsverordnung an.

Baden-Württemberg	Unterricht für ausländische Schüler an den allgemeinbildenden und beruflichen Schulen in Baden-Württemberg, Verwaltungsvorschrift vom 29. März 1993 (K.u.U. S. 62), geändert durch Verwaltungsvorschrift vom 07. Juli 1994 (K.u.U. S. 445).
Bayern	Unterricht für Kinder ausländischer Arbeitnehmer – Bekanntmachung des Bayerischen Staatsministeriums für Unterricht und Kultus vom 29. August 1984 Nr. III A 2 – 4/57 569, KMBl. I Nr. 22/1984, S. 510.
Berlin	Ziffer 9 der Ausführungsvorschriften über den Unterricht für ausländische Kinder und Jugendliche vom 24. Mai 1984, Dienstblatt des Senats von Berlin, Teil III, Wissenschaft, Kunst und Schulwesen, Nr. 7, vom 6.7.1984, S. 95 bis 101 ***(nach Auskunft der Senatsverwaltung für Schule, Jugend und Sport des Landes Berlin mittlerweile aufgehoben).***
Brandenburg	1. Brandenburgisches Schulgesetz vom 12. April 1996, GVBl. I S. 102. 2. Verordnung über die Bildungsgänge in der Sekundarstufe I (Sekundarstufe I-Verordnung – Sek I-V) vom 5. Mai 1997. 3. Verordnung über den Bildungsgang der Grundschule (Grundschulverordnung – GV) vom 16. Juni 1997, Amtsblatt des Ministeriums für Bildung, Jugend und Sport, Nr. 12 vom 14. 08. 1997, S. 502.
Bremen	1. Verwaltungspraxis „Modellversuch der schulischen Förderung von Sinti-Kindern". 2. Bremer Schulgesetz vom 20. Dezember 1994.
Hamburg	Ziffer 3.3 der Richtlinien für die hamburgische Ausländerpolitik.
Hessen	1. Schulische Betreuung von Kindern beruflich Reisender (hier: Kinder von Zirkusangehörigen und aus Schaustellerfamilien), Bekanntmachung und Mitteilungen des Hessischen Kultusministeriums, Amtsblatt 4/1998, S. 312. 2. Richtlinien für den Schulbesuch der Kinder von beruflich Reisenden, Erlaß vom 3. April 1995, VII A – 651/50 – 23, Gült. Verz. Nr. 7204, Amtsblatt 5/1995, S. 264.
Mecklenburg-Vorpommern	Schulische Betreuung der Kinder von beruflich Reisenden, Erlaß des Kultusministeriums vom 20. März 1995, Mitteilungsblatt des Kultusministeriums des Landes Mecklenburg-Vorpommern Nr. 5/1995, S. 97.

Nieder-sachsen

1. Unterricht für Schülerinnen und Schüler ausländischer Herkunft, Erlaß vom 3. Februar 1993 – 3064 – 81625 (SVBl. S. 27; ber. SVBl. S. 132 – VORIS 224 10010035067-); auch veröffentlicht in: Schulrecht Nds. Erg.-Lfg. 64, August 1993, Nr. 372.
2. Ergänzende Bestimmung zur Schulpflicht und zum Rechtsverhältnis zur Schule; hier: §§ 58, 59 und 63 – 68 NSchG, Erlaß vom 29. August 1995 – 308-80 006/1 (SVBl. S. 223 – VORIS 22410 01 00 35 074) – geändert durch Erlaß vom 27. März 1998 – 306-80006/1 (SVBl. S. 113 – VORIS 22410 01 00 35 074); auch veröffentlicht in: Schulrecht Nds. Erg.-Lfg. 105, September 1998, Nr. 220.

Nordrhein-Westfalen

Schulische Betreuung von Kindern aus Schaustellerfamilien, von Circusangehörigen und Fahrenden in Grundschule und Schulen der Sekundarstufe I, RdErl. d. Kultusministeriums v. 20.4.1994 (GABl. NW I, S. 84), Bereinigte Amtliche Sammlung der Schulvorschriften des Landes Nordrhein-Westfalen (BASS) 15 - 05 Nr. 21, S. 697.

Rheinland-Pfalz

Richtlinien für den Unterricht der Kinder ausländischer Arbeitnehmer, Verwaltungsvorschrift des Kultusministeriums vom 30. Juli 1986 (943 B Tgb.Nr. 2000), Amtsblatt des Kultusministeriums vom 24.09.1986, Nr. 18, S. 457.

Saarland

1. Unterricht für ausländische Kinder – Erlaß betreffend den Unterricht für Kinder ausländischer Arbeitnehmer und für Jugendliche ausländischer Arbeitnehmer vom 10. Oktober 1977 – GMBl. Saar S. 674.
2. Erlaß betreffend den Schulbesuch der Kinder von Asylbewerbern im schulpflichtigen Alter.

Sachsen

1. Verwaltungsvorschrift zum Unterricht für ausländische Schüler an den allgemeinbildenden und beruflichen Schulen im Freistaat Sachsen vom 6. März 1992.
2. Verwaltungsvorschrift des Sächsischen Staatsministeriums für Kultus zum Unterricht für Aussiedlerkinder an den allgemeinbildenden und beruflichen Schulen im Freistaat Sachsen.

Sachsen-Anhalt

Beschulung besonderer Personengruppen; hier: Schulische Betreuung von Kindern beruflich Reisender, RdErl. des MK vom 30. Oktober 1996 – 4.12.2-8313, SVBl. LSA Nr. 2 vom 21. 2. 1997, S. 38.

Schleswig-Holstein	1. Unterricht für Kinder ausländischer Arbeitnehmer; Runderlaß des Kultusministeriums vom 3. Juli 1973 – X 21 A-19-01/11 -, NBl. KM. Schl.-H. 1973, Nr. 14, S. 182. 2. Grundschulordnung – Landesverordnung über Aufnahme und Aufsteigen nach Klassenstufen an der Grundschule (GrO) vom 29. Juni 1981, NBl.KM.Schl.-H. 1981, S. 151.
Thüringen	Beschulung der Kinder von beruflich Reisenden, Verwaltungsvorschrift vom 10. Februar 1997, Amtsblatt des Thüringer Kultusministeriums und des Thüringer Ministeriums für Wissenschaft, Forschung und Kultur Nr. 4/1997, S. 213.

Eine Betrachtung dieser Maßnahmen zeigt, warum die zuständigen Stellen der Länder von einer ordnungsgemäßen Umsetzung in ihr Landesrecht ausgehen: Entweder war ihnen die Existenz der Richtlinie unbekannt,[714] oder sie haben deren Inhalte falsch interpretiert. In beiden Fällen darf allerdings der überwiegenden Zahl der Länder „Gutgläubigkeit" zugesprochen werden. Im einzelnen ist folgendes anzumerken: Daß die Richtlinie nicht ohne ergänzende Regelungen allein durch das bestehende Bremer Schulgesetz umgesetzt wurde, läßt schon ein Blick in dieses Gesetz erkennen. Dort findet sich - entgegen der dem Verf. ggü eingenommenen Position aus dem Bremer Ministerium für Bildung und Wissenschaft - keine Vorschrift über den heimatkundlichen und -sprachlichen Unterricht für EU-Ausländerkinder zur Förderung der Reintegration. Und die besondere schulische Unterstützung von Sinti-Kindern in Bremen mag man begrüßen, eine Umsetzung der RL 77/486/EWG ist aber in dieser Maßnahme noch nicht zu sehen. In Berlin wird die „Migrantenbeschulung" über Rundschreiben geregelt; und die Erteilung muttersprachlichen Unterrichts wird seit 1971 in alleiniger Verantwortung der ausländischen diplomatischen Vertretungen angeboten. Diese Maßnahmen bedeuten keine Umsetzung der 1977 erlassenen EG-Richtlinie und stimmen auch inhaltlich nicht mit den europäischen Vorgaben überein.[715] In Hamburg wird gemäß Ziffer 3.3 der Richtlinien

---

[714] Hierfür spricht die freundliche Übermittlung der völlig neben der Sache liegenden „Umsetzungsmaßnahmen" durch die Fachministerien der Länder. Lediglich aus Schleswig-Holstein kam eine telefonische und schriftliche Rückmeldung, daß man sich auf die Anfrage des Verf. mit der bislang in dem Ministerium für Bildung, Wissenschaft, Forschung und Kultur des Landes Schleswig-Holstein unbekannten Richtlinie aus dem Jahre 1977 auseinandergesetzt habe und nunmehr prüfe, ob eine Umsetzung noch zu erfolgen habe. Eine auch in Schleswig-Holstein vorhandene Regelung über die schulische Betreuung der Kinder von beruflich Reisenden wird jedenfalls auch nach Ansicht der Referenten im Ministerium für Bildung, Wissenschaft, Forschung und Kultur des Landes Schleswig-Holstein nicht als richtlinienkonform angesehen.

[715] Dem Verf. ggü. wurde in einem Anschreiben mitgeteilt, daß die Berliner Regelungen z. T. 1971 (!) auf der Grundlage der EG-Richtlinie 77/486/EWG ergangen seien.

für die hamburgische Ausländerpolitik „muttersprachlicher Unterricht unter Verantwortung der Konsulate außerhalb des von der Freien und Hansestadt Hamburg erteilten Unterrichts vermittelt". In Baden-Württemberg obliegt es eigenverantwortlich den ausländischen Konsulaten, Schülern ihres jeweiligen Heimatstaates muttersprachlichen Zusatzunterricht zu erteilen. Zur Begründung wird angeführt, es könne nicht Aufgabe des Aufnahmestaates sein, dem Erhalt der sprachlichen, kulturellen und nationalen Identität ausländischer Kinder Rechnung zu tragen. Außerdem wolle man die Kosten sparen, die mit einer ansonsten notwendigerweise verbundenen Übernahme ausländischer Lehrer in den Schuldienst des Landes Baden-Württemberg verbunden seien.[716] Diese Ansicht verstößt elementar gegen die Vorgaben der RL 77/486/EWG und zeigt, daß man in Baden-Württemberg nicht bereit ist, die genannte Richtlinie umzusetzen. Niedersachsen hat zwar die Richtlinie ebenfalls nicht umgesetzt, zumindest aber in Punkt 7 seines Erlasses vom 3. Februar 1993 eine Regelung über die Erteilung muttersprachlichen Unterrichts eingefügt, die annähernd den Anforderungen der Richtlinie entspricht. Gleiches gilt für den Freistaat Bayern und das Saarland. In Bayern beinhaltet die Bekanntmachung vom 29. August 1984 in II Nr. 7 und III zu 10.2 Regelungen über die Erteilung muttersprachlichen Unterrichts durch z. T. ausländische Lehrer, und im Saarland ist eine begrüßenswerte Vorschrift in Nr. 7 des Erlasses vom 10. Oktober 1977 enthalten. Eine in Punkt 8 des vom Kultusministerium Schleswig-Holsteins 1973 verabschiedeten Runderlasses über den Unterricht für Kinder ausländischer Arbeitnehmer enthaltene Regelung des muttersprachlichen Unterrichts, die speziell auf die Bindung der Kinder an ihre heimatliche Kultur bedacht war, wurde durch § 8 Abs. 2 Ziffer 6 der Grundschulordnung Schleswig-Holsteins aufgehoben. Nunmehr besteht in Schleswig-Holstein keine annähernd an die Richtlinienziele heranreichende Regelung mehr. Im Freistaat Sachsen existiert eine Verwaltungsvorschrift zum Unterricht für ausländische Schüler an den allgemeinbildenden und beruflichen Schulen. Diese Verwaltungsvorschrift entspricht jedoch nicht den Vorgaben des Gemeinschaftsrechts.

Einige Länder schließlich haben den Begriff des Wanderarbeitnehmers, wie ihn die RL 77/486/EWG zugrunde legt, in erster Linie auf den Personenkreis der beruflich Reisenden bezogen, speziell auf die Schausteller und Zirkusangehörigen.[717] Auch wenn der Wortlaut „Wanderarbeitnehmer" in der Tat auf einen Arbeitnehmer schließen läßt, der beruflich dauerhaft „umherwandert", so ist die Intention der EG-Richtlinie nicht auf diese Personengruppe ausgerichtet. Un-

[716] LT-Drucks. 11/2723, S. 1 (15, 16) ff. Antwort der Landesregierung auf die Große Anfrage der Fraktion der SPD vom 22. April 1993 (Drucksache 11/1783).

[717] So die Länder Hessen, Mecklenburg-Vorpommern, Brandenburg, Sachsen-Anhalt, Nordrhein-Westfalen, der Freistaat Thüringen und Bremen.

korrekt ist es daher, die Umsetzung der Richtlinie mit Verweis auf geltendes Landesrecht als entweder für „nicht erforderlich“ zu erachten oder sogar als „ordnungsgemäß erfolgt“ darzustellen. Dieses Mißverständnis sollte in jenen Ländern durch eine gesetzliche Klarstellung behoben werden.[718]

III. Richtlinie 85/384/EWG – Architektenrichtlinie[719]

1. Regelungsgehalt der Richtlinie

Wie der Titel der RL 85/384/EWG besagt,[720] verfolgt die Architektenrichtlinie die Ziele:

a) der gegenseitigen Anerkennung der Diplome, Prüfungszeugnisse oder der sonstigen Befähigungsnachweise auf dem Gebiet der Architektur;
b) mittels einer solchen Anerkennung die Freizügigkeit innerhalb der Gemeinschaft zu fördern.

Um diese zuvor genannten Bestrebungen realisieren zu können und in Anbetracht der Tatsache, daß speziell die Berufsbezeichnung „Architekt“ häufig auch als künstlerische Bezeichnung verstanden wird, enthält die RL 85/384/EWG eine Vielzahl von Regelungsnormen.[721]

Die Richtlinie schreibt vor, unter welchen Voraussetzungen die Mitgliedstaaten Abschlußzeugnisse auf dem Gebiet der Architektur gegenseitig anerkennen müssen und damit Absolventen das Recht einzuräumen haben, in dem jeweiligen Mitgliedstaat die Berufsbezeichnung „Architekt“ zu führen.

Gemäß Art. 3, 4 RL knüpfen die Voraussetzungen, die zu einer Anerkennung des Abschlusses führen, an die Art und den Inhalt der jeweiligen mitgliedstaatlichen Architektenausbildung an. Die Architektenrichtlinie beinhaltet somit keine unmittelbare Verpflichtung der Mitgliedstaaten, ihre jeweilige Architek-

---

[718] Zum Begriff des Wanderarbeitnehmers aus Sicht der EG siehe *EuGH*, Urt. v. 26. 2. 1992, Rs. C-357/89 (*V.J.M. Raulin ./. Minister van Onderwijs en Wetenschappen*), EuZW 1992, S. 315 (316) ff.

[719] Richtlinie des Rates für die gegenseitige Anerkennung der Diplome, Prüfungszeugnisse und sonstigen Befähigungsnachweise auf dem Gebiet der Architektur und für Maßnahmen zur Erleichterung der tatsächlichen Ausübung des Niederlassungsrechts und des Rechts auf freien Dienstleistungsverkehr vom 10.06.1985, ABl. EG Nr. L 223, S. 15, geändert durch RL 85/614/EWG vom 20.12.1985, ABl. EG Nr. L 376, S. 1 und RL 86/17/EWG vom 27.01.1986, ABl. EG Nr. L 27, S. 71 (nachfolgend: Architektenrichtlinie).

[720] Zum vollständigen Titel siehe Fußn. 719.

[721] Die Richtlinie umfaßt insgesamt 32 z. T. recht umfangreiche Artikel.

tenausbildung zu harmonisieren.[722] Nach Art. 4 Abs. 1 lit. a) RL muß für die gemeinschaftsweite Anerkennung die Mindeststudiendauer für angehende Architekten vier Jahre umfassen. Speziell die Frage der deutschen Fachhochschulen hat sich daher als erhebliches Problem in den Beratungen der Ausschüsse und im Ministerrat erwiesen.[723] Im Ergebnis wurde eine Differenzierung vorgenommen zwischen einer Fachhochschulausbildung von vierjähriger und einer solchen von dreijähriger Dauer;[724] eine problematische Differenzierung, was nicht zuletzt der Umstand belegt, daß konkret diese Unterscheidung schon Anknüpfungspunkt zweier Verfahren vor dem EuGH war.[725]

Art. 5 Abs. 1 RL erweitert den Anwendungsbereich der Architektenrichtlinie auf Personen, die, ohne ein Hochschuldiplom zu besitzen, sich durch besondere architektonische Leistungen ausgezeichnet haben und aufgrund dessen in ihrem Mitgliedstaat die Berufsbezeichnung „Architekt" tragen dürfen.

Die Architektenrichtlinie betrifft sowohl selbständige als auch angestellte Architekten. Erfaßt werden dabei nach den Erwägungsgründen der Richtlinie alle Tätigkeiten, die üblicherweise unter der Berufsbezeichnung „Architekt" ausgeführt werden.[726]

---

[722] Siehe *Schneider*, Die Anerkennung von Diplomen, S. 154; *Wägenbaur*, EuR 1987, S. 113 (116) ff. In jedem Fall ist aber mittelbar ein Einfluß auf die Gestaltung der jeweiligen Ausbildung anzunehmen, da die Mitgliedstaaten unter dem Gesichtspunkt der „Gegenseitigkeit" bedacht sein werden, daß auch der in ihrem Staat zu erlangende Abschluß gemeinschaftsweite Anerkennung findet.

[723] Vgl. *Schneider*, Die Anerkennung von Diplomen, S. 155.

[724] Bei dreijähriger Fachhochschulausbildung ist vorgeschrieben, daß der Bewerber zusätzlich zu dem Studium eine vierjährige Berufserfahrung in der Bundesrepublik nachweisen muß (Art. 4 Abs. 1 Unterabsatz 2 RL). Im Falle der vierjährigen Ausbildung ist eine solche praktische Erfahrung hingegen nicht mehr erforderlich. Daß diese Differenzierung nicht unproblematisch ist, liegt auf der Hand; immerhin kann ein Jahr mehr oder weniger an Regelstudiendauer dazu führen, daß sich ein Bewerber erst nach einigen Jahren der praktischen Tätigkeit in einem anderen EU-Mitgliedstaat unter seiner Berufsbezeichnung niederlassen kann.

[725] Und zwar gerade wegen der in Fußn. 724 dargestellten Problematik. Vgl. *EuGH*, Urt. v. 21.01.1992, Rs C-310/90, Slg. 1992, S. 177 ff. (*Nationale Raad van de Orde van Architecten/Ulrich Egle*); *EuGH*, Urt. v. 08.04.1992, Rs C-166/91, Slg. 1992, S. 2797 ff. (*Gerhard Bauer/Conseil national de l'ordre des architectes*).

[726] Dieser weit gefaßte Anwendungsbereich wurde deshalb gewählt, weil in einigen Mitgliedstaaten die „klassischen" architektonischen Tätigkeiten nicht ausschließlich von Architekten verrichtet werden, sondern (daneben) auch von anderen Berufsgruppen, beispielsweise von Ingenieuren.

Schließlich differenziert die Architektenrichtlinie noch zwischen älteren und neueren Diplomen. Während die älteren Diplome in Art. 11 RL aufgelistet sind, bestimmt sich die Anerkennung der neueren Diplome nach den Art. 2 und 3 RL. Im Grundsatz gilt die Regel, daß ein Mitgliedstaat - sofern er zusätzlich zu seinem nationalen Diplom ein berufliches Praktikum verlangt - einen solchen Nachweis auch von einem ausländischen Diplominhaber verlangen kann.[727]

2. Innerstaatliche Zuständigkeitsverteilung zur Umsetzung der Richtlinie

Das Recht zum Führen der Berufsbezeichnung und die Anerkennung als Architekt ist in den Architektengesetzen der Länder geregelt. Zwar wurde im Jahre 1969 ein Bundesarchitektengesetz vom Bundestag beschlossen,[728] aber nicht verkündet. Hintergrund hierfür war ein Beschluß des BVerfG,[729] wonach der Bund gemäß Art. 74 Nr. 11 GG zwar ermächtigt sei, Berufsbilder in der Wirtschaft zu fixieren; das Führen einer Berufsbezeichnung „Ingenieur" könne er jedoch nicht festlegen.[730]
Damit steht hinsichtlich der Umsetzung der Architektenrichtlinie 85/334/EWG fest, daß diese analog Art. 70 GG Sache der Länder ist.

3. Umsetzungsfrist

Die Umsetzungsfrist endete gemäß Art. 31 RL für die Niederlassungsfreiheit im Juni 1987. Für die Normierung der Dienstleistungsfreiheit bestand darüber hinaus eine Fristverlängerung von einem Jahr - somit bis Juni 1988.

---

[727] *Schneider*, Die Anerkennung von Diplomen, S. 155.

[728] BT-Drs. V/4046, 4244, 4499.

[729] Vgl. *BVerfGE* 26, S. 246 ff.

[730] Konkret heißt es in der Entscheidung *(BVerfGE* 26, S. 246 (257) ff.): „Der Schutz der Berufsbezeichnung „Ingenieur" muß, soweit er notwendig ist, keineswegs durch Bundesgesetz erfolgen. Eine einheitliche Regelung durch inhaltlich übereinstimmende Ländergesetze ist durchaus denkbar und praktikabel."

4. Umsetzungsmaßnahmen der Länder

Tabelle 3.2: Transformationsgesetze zu der RL 85/384/EWG.

Land	**Transformationsnorm**
Baden-Württemberg	Gesetz zur Änderung des Architektengesetzes vom 20. Juni 1994, GVBl. Nr. 14 vom 14.07.1994, S. 317.
Bayern	Gesetz zur Änderung des Bayerischen Architektengesetzes vom 10. August 1990, GVBl. Nr. 15/1990, S. 278.
Berlin	Berliner Architekten- und Baukammergesetz (ABKG) vom 19. Juli 1994, GVBl. Nr. 40 vom 29.07.1994, S. 253.
Brandenburg	Brandenburgisches Architektengesetz (BbgArchG) vom 7. April 1997, GVBl. Teil I Nr. 4 vom 10.4.1997, S. 20.
Bremen	Gesetz zur Änderung des Bremischen Architektengesetzes vom 19. Dezember 1989, GBl. Nr. 56 vom 27.12.1989, S. 425.
Hamburg	Gesetz zur Änderung des Hamburgischen Architektengesetzes vom 21. Januar 1991, GVBl. Nr. 3, S. 12.
Hessen	Drittes Gesetz zur Rechts- und Verwaltungsvereinfachung vom 17. Dezember 1998, GVBl. Nr. 27 vom 28.12.1998, S. 562; dort Art. 43, Änderung des Hessischen Architektengesetzes.
Mecklenburg-Vorpommern	Architektengesetz des Landes Mecklenburg-Vorpommern (Architektengesetz – ArchG M-V) vom 12. März 1998, GVBl. M-V Nr. 12 vom 17.4.1998, S. 364.
Niedersachsen	Niedersächsisches Architektengesetz (NArchtG) in der Fassung vom 17. Juli 1990, GVBl. Nr. 30 vom 27.07.1990, S. 348.
Nordrhein-Westfalen	1. Viertes Gesetz zur Änderung des Architektengesetzes (ArchG NW) vom 10. Januar 1989, GVBl. Nr. 4 vom 31.01.1989, S. 44. 2. Gesetz über den Schutz der Berufsbezeichnungen „Architekt“, „Architektin“, „Stadtplaner“ und „Stadtplanerin“ sowie über die Architektenkammer, über den Schutz der Berufsbezeichnung „Beratender Ingenieur“ und „Beratende Ingenieurin“ sowie über die Ingenieurkammer-Bau – Baukammergesetz (BauKaG NW) vom 15 Dezember 1992, GVBl. Nr. 62 vom 30.12.1992, S. 534.

Rheinland-Pfalz	Landesgesetz zur Änderung des Architektengesetzes Rheinland-Pfalz vom 30. März 1993, GVBl. Nr. 8 vom 13.04.1993, S. 160.
Saarland	Bekanntmachung der Neufassung des Saarländischen Architektengesetzes vom 19. Januar 1990, Amtsblatt des Saarlandes Nr. 9 vom 15.2.1990, S. 177.
Sachsen	Sächsisches Architektengesetz vom 19. April 1994, GVBl. Nr. 23 vom 06. 05. 1994, S. 765.
Sachsen-Anhalt	Architektengesetz des Landes Sachsen-Anhalt vom 28. April 1998, GVBl. Nr. 16/1998 vom 4.5.1998, S. 243.
Schleswig-Holstein	Gesetz zur Änderung des Architekten- und Ingenieurkammergesetzes vom 22. Mai 1995, GVBl. Nr. 9 vom 22.06.1995, S. 213.
Thüringen	Thüringer Gesetz zur Änderung des Rechts der Architekten und Ingenieure vom 13. Juni 1997, GVBl. Nr. 11 vom 20.6.1997, S. 210.

Weniger spektakulär als die Probleme um das Zustandekommen der Architektenrichtlinie gestaltete sich im Anschluß daran die Umsetzung durch die Länder.[731] Da die Architektenrichtlinie sehr konkrete Vorgaben enthält, konnten sich die Länder bei der Umsetzung eng an diesen Bestimmungen orientieren und mußten diese weitgehend „nur" in ihr Landesrecht übertragen. Vielfach ist dabei auf das Mittel der dynamischen Verweisungsnorm zurückgegriffen worden.[732]

5. Ergebnis:

Die Erarbeitung einer Architektenrichtlinie hat sich in der Praxis als schwieriges und langwieriges Unterfangen dargestellt. Neben einigen bereits aufge-

[731] Dies dürfte in erster Linie daran gelegen haben, daß es zwar schwierig war, die RL 85/384/EWG auf Gemeinschaftsebene auszuhandeln, danach aber ein klares und detailliertes Regelungswerk vorlag, dessen Umsetzung in den Ländern an konkrete Vorgaben geknüpft werden konnte.

[732] In NRW wurde die Umsetzung zum einen mit der Änderung des ArchG NW und zum anderen mit der Einbindung der RL 89/384/EWG in das BauKaG NW - als einem 95 Paragraphen starken Regelungswerk über den Schutz der Berufsbezeichnungen - vorgenommen. Einen ähnlichen Weg haben auch die Länder Schleswig-Holstein und Berlin gewählt. In den „neuen" Ländern wurde die Umsetzung mit der Verabschiedung eines neuen Architektengesetzes verbunden und auch vollständig in dieses eine Regelwerk integriert. Die übrigen Länder haben die Umsetzung durch eine Änderung ihrer Architektengesetze vorgenommen.

zeigten Problemen bestand eine Hürde auch aufgrund der in Deutschland vorgesehenen Studienmöglichkeiten an Hochschulen einerseits und Fachhochschulen andererseits. Nachdem auf europäischer Ebene diese Frage gelöst werden konnte, war die Umsetzung in den Ländern selbst nicht mehr problematisch.

IV. Diplomanerkennungsrichtlinien 89/48/EWG und 92/51/EWG

1. Regelungsgehalt der Richtlinien[733]

Die **Richtlinie 89/48/EWG** des Rates vom 21.12.1988 über eine allgemeine Regelung zur Anerkennung der Hochschuldiplome, die eine mindestens dreijährige Berufsausbildung abschließen[734] soll - wie auch die zuvor in diesem Kapitel untersuchten Richtlinien - die Freizügigkeit innerhalb der EU-Mitgliedstaaten fördern und die Aufnahme und Ausübung beruflicher Tätigkeiten durch die gegenseitige Anerkennung der Diplome, Prüfungszeugnisse und sonstiger Befähigungsnachweise erleichtern. Konkretes Ziel ist, Angehörigen der EU-Mitgliedstaaten, die über ein berufsausbildungsabschließendes Hochschuldiplom verfügen, die Aufnahme einer entsprechenden Tätigkeit in einem anderen Mitgliedstaat zu ermöglichen; trotz der Tatsache, daß die Ausübung des jeweiligen Berufes dort den Abschluß eines mindestens dreijährigen Hochschulstudiums verlangt.

Die Richtlinie sieht keine Harmonisierung der Ausbildungsgänge vor. Sie geht vielmehr von unterschiedlichen Ausbildungsabläufen aus und verpflichtet zur Anerkennung der in den Mitgliedstaaten erworbenen Diplome.[735] Zentrale Bestimmung der Richtlinie ist ihr Art. 3. Danach darf gemäß Art. 3 Absatz 1 lit. a) RL einem Angehörigen eines Mitgliedstaates der Zugang zu einem reglementierten Beruf oder dessen Ausübung im Aufnahmestaat nicht wegen mangelnder Qualifikation verweigert werden, wenn er im Besitz eines Diploms ist, das in einem anderen Mitgliedstaat zur Ausübung eines entsprechenden Berufes anerkannt ist. Art. 3 RL geht somit von der Gleichstellung der genannten Diplome aus.

---

[733] Ausführlich zum Inhalt, Anwendungsbereich und insbesondere zur Entstehungsgeschichte der Richtlinien siehe auch *Schneider*, Die Anerkennung von Diplomen, S. 161 ff., 236 ff. sowie *Wägenbaur*, EuR 1987, S. 113 ff.

[734] ABl. EG Nr. L 19, S. 16 (kurz: Diplomanerkennungsrichtlinie)

[735] Diplom im Sinne der RL 89/48/EWG ist der Befähigungsnachweis, der im Anschluß an ein mindestens dreijähriges Hochschulstudium in dem Land, in dem er erworben wurde, ohne weitere Voraussetzungen zur uneingeschränkten Berufsausübung in einem entsprechenden und reglementierten Beruf berechtigt (vgl. Art. 1a RL).

Die gegenseitige Anerkennung von Diplomen innerhalb der EU-Mitgliedstaaten wurde in der Literatur mit Recht „als die Basisphilosophie des Binnenmarktkonzeptes" bezeichnet, die ihre Grundlage in der »Cassis de Dijon«-Rechtsprechung des EuGH finde.[736]

Die vorgenannten Grundsätze gelten jedoch nicht ausnahmslos. Die RL 89/48/EWG gestattet den Mitgliedstaaten nämlich, von dem zuvor erläuterten Gleichstellungsprinzip des Art. 3 RL in Einzelfällen abzusehen. So können die Mitgliedstaaten nach Art. 4 RL die Anerkennung des ausländischen Abschlusses von dem Nachweis weiterer Qualifikationen abhängig machen, wenn die Ausbildung im Herkunftsstaat des Bewerbers ggü. der im Aufnahmestaat „wesentliche" Defizite aufweist.

Dem Aufnahmestaat ist es nach Art. 4 Abs. 1 lit. a) RL z. B. gestattet, von dem jeweiligen Bewerber den Nachweis einschlägiger Berufserfahrung zu fordern. Dies ist besonders vorgesehen für den Fall, daß die gemäß Art. 3 Abs. 1 lit. a) und b) zugrunde gelegte Ausbildungsdauer im Herkunftsstaat um mindestens ein Jahr unter der im Aufnahmestaat geforderten Mindeststudienzeit liegt. Im Regelfall darf die nachzuweisende Berufserfahrung jedoch das Doppelte der fehlenden Ausbildungszeit nicht überschreiten; die Obergrenze der verlangten Berufserfahrung ist auf vier Jahre festgesetzt.

Nach Art. 4 Abs. 1 lit. b) RL kann der Aufnahmestaat verlangen, daß der Bewerber einen Anpassungslehrgang absolviert oder eine Eignungsprüfung ablegt, wenn sich seine bisherige Ausbildung inhaltlich von der im Aufnahmestaat verlangten „erheblich" unterscheidet.[737]
Macht der Aufnahmestaat von dieser Möglichkeit Gebrauch, muß er dem Antragsteller die Wahl lassen zwischen Anpassungslehrgang oder Eignungsprüfung – Art. 4 Abs. 1 RL.[738]

Bei der **Richtlinie 92/51/EWG** über eine zweite allgemeine Regelung zur Anerkennung beruflicher Befähigungsnachweise[739] handelt es sich um eine Ergänzung der allgemeinen Diplomanerkennungsrichtlinie 89/48/EWG, weshalb sie

---

[736] So *Schneider*, in: Bleckmann, Europarecht, 6. Auflage 1997, § 32, Rdnr. 2651.
[737] Die Dauer des Anpassungslehrgangs darf jedoch drei Jahre nicht überschreiten.
[738] In keinem Fall ist es einem Mitgliedstaat gestattet, von den beiden zuvor dargestellten Ausnahmemöglichkeiten (Berufserfahrung zu verlangen einerseits, Anpassungslehrgang/Eignungsprüfung vorauszusetzen andererseits) für eine bestimmte Berufsgruppe kumulativ Gebrauch zu machen.
[739] ABl. EG Nr. L 209, S. 25.

auch nur im Zusammenhang mit dieser gelesen und verstanden werden kann.[740] Die RL 92/51/EWG hat ihre Ermächtigungsgrundlage - ebenso wie die RL 89/48/EWG – in den Art. 40, 47 Abs. 1 und 55 EG. Als Ergänzung zu der allgemeinen Diplomanerkennungsrichtlinie sind von der RL 92/51/EWG in erster Linie Ausbildungsgänge im „postsekundären Bereich" mit einer Ausbildungsdauer von weniger als drei Jahren erfaßt sowie solche Ausbildungsgänge, die an einer Sekundarschule abgeschlossen und ggf. von einer praktischen Berufsausbildung begleitet werden.[741] Kurz gesagt, bezieht sich die RL 92/51/EWG auf berufliche Befähigungsnachweise unterhalb der Hochschulebene.[742]

2. Innerstaatliche Zuständigkeitsverteilung zur Umsetzung der Richtlinien und Anwendungsbereich der RL 92/51/EWG

a) Die sektorielle Umsetzungsmethode

Die Umsetzung der Richtlinie 89/48/EWG erfolgte in der Bundesrepublik – sofern man sie bereits als abgeschlossen betrachten kann – nicht, wie in anderen EU-Mitgliedstaaten,[743] durch ein allgemeines Umsetzungsgesetz. Der deutsche Gesetzgeber wählte vielmehr den Weg der sog. sektoriellen Umsetzungsmethode.[744] Sektorielle Vorgehensweise bedeutet, daß für jede von der Richtlinie erfaßte Berufsgruppe eine separate Umsetzung vorgenommen wird.
Auch wenn hier keine umfangreiche Auseinandersetzung mit der sektoriellen Methode erfolgen kann, sind selbst bei einem kursorischen Überblick sowohl Vor- als auch Nachteile festzustellen: Der Vorteil einer berufsbezogenen Umsetzung liegt sicher darin, daß diese auf die Besonderheiten der jeweiligen Berufsgruppe zugeschnitten werden kann. Ein Nachteil ist, daß die Gesamtumsetzung der Richtlinie erheblich länger dauert als bei einer Umsetzung durch ein allgemeines Gesetz.[745] Außerdem läßt sich bei einer sektoriellen Umsetzung kaum feststellen, ob diese tatsächlich lückenlos durchgeführt wurde. Immerhin gibt es eine Vielzahl von Studienmöglichkeiten im In- und Ausland, die nicht alle in absehbarer Zeit neu erfaßt und geregelt werden können.

---

[740] Vgl. Erwägungsgrund 5 der RL 92/51/EWG sowie *Schneider*, Die Anerkennung von Diplomen, S. 238.

[741] Vgl. Erwägungsgrund 9 der RL 92/51/EWG; siehe auch Art. 1 lit. a) sowie Anhang C der RL 92/51/EWG.

[742] *Oppermann*, Europarecht, 2. Auflage 1999, Rdnr. 1620.

[743] Hierzu *Schneider*, Die Anerkennung von Diplomen, S. 206 ff.

[744] *Avenarius/Schade*, NVwZ 1998, S. 475 (476) ff.

[745] So auch *Schneider*, Die Anerkennung von Diplomen, S. 206 ff.; *dies.*, in: Bleckmann, Europarecht, 6. Auflage 1997, § 32, Rdnr. 2656.

Vorliegend erfolgt eine Untersuchung der Umsetzungsmaßnahmen für solche Berufsgruppen, deren Reglementierung in die Gesetzgebungskompetenz der Länder fällt und bei denen Landesgesetzgeber auch tätig geworden sind. Im einzelnen handelt es sich um die Berufsgruppen der „Ingenieure", der „Lehrer und Lehrerinnen", der „Laufbahnbeamten", der „Innenarchitekten", der „Garten- und Landschaftsarchitekten" sowie der „Städteplaner".[746]

b) Probleme bei der Bestimmung des Anwendungsbereiches der Richtlinie 92/51/EWG

Auch die Umsetzung der RL 92/51/EWG erfolgt in Deutschland im Wege der sektoriellen Methode. Allerdings ist eine vollständige Umsetzung dieser Richtlinie durch die Länder in absehbarer Zeit nicht zu erwarten - mit Ausnahme einzelner Berufsgruppen.[747] Nach Auskunft aus der nordrhein-westfälischen Staatskanzlei liegt dies in erster Linie daran, daß erhebliche Schwierigkeiten bei der Bestimmung des Anwendungsbereiches der Richtlinie bestehen, und zwar hinsichtlich der zu reglementierenden Berufsgruppen. Unter den Ländern besteht daher Einigkeit, daß eine Umsetzung der RL 92/51/EWG erst nach Bekanntgabe einer „europäischen Entsprechungsliste" erfolgen kann.

3. Beschluß der Kultusministerkonferenz vom 14. September 1990

Um bei der Transformation der RL 89/48/EWG für den Lehrerberuf ein einheitliches Vorgehen der Länder zu gewährleisten, hat die Kultusministerkonferenz (KMK) mit Beschluß vom 14. September 1990 Grundsätze für die innerstaatliche Umsetzung aufgestellt.[748] Hierbei handelt es sich sowohl um verfahrens-

---

[746] Die Berufsgruppen der Innenarchitekten und der Garten- und Landschaftsarchitekten fallen nicht unter die Architektenrichtlinie 85/384/EWG. Dennoch bestand hier ein Umsetzungsbedarf, der eine Änderung der Landesarchitektengesetze erforderlich machte. Vgl. *Schneider*, Die Anerkennung von Diplomen, S. 212 ff.

[747] Siehe z. B. die nordrhein-westfälische Verordnung zur Änderung der Ausbildungs- und Prüfungsordnungen für sozialmedizinische Assistenten/Assistentinnen (APO-SMA); Assistentinnen und Assistenten in der Zytologie (APOfAZy) und Gesundheitsaufseher/innen (APO-Ges.-Aufs.) vom 31. März 1994, GVBl. Nr. 27 vom 07.06.1994, S. 224.

[748] Beschluß der KMK vom 14.09.1990 zur Richtlinie des Rates der Europäischen Gemeinschaften vom 21.12.1988 über eine allgemeine Regelung zur Anerkennung der Hochschuldiplome, die eine mindestens dreijährige Berufsausbildung abschließen – Umsetzung in innerstaatliches Recht für die Berufe des Lehrers; KMK Erg. Lieferung 69 September 1991, Sammlung Luchterhand, 718.

rechtliche als auch um materiell-rechtliche Vorgaben, die bei der Umsetzung durch die Landesgesetzgeber zu beachten waren.[749]

4. Umsetzungsfrist

Die Umsetzungsfrist für die RL 89/48/EWG endete am 4. Januar 1991.
Gemäß Art. 17 Abs. 1 der RL 92/51/EWG waren die Mitgliedstaaten zu einer Umsetzung dieser Richtlinie bis zum 18. Juni 1994 verpflichtet. Diese Frist wurde in Deutschland nicht eingehalten, und aufgrund der besagten Schwierigkeiten ist auch künftig nicht mit einer vollständigen Umsetzung zu rechnen.

5. Umsetzungsmaßnahmen der Länder

a) Ingenieurwesen

Tabelle 3.3: Transformationsgesetze zu der RL 89/48/EWG.

Land	**Transformationsnorm**
Baden-Württemberg	1. Gesetz zur Änderung des Ingenieurgesetzes vom 25. Februar 1992, GBl. Nr. 7/1992, S. 151. 2. Gesetz zur Umsetzung des Abkommens über den Europäischen Wirtschaftsraum vom 16. Dezember 1993, Artikel 1: Änderung des Ingenieurgesetzes, GBl. Nr. 1 vom 12. 01. 1994, S. 1.
Bayern	Gesetz zur Änderung des Ingenieurgesetzes vom 28. April 1994, GVBl. Nr. 10/1994, S. 297.
Berlin	Gesetz zur Änderung des Gesetzes zum Schutz der Berufsbezeichnung „Ingenieur" vom 13. Oktober 1992, GVBl. Nr. 47 vom 24. 10. 1992, S. 308.
Brandenburg	Gesetz zum Schutz der Berufsbezeichnung „Ingenieur" und „Ingenieurin" (Brandenburgisches Ingenieurgesetz – BbgInG) vom 19. Oktober 1993, GVBl. Teil I Nr. 23 vom 21. 10.1993, S. 460.
Bremen	Bremisches Ingenieurgesetz (BremIngG) vom 3. Mai 1994,

[749] Wobei sicher keine Rechtspflicht zur Einhaltung des KMK-Beschlusses für die jeweiligen Landesgesetzgeber bestand, da die Beschlüsse der KMK nur empfehlenden Charakter haben. Ausführlich zu den Inhalten des Beschlusses der KMK siehe *Döbrich/Jeuthe*, RdJB 1992, S. 537 (539) ff.

	GVBl. Nr. 19 vom 19.05.1994, S. 131.
Hamburg	Gesetz zur Änderung des Hamburgischen Ingenieurgesetzes vom 16. April 1991, GVBl. Nr. 19/1991, S. 115.
Hessen	Gesetz zur Änderung des Ingenieurgesetzes vom 20. Dezember 1990, GVBl. Teil I Nr. 35 vom 28. 12. 1990, S. 771.
Mecklenburg-Vorpommern	Ingenieurgesetz des Landes Mecklenburg-Vorpommern (IngG M-V) vom 8. November 1993, GVBl. Nr. 21 vom 15. November 1993, S. 878.
Niedersachsen	Gesetz zur Änderung des Niedersächsischen Ingenieurgesetzes vom 15. Mai 1992, GVBl. Nr. 21 vom 20. 05. 1992, S. 150.
Nordrhein-Westfalen	1. Gesetz zur Änderung des Ingenieurgesetzes vom 15. Oktober 1991, GVBl. Nr. 45 vom 04. 11. 1991, S. 376. 2. Gesetz über den Schutz der Berufsbezeichnungen „Architekt“, „Architektin“, „Stadtplaner“ und „Stadtplanerin“ sowie über die Architektenkammer, über den Schutz der Berufsbezeichnung „Beratender Ingenieur“ und „Beratende Ingenieurin“ sowie über die Ingenieurkammer-Bau – Baukammergesetz (BauKaG NW) vom 15 Dezember 1992, GVBl. Nr. 62 vom 30.12.1992, S. 534. 3. Zweites Gesetz zur Änderung des Ingenieurgesetzes NRW vom 17. Mai 1994, GVBl. Nr. 43 vom 27. 07. 1994, S. 438.
Rheinland-Pfalz	Landesgesetz zur Änderung des Ingenieurgesetzes vom 28. November 1991, GVBl. 1991, S. 362.
Saarland	Gesetz Nr. 1271 zur Änderung des Gesetzes zum Schutze der Berufsbezeichnung Ingenieur vom 20. März 1991, Amtsblatt des Saarlandes vom 24. 05. 1991, S. 610.
Sachsen	Gesetz des Freistaates Sachsen zum Schutz der Berufsbezeichnung „Ingenieur“ (Sächs. Ingenieurgesetz – SächsInG) vom 23. Februar 1993, GVBl. Nr. 14 vom 16.03.1993, S. 236.
Sachsen-Anhalt	Ingenieurgesetz des Landes Sachsen-Anhalt vom 15. November 1991, GVBl. Nr. 38 vom 22. 11. 1991, S. 440.
Schleswig-Holstein	1. Gesetz zur Änderung des Ingenieurgesetzes vom 02. Juli 1991, GVBl. Nr, 15 vom 25. 07. 1991, S. 375. 2. Gesetz zur Änderung des Ingenieurgesetzes vom 19. November 1993, GVBl. Nr. 19 vom 16. 12. 1993, S. 531.
Thüringen	Landesgesetz zum Schutz der Berufsbezeichnung „Ingenieur“ (Ingenieurgesetz – IngG) vom 07. Januar 1992, GVBl.

	Nr. 1 vom 10. 01. 1992, S. 1.

Die Richtlinie 89/48/EWG erforderte eine Änderung der Landesingenieurgesetze. Dies folgt aus Art. 1 lit. d) RL, wonach „reglementierte Berufe" i. S. d. Richtlinie auch solche Berufe sind, bei denen die Berufsausübung mit der Führung einer Berufsbezeichnung bzw. eines Titels verbunden ist und hierfür nach den einschlägigen Rechts- und Verwaltungsvorschriften des Mitgliedstaates der Besitz eines Diploms notwendig ist. Entscheidend ist somit nicht nur die Reglementierung der beruflichen Tätigkeit selbst; reine Titelvorschriften reichen bereits aus.

Da eine bundesweit einheitliche Regelung der Berechtigung zur Führung des Titels „Ingenieur" zweckmäßig erschien und die Titelschutzvorschriften der Landesingenieurgesetze weitgehend übereinstimmen, verständigten sich die Länder auf eine gemeinsame Transformationsregelung.

Darüber hinaus vereinbarten die Länder ein Abkommen über die Genehmigung zur Führung akademischer Grade ausländischer Hochschulen.[750] Inhalt und Ziel dieses Abkommens ist, daß die einem Bewerber in einem Bundesland erteilte Genehmigung zur Führung eines akademischen Grades einer ausländischen Hochschule auch in allen anderen Bundesländern Anerkennung findet.[751]
Die Umsetzung der Richtlinie erfolgte in den Ländern durch die Einführung eines Genehmigungsverfahrens zur Anerkennung der EG-Hochschuldiplome. Dem Antragsteller steht danach ein Rechtsanspruch auf Erteilung der Genehmigung zu, sofern seine Ausbildung die nach der Richtlinie erforderlichen Kriterien erfüllt. Eine andere Lösung wäre mit der Richtlinie auch nicht zu vereinbaren gewesen, da dies einen Verstoß gegen die Vorgaben der Richtlinie bedeutet hätte. Die „alten" Länder sind ihrem Umsetzungsauftrag durch eine entsprechende Änderung ihrer bestehenden Ingenieurgesetze gefolgt.[752] Die Kriterien der Anerkennung von Diplomen der Unionsbürger auf dem Gebiet des Inge-

---

[750] Vgl. das Abkommen zwischen den Ländern in der Bundesrepublik Deutschland über die Genehmigung zur Führung akademischer Grade ausländischer Hochschulen und entsprechender ausländischer Grade vom 29. Oktober 1992; abgedruckt im Anschluß an das Hamburgische Zustimmungsgesetz vom 1. November 1993, Hamburgisches GVBl. Nr. 42/1993, S. 295. Siehe hierzu auch die Bekanntmachung des Landes Sachsen-Anhalt vom 15. Februar 1996, GVBl. Nr. 8 vom 28.02.1996, S. 114.

[751] Art. 1 Abs. 1 des Abkommens. Siehe nunmehr die Bestimmungen einiger Landesgesetze, wonach derjenige, der nach dem Recht eines Landes der Bundesrepublik Deutschland zur Führung der Berufsbezeichnung „Ingenieur" berechtigt ist, diese auch in dem jeweiligen Land führen darf. So ausdrücklich: § 7 IngG Berlin; § 7 BbgIngG; § 8 IngG-LSA; § 1 Abs. 1 Nr. 5 IngG M-V; § 7 IngG Thüringen.

[752] *Schneider*, Die Anerkennung von Diplomen, S. 357.

nieurwesens wurden speziell festgelegt. Die „neuen" Länder haben die Umsetzung bereits mit der Verabschiedung ihres Ingenieurgesetzes verbunden.[753]

Entsprechend den länderübergreifenden Absprachen sind die Neuregelungen der Landesingenieurgesetze weitgehend identisch. Dennoch bestehende Unterschiede oder Besonderheiten werden nachfolgend dargestellt:

aa) Bremen, Hamburg, Nordrhein-Westfalen und Rheinland-Pfalz

In Bremen, Hamburg, Nordrhein-Westfalen und in Rheinland-Pfalz ist dem ausländischen Unionsbürger die Genehmigung zur Führung der Berufsbezeichnung „Ingenieur" zu erteilen, wenn er in einem anderen Mitglied staat[754] ein Diplom erworben hat, das dort für den Zugang zum Ingenieurberuf, für dessen Ausübung oder für die Führung einer der deutschen Berufsbezeichnung „Ingenieur" entsprechenden Berufsbezeichnung erforderlich ist.[755] Hinsichtlich des Begriffes „Diplom" verweisen alle vier Länder auf die Definition in Art. 1 lit. a) RL 89/48/EWG.

Die Genehmigung wird ferner für den Fall erteilt, daß in einem Mitgliedstaat die Ausübung des Ingenieurberufes nicht an den Besitz eines Diploms gebunden ist, der Bewerber dort aber während der vergangenen 10 Jahre den Ingenieurberuf mindestens zwei Jahre vollzeitlich ausgeübt hat und dies durch Ausbildungsnachweise i. S. d. Art. 3 lit. b) RL belegen kann.[756] Diese Regelung entspricht der Vorgabe des Art. 3 lit. b) RL.

Für das Genehmigungsverfahren selbst wird den zuständigen Stellen eine zeitliche Frist gesetzt, innerhalb derer das Verfahren abgeschlossen sein muß. Nach Art. 8 Abs. 2 S. 1 RL beträgt diese Frist maximal 4 Monate nach Vorlage der vollständigen Unterlagen des Antragstellers. Diese Vorgabe wurde in der Transformationsgesetzgebung von Hamburg und NRW beachtet;[757] in Rheinland-Pfalz fehlt eine entsprechende Bestimmung.[758]

---

[753] Vgl. Tabelle 3.3. sowie *Schneider*, Die Anerkennung von Diplomen, S. 357.
[754] Nicht zwingend in seinem Herkunftsmitgliedstaat.
[755] § 2 Abs. 2 Nr. 1 BremIngG, § 2 Abs. 3a des Hamburgischen IngG, § 2 Abs. 3a IngG NW, § 2 Abs. 3 Nr. 1 IngG Rheinland-Pfalz.
[756] § 2 Abs. 2 Nr. 2 BremIngG, § 2 Abs. 3b des Hamburgischen IngG, § 2 Abs. 3b IngG NW, § 2 Abs. 3 Nr. 2 IngG Rheinland-Pfalz.
[757] § 2 Abs. 3 S. 3 des Hamburgischen IngG; § 5a Abs. 4 IngG NW. Siehe auch für die anderen Länder: § 2 Abs. 3 lit. b) a. E. IngG BW; Art. 2 a Abs. 6 IngG Bayern; § 5a IngG Berlin; § 2 Abs. 2 Nr. 5 BbgInG; § 2a Abs. 4 IngG Hessen; § 3 Abs. 4 IngG-LSA; § 6 SächsInG; § 6 IngG Schleswig-Holstein; § 5a IngG Saarland. In Bremen muß das Genehmi-

Die behördliche Entscheidung muß schließlich begründet werden; Rechtsmittel hiergegen müssen möglich sein - Art. 8 Abs. 2 S. 2 RL.[759]

bb) Baden-Württemberg, Bayern, Berlin, Brandenburg, Hessen, Saarland, Sachsen, Sachsen-Anhalt, Schleswig-Holstein, Mecklenburg-Vorpommern und Thüringen

Auch in den Ländern Baden-Württemberg, Bayern, Berlin, Brandenburg, Hessen, Saarland, Sachsen, Sachsen-Anhalt, Schleswig-Holstein, Mecklenburg-Vorpommern und Thüringen benötigt der Unionsbürger die Genehmigung zur Führung der Berufsbezeichnung „Ingenieur".[760] Im Unterschied zu den zuvor betrachteten Umsetzungsmaßnahmen von Hamburg, Nordrhein-Westfalen und Rheinland-Pfalz verweisen die hier genannten Länder jedoch bei der Begriffsdefinition „Diplom" nicht nur pauschal auf die Bestimmungen der RL 89/48/EWG, sondern erweitern das Begriffsverständnis ggü. der Richtlinie.[761] Was die Umsetzung der Vorgabe des Art. 3 b) RL betrifft, so verlangen die hier aufgeführten Länder, daß der Antragsteller im Besitz von Ausbildungsnachweisen ist, aus denen hervorgeht, daß er ein mindestens dreijähriges und überwiegend technisches oder naturwissenschaftliches Studium abgeschlossen hat.[762]

Im Land Sachsen-Anhalt und in Bayern ist schließlich geregelt, daß auch das Diplom i. S. d. Art. 3 a) RL 89/48/EWG einer überwiegend technisch oder naturwissenschaftlichen Fachrichtung entspringen muß.[763] Diese Ergänzung ent-

---

gungsverfahren drei Monate nach Vorlage der Antragsunterlagen abgeschlossen sein, § 2 Abs. 3 BremIngG.

758 Ebenso in Thüringen.

759 Da die Entscheidung über den Antrag der Anerkennung eines Hochschuldiploms in Deutschland in Form des Verwaltungsaktes ergeht, ist die Rechtsschutzmöglichkeit gewahrt.

760 § 2 Abs. 3 IngG BW, Art. 2 a Bayerisches IngG, § 2a IngG Berlin, § 2 Abs. 2 BbgInG, § 2 a IngG Hessen, § 2 Abs. 3 Saarland, § 5 SächsIngG, § 3 LSA, § 2 Abs. 3 Schleswig-Holstein, § 2 IngG M-V, § 2 Abs. 3 Thüringen.

761 So werden beispielsweise unter bestimmten Voraussetzungen auch solche Diplome anerkannt, die aufgrund einer Ausbildung erworben wurden, die nicht überwiegend in der Europäischen Gemeinschaft stattgefunden hat. Siehe etwa § 2 Abs. 3 lit. b) S. 2 Hs. 2 IngG BW, § 2a Abs. 2 IngG Berlin, § 2 Abs. 2 Nr. 3 Hs. 2 BbgInG und § 5 Abs. 2 SächsIngG. Eine solche Regelung verstößt nicht gegen das EG-Recht, da die übrigen Mitgliedstaaten nicht zu einer Anerkennung der einem Drittlandsbewerber in den zuvor genannten Ländern erteilten Genehmigung verpflichtet sind.

762 Statt aller § 2 Abs. 3b S. 3 IngG BW; § 2a Abs. 3 IngG Berlin; § 2 Abs. 2 Nr. 4 BbgInG; § 1 Abs. 1 Nr. 1a IngG M-V; § 5 Abs. 3 SächsIngG, § 3 Abs. 3 IngG-LSA.

763 § 3 Abs. 1 Nr. 1 IngG-LSA; Art. 2a Bayerisches IngG.

spricht nicht der Zielsetzung der Richtlinie.[764] Auch wenn es grundsätzlich zu begrüßen ist, daß bei der Umsetzung einer EG-Richtlinie in dem Umsetzungsgesetz auf die Verweisung auf einzelne Richtlinienbestimmungen verzichtet wird, darf eine Konkretisierung von Begriffen, die in der Richtlinie verwandt werden, nicht dazu führen, daß Anforderungen erhoben werden, die mit den Richtlinienvorgaben nicht zu vereinbaren sind. Ein Richtlinienverstoß läge aber beispielsweise vor, wenn der Antrag eines ausländischen Unionsbürgers zur Führung des Titels „Ingenieur" in Sachsen-Anhalt oder Bayern abgelehnt würde, weil sein Diplom zwar in seinem Herkunftsmitgliedstaat zur Führung der Berufsbezeichnung „Ingenieur" berechtigt, dieses Diplom aber nicht einer überwiegend technisch oder naturwissenschaftlich ausgerichteten Fachrichtung entspringt. Mit der Einführung derartiger Ergänzungen wird dem Zweck der Richtlinie widersprochen. Hiernach sollen innerstaatliche Kriterien nämlich gerade nicht ausschlaggebend für die Berechtigung zur Titelführung sein, sondern allein der den Anforderungen der Richtlinie entsprechende Hochschulabschluß eines anderen Mitgliedstaates.[765]

Abgesehen von dieser zuvor beschriebenen Problematik eigenständiger Erweiterungen von Anerkennungsvoraussetzungen haben aber auch die zuvor genannten Länder die RL 89/48/EWG bzgl. des Ingenieurberufes ordnungsgemäß umgesetzt.

cc) Niedersachsen

Als einziges Land verzichtet Niedersachsen auf das Genehmigungserfordernis zur Führung der Berufsbezeichnung „Ingenieur". Wer in einem Mitgliedstaat der Europäischen Union aufgrund eines mindestens dreijährigen Studiums einen Abschluß erworben hat, der zur Führung eines Titels „Ingenieur" berechtigt, darf auch in Niedersachsen ohne weiteres diese Berufsbezeichnung verwenden. Gleiches gilt auch für Drittstaatsdiplome, soweit diese von einem EU-Mitgliedstaat anerkannt wurden und der Bewerber eine Bescheinigung vorweisen kann, daß er in jenem EU-Mitgliedstaat mindestens drei Jahre einen Ingenieurberuf ausgeübt hat. Eine Ausbildung, die nicht auf einem Hochschulabschluß basiert, die aber in einem EU-Mitgliedstaat als „einem Studium gleichwertig" anerkannt ist, berechtigt in Niedersachsen ebenfalls zur genehmigungsfreien Titelführung „Ingenieur". Schließlich ist auch derjenige ohne Genehmigung in Niedersachsen zur Führung der Berufsbezeichnung „Ingenieur" be-

---

[764] So auch *Schneider*, Die Anerkennung von Diplomen, S. 362.

[765] Siehe auch oben 3. Kap. / IV / 1.

rechtigt, der keine der bereits genannten Kriterien erfüllt, aber nach dem Recht eines Mitgliedstaates zu der Titelführung berechtigt ist.[766]

Berücksichtigt man, daß der ausländische Unionsbürger bei Vorliegen der gesetzlichen Voraussetzungen auch in den übrigen Ländern einen Rechtsanspruch auf Erteilung der Genehmigung hat,[767] dann sind die Unterschiede ggü. der niedersächsischen Regelung in der Praxis nicht erheblich. Positiv an der niedersächsischen Vorgehensweise ist, daß dort von einem bürokratischen Genehmigungsverfahren abgesehen und damit prinzipiell zum Ausdruck gebracht wird, daß man auch den anderen EU-Mitgliedstaaten eine angemessene Ingenieurausbildung zutraut. Ob es darüber hinaus notwendig war, auch die äußerst liberale Regelung bezüglich der Bewerber aus sog. Drittländern zu treffen, bedarf hier keiner abschließenden Beantwortung. In jedem Fall verstößt eine solche Vorgehensweise nicht gegen bestehende Rechtsvorschriften.[768]

b) Laufbahnbeamte – allgemeiner öffentlicher Dienst

Tabelle 3.4: Transformationsgesetze zu der RL 89/48/EWG.

Land	**Transformationsnorm**
Baden-Württemberg	1. Gesetz zur Änderung des Landesbeamtengesetzes und anderer Vorschriften vom 18. Dezember 1995, GBl. Nr. 2 vom 12.01.1996, S. 21. 2. Verordnung des Innenministeriums, des Wissenschaftsministeriums, des Justizministeriums, des Finanzministeriums, des Wirtschaftsministeriums, des Ministeriums Ländlicher Raum, des Sozialministeriums und des Ministeriums für Umwelt und Verkehr zur Umsetzung der 89/48/EWG über die laufbahnrechtliche Anerkennung von Hochschuldiplomen (EU-EWR – Laufbahn-Anerkennungsverordnung – EULAnVO) vom 10. Januar 2000, GBl. Nr. 3 vom 28.02.2000, S. 105.

[766] Vgl. § 1 Abs. 1 Nr. 1-4 Niedersächsisches IngG.

[767] Die Genehmigungserteilung steht nicht im Ermessen der zuständigen Genehmigungsbehörde.

[768] Darüber hinaus ist zu berücksichtigen, daß mittlerweile auch die meisten übrigen Länder eine Drittstaatenregelung in ihre Gesetze integriert haben. Vgl. für NRW etwa das zweite Gesetz zur Änderung des Ingenieurgesetzes NRW vom 17. Mai 1994, GVBl. Nr. 43 vom 27. 07. 1994, S. 438.

Bayern	1. Zwölftes Gesetz zur Änderung beamtenrechtlicher Vorschriften vom 23. Juli 1994, GVBl. Nr. 18/1994, S. 611. 2. Vierzehntes Gesetz zur Änderung beamtenrechtlicher Vorschriften vom 20. Februar 1998, GVBl. Nr. 5/1998, S. 52.
Berlin	Gesetz zur Änderung des Landesbeamtengesetzes, des Berliner Richtergesetzes und des Berliner Hochschulgesetzes vom 21. September 1995, GVBl. Nr. 54 vom 28.9.1995, S. 608.
Brandenburg	Gesetz zur Änderung des Brandenburgischen Kommunalwahlgesetzes zur Umsetzung der Richtlinie 94/80/EG des Rates vom 19. Dezember 1994 über die Einzelheiten der Ausübung des aktiven und passiven Wahlrechts bei Kommunalwahlen für Unionsbürger mit Wohnsitz in einem Mitgliedstaat, dessen Staatsangehörigkeit sie nicht besitzen, **und** zur Änderung des Landesbeamtengesetzes vom 14. Dezember 1995, GVBl. Nr. 22 vom 15. 12. 1995, S. 274.
Bremen	Gesetz zur Änderung dienstrechtlicher Vorschriften, Artikel 1: Änderung des Bremischen Beamtengesetzes, vom 1. März 1994, GVBl. Nr. 12 vom 16.03.1994, S. 107.
Hamburg	Drittes Gesetz zur Änderung dienstrechtlicher Vorschriften vom 11. Juni 1997, GVBl. Nr. 24/1997, S. 193.
Hessen	Sechstes Gesetz zur Änderung dienstrechtlicher Vorschriften vom 21. Dezember 1994, GVBl. Teil I Nr. 32 vom 28.12.1994, S. 810.
Mecklenburg-Vorpommern	Beamtengesetz für das Land Mecklenburg-Vorpommern (Landesbeamtengesetz – LBG M-V), GVBl. Nr. 23 vom 19. August 1998, S. 709.
Niedersachsen	Viertes Gesetz zur Änderung des Niedersächsischen Beamtengesetzes und des Niedersächsischen Richtergesetzes vom 10. Januar 1994, GVBl. Nr. 1 vom 20.01.1994, S. 2.
Nordrhein-Westfalen	Verordnung zur Umsetzung der Richtlinie 89/48/EWG des Rates vom 21. Dezember 1988 über eine allgemeine Regelung zur Anerkennung der Hochschuldiplome, die eine mindestens dreijährige Berufsausbildung abschließen, für die Laufbahnen der Beamtinnen und Beamten im Lande Nordrhein-Westfalen (VO-RLEG 89/48 BeamtNW) vom 30. Juni 1997, GVBl. Nr. 32 vom 24.07.1997, S. 216.
Rheinland-Pfalz	1. Zweites Landesgesetz zur Änderung dienstrechtlicher Vorschriften vom 21. Dezember 1993, GVBl. Nr. 33 vom 30.12.1993, S. 647.

	2. Landesverordnung zur Umsetzung der Richtlinie 89/48/EWG des Rates vom 21. Dezember 1988 über eine allgemeine Regelung zur Anerkennung der Hochschuldiplome, die eine mindestens dreijährige Berufsausbildung abschließen, für Laufbahnen in Rheinland-Pfalz vom 14. Dezember 1999, GVBl. Nr. 25 vom 28.12.1999, S. 451.
Saarland	Bekanntmachung der Neufassung des Saarländischen Beamtengesetzes (SBG) vom 27. Dezember 1996, Amtsblatt des Saarlandes Nr. 14 vom 26.3.1997, S. 301.
Sachsen	Beamtengesetz für den Freistaat Sachsen (SächsBG) vom 16. Juni 1994, GVBl. Nr. 39 vom 14.07.1994, S. 1153.
Sachsen-Anhalt	Bekanntmachung der Neufassung des Beamtengesetzes Sachsen-Anhalt (BG LSA) vom 9. Februar 1998, GVBl. Nr. 8 vom 13.2.1998, S. 50.
Schleswig-Holstein	Bekanntmachung der Neufassung des Landesbeamtengesetzes vom 20. Dezember 1996, GVBl. Nr. 1 vom 9.1.1997, S. 2.
Thüringen	1. Thüringer Beamtengesetz (ThürBG) vom 10. Juni 1994, GVBl. Nr. 20 vom 17.06.1994, S. 589. 2. Viertes Gesetz zur Änderung des Thüringer Beamtengesetzes vom 27. Juli 1999, GVBl. Nr. 14 vom 3. 8. 1999, S. 449. 3. Thüringer Verordnung zur Umsetzung der Richtlinie 89/48/EWG zur Anerkennung der Hochschuldiplome für die Laufbahnen der Beamten (Thüringer EG-Hochschuldiplomanerkennungsverordnung – ThürEG-HdiplAVO -) vom 21. Januar 2000, GVBl. Nr. 1 vom 11.02.2000, S. 22.

Da es in der BRD verschiedene Berufe gibt, die nur dann reglementiert sind, wenn sie im öffentlichen Dienst ausgeübt werden,[769] bestand wegen der sektoriellen Vorgehensweise bei der Umsetzung der allgemeinen Hochschuldiplomrichtlinie für den nationalen Gesetzgeber die Pflicht, die Bestimmungen über den Zugang zu Ämtern des öffentlichen Dienstes und zum Berufsbeamtentum an die Vorgaben der RL 89/48/EWG anzupassen.[770]

---

[769] In diesen Fällen erfolgt die Regelung durch Laufbahnvorschriften; vgl. *Schneider*, in: Bleckmann, Europarecht, 6. Auflage 1997, § 32, Rdnr. 2662.

[770] Die Streitfrage, ob die RL 89/48/EWG überhaupt auf Berufe im öffentlichen Dienst Anwendung findet, kann durch die in diesem Kapitel noch näher darzustellenden Maßnahmen des Bundes- und der Landesgesetzgeber als entschieden betrachtet werden. Vgl. *Schneider*, Die Anerkennung von Diplomen, S. 184 ff.

Was die deutschen Länder betrifft, so wartete man hier überwiegend die Maßnahmen des Bundesgesetzgebers ab, bevor eine Änderung des jeweiligen Landesrechts erfolgte. Eine solche Vorgehensweise ist immer dann sinnvoll, wenn den Ländern zur Regelung einer bestimmten Materie nicht die ausschließliche Gesetzgebungskompetenz zusteht[771] und der Bund den Erlaß von Rahmenvorschriften angekündigt hat. Aus Sicht der Länder wird durch eine solche abwartende Haltung nämlich vermieden, daß die Landesgesetzgebung modifiziert werden muß, weil sie mit dem später erlassenen Bundesrecht nicht vereinbar wäre.

Hinsichtlich der Umsetzung der RL 89/48/EWG für den öffentlichen Dienst war auf Bundesebene eine Anpassung des Beamtenrechtsrahmengesetzes (BRRG) erforderlich. Mit dem 10. Gesetz zur Änderung dienstrechtlicher Vorschriften vom 20. Dezember 1993 ist der Bund dieser Aufgabe nachgekommen.[772] Gemäß § 4 Abs. 1 Nr. 1 BRRG können künftig auch Staatsangehörige eines anderen Mitgliedstaates der Europäischen Union in das Beamtenverhältnis berufen werden, sofern sie die für die jeweilige Laufbahn erforderliche Vorbildung besitzen und zudem gewährleisten, jederzeit für die freiheitlich demokratische Grundordnung des Grundgesetzes einzutreten (§ 4 Abs. 1 Nr. 2 und Nr. 3 BRRG). Eine Ausnahmeregelung enthält § 4 Abs. 2 BRRG, wonach unter Verweis auf Art. 48 Abs. 4 EWGV[773] das Beamtenverhältnis Deutschen i. S. d. Art. 116 GG vorbehalten bleiben darf, wenn dies „die Aufgaben erfordern".[774] Mit dieser Regelung trägt der Bundesgesetzgeber künftigen europäischen Entwicklungen hinreichend Rechnung,[775] obschon eine etwas konkretere Aussage wünschenswert gewesen wäre, welches die „erforderlichen Aufgaben" i. S. d. § 4 Abs. 2 BRRG sind.[776]

In notwendiger Ergänzung zu der Änderung des § 4 BRRG bestimmt der neue § 14c Abs. 1 S. 1 BRRG, daß die Laufbahnbefähigung auch aufgrund der RL 89/48/EWG oder 92/51/EWG erworben werden kann. Nach § 14c Abs. 1 S. 2 BRRG wird die nähere Ausgestaltung dem Landesgesetzgeber überantwortet.

---

[771] Wie dies gemäß Art. 75 Abs. 1 Nr. 1 GG hinsichtlich der Regelung der Rechtsverhältnisse im öffentlichen Dienst der Fall ist, wo der Bund eine Rahmenkompetenz hat.

[772] BGBl. 1993, Teil I, S. 2136.

[773] Entspricht Art. 39 Abs. 4 EG.

[774] Siehe auch die § 4 BRRG entsprechende Änderung des § 7 Bundesbeamtengesetzes (BBG).

[775] Vgl. *Schneider*, in: Bleckmann, Europarecht, 6. Auflage 1997, § 32, Rdnr. 2663.

[776] EG-rechtskonform dürfte es im Ergebnis nur sein, Unionsbürger vom Zugang in solche Beamtenverhältnisse auszuschließen, die ein *besonderes* Treueverhältnis zum Staat voraussetzen. Hierzu zählt etwa der Bereich der Landesverteidigung, die Polizei oder entsprechend auch das Richteramt (vgl. auch § 9 Nr. 1 DRiG).

Unbedingte Voraussetzung für die Zulassung zur Laufbahn ist nach § 14c Abs. 2 BRRG in jedem Fall die Beherrschung der deutschen Sprache in Wort und Schrift.[777]

Die Länder haben dieser bundesrechtlichen Vorgabe entsprochen und auch in ihre Landesbeamtengesetze eine Öffnung des Beamtentums für EU-Bürger festgelegt.[778] Des weiteren haben alle Länder einheitlich die Regelung des § 14c Abs. 2 BRRG übernommen und als eine Mindestvoraussetzung des Bewerbers für die Zulassung zu der jeweiligen Laufbahn die Beherrschung der deutschen Sprache in Wort und Schrift vorgeschrieben.[779] Zur Umsetzung der RL 89/48/EWG für den allgemeinen öffentlichen Dienst - und insofern auch zur Regelung der Einzelheiten i. S. d. § 14c Abs. 1 S. 2 BRRG - haben die Länder darüber hinaus eine zusätzliche Vorschrift in ihre Landesbeamtengesetze eingefügt.[780] Dabei hat sich besonders die nordrhein-westfälische Bestimmung des § 21a LBG NW als gelungen erwiesen, und zwar aufgrund der dort enthaltenen klaren Vorgaben. Wesentlich bei der Regelung des § 21a LBG NW ist, daß hiernach von einem Staatsangehörigen eines EU-Mitgliedstaates, der ein Diplom erlangt hat, welches zum unmittelbaren Zugang zu einem Beruf im öffentlichen Dienst seines Herkunftslandes berechtigt, der mit dem Berufsbild einer Laufbahn im wesentlichen übereinstimmt, die Ableistung eines für die Laufbahn vorgeschriebenen speziellen Vorbereitungsdienstes nicht gefordert werden darf. Mit dieser Regelung ist die Frage des erforderlichen Vorbereitungsdienstes, die im Zuge der Änderung des BRRG zu höchst streitigen Kontroversen im Bundesrat geführt hatte, zugunsten der Unionsbürger gelöst.[781] Schließlich enthält § 21a Abs. 2 LBG NW noch eine allgemeine Begriffsdefinition „Diplom“[782] und § 21a Abs. 4 LBG NW eine Ermächtigung für das Innenministeri-

---

[777] Siehe darüber hinaus auch § 20a BBG, wo die Umsetzung für die Laufbahnen der Bundesbeamten geregelt ist.

[778] Vgl. die identischen Vorschriften: § 6 Abs. 1 und 2 LBG BW; Art. 9 Abs. 1 und 2 BayBG; § 8 Abs. 1 und 2 Bremisches Beamtengesetz; § 7 Abs. 1 und 2 Hessisches Beamtengesetz; § 9 Abs. 1 und 2 Niedersächsisches Beamtengesetz; § 6 Abs. 1 und 3 LBG NW; § 6 Abs. 1 S. 1 Nr. 1 und S. 2 SächsBG; § 6 Abs. 1 und 2 ThürBG; § 9 Abs. 1 LBG Rheinland-Pfalz; § 9 LBG Brandenburg; § 9 LBG Schl.-H.; § 6 HmbBG; § 9 LBG Berlin; § 8 LBG M-V; § 7 Abs. 1 SBG; § 7 BG LSA.

[779] Siehe statt aller § 21a Abs. 3 LBG NW.

[780] § 28a LBG BW; Art. 22a BayBG; § 22a Bremisches Beamtengesetz; § 24a Hessisches Beamtengesetz; § 28a Niedersächsisches Beamtengesetz; § 21a LBG NW; § 9 SächsBG; § 24 ThürBG; § 27a LBG Rheinland-Pfalz; § 82a LBG Brandenburg; § 24a LBG M-V; § 25a HmbBG; § 25b LBG Schl.-H.; § 29a SBG; § 20a BG LSA.

[781] Siehe auch *Schneider*, in: Bleckmann, Europarecht, 6. Auflage 1997, § 32, Rdnr. 2666.

[782] Im Gegensatz zu den Regelungen der übrigen Länder. Diese lauten in ihrem jeweiligen Absatz 1 regelmäßig wie folgt: „Die Laufbahnbefähigung kann auch aufgrund der Richtlinie 89/48/EWG...erworben werden. Das Nähere regeln die Laufbahnvorschriften.“ Absatz

um, Einzelheiten durch RVO zu regeln. Diese RVO wurde in NRW erlassen.[783] Sie regelt neben den Einzelheiten der Anerkennungsvoraussetzungen eines Diploms auch die Möglichkeit, Defizite auszugleichen, die das Diplom des Antragstellers ggü. dem deutschen Abschluß aufweisen. Zu diesen Ausgleichsmöglichkeiten gehört etwa für Juristen eine obligatorische Eignungsprüfung als Nachweis der Befähigung zur Laufbahn des höheren allgemeinen Verwaltungsdienstes.[784] Darüber hinaus regelt die Verordnung die verfahrensrechtlichen Aspekte einer Diplomanerkennung (Antragstellung, Bescheidung).
Die Regelungen in den Landesbeamtengesetzen der übrigen Länder sehen ebenfalls die Möglichkeit vor, Einzelheiten durch RVO festzulegen.[785]

c) Lehrerinnen und Lehrer

Tabelle 3.5: Transformationsgesetze zu der RL 89/48/EWG.

Land	**Transformationsnorm**
Baden-Württemberg	Verordnung des Kultusministeriums zur Umsetzung der Richtlinie 89/48/EWG des Rates vom 21. Dezember 1988 über eine allgemeine Regelung zur Anerkennung der Hochschuldiplome, die eine mindestens dreijährige Berufsausbildung abschließen, für Lehrerberufe (EU-EWR – LehrerVO) vom 15. August 1996, GBl. vom 13. 09. 1996, S. 564.
Bayern	1. Gesetz zur Änderung des Bayerischen Lehrerbildungsgesetzes vom 27. Dezember 1991, GVBl. Nr. 28/1991, S. 492. 2. Verordnung zum Vollzug des Art. 7 Abs. 4 des Bayerischen Lehrerbildungsgesetzes (EG-Richtlinienverordnung für Lehrer – EGRiLV-Lehrer) vom 23. Juli 1992, GVBl. Nr. 13/1992, S. 245. 3. Gesetz zur Änderung des Bayerischen Lehrerbildungsgesetzes vom 23. Juli 1993, GVBl. Nr. 19/1993, S. 528.
Berlin	Gesetz zur Umsetzung der Richtlinie 89/48/EWG des Rates der Europäischen Gemeinschaften vom 21. Dezember 1988

2 enthält dann zumeist die Bedingung der Beherrschung der deutschen Sprache in Wort und Schrift; statt aller vgl. § 24a Hessisches Beamtengesetz; § 82a LBG Brandenburg.

783 Siehe Tabelle 3.4.

784 Siehe §§ 2 Abs. 3, 7 ff. VO-RLEG 89/48 BeamtNW.

785 Hiervon haben neben NRW bislang die Länder Baden-Württemberg, Rheinland-Pfalz und Thüringen Gebrauch gemacht. Die übrigen Länder haben angekündigt, bald zu folgen.

	über eine allgemeine Regelung zur Anerkennung der Hochschuldiplome, die eine mindestens dreijährige Berufsausbildung abschließen, für Lehrerberufe (EG-RL-LehrG) vom 09. Juni 1993, GVBl. Nr. 32 vom 19. 06. 1993, S. 250.
Brandenburg	Verordnung zur Richtlinie 89/48/EWG des Rates vom 21. Dezember 1988 über eine allgemeine Regelung zur Anerkennung der Hochschuldiplome, die eine mindestens dreijährige Berufsausbildung abschließen, für die Lehrämter (EG-Lehramtsanerkennungsverordnung – EGLeV) vom 01. Februar 1998, GVBl. Teil II Nr. 6 vom 26.02.1998, S. 128.
Bremen	Gesetz zur Änderung dienstrechtlicher Vorschriften, Artikel 1: Änderung des Bremischen Beamtengesetzes vom 1. März 1994, GVBl. Nr. 12 vom 16.03.1994, S. 107.
Hamburg	1. Gesetz zur Umsetzung der Richtlinie des Rates der Europäischen Gemeinschaften vom 21. Dezember 1988 über eine allgemeine Regelung zur Anerkennung der Hochschuldiplome, die eine mindestens dreijährige Berufsausbildung abschließen, für die Lehrämter (EG-RL-G-Lehrer) vom 21. Dezember 1990, GVBl. Nr. 49 vom 28.12.1990, S. 281. 2. Verordnung zur Ausführung des Gesetzes zur Umsetzung der Richtlinie des Rates der Europäischen Gemeinschaften vom 21. Dezember 1988 über eine allgemeine Regelung zur Anerkennung der Hochschuldiplome, die eine mindestens dreijährige Berufsausbildung abschließen, für die Lehrämter (EG-RL-G-Lehrer) vom 5. November 1991, GVBl. Nr. 52/1991, S. 340.
Hessen	1. Gesetz zur Änderung des Gesetzes über das Lehramt an öffentlichen Schulen vom 20. November 1991, GVBl. Nr. 26 vom 26. 11. 1991, S. 340. 2. Verordnung über die Anerkennung des Lehrerdiploms von Angehörigen anderer EU-Mitgliedstaaten, GVBl. Nr. 23 vom 17.09.1994, S. 438.
Mecklenburg-Vorpommern	Verordnung zur Umsetzung der Richtlinie des Rates der Europäischen Gemeinschaften vom 21. Dezember 1988 über eine allgemeine Regelung zur Anerkennung der Hochschuldiplome im Lehrerbereich, die eine mindestens dreijährige Berufsausbildung abschließen (EG-Lehreranerkennungsverordnung) vom 2. März 1995, GVBl. Nr. 7 vom 12.04.1995, S. 202.
Nieder-	Viertes Gesetz zur Änderung des Niedersächsischen Beam-

sachsen	tengesetzes und des Niedersächsischen Richtergesetzes vom 10. Januar 1994, GVBl. Nr. 1/1994, S. 2.
Nordrhein-Westfalen	1. Verordnung zur Umsetzung der Richtlinie des Rates der Europäischen Gemeinschaften vom 21. Dezember 1988 über eine allgemeine Regelung zur Anerkennung der Hochschuldiplome im Lehrerbereich, die eine mindestens dreijährige Berufsausbildung abschließen (AVO-EG) vom 21. Mai 1991, GVBl. Nr. 25 vom 21.06.1991, S. 246. 2. Erste Verordnung zur Änderung der Verordnungen zur Anerkennung der Hochschuldiplome im Lehrerbereich, die eine mindestens dreijährige Berufsausbildung abschließen, und zur Übertragung der Befugnis zur Anerkennung von Lehramtsbefähigungen, Lehramtsprüfungen und Hochschulabschlußprüfungen auf die Regierungspräsidenten vom 26. Mai 1994, GVBl. Nr. 36 vom 07.07.1994, S. 320.
Rheinland-Pfalz	Landesverordnung zur Umsetzung der Richtlinie 89/48/EWG des Rates vom 21. Dezember 1988 über eine allgemeine Regelung zur Anerkennung der Hochschuldiplome, die eine mindestens dreijährige Berufsausbildung abschließen, für die Lehrämter an Schulen (EU-Lehrämter-Anerkennungsverordnung) vom 14. September 1998, GVBl. Nr. 16 vom 29.09.1998, S. 261.
Saarland	1. Gesetz Nr. 1284 zur Änderung von Vorschriften auf dem Gebiet des Schulrechts vom 22. Januar 1992, Artikel 6: Änderung des Saarländischen Lehrerbildungsgesetzes, Amtsblatt des Saarlandes vom 24. April 1992, S. 434. 2. Verordnung zur Umsetzung der Richtlinie des Rates der Europäischen Gemeinschaften vom 21. Dezember 1988 über eine allgemeine Regelung zur Anerkennung der Hochschuldiplome, die eine mindestens dreijährige Berufsausbildung abschließen (89/48/EWG; ABl. EG Nr. L 19 vom 24. Januar 1989, S. 16), für den Beruf des Lehrers (EG-RL-VO-Lehrer) vom 27. Juli 1993, Amtsblatt des Saarlandes vom 26.08.1993, S. 763. 3. Gesetz Nr. 1434 zur Neufassung des Saarländischen Lehrerbildungsgesetzes (SLBiG) und zur Änderung weiterer Gesetze vom 23. Juni 1999, Amtsblatt des Saarlandes vom 30.07.1999, S. 1054.
Sachsen	1. Gesetz zur Umsetzung der Richtlinie 89/48/EWG des Rates der Europäischen Gemeinschaften vom 21. Dezem-

	ber 1988 über eine allgemeine Regelung zur Anerkennung der Hochschuldiplome, die eine mindestens dreijährige Berufsausbildung abschließen, für Lehrerberufe (EU-EWR-Lehrer) vom 23. Januar 1996, GVBl. Nr. 1 vom 31.01.1996, S. 2. 2. Berichtigung des Gesetzes zur Umsetzung der Richtlinie 89/48/EWG des Rates der Europäischen Gemeinschaften vom 21. Dezember 1988 über eine allgemeine Regelung zur Anerkennung der Hochschuldiplome, die eine mindestens dreijährige Berufsausbildung abschließen, für Lehrerberufe (EU-EWR-Lehrer) vom 27. August 1997, GVBl. Nr. 17 vom 30.09.1997, S. 541.
Sachsen-Anhalt	1. Gesetz zur Umsetzung des Reformgesetzes vom 28. Oktober 1997, GVBl. Nr. 49 vom 04.11.1997, S. 904. 2. Verordnung zur Änderung der Laufbahnverordnung vom 10. August 1998, GVBl. Nr. 28 vom 13.08.1998, S. 362.
Schleswig-Holstein	Gesetz zur Umsetzung der Richtlinie 89/48/EWG des Rates der Europäischen Gemeinschaften vom 21.12.1988 für die Lehrämter (EG-RL-LehrG) vom 8. Dezember 1994, GVBl. Nr. 1 vom 12.01.1995, S. 2.
Thüringen	Thüringer Schulgesetz vom 06. August 1993, GVBl. Nr. 21 vom 12.08.1993, S. 445.

Die Lehrerausbildung und –beschäftigung unterliegt als Teil des Schulrechts der Kulturhoheit der Länder;[786] und zwar unabhängig davon, ob die Lehramtstätigkeit an einer staatlichen oder an einer Privatschule ausgeübt wird.[787]

Obschon Lehrer auch im Angestelltenverhältnis beschäftigt werden können, sind sie doch in aller Regel Beamte i. S. d. BRRG. Durch die Neufassung des § 4 Abs. 1 Nr. 1 BRRG und der entsprechenden Änderungen in den Landesbeamtengesetzen[788] können nunmehr auch Staatsangehörige anderer EU-Mitgliedstaaten in das Beamtenverhältnis berufen werden. Damit besteht keine Schwierigkeit mehr in der Frage, welcher Status einem ausländischen Unionsbürger als Lehrer in Deutschland zukommt. Wie seine deutschen Kollegen ist er entweder Angestellter im öffentlichen Dienst oder Beamter.

Bevor die Länder die Umsetzung der RL 89/48/EWG für die Anerkennung der Lehramtsausbildungen anderer EU-Mitgliedstaaten durchführen konnten, war es

---

786 *Avenarius/Schade*, NVwZ 1998, S. 475 (476) ff.
787 Vgl. *Schneider*, in: Bleckmann, Europarecht, 6. Auflage 1997, § 32, Rdnr. 2667.
788 Siehe oben Fußn. 778.

sinnvoll, zunächst eine Verbesserung der Freizügigkeit für Lehrer innerhalb der BRD zu erreichen. Ist nämlich nicht einmal unter den Ländern eine Übereinstimmung und Anerkennung der jeweiligen Ausbildungsgänge möglich, erscheint eine Regelung, die eine EU-weite Anerkennung sichern soll, kaum denkbar. Aus diesem Grunde einigten sich die Länder am 5. Oktober 1990 im Rahmen der KMK, daß sie ihre ersten und zweiten Staatsprüfungen grundsätzlich untereinander anerkennen.[789] Diesem Beschluß sind die „neuen" Länder mittlerweile beigetreten.[790] Die RL 89/48/EWG hat damit auch zu einem innenpolitischen Anstoß geführt,[791] wobei abzuwarten bleibt, ob sich die Aussichten eines deutschen Lehrers auf „berufliche Freizügigkeit" innerhalb der BRD nicht nur auf dem Papier, sondern auch tatsächlich verbessert haben.
Zur Umsetzung der europäischen Vorgaben für eine Diplomanerkennung in der Lehrerausbildung verabschiedeten die Länder in der Folgezeit inhaltlich vergleichbare Umsetzungsmaßnahmen. Diese gründen sich allesamt auf den bereits erläuterten Beschluß der KMK vom 14. September 1990[792] und sollen nachfolgend kurz vorgestellt werden. Dabei wird der Blick zunächst auf die „gesetzestechnische Vorgehensweise" bei der Transformation gerichtet, um im Anschluß daran die wesentlichen Inhalte der Umsetzungsregelungen zu betrachten. Abschließend erfolgt eine Gesamtwürdigung der Umsetzung der Diplomanerkennungsrichtlinien für den Lehrerbereich.

aa) Gesetzestechnische Vorgehensweise

Was die gesetzestechnische Vorgehensweise der Umsetzung betrifft, so sind die beschrittenen Wege der Länder z. T. unterschiedlich.[793] Während einige Länder zunächst in einem speziellen Umsetzungsgesetz oder durch Novellierung der Lehrerbildungsgesetze die allgemeinen Umsetzungsprinzipien festlegten, um dann - auf der Grundlage speziell eingefügter Ermächtigungsgrundlagen - die verfahrenstechnischen Ausführungsbestimmungen durch Rechtsverordnung zu regeln,[794] haben andere Länder die Umsetzung sofort und ausschließlich mittels

[789] Beschluß der KMK vom 5. Oktober 1990, „Gegenseitige Anerkennung von Lehramtsprüfungen und Lehramtsbefähigungen", KMK Erg. Lieferung 68, Mai 1991 sowie KMK Erg. Lieferung 88, April 1998, Sammlung Luchterhand, Personal im Schulwesen (Lehrer), 715. Ausführlich hierzu *Avenarius*, DÖV 1997, S. 485 ff.; *Sandfuchs*, Grundschule 2000, S. 85 ff.

[790] Vgl. *Avenarius*, DÖV 1997, S. 485 (488) ff. m. w. N.

[791] *Schneider*, Die Anerkennung von Diplomen, S. 213.

[792] Hierzu oben IV / 3.

[793] Hierzu auch *Avenarius/Schade*, NVwZ 1998, S. 475 (476) ff.

[794] Diesen Weg haben die Länder Bayern, Berlin, Hamburg, Hessen, Saarland, Sachsen und Schleswig-Holstein beschritten.

RVO durchgeführt.[795] Speziell die zuletzt genannten Länder konnten aufgrund bereits bestehender Ermächtigungsgrundlagen in ihren Lehrerausbildungs- oder Landesbeamtengesetzen ohne erneute gesetzliche Regelung auf parlamentarischer Ebene auskommen und sich auf den Erlaß einer Umsetzungsverordnung beschränken.[796] In Thüringen wurde die Umsetzung im Rahmen des neuen Thüringer Schulgesetzes vorgenommen.[797]

bb) Die wesentlichen Inhalte der Umsetzung

Die „wesentlichen Inhalte" der Anerkennung ausländischer Hochschuldiplome im Lehrerbereich sind unter den Ländern weitgehend identisch. Dies verwundert nicht, haben sich die Kultusminister der Länder doch gerade auf eine gemeinsame Linie bei der Umsetzung der RL 89/48/EWG für den Lehrerbereich verständigt.[798]

Im Kern wurden folgende Grundsätze in der Landesgesetzgebung verankert:

- Die Lehramtsbefähigung eines EU-Bürgers, welche die Voraussetzungen des Art. 1 lit. a RL 89/48/EWG erfüllt, steht einer Lehramtsbefähigung nach den Vorschriften des jeweiligen Landes gleich, sofern sie sich auf mindestens zwei Fächer oder Fachrichtungen eines Lehramtes erstreckt, die an den Schulen des jeweiligen Landes unterrichtet werden.[799]

- Auf der Grundlage der bereits im BRRG sowie in allen Landesbeamtengesetzen verankerten Bedingung ausreichender Sprachkenntnisse eines Bewerbers für die Beamtenlaufbahn[800] haben die Länder eine solche Voraussetzung auch der Bewerbung für den Lehrerberuf zugrunde gelegt.[801] Allein hinsichtlich des konkreten Nachweises der Sprachkenntnisse bestehen gewisse Unterschiede. Die überwiegende Zahl der Länder verlangt von dem Bewerber - sofern Deutsch nicht seine Muttersprache ist - das „Große Deutsche Sprachdiplom des Goethe-Instituts" oder einen gleichwertigen Nach-

---

795 So etwa Baden-Württemberg, Brandenburg, Bremen, Mecklenburg-Vorpommern, Niedersachsen und Nordrhein-Westfalen.

796 In Nordrhein-Westfalen beispielsweise aufgrund der §§ 16 Abs. 5, 17 Abs. 5 und 19 Abs. 5 Lehrerausbildungsgesetz NW. Vgl. *Döbrich/Jeuthe*, RdJB 1992, S. 537 (540) ff.

797 Vgl. § 36 ThürSchulG.

798 Beschluß der KMK vom 14.09.1990; siehe auch oben Fußn. 748.

799 Vgl. statt aller § 1 Abs. 1 AVO-EG NW; §§ 1, 2 Hamburgisches EG-RL-G-Lehrer; § 1 Abs. 1 Nr. 3 EG-RL-LehrG Schleswig-Holstein.

800 Oben Fußn. 779.

801 Der Lehrerberuf muß nicht zwingend im Beamtenverhältnis ausgeübt werden, sondern kann, wie festgestellt, auch im Angestelltenverhältnis begründet werden.

weis.[802] Als solcher wird beispielsweise die Teilnahme an einem Kolloquium unter der Leitung des Lehrerprüfungsamtes des jeweiligen Landes angesehen, in dem sowohl schriftliche als auch mündliche Prüfungsleistungen zu erbringen sind.[803] Andere Länder verzichten auf die Vorlage des Sprachdiploms des Goethe-Institutes und verlangen nur die für die Ausübung des Lehramtes erforderlichen Kenntnisse der deutschen Sprache.[804] In Bayern, wo grundsätzlich das Sprachdiplom des Goethe-Institus erforderlich ist, müssen die Bewerber mit einer Fächerverbindung, die Deutsch oder eine Fremdsprache enthält, das Sprachdiplom mit dem Prädikat »sehr gut« erworben haben. Gleiches gilt in Bayern für Bewerber, die aufgrund der Organisationsstruktur der betreffenden Schulart im Fach Deutsch oder in einer Fremdsprache eingesetzt werden können.[805]

- Sofern ein Antragsteller nicht über die für die Ausübung des Lehramts in dem jeweiligen Land erforderlichen fachwissenschaftlichen, fachdidaktischen und/oder schulpraktischen Fähigkeiten verfügt, kann er diese in einem Anpassungslehrgang erwerben; dieser dient insofern auch dem Ausgleich ausbildungsbedingter Defizite.[806] Für die Dauer dieses Lehrgangs wird der Bewerber in den Schulbetrieb des jeweiligen Landes einbezogen und erteilt dort auch Unterrichtsstunden. Hierfür wird er von dem Land vergütet.[807] In

---

802 § 2 Abs. 1 i. V. m. Abs. 3 EU-EWR-LehrerVO BW; § 3 Abs. 1 und 3 Bayerische EGRiLV-Lehrer; § 2 Abs. 1 Nr. 1 EG-RL-LehrG Berlin; § 1 Abs. 2 EGLeV Brandenburg; § 1 Abs. 1 Nr. 4 Hamburgische EG-RL-VO-Lehrer; § 2 Abs. 1 EG-Lehreranerkennungsverordnung M-V; § 2 Abs. 1 Nr. 3 EU-EWR-Lehrer Sachsen.

803 Siehe § 2 Abs. 1 und 2 EU-EWR-LehrerVO BW, wo die Teilnahme an einem Kolloquium sogar als zusätzliche Voraussetzung neben dem Großen Sprachdiplom des Goethe-Institus verlangt wird. Siehe auch § 1 Abs. 3 EGLeV Brandenburg und § 2 Abs. 2 EG-Lehreranerkennungsverordnung M-V.

804 So § 4 Abs. 1 S. 3 AVO-EG NW. Dieser Nachweis ist in einem Kolloquium zu leisten, das von den Staatlichen Prüfungsämtern für Erste Staatsprüfungen in Dortmund oder Bochum durchgeführt wird. Siehe auch § 1 Abs. 1 Nr. 2 EG-RL-LehrG Schleswig-Holstein; § 22a Bremisches Beamtengesetz und mangels Spezialvorschrift § 28a Abs. 2 LBG Nds.; § 1 Abs. 1 Nr. 6 EU-Lehrämter-Anerkennungsverordnung Rheinland-Pfalz.

805 § 3 Abs. 1 Bayerische EGRiLV-Lehrer.

806 Vgl. *Döbrich/Jeuthe*, RdJB 1992, S. 537 (542) ff.; so auch ausdrücklich § 7 Abs. 1 EGLeV Brandenburg.

807 Die Vergütung entspricht in der Regel jener für Beamte im Vorbereitungsdienst; siehe nur § 8a Abs. 2 Hessisches Lehramtsgesetz, § 7 Abs. 2 EG-Lehreranerkennungsverordnung M-V, § 12 AVO-EG NW, § 4 Abs. 4 Sächsisches EU-EWR-Lehrer. In Baden-Württemberg erhält der Bewerber während seines Anpassungslehrgangs keine Vergütung. In Brandenburg erhalten die Teilnehmer des Anpassungslehrgangs eine pauschale Vergütung in Höhe von DM 1.200,- bzw. DM 1.300,-. Falls der Teilnehmer die Ausbildung aus von ihm zu

den Vorschriften der Länder Hessen und Schleswig-Holstein sind Bestimmungen enthalten, wonach die Zulassung zu einem bestimmten Anpassungslehrgang versagt werden kann, wenn die im Haushaltsplan des Landes zur Verfügung stehenden Mittel nicht ausreichen oder die personellen und sachlichen Kapazitäten der Schulen eine sachgerechte Durchführung des Anpassungslehrgangs nicht gewährleisten.[808] Diese Vorschriften sind aus EG-rechtlicher Perspektive nicht unbedenklich. Der zuständigen Behörde ist es nämlich einerseits möglich, das Erfordernis eines Anpassungslehrgangs zu beschließen, andererseits kann sie dann aber den Bewerbern die Möglichkeit versagen, diesen Anpassungslehrgang auch zu absolvieren. Auf diese Weise könnte das Recht der Bewerber aus Art. 3 RL 89/48/EWG unzulässig beschränkt werden, tatsächlich die Möglichkeit der Anerkennung ihres Abschlusses zu erreichen. Da die Länder Hessen und Schleswig-Holstein aber auch bzgl. der eigenen Staatsangehörigen Zulassungsbeschränkungen aus Kapazitätsgründen vorsehen,[809] sind die Bestimmungen dieser Länder noch EG-rechtskonform; es handelt sich also nicht um eine Diskriminierung gerade der EU-Bürger.[810] Berücksichtigt man weiter, daß die Bewerber während des Anpassungslehrgangs vergütet werden – dies ist von der RL 89/48/EWG nicht gefordert –, dann erscheint die Regelung aus Haushaltsgründen nachvollziehbar.[811] Die Anpassungslehrgänge umfassen eine Bewertung des Bewerbers und dauern längstens drei Jahre. Unterschiede bestehen noch hinsichtlich des Status des Bewerbers während der Zeit des Lehrgangs. In einigen Ländern werden die Bewerber in ein öffentlich-rechtliches Dienstverhältnis gestellt,[812] in anderen Ländern sind sie Angestellte auf Zeit.[813]

- Anstatt der Teilnahme an einem mehrjährigen Anpassungslehrgang kann der Bewerber seine beruflichen Kenntnisse auch durch eine erfolgreich absolvierte Eignungsprüfung nachweisen. Das Prüfungsverfahren hinsichtlich der Eignungsprüfung ist in den Ländern unterschiedlich ausgestaltet. Wesentlich ist jedoch allen Umsetzungsmaßnahmen, daß die Eignungsprüfung aus ei-

---

vertretenden Gründen verzögert, kann das zuständige Ministerium in Brandenburg die Vergütung zudem um 30% kürzen (§ 12 EGLeV Brandenburg).

808 § 8a Abs. 3 Lehramtsgesetz Hessen, § 4 EG-RL-LehrG Schleswig-Holstein.

809 Wovon etwa bei Bewerbern für die Einstellung als Lehramtsanwärter/innen bereits Gebrauch gemacht worden ist.

810 Als nicht unbedenklich wird die hessische Regelung von *Schneider*, Die Anerkennung von Diplomen, S. 388 bezeichnet.

811 Ebenso *Schneider*, Die Anerkennung von Diplomen, S. 389.

812 So im Freistaat Bayern und in Hessen.

813 So in Baden-Württemberg, Berlin, Brandenburg, Hamburg, Mecklenburg-Vorpommern, Nordrhein-Westfalen, Saarland, Sachsen, Schleswig-Holstein.

nem oder mehreren schriftlichen Teilen und aus einer mündlichen Abschlußprüfung besteht.

cc) Beurteilung der Umsetzungsmaßnahmen

Abschließend kann festgehalten werden: Die Umsetzungsmaßnahmen der Länder entsprechen den Vorgaben des gemeinsamen Beschlusses der KMK vom 14. September 1990. Damit bliebe nur noch zu klären, ob denn der Beschluß der KMK in allen Punkten mit den Zielen der RL 89/48/EWG zu vereinbaren ist. Dies ist im Ergebnis zu bejahen. Allenfalls bei einer im Beschluß vom 14. September 1990 getroffenen Regelung könnten sich Zweifel ergeben; gerade diese Regelung hat allerdings uneingeschränkt Eingang in die Ländergesetze gefunden. Konkret geht es darum, daß als Anerkennungsbedingung des Hochschulabschlusses (auch) für EU-Ausländer eine Lehramtsbefähigung verlangt wird, die sich auf mindestens zwei Unterrichtsfächer erstreckt, welche in dem jeweiligen Land gelehrt werden. Bei dieser Regelung könnte es sich um eine versteckte Diskriminierung ausländischer Bewerber handeln.[814] Versteckt wäre eine solche Diskriminierung, da die „Zwei-Fächer-Kombination" grundsätzlich auch Inländer betrifft. Berücksichtigt man zudem, daß das Studium in anderen Mitgliedstaaten häufig nur auf eine Fachrichtung ausgerichtet ist - die Wahl zweier Fächer dagegen ein Doppelstudium voraussetzt[815] -, dann besteht für den (potentiellen) Bewerber aus manchem Mitgliedstaat ein kaum zu überwindendes Hindernis für die Einstellung in ein Lehramt in Deutschland. Dennoch ist das Festhalten an der „Zwei-Fächer-Kombination" in den Ländern EG-rechtskonform.[816] Die RL 89/48/EWG verpflichtet die Mitgliedstaaten zu einer Anerkennung ausländischer Hochschuldiplome; sie verpflichtet nicht, das innerstaatliche Bildungsniveau zu senken oder die Befähigungsvoraussetzungen für Lehrer im allgemeinen zu reduzieren. Derart weitreichende Regelungskompetenzen stünden der EG auch gar nicht zu. Wenn ein ausländischer Bewerber in Deutschland Lehrer werden möchte, ist dies möglich auf der Grundlage seines Hochschulabschlusses, sofern dieser Abschluß eine Unterrichtung in zwei Fächern erlaubt.[817] Differenzen in den Studiengängen können durch Teilnahme

---

[814] Dies vertreten *Avenarius/Schade*, NVwZ 1998, S. 475 (477).

[815] Nachweise insofern bei *Schneider*, Die Anerkennung von Diplomen, S. 384.

[816] A. A. *Avenarius/Schade*, NVwZ 1998, S. 475 (477).

[817] Sofern *Schneider*, Die Anerkennung von Diplomen, S. 384 beklagt, daß sich die „Zwei-Fächer-Bedingung" auch noch auf solche Fächer beziehen muß, die in dem jeweiligen Land gelehrt werden, muß hierzu gesagt werden, daß eine derartige Regelung Ausfluß der Schulhoheit der Länder ist. Praktisch spielt diese Frage aber keine große Rolle, da die überwiegende Zahl der in den Ländern zum Unterrichtskanon zählenden Fächer identisch ist.

an Anpassungslehrgängen ausgeglichen werden. Darüber hinaus trifft die Länder keine Pflicht, ausländische Bewerber für nur ein Unterrichtsfach in den Schulbetrieb einzustellen. Schließlich sei erwähnt, daß die deutschen Länder erklärt haben, von der Bedingung der „Zwei-Fächer-Kombination" nicht allzu strikten Gebrauch machen zu wollen und in Einzelfällen auch die Muttersprache des Bewerbers als dessen zweites Unterrichtsfach anzuerkennen.[818]

d) Garten- und Landschaftsarchitekten, Innenarchitekten und Stadtplaner

Tabelle 3.6: Transformationsgesetze zu der RL 89/48/EWG.

Land	**Transformationsnorm**
Baden-Württemberg	Gesetz zur Änderung des Architektengesetzes vom 20. Juni 1994, GVBl. Nr. 14 vom 14.07.1994, S. 317.
Bayern	1. Gesetz zur Änderung des Bayerischen Architektengesetzes vom 10. August 1990, GVBl. Nr. 15/1990, S. 278. 2. Bayerisches Architektengesetz (BayArchG) in der Fassung der Bekanntmachung vom 31. August 1994, GVBl. Nr. 23/1994, S. 934.
Berlin	Berliner Architekten- und Baukammergesetz (ABKG) vom 19. Juli 1994, GVBl. Nr. 40 vom 29.07.1994, S. 253.
Brandenburg	Brandenburgisches Architektengesetz (BbgArchG) vom 7. April 1997, GVBl. Teil I Nr. 4 vom 10.4.1997, S. 20.
Bremen	Gesetz zur Änderung des Bremischen Architektengesetzes vom 19. Dezember 1989, GBl. Nr. 56 vom 27.12.1989, S. 425.
Hamburg	Gesetz zur Änderung des Hamburgischen Architektengesetzes vom 21. Januar 1991, GVBl. Nr. 3/1991, S. 12.
Hessen	Drittes Gesetz zur Rechts- und Verwaltungsvereinfachung vom 17. Dezember 1998, GVBl. Nr. 27 vom 28.12.1998, S. 562; dort Art. 43, Änderung des Hessischen Architektengesetzes.
Mecklenburg-Vorpommern	Architektengesetz des Landes Mecklenburg-Vorpommern (Architektengesetz – ArchG M-V) vom 12. März 1998, GVBl. M-V Nr. 12 vom 17.4.1998, S. 364.

[818] So der ausdrückliche Hinweis bei *Schneider*, Die Anerkennung von Diplomen, S. 384.

Nieder-sachsen	Niedersächsisches Architektengesetz (NArchtG) in der Fassung vom 17. Juli 1990, GVBl. Nr. 30 vom 27.07.1990, S. 348.
Nordrhein-Westfalen	Gesetz über den Schutz der Berufsbezeichnungen „Architekt", „Architektin", „Stadtplaner" und „Stadtplanerin" sowie über die Architektenkammer, über den Schutz der Berufsbezeichnung „Beratender Ingenieur" und „Beratende Ingenieurin" sowie über die Ingenieurkammer-Bau – Baukammergesetz (BauKaG NW) vom 15 Dezember 1992, GVBl. Nr. 62 vom 30.12.1992, S. 534.
Rheinland-Pfalz	Landesgesetz zur Änderung des Architektengesetzes Rheinland-Pfalz vom 30. März 1993, GVBl. Nr. 8 vom 13.04.1993, S. 160.
Saarland	Bekanntmachung der Neufassung des Saarländischen Architektengesetzes vom 19. Januar 1990, Amtsblatt des Saarlandes Nr. 9 vom 15.2.1990, S. 177.
Sachsen	Sächsisches Architektengesetz vom 19. April 1994, GVBl. Nr. 23 vom 06. 05. 1994, S. 765.
Sachsen-Anhalt	Architektengesetz des Landes Sachsen-Anhalt vom 28. April 1998, GVBl. Nr. 16/1998 vom 4.5.1998, S. 243.
Schleswig-Holstein	Gesetz zur Änderung des Architekten- und Ingenieurkammergesetzes vom 22. Mai 1995, GVBl. Nr. 9 vom 22.06.1995, S. 213.
Thüringen	Thüringer Gesetz zur Änderung des Rechts der Architekten und Ingenieure vom 13. Juni 1997, GVBl. Nr. 11 vom 20.6.1997, S. 210.

Die Umsetzung für die Berufe des Garten- und Landschaftsarchitekten sowie des Innenarchitekten und des Stadtplaners, die zum Anwendungsbereich der RL 89/48/EWG gehören,[819] erfolgte in den Ländern uno actu mit der Umsetzung der Architektenrichtlinie.[820] Wie bei der Architektenrichtlinie haben die Länder auch bei der Umsetzung der RL 89/48/EWG für die Berufsgruppen der Garten- und Landschaftsarchitekten, der Innenarchitekten und Stadtplaner im wesentlichen Bezug genommen auf die für jene Berufsgruppen maßgeblichen Richtlinienvorgaben.[821]

---

[819] Siehe schon oben Fußn. 746.

[820] Hierzu oben III / 4.

[821] Anders nur der Freistaat Bayern. Dort erfolgte die Umsetzung auch für Innen- und Landschaftsarchitekten unter Verweis auf die Inhalte der Architektenrichtlinie. Da diese Richtlinie für die vorgenannten Berufsgruppen aber nicht maßgeblich ist, ist die Vorgehensweise

6. Fristversäumnisse und deren Gründe

Bei der Umsetzung der RL 89/48/EWG wurde die vorgeschriebene Umsetzungsfrist bisweilen erheblich überschritten, und bei der Ergänzungsrichtlinie 92/51/EWG ist überhaupt fraglich, ob hier jemals eine vollständige Umsetzung erfolgen wird. Die Gründe für diese Situation sind vielfältig. Bei der RL 92/51/EWG bestehen die Schwierigkeiten – wie festgestellt - schon bei der Bestimmung ihres Anwendungsbereiches. Daneben dürfte Hauptursache der Fristversäumnisse aber wohl die sektorielle Vorgehensweise bei der Umsetzung sein. Für jeden zu normierenden Berufszweig eine eigene Umsetzungsregelung zu treffen ist sehr arbeits- und zeitintensiv. Da sowohl Länder als auch Bund sektoriell umsetzen, handelt es sich bei diesem Verzögerungsgrund nicht um einen länderspezifischen.

Keine Folge der sektoriellen Vorgehensweise, sondern eine solche der Kompetenzverteilung zwischen Bund und Ländern, stellen die Verzögerungen im Rahmen der Umsetzung für Laufbahnbeamte und -beamtinnen sowie für Lehrer und Lehrerinnen dar. Weil es hier die Rechtsverhältnisse der im öffentlichen Dienst der Länder stehenden Personengruppen zu regeln galt, hat der Bund von der ihm nach Art. 75 Abs. 1 Nr. 1 GG zustehenden Rahmengesetzgebungskompetenz Gebrauch gemacht und das BRRG geändert. Diese Anpassung des BRRG an europäische Vorgaben war jedoch mit erheblichen Abstimmungsschwierigkeiten zwischen Bundestag und Bundesrat verbunden, weshalb es auch auf Länderebene zu zeitlichen Verzögerungen bei der Umsetzung kam.[822]

Weiterer Grund für die Fristüberschreitungen war, daß in manchen Ländern Regierungswechsel und Regierungsumbildungen bzw. der Ablauf der jeweiligen Legislaturperiode die Umsetzung unterbrach.[823] Ob allein dieser Aspekt aber die zum Teil erheblichen und oft Jahre betragenden Zeitdifferenzen in der Umsetzungsgesetzgebung der Länder zu erklären vermag, bleibt fraglich. Fest steht: Die Einhaltung einer Umsetzungsfrist ist und bleibt die Ausnahme,[824] und nur die „neuen" Länder sind entschuldigt. Dort mußten nicht nur die für die Schul- und Lehrerbildungsangelegenheiten erforderlichen Rechtsgrundlagen zunächst

---

Bayerns zumindest höchst bedenklich. Vgl. *Schneider*, Die Anerkennung von Diplomen, S. 212.

[822] Die überwiegende Zahl der Länder sah sich nämlich ohne eine beamtenrechtliche Grundlage auf Bundesebene nicht in der Lage, ihren Umsetzungsauftrag für die Laufbahnbeamten und für die Lehrer zu erfüllen.

[823] Vgl. *Döbrich/Jeuthe*, RdJB 1992, S. 537 (540) ff.

[824] Bei der Umsetzung der RL 89/48/EWG für den Lehrerberuf hat beispielsweise nur Hamburg die Umsetzungsfrist gewahrt.

erarbeitet und in Gesetzesform gegossen werden, sondern z. B. auch Ingenieurgesetze überhaupt erst erlassen werden. Die Inhalte der Anerkennungsrichtlinien wurden dann aber bereits in den neuen Gesetzen berücksichtigt.

V. Richtlinien 86/457/EWG und 93/16/EWG

1. Regelungsgehalt der Richtlinien

Die RL 86/457/EWG über eine spezifische Ausbildung in der Allgemeinmedizin[825] ist Teil einer europäischen Entwicklung, welche die Koordinierung des Arztberufes innerhalb der Mitgliedstaaten zum Ziel hat und ihren Ursprung nimmt in den „Ärzterichtlinien", die am 16. Juni 1975 vom Rat beschlossen wurden.[826]

Da die sog. Ärzterichtlinien aus dem Jahre 1975 weder Bestimmungen über die gegenseitige Anerkennung der Abschlüsse auf dem Gebiet der Allgemeinmedizin enthielten noch die Mindestkriterien aufwiesen, denen eine solche Ausbildung insgesamt entsprechen muß, war es das Ziel, mit der RL 86/457/EWG diese bestehende Lücke im sekundären Gemeinschaftsrecht zu schließen.[827]

In den Erwägungsgründen zur RL 86/457/EWG heißt es:
„Eine spezifische Ausbildung in der Allgemeinmedizin ist vor allem deshalb notwendig, weil sich durch die Entwicklung der Medizin zwischen der Forschung und medizinischen Ausbildung einerseits und der Praxis der Allgemeinmedizin andererseits eine immer größere Kluft gebildet hat, so daß wichtige Aspekte der Allgemeinmedizin im Rahmen der herkömmlichen medizinischen Grundausbildung in den Mitgliedstaaten nicht mehr auf befriedigende Weise gelehrt werden können."

---

[825] Richtlinie des Rates vom 15. September 1986, ABl. Nr. L 267, S. 26.

[826] **RL 75/362/EWG vom 16. Juni 1975**, ABl. Nr. L 167, S. 1, geändert durch Beitrittsvertrag vom 19. November 1979, ABl. Nr. L 291, S. 9, geändert durch RL 82/76/EWG, ABl. Nr. L 43, S. 21, geändert durch Beitrittsvertrag vom 12. Juni 1985, ABl. Nr. L 302, S. 158; RL 89/594/EWG, ABl. Nr. L 341, S. 19 (Anerkennung).
RL 75/363/EWG vom 16. Juni 1975, ABl. Nr. L 167, S. 1, geändert durch RL 82/76/EWG, ABl. Nr. L 43, S. 21 und RL 89/594/EWG, ABl. Nr. L 341, S. 19 (Koordinierung).

[827] Grund dafür, daß die Gemeinschaft entsprechende Regelungen nicht bereits in die Richtlinien aus dem Jahre 1975 aufgenommen hatte, war, daß der Rat seinerzeit noch kein entsprechendes Bedürfnis sah. Dies änderte sich, als man auf Gemeinschaftsebene erkannte, daß sich in einigen Mitgliedstaaten die Tendenz abzeichnete, die Rolle des praktischen Arztes und die Bedeutung seiner Ausbildung stärker zu betonen.

In Anbetracht dessen enthält die RL 86/457/EWG fast ausschließlich Bestimmungen über die Mindestanforderungen für die Ausbildung in der Allgemeinmedizin. Diese Vorgaben sollen es den Mitgliedstaaten erleichtern, die Anerkennung ausländischer Diplome auf diesem Gebiet wahrzunehmen. Im Gegensatz zu der drei Jahre später verabschiedeten RL 89/48/EWG[828] beinhaltet die RL 86/457/EWG somit weitreichende Harmonisierungsvorgaben für die inhaltliche Gestaltung der Ausbildung in den Mitgliedstaaten.

Als wesentliche Änderung der RL 86/457/EWG ggü. den RL 75/362/EWG und 75/363/EWG[829] ist die Regelung anzusehen, daß ein praktischer Arzt ab dem 1. Januar 1995 innerhalb des Kassenwesens nur noch mit einer entsprechenden Zusatzausbildung tätig werden darf.

Speziell aus Gründen der Rechtssicherheit und Rechtsklarheit sah sich der Rat veranlaßt, die normativen Vorgaben der RL 75/362/EWG und RL 75/363/EWG sowie der RL 86/457/EWG in einer Gesamtkodifikation zusammenzufassen. Dies geschah mit Erlaß der RL 93/16/EWG zur Erleichterung der Freizügigkeit für Ärzte und zur gegenseitigen Anerkennung ihrer Diplome, Prüfungszeugnisse und sonstigen Befähigungsnachweise.[830]

Anlehnend an die bereits genannte Vorgabe der RL 86/457/EWG, wonach ein praktischer Arzt ab dem 1. Januar 1995 innerhalb des Kassenwesens nur noch mit einer entsprechenden Ausbildung tätig werden darf, erteilen die Mitgliedstaaten nach Art. 23 Abs. 1 RL 93/16/EWG nunmehr eine Niederlassungserlaubnis als praktischer Arzt ausschließlich bei Nachweis einer richtlinienkonformen Qualifikation. Befreit von dieser Verpflichtung sind allerdings jene Ärzte, die sich auf „wohlerworbene Rechte" berufen können. Was unter diesen Rechten zu verstehen ist, definiert die Richtlinie nicht. Vielmehr soll die Ausgestaltung dieses unbestimmten Rechtsbegriffes den einzelnen Mitgliedstaaten vorbehalten bleiben. Damit ist offensichtlich, daß auf diese Weise ein Kompromiß zur Wahrung nationaler Interessen gefunden wurde.

---

[828] Hierzu oben IV.

[829] Fußn. 826.

[830] ABl. EG Nr. L 165, S. 1.

2. Innerstaatliche Zuständigkeitsverteilung zur Umsetzung der Richtlinien 86/457/EWG und 93/16/EWG

Anders als die EG-Richtlinien für die Diplomanerkennung der Zahnärzte, Tierärzte und Hebammen sowie der Krankenschwestern und Krankenpfleger sind die Richtlinien für die Allgemeinmediziner durch die Länder umzusetzen.[831]

3. Umsetzungsfrist

Bezeichnenderweise enthält die RL 86/457/EWG keine konkrete Zeitvorgabe für eine Umsetzung. Dies mag mit der sensiblen Materie und damit zusammenhängen, daß andernfalls diese Richtlinie nicht die notwendige Zustimmung im Ministerrat gefunden hätte. In Art. 12 Abs. 1 RL 86/457/EWG heißt es lediglich, daß die Mitgliedstaaten die erforderlichen Maßnahmen treffen, um dieser Richtlinie nachzukommen. Zudem sollen sie der Kommission unverzüglich ihre Umsetzungsmaßnahmen sowie den Zeitpunkt ihres Inkrafttretens mitteilen.[832] Gleiches gilt für die RL 93/16/EWG. Auch hier heißt es in den Art. 26, 27 RL lediglich, daß die Mitgliedstaaten Sorge zu tragen haben, daß die von der Richtlinie vorgegebenen Mindestzeiten einer Weiterbildung eingehalten werden.

4. Umsetzungsmaßnahmen der Länder

Tabelle 3.7: Transformationsgesetze zu der Richtlinie 86/457/EWG.

Land	**Transformationsnorm**
Baden-Württemberg	Gesetz zur Ausführung der EG-Richtlinie über eine spezifische Ausbildung in der Allgemeinmedizin vom 9. April 1990, GBl. Nr. 9/1990, S. 123.
Bayern	Gesetz zur Änderung des Kammergesetzes vom 22. Dezember 1989, GVBl. Nr. 30/1989, S. 708.
Berlin	Gesetz zur Umsetzung der Richtlinie des Rates der EG vom 15. September 1986 über eine spezifische Ausbildung in der Allgemeinmedizin (86/457/EWG) in deutsches Recht vom 11. Dezember 1991, GVBl. Nr. 55 vom 20.12.1991, S. 283.

[831] Vgl. *Schneider*, in: Bleckmann, Europarecht, 6. Auflage 1997, § 32, Rdnr. 2650.

[832] Die Notifizierung der Umsetzungsmaßnahmen bei der EU-Kommission ist aber üblich und insofern nicht als Ausgleich der fehlenden Umsetzungsfrist zu verstehen.

Brandenburg	Heilberufsgesetz (HeilBerG) vom 28. Januar 1992, GVBl. Teil I Nr. 2 vom 31.01.1992, S. 30.
Bremen	Gesetz zur Ausführung der Richtlinie des Rates über eine spezifische Ausbildung in der Allgemeinmedizin vom 19. Dezember 1989, GVBl. Nr. 57 vom 28.12.1989, S. 434.
Hamburg	Zweites Gesetz zur Änderung des Hamburgischen Ärztegesetzes vom 5. März 1991, GVBl. Nr. 12/1991, S. 70.
Hessen	Gesetz zur Ausführung der Richtlinie des Rates über eine spezifische Ausbildung in der Allgemeinmedizin (86/457/EWG) vom 25. Mai 1990, GVBl. Teil I Nr. 12 vom 31.05.1990, S. 177.
Mecklenburg-Vorpommern	Heilberufsgesetz (HeilBerG) vom 22. Januar 1993, GVBl. Nr. 2 vom 29.1.1993, S. 62.
Niedersachsen	Achtes Gesetz zur Änderung des Kammergesetzes für die Heilberufe vom 21.März 1990, GVBl. Nr. 12 vom 26.03.1990, S. 81.
Nordrhein-Westfalen	Gesetz zur Änderung des Heilberufsgesetzes vom 14. Dezember 1989, GVBl. Nr. 66 vom 22.12.1989, S. 678.
Rheinland-Pfalz	Landesgesetz über eine spezifische Ausbildung in der Allgemeinmedizin vom 28. Dezember 1989, GVBl. Nr. 27 vom 29.12.1989, S. 261.
Saarland	Gesetz Nr. 1292 über eine spezifische Ausbildung in der Allgemeinmedizin und die Weiterbildung im Apothekenwesen vom 27. Mai 1992, Amtsblatt des Saarlandes vom 20. August 1992, S. 814.
Sachsen	Gesetz über Berufsausübung, Berufsvertretungen und Berufsgerichtsbarkeit der Ärzte, Zahnärzte, Tierärzte und Apotheker im Freistaat Sachsen (Sächsisches Heilberufekammergesetz – SächsHKaG) vom 24. Mai 1994, GVBl. Nr. 30 vom 9.6.1994, S. 935.
Sachsen-Anhalt	Gesetz über die Kammern für Heilberufe Sachsen-Anhalt (KGHB-LSA) vom 13. Juli 1994, GVBl. Nr. 37 vom 18.7.1994, S. 832.
Schleswig-Holstein	1. Gesetz zur Ausführung der Richtlinie des Rates der Europäischen Gemeinschaften über eine spezifische Ausbildung in der Allgemeinmedizin (86/457/EWG) vom 11. März 1990, GVBl. Nr. 8 vom 27.03.1990, S. 132. 2. Gesetz zur Ausführung der Richtlinie 93/16/EWG des Rates über eine spezifische Ausbildung in der Allge-

	meinmedizin vom 15. März 1999, GVBl. Nr. 5 vom 15.04.1999, S. 85.
Thüringen	Erstes Gesetz zur Änderung des Heilberufegesetzes vom 19. Juli 1994, GVBl. Nr. 26 vom 28.07.1994, S. 923.

Mittlerweile haben alle Länder die RL 86/457/EWG umgesetzt und entsprechende Vorschriften in ihre Landesgesetze integriert.[833] Dabei entsprechen die Maßnahmen sowohl in materieller als auch in formeller Hinsicht den Vorgaben der RL 86/457/EWG. Als einzige Länder haben bisher Schleswig-Holstein, Sachsen und Sachsen-Anhalt auch die RL 93/16/EWG umgesetzt und insofern die Fortschreibung des EG-Rechts berücksichtigt. Erwähnenswert ist insofern die Übergangsvorschrift des § 6 des schleswig-holsteinischen Ausführungsgesetzes zur RL 93/16/EWG. Danach kann derjenige, der eine Ausbildung nach den Vorschriften des in Schleswig-Holstein nunmehr außer Kraft getretenen Gesetzes zur Ausführung der RL 86/457/EWG begonnen, aber noch nicht abgeschlossen hat, diese Ausbildung nach den Vorschriften des „alten" Rechts zu Ende führen. Außerdem sind diejenigen, die bei Inkrafttreten des „neuen" Rechts bereits die Bezeichnung „Praktische Ärztin" oder „Praktischer Arzt" führen durften, auch weiterhin hierzu nach Maßgabe des „alten" Rechts befugt. Auch wenn die Übergangsregelung in § 6 des schleswig-holsteinischen Ausführungsgesetzes zur RL 93/16/EWG unter verfassungsrechtlichen Aspekten selbstverständlich erscheint,[834] ist eine solche gesetzliche Klarstellung doch aus Gründen der Rechtsklarheit und Rechtssicherheit angezeigt. Eine entsprechende Vorschrift sollten daher auch die übrigen Länder bei ihrer Umsetzung der RL 93/16/EWG berücksichtigen.

VI. Gesamtergebnis:

Die Europäische Gemeinschaft war zuständig, die in diesem Kapitel dargestellten Richtlinien zu erlassen. Deren Umsetzung durch die Länder ist weitgehend abgeschlossen und überwiegend positiv ausgefallen. Allein der gegenwärtige Stand der Umsetzung bei der Richtlinie 77/486/EWG über die schulische Be-

---

[833] Sachsen und Sachsen-Anhalt haben mit Erlaß eines Heilberufegesetzes bereits unmittelbar die Umsetzung der RL 93/16/EWG verbunden.

[834] Diesbezüglich ist in erster Linie an das Rechtsstaatsprinzip mit seinem Verbot „echter Rückwirkungsgesetze" zu denken sowie an die schützenswerten Interessen der Beteiligten, besonders unter dem Aspekt des Vertrauens- und Bestandsschutzes.

treuung der Kinder von Wanderarbeitnehmern trübt das im übrigen gute Gesamtbild.[835]

Im Bereich der Anerkennungsrichtlinien verständigten sich die Länder auf eine im wesentlichen einheitliche Vorgehensweise. Daher verwundern weder die nahezu identischen Regelungen im Ingenieurwesen noch die auf einen entsprechenden KMK-Beschluß zurückgehende Umsetzung bei der Anerkennung ausländischer Diplome von Lehrerinnen und Lehrern. Bei der Anpassung der Laufbahnvorschriften für die Laufbahnbeamten/innen warteten fast alle Länder vor der Umsetzung zunächst die Änderungen durch den Bundesgesetzgeber ab. Diese Vorgehensweise ist unter dem Aspekt ökonomischer Arbeitsweise nachvollziehbar und wegen der sonst bestehenden Kollisionsgefahr mit dem Bundesrecht auch verfassungsrechtlich sinnvoll.

Mit der Vereinbarung der Länder, im Zuge der gesetzlichen Anerkennung ausländischer Lehramtsausbildungen auch eine Regelung über die Anerkennung der in einem anderen Bundesland absolvierten Befähigungen zu treffen, kam dem sekundären Gemeinschaftsrecht „Antriebsfunktion" zu hinsichtlich der Beseitigung innerdeutscher Hindernisse für die berufliche Freizügigkeit von Lehrer/innen. Das EG-Recht hat damit, neben der Freizügigkeit für Unionsbürger, auch die gegenseitige Anerkennung geltenden Rechts unter den Ländern gefördert.
Schwierigkeiten bei der Umsetzung der Architektenrichtlinie bestanden keine. Die Hürden, die es im Vorfeld der Richtlinie wegen der dualen Studienmöglichkeit an deutschen Fachhochschulen einerseits und Hochschulen andererseits zu überwinden galt, wurden bereits auf europäischer Ebene gelöst.

Die Umsetzung der RL 86/457/EWG über eine spezifische Ausbildung in der Allgemeinmedizin ist in den Ländern abgeschlossen; die Anpassung an die Änderungsrichtlinie 93/16/EWG ist allerdings erst in drei Ländern erfolgt. Hier besteht somit noch Handlungsbedarf, dem in absehbarer Zeit entsprochen werden dürfte. Ein Blick auf die schleswig-holsteinische Regelung kann den Ländern dabei als Vorbild dienen, auch und gerade, weil umfangreiche Änderungen des bestehenden Landesrechts nicht erforderlich sind.

---

835 Hier hat lediglich Rheinland-Pfalz die Umsetzung vorgenommen, und auch dort blieb die Maßnahme, zumindest formell, hinter den europäischen Anforderungen zurück. Daß die fehlende Umsetzung in den übrigen Ländern offensichtlich auf mangelnde Kenntnis der Richtlinie zurückzuführen ist, verwahrt die Länder zwar vor dem Vorwurf der Verweigerungshaltung, eine Entschuldigung ist dies aber keineswegs.

Daß die Länder bei der Umsetzung der in diesem Kapitel untersuchten Richtlinien ausnahmslos die jeweils gesetzten Fristen überschritten haben, hat im Fall der RL 89/48/EWG seinen Grund hauptsächlich in der Tatsache, daß sowohl Bund als auch Länder die sog. sektorielle Vorgehensweise bei der Umsetzung bevorzugten.[836]
Die Umsetzung der RL 92/51/EWG schließlich ist in absehbarer Zeit nicht zu erwarten. Zur Zeit erscheint es nicht möglich, den Anwendungsbereich der Richtlinie exakt zu bestimmen, insbesondere die erfaßten Berufsgruppen. Nach einhelliger Ländermeinung hilft hier nur die Bekanntgabe einer „europäischen Entsprechungsliste" weiter.

4. Kapitel: Rundfunk

I. Kompetenzen der EG im Kultursektor

Lange Zeit war streitig, ob der EG Kompetenzen auf dem Gebiet »Kultur« zustehen. Begründet wurde die überwiegend ablehnende Haltung in Politik und Literatur mit dem Argument, daß eine Gemeinschaft, deren erklärtes Ziel eine Wirtschaftsgemeinschaft sei, mit Kultur - was immer man mit diesem Begriff verbindet - nichts zu tun habe.[837] Mit der Gründung der Europäischen Union wurden die Ziele der Gemeinschaft neu definiert und die Rechtslage hieran angepaßt. Nicht mehr der Ausbau eines europäischen Binnenmarktes steht im vorherrschenden Interesse der Mitgliedstaaten, sondern in erster Linie die Verwirklichung einer politischen Union. Aus diesem Grunde wurde in den Zielkatalog des Art. 3 EG, mit seiner Regelung in Buchstabe q, ein Kulturpassus aufgenommen. Weiter heißt es in Art. 87 Abs. 3 lit. d EG, daß Beihilfen zur Förderung der Kultur und der Erhaltung des kulturellen Erbes mit dem Gemeinsamen Markt vereinbar sind, soweit sie die Handels- und Wettbewerbsbedingungen in der Gemeinschaft nicht in einem Maß beeinträchtigen, das dem gemeinsamen Interesse zuwiderläuft. Mit der Einfügung des neuen Titels XII, Art. 151 EG steht fest: Die Europäische Gemeinschaft besitzt eine Kompetenz auf dem Sektor »Kultur«.[838]

---

[836] Nicht zuletzt deswegen und wegen der Gefahr, daß bei dieser Umsetzungsform nicht alle Berufsgruppen erfaßt werden, ist diese Vorgehensweise in der Literatur überwiegend auf Kritik gestoßen. Hierzu *Schneider*, Die Anerkennung von Diplomen, S. 206 ff.; *dies.*, in: Bleckmann, Europarecht, 6. Auflage 1997, § 32, Rdnr. 2656.

[837] Vgl. die Nachweise bei *Schneider*, in: Bleckmann, Europarecht, 6. Auflage 1997, Rdnr. 2699.

[838] *Dörr*, K&R 1999, S. 97 (98) ff.; *Ress*, DÖV 1992, S. 944 ff.

II. EG-Fernsehrichtlinie 89/552/EWG

1. Zuständigkeit der EG

Obschon seit Maastricht die Frage entschieden ist, daß der EG überhaupt eine Kompetenz auf dem Kultursektor zukommt, ist doch nicht geklärt, ob die EG auch befugt war, eine EG-Fernsehrichtlinie zu erlassen.[839] Diese Frage ist höchst streitig und - wie sich herausstellen wird – auch heute noch von praktischer Relevanz.[840] Ihre Beantwortung hängt zunächst von dem Umfang der mit Einführung des Art. 151 EG der Gemeinschaft übertragenen Kompetenzen ab. Da sich herausstellen wird, daß dieser Artikel der EG keine Richtlinienkompetenz eröffnet, folgt im Anschluß eine Darstellung der vertretenen Positionen für bzw. gegen die Einführung europäischen Rundfunkrechts.

a) Art. 151 EG eröffnet keine Richtlinienkompetenz

Nach dem Prinzip der enumerativen Einzelermächtigung bedarf die EG einer ausdrücklichen Kompetenzzuweisung im EG-Vertrag, um auf einem Rechtsgebiet gesetzgeberisch tätig zu werden.[841] Eine solche ausdrückliche Zuständigkeitsnorm findet sich im EGV für den Bereich „Rundfunk" nicht.[842] Sie wird auch nicht durch Art. 151 EG begründet. Diese Bestimmung eröffnet der EG lediglich die Möglichkeit, *„einen Beitrag zur Entfaltung der Kulturen der Mitgliedstaaten zu leisten"* und in dieser Hinsicht *„fördernd", „unterstützend" und „ergänzend"* tätig zu sein; eine Richtlinienkompetenz läßt sich hieraus nicht ableiten.[843] Art. 151 EG verwirklicht insofern das ebenfalls durch den Vertrag von Maastricht in den EGV eingefügte Subsidiaritätsprinzip.[844]

---

[839] Richtlinie 89/552/EWG zur Koordinierung bestimmter Rechts- und Verwaltungsvorschriften der Mitgliedstaaten über die Ausübung der Fernsehtätigkeit vom 3. Oktober 1989, ABl. EG Nr. L 298, S. 23, geändert durch Richtlinie 97/36/EG vom 30. Juni 1997, ABl. EG Nr. L 202, S. 60.

[840] Vgl. *Dörr*, K&R 1999, S. 97 (98) ff.

[841] Ausführlich hierzu oben 4. Teil / 1. Kap. / I / 1a) sowie *Bleckmann*, in: Bleckmann, Europarecht, 6. Auflage 1997, Rdnr. 380; *Zuleeg*, NJW 1993, S. 31 (32) ff.

[842] *Dörr*, K&R 1999, S. 97 (98) ff.; *Kewenig*, JZ 1990, S. 458 (462) ff.

[843] Siehe auch *Astheimer/Moosmayer*, ZUM 1994, S. 395 (396/397) ff.; *Dörr*, K&R 1999, S. 97 (98) ff. A. A. *Nanclares*, Die EG-Fernsehrichtlinie, Diss. 1995, S. 41, mit der Behauptung: „Die Gemeinschaft ist mit oder ohne Subsidiaritätsprinzip zuständig, eine Richtlinie zur Koordinierung der Rechts- und Verwaltungsvorschriften über die Fernsehtätigkeit zu erlassen...".

[844] Vgl. besonders Art. 5 Abs. 2, 3 EG. In diesem Sinne auch *Schneider*, in: Bleckmann, Europarecht, 6. Auflage 1997, Rdnr. 2710c; *Dörr*, K&R 1999, S. 97 (100) ff.; eingehend zur

b) Rundfunk als Kulturgut

Der Kompetenzstreit um den Erlaß der EG-Fernsehrichtlinie läßt sich im wesentlichen auf zwei Positionen beschränken: Während die einen „Rundfunk" primär als Kulturgut betrachten, sehen die anderen in diesem Bereich hauptsächlich eine Dienstleistungs- und Wirtschaftsfunktion.

Die überwiegenden Vertreter der deutschen Kompetenzlehre[845] streiten wohl für die erstgenannte Position.[846] Aber auch auf der politischen Ebene ist bis heute anerkannt, daß es nicht Sache des Bundes, sondern Ländersache ist, die Regelungen für den Rundfunk zu bestimmen. Berücksichtigt man den fortwährenden Kompetenzverlust der Länder, dann verwundert der Streit über eine EG-Kompetenz zur Regelung des Bereiches Fernsehen nicht.[847]

Gegen eine Zuständigkeit der EG zum Erlaß der Fernsehrichtlinie wird hauptsächlich vorgebracht, daß sich schon den Bestimmungen des EG-Vertrages keine Zuständigkeit der Gemeinschaft für den Bereich „Rundfunk" entnehmen ließe.[848] Im übrigen verstieße die Fernsehrichtlinie gegen das Subsidiaritätsprinzip[849] und auch das BVerfG[850] begreife den Rundfunkbereich als überwiegend

---

Frage des Verhältnisses von Art. 151 EG zum Subsidiaritätsprinzip *Ress*, DÖV 1992, S. 944 (948) ff.; *Hailbronner/Weber*, DÖV 1997, S. 561 (569) ff.

845 Statt vieler siehe etwa *Lerche*, AfP 1995, S. 632 ff., insbesondere dort Fußn. 8 m. w. N.

846 Die EG-Fernsehrichtlinie wurde auch von den Ländern scharf abgelehnt. Vgl. die Bundesratsbeschlüsse vom 20.02.1987, BR-Drs. 259/86 und vom 22.09.1989, BR-Drs. 462/89.

847 Dies hängt mit der nachvollziehbaren Sorge der Länder zusammen, künftig die letzten ihnen verbliebenen Kompetenzen, wenn nicht an den Bund, so doch an die EG zu verlieren. Denn bei der Umsetzung von EG-Richtlinien bleibt den Ländern kein großer Freiraum für eigene gestalterische Möglichkeiten. Zum drohenden Kompetenzverlust der Länder im kulturellen Sektor und speziell zur Fernsehrichtlinie der EG siehe *Ress*, JuS 1998, S. 17 (19) ff. sowie die kritische Betrachtung von *Eiselstein*, NVwZ 1989, S. 323 ff. Allgemein zu der Stellung der deutschen Länder in der Europäischen Union vgl. *Donoth*, „Die Bundesländer in der Europäischen Union", Diss. Kiel 1996; *Meißner*, „Die Bundesländer und die Europäischen Gemeinschaften", Diss. Berlin 1995, S. 167 ff.; *Eicher*, Der Machtverlust der Landesparlamente, Diss. Mainz 1987, S. 76 u. 83 ff. In der Literatur wird den Ländern mitunter vorgehalten, das allgemeine Wehklagen über eine zunehmende Aushöhlung des Föderalismus durch den „unitarischen" Bundesstaat erschiene nicht gerade überzeugend, da die Länder in der Vergangenheit kräftig an dieser Verlagerung von Gesetzgebungskompetenzen auf den Bund, bei gleichzeitigem Macht- und Bedeutungsverlust der Landesparlamente, mitgewirkt hätten. Vgl. *Schneider*, NJW 1999, S. 1497 (1498) ff.

848 So eine Kernaussage des Rechtsgutachtens von *Ossenbühl*, Rundfunk zwischen nationalem Verfassungsrecht und europäischem Gemeinschaftsrecht, 1986, S. 62.

849 *Lerche*, AfP 1995, S. 632 (637) ff.; *Goppel*, EuZW 1993, S. 367 (370).

850 Gemeint ist das Urteil v. 22.03.1995, hierzu unten d).

kulturelles Phänomen.[851] Wegen Verstoßes gegen das Grundgesetz sei die Fernsehrichtlinie in der Bundesrepublik unanwendbar. Darüber hinaus seien Rundfunksendungen keine grenzüberschreitenden Dienstleistungen; insbesondere sei Rundfunk „Kultur" und nicht „Wirtschaft".[852] Weiter heißt es: Die Gesetzgebung für den Rundfunk[853] sei Sache der Länder. Sie könne deshalb nicht zur Angelegenheit der EG werden; auch dürfe die nationale Rundfunkkompetenz nicht durch das EG-Recht unterlaufen werden.[854] Die EG könne sich auch nicht über eine Querschnittskompetenz Eingang in jeden Lebensbereich verschaffen. Durch ein solches Verständnis würde das konstituierende Gefüge der Bundesrepublik gefährdet, da fast jeder Bereich auch wirtschaftliche Dimensionen aufweise.[855] Die EG mißachte vertragliche Grundlagen, nur weil ihre Organe die geplanten Aktionen im Interesse der europäischen Einigung für richtig und geboten hielten.[856] Immerhin diene Rundfunk allein der Sicherung heimischer Vielfalt der Meinungen.[857] Etwas anderes folge schließlich auch nicht aus dem dualen Rundfunksystem, also dem Nebeneinander des öffentlich-rechtlichen und des privaten Rundfunks. Denn den öffentlich-rechtlichen Anstalten obliege nach ständiger Rechtsprechung des BVerfG die Grundversorgung der Bevölkerung; den privaten Veranstaltern seien reine Zusatzfunktionen zugeschrieben.[858]

Dieser Ansicht zufolge wäre die EG-Fernsehrichtlinie kompetenzwidrig erlassen worden, mit dem Ergebnis, daß die Länder keine Umsetzungsverpflichtung träfe. Denn eine ihre Zuständigkeiten überschreitende Gesetzgebung einer zwischenstaatlichen Organisation ist nicht von den Befugnissen gedeckt, die dieser Organisation von dem deutschen Verfassungsgesetzgeber übertragen wurden. Da Geltung und Anwendung von EG-Recht in Deutschland aber von dem Rechtsanwendungsbefehl des Zustimmungsgesetzes abhängen,[859] erlangen kompetenzwidrige EG-Richtlinien in Deutschland keine Rechtsverbindlich-

---

[851] *Lerche*, AfP 1995, S. 632 (637) ff.

[852] *Börner*, ZUM 1985, S. 577 (586) ff.

[853] Mit dem Begriff „Rundfunk" ist grundsätzlich Hörfunk und Fernsehen gleichermaßen gemeint. Vgl. *Schmidt*, NJW 1986, S. 1792 ff. Aus diesem Grunde ist es auch nicht falsch, wenn in der Literatur als Synonym die EG-Fernsehrichtlinie mitunter als EG-Rundfunkrichtlinie bezeichnet wird.

[854] So *Bullinger*, zit. nach Wenzel, NJW 1986, S. 1855 ff.

[855] *Memminger*, DÖV 1989, S. 846 (849) ff.; *Stoiber*, EA 1987, S. 543 (545/546) ff.

[856] *Memminger*, DÖV 1989, S. 846 (850).

[857] So *Bullinger*, zit. nach Wenzel, NJW 1986, S. 1855 ff.

[858] Vgl. *Astheimer/Moosmayer*, ZUM 1994, S. 395 (397) ff. unter Hinweis auf *BVerfGE* 73, S. 118 (157 ff.).

[859] Hierdurch sichert sich die BRD ihre staatliche Souveränität. Vgl. *Bleckmann*, in: Bleckmann, Europarecht, 6. Auflage 1997, Rdnr. 163; *Jooss/Scheurle*, EuR 1989, S. 226 (234) ff.

keit.[860] Die Zuständigkeit der EG für den Erlaß einer EG-Fernsehrichtlinie ist daher nicht nur eine rein akademische Frage, sondern von immenser praktischer Relevanz.[861]

c) Rundfunk als Dienstleistungs- und Wirtschaftsfaktor

Der vorbezeichneten Auffassung stehen jene Stimmen gegenüber, aus deren Sicht der Rundfunksektor (mittlerweile) mehr von Dienstleistungs- und Wirtschaftsfaktoren geprägt wird als von kulturellen Erwägungen.
Argumentiert wird: Die EG-Fernsehrichtlinie verstoße schon deshalb nicht gegen das Grundgesetz, weil europäische Rechtsakte überhaupt nicht an dem Grundgesetz zu messen seien.[862] Im übrigen greife die EG aber auch in keiner Weise in die kulturpolitische Materie ein, so daß die Fernsehrichtlinie keine Angelegenheit betreffe, die in den Bereich der Landeskompetenzen falle. Denn die Fernsehrichtlinie enthalte weder Vorgaben für die Struktur der innerstaatlichen Rundfunkordnung noch erhebe sie sonst Anforderungen an die Programmgestaltung; letzteres aber geschehe auch nicht durch die sog. Quotenregelung. Die Quotenregelung besage nämlich nur, daß die Fernsehveranstalter einen bestimmten Anteil an Sendungen Werken aus dem europäischen Ausland vorzubehalten hätten. Welchen Inhalts diese Werke seien, welche künstlerische Qualität sie aufwiesen oder welche Sprache hierbei verwendet werde, sei völlig unerheblich.[863] Vielmehr regele die Fernsehrichtlinie ihrem Sinn und Zweck entsprechend allein Dienstleistungs- und Niederlassungsfragen; der Außenhan-

---

[860] *BVerfG*, NJW 1993, S. 3047 (3052) ff. (*Maastricht*); siehe auch *Randelzhofer*, in: Maunz/Dürig, Art. 24 Abs. 1 GG, Rdnr. 136, der diese Auffassung allerdings nur insoweit teilt, als es sich um supranationale Organisationen handelt, die über kein eigenes Streitentscheidungsorgan verfügen. Da dies bei der EG, und zwar mit dem EuGH, der Fall ist, kommt nach *Randelzhofer*, a.a.O., Rdnr. 137, eine Verweigerung der Anwendungspflicht des EG-Rechts in Deutschland nicht in Frage. Diese Ansicht überzeugt jedoch aus zweierlei Gründen nicht: Erstens hat der EuGH bei einem fehlenden Rechtsanwendungsbefehl keine Überprüfungskompetenz mehr; denn in diesem Fall handelt es sich ausschließlich um eine innerstaatliche, und zwar verfassungsrechtliche Frage. Zweitens kann es, bei allem Respekt vor den Judikaten des EuGH und deren Objektivität, nicht möglich sein, daß die Frage der Kompetenzabgrenzung zwischen der EG und den Mitgliedstaaten allein in der Hand des EuGH liegen soll. Hierdurch würden sich die Mitgliedstaaten in Obhut des Organs einer internationalen Einrichtung begeben, der selbst keine Staatsqualität zukommt. In letzter Konsequenz könnte dies ein Freibrief zur Aushöhlung der eigenen Staatlichkeit bedeuten. So auch *Memminger*, DÖV 1989, S. 846 (849) ff.

[861] Zumal die europäische Medienpolitik erst am Anfang ihrer Entwicklung steht. Vgl. *Dörr*, K&R 1999, S. 97 ff.

[862] *Zuleeg*, JZ 1995, S. 673 (674) ff.

[863] *Zuleeg*, JZ 1995, S. 673 (675) ff.

del mit Gütern und Dienstleistungen sei aber zumindest auch Sache der Gemeinschaft.[864] Des weiteren heißt es, daß gerade der EuGH in ständiger Rechtsprechung anerkenne, daß die Kulturpolitik Sache der Mitgliedstaaten sei.[865] Allein dieser Hinweis aber müsse die deutschen Länder beruhigen.[866] Es sei zudem äußerst zweifelhaft, ob ein einzelner Rechtsakt die Bundesstaatlichkeit der BRD gefährden könne.[867] Im Sinne einer europäischen Medienpolitik müßten alle diskriminierenden Beschränkungen des freien Sendeverkehrs aufgehoben werden, insbesondere jede Schlechterstellung ausländischer Programme. Speziell die Quotenregelung sei dabei geeignet, Schutz vor einer „Amerikanisierung" des Fernsehens zu bieten. Dies allein reiche für eine Rechtmäßigkeit der Fernsehrichtlinie aus.[868] Im übrigen würde es die Gemeinschaft praktisch handlungsunfähig machen, käme es für die Rechtmäßigkeit ihres Handelns auf *rein* wirtschaftliche Zusammenhänge an.[869] Schon nach der Zielsetzung der Gemeinschaft sei diese mittlerweile auch für Fragen zuständig, die nicht ausschließlich wirtschaftliche Bezüge aufwiesen.[870] Außerdem führte selbst eine Überschreitung der vertraglichen Kompetenzen durch EG-Organe noch nicht dazu, daß der deutsche Gesetzgeber von seiner Anwendungspflicht des EG-Rechts befreit wäre. Da die EG mit dem EuGH über ein von den EU-Mitgliedstaaten selbst eingerichtetes Streitentscheidungsorgan verfüge, sei es den EU-Mitgliedstaaten verwehrt, rechtswidrigen Hoheitsakten der EG die Anwendung zu versagen; sie müßten vielmehr eine Entscheidung des EuGH einholen.[871] Ein Verstoß der EG-

---

[864] *Zuleeg*, JZ 1995, S. 673 (676) ff.

[865] *Zuleeg*, JZ 1995, S. 673 (676) ff. unter Hinweis auf die Rspr. des EuGH in Fußn. 15.

[866] *Zuleeg*, JZ 1995, S. 673 (676) ff.

[867] *Zuleeg*, JZ 1995, S. 673 (676) ff.; *Everling*, EuR 1990, S. 195 (221/222) ff. Dieses Argument hilft aber nicht weiter. Denn ist ein Rechtsakt der EG kompetenzwidrig, ist er in der BRD unbeachtlich. Die EG verfügt nach überwiegender Meinung nicht über eine Kompetenz-Kompetenz (s. o. Fußn. 36). Die (kühne) Behauptung, die EG könne ihre Kompetenzen ruhig überschreiten, da dies noch nicht die Staatlichkeit der Länder gefährde, ist einer sachlichen Diskussion nicht dienlich. Dies erkennt auch *Everling*, a.a.O., wenn es dort heißt, daß es zumindest theoretisch nicht auszuschließen sei, daß die kritische Schwelle der Staatlichkeit der Länder einmal erreicht werden könnte. Eine andere Frage ist, welches Gericht in der Praxis über eine mögliche Kompetenzüberschreitung durch EG-Organe zu befinden hätte, der EuGH oder das BVerfG? Zu dieser Frage *Everling*, EuR 1990, S. 195 (222) ff.

[868] *Hailbronner/Weber*, DÖV 1997, S. 561 (570).

[869] *Hailbronner/Weber*, DÖV 1997, S. 561 (564) ff.

[870] *Deringer*, ZUM 1986, S. 627 (633) ff.

[871] *Randelzhofer*, in: Maunz/Dürig, Art. 24 Abs. 1 GG, Rdnr. 137 (vgl. schon oben Fußn. 860); siehe auch *v. Bogdandy*, EuZW 1992, S. 9 (17), der die Quotenregelung der EG-Fernsehrichtlinie zwar für rechtswidrig, die Mitgliedstaaten aber trotzdem für umsetzungsverpflichtet hält. Die Umsetzungspflicht der Mitgliedstaaten entfiele erst dann, wenn der EuGH die Quotenregelung für nichtig erkläre.

Fernsehrichtlinie gegen das Subsidiaritätsprinzip liege ebenfalls fern.[872] Speziell der Rückgriff auf die Ermächtigungsgrundlage „Dienstleistungsfreiheit" stehe nicht im Widerspruch zu gemeinschaftsrechtlicher Subsidiarität.[873] Wer sich gegen eine EG-Kompetenz ausspreche, der verkenne den funktionalen Querschnittscharakter dieser Zuständigkeit.[874] Den Ländern gehe es bei ihrer ablehnenden Haltung auch weniger um die Inhalte der Richtlinie als vielmehr darum, daß diese Richtlinie überhaupt erlassen wurde. Dem fast wortgleichen Übereinkommen des Europarates[875] hätten die Länder nämlich zugestimmt.[876] Schließlich gehöre der zur Verteidigung der Länderhoheit herangezogene Kulturbegriff längst der Vergangenheit an. Wer heutzutage im Bereich des Fernsehens noch ein Kulturverständnis wie das der Länder vertrete, laufe Gefahr, „...nicht mehr richtig ernst genommen zu werden...".[877]

Diese zweite Ansicht steht im Zeichen der Rechtsprechung des EuGH,[878] der durch seine Judikatur erst die Basis für die EG-Aktivitäten im Rundfunkbereich gelegt hat.[879] In mittlerweile ständiger Rechtsprechung vertritt der EuGH die Auffassung, daß Rundfunksendungen Dienstleistungen im Sinne der Art. 49 ff. EG seien, da sie im Regelfall gegen Entgelt erbracht würden und nicht den Bestimmungen des freien Warenverkehrs unterfielen (Art. 50 EG).[880] Dabei versteht der EuGH unter „Entgelt" die Zahlungen der Werbewirtschaft an die Rundfunkveranstalter oder die Zahlungen der Zuschauer für einen Kabelanschluß. Ein unmittelbarer Zahlungsfluß vom Zuschauer zum Rundfunkveranstalter sei nicht zwingend erforderlich.[881] Nach dieser höchstrichterlichen Auffassung unterfällt der „Rundfunk" den Regeln des freien Dienstleistungsver-

---

[872] *Pechstein*, DÖV 1991, S. 535 (535 und 539) ff.

[873] *Pechstein*, DÖV 1991, S. 535 (540) ff.

[874] *Pechstein*, DÖV 1991, S. 535 (539/540) ff.

[875] Europäisches Übereinkommen über das grenzüberschreitende Fernsehen vom 05.05.1989, BGBl. 1994, Teil II, S. 638.

[876] *Pechstein*, DÖV 1991, S. 535 (539) ff. Das Verhältnis von EG-Fernsehrichtlinie und Europaratskonvention erläutert *Schwartz*, EuR 1989, S. 1 ff.

[877] *Klatten*, EWS 1991, S. 257 (258) ff.

[878] Die Rechtsprechung des EuGH zur EG-Fernsehrichtlinie wird dargestellt bei *Greissinger*, CR 1999, S. 112 ff.; *Dörr*, K&R 1999, S. 97 (98) ff.

[879] Vgl. *Astheimer/Moosmayer*, ZUM 1994, S. 395 (399) ff.; *Knothe/Bashayan*, AfP 1997, S. 849 (853) ff., wo der EuGH als „Motor" der Entstehung der EG-Fernsehrichtlinie bezeichnet wird.

[880] *EuGH*, Slg. 1974, S. 409 (428) *(Sacchi)*; *EuGH*, Urt. v. 18.03.1980, Rs. C-52/79, Slg. 1980, S. 833 (856) *(Debauve)*; *EuGH*, Slg. 1980, S. 881 ff. *(Coditel I)*; *EuGH*, Urt. v. 26.04.1988, Rs. C-352/85, Slg. 1988, S. 2085 (2125) *(Bond van Adverteerders)*.

[881] Vgl. *Astheimer/Moosmayer*, ZUM 1994, S. 395 (399) ff.; *Knothe/Bashayan*, AfP 1997, S. 849 ff. Kritisch zu dieser Rspr. des EuGH *Börner*, ZUM 1985, S. 577 ff.

kehrs. Dies natürlich nur insoweit, als es sich um Aktivitäten der Rundfunkveranstalter am gemeinsamen Markt handelt.

d) Bund-Länder-Streit und Urteil des BVerfG vom 22.03.1995

Der Vollständigkeit halber darf hier nicht unerwähnt bleiben, daß die Länder, allen voran der Freistaat Bayern,[882] zur Wahrung ihrer Interessen ein Bund-Länder-Streitverfahren nach Art. 93 Abs. 1 Nr. 3 GG beim BVerfG betrieben haben.[883] Ziel dieses Verfahrens war die Feststellung, daß die Bundesregierung durch ihren Kabinettsbeschluß vom 8. März 1989, der EG-Fernsehrichtlinie grundsätzlich zuzustimmen, gegen Länderrechte aus Art. 30 GG verstoßen habe. Dieser Feststellungsantrag wurde im Verlauf des Verfahrens auf die von der Bundesregierung am 3. Oktober 1989 erklärte Zustimmung zur Fernsehrichtlinie im EG-Ministerrat erweitert.[884] Das Verfahren, und insbesondere die Entscheidung des BVerfG,[885] wonach dem Bund zwar kein konkretes Abstimmungsverhalten auferlegt, ihm aber seine Pflicht als Sachwalter der Länderinteressen deutlich gemacht wurde,[886] ist mittlerweile durch die Änderung des

[882] Im Verlauf des Verfahrens sind der Antragstellerin Bayern acht weitere Länder beigetreten, und zwar Nordrhein-Westfalen, Bremen, Hamburg, Hessen, Rheinland-Pfalz, Saarland, Schleswig-Holstein und Niedersachsen.

[883] Obschon dieses Verfahren, speziell unter dem Gesichtspunkt des Verhältnisses von Bundesstaatlichkeit zu europäischem Unitarisierungsprozeß, von politischem Interesse war und die Entscheidung des BVerfG auch für den unbefangenen Leser interessant ist, muß es an dieser Stelle bei einem kurzen Anriß bleiben. Insbesondere die Problematik der Stellung der deutschen Länder in der Europäischen Union kann im Rahmen dieser Untersuchung nicht vertieft werden. Hierzu siehe die Bearbeitungen von *Donoth*, Die Bundesländer in der Europäischen Union, Diss. Kiel 1996 und *Meißner*, Die Bundesländer und die Europäischen Gemeinschaften, Diss. Berlin 1995; *Eicher*, Der Machtverlust der Landesparlamente, Diss. Mainz 1987, S. 76 u. 83 ff.

[884] Die bayerische Staatsregierung versuchte zunächst im Wege der einstweiligen Anordnung gemäß § 32 BVerfGG beim Bundesverfassungsgericht zu verhindern, daß der Bund, vertreten durch die Bundesregierung, dem Richtlinienentwurf im Ministerrat zustimmt. Dieser Eilantrag blieb jedoch ohne Erfolg; vgl. *BVerfG*, NJW 1990, S. 974.

[885] *BVerfG*, Urt. v. 22.03.1995 – 2 BvG 1/89, EuZW 1995, S. 277 ff. = EuGRZ 1995, S. 125 ff. = AfP 1995, S. 483 ff.

[886] Das Urteil erklärte die EG-Fernsehrichtlinie zwar nicht für unanwendbar, stellte jedoch fest, daß die Bundesregierung den Grundsatz der Bundestreue ggü. den Bundesländern durch die Art ihrer Verhandlungsführung im EG-Ministerrat verletzt habe. Allgemein zu der Entscheidung des BVerfG siehe die Anmerkungen von *Winkelmann*, DÖV 1996, S. 1 ff. und *Häde*, EuZW 1995, S. 284 (285), wonach das Urteil nicht das erhoffte Stoppsignal für die zunehmende Aushöhlung der Länderkompetenzen geliefert habe. Im Ergebnis ebenso *Pechstein*, Jura 1995, S. 581 ff. Dort heißt es, daß das BVerfG auf eine „Solange III-

Grundgesetzes mit seinem Art. 23 Abs. 6 GG n. F. relativiert worden.[887] Nicht zuletzt deshalb und wegen der zuvor ergangenen „Maastricht-Entscheidung" kam dem Urteil im Streit um die EG-Fernsehrichtlinie in der öffentlichen Wirkung keine so große Bedeutung mehr zu.[888]

e) Stellungnahme

Die Harmonisierung auf dem europäischen Fernsehmarkt ist notwendiger Bestandteil einer Wirtschaftsunion. Aus Sicht des europäischen Gesetzgebers ist dabei tragender Gedanke, die zunehmende „Amerikanisierung" der europäischen Fernsehkultur zu verhindern oder zumindest zu begrenzen.[889] Der Normgeber kann dabei auf zweierlei Weise vorgehen. Zum einen kann man europäische Medienproduktionen finanziell unterstützen (etwa mittels Subventionierung),[890] zum anderen kann es sinnvoll sein, die Mitgliedstaaten zu verpflichten, einen bestimmten Anteil ihres Fernsehprogramms Produktionen europäischen Ursprungs vorzubehalten (z. B. mittels sog. Programmquote).[891] Welcher dieser beiden Wege politisch sinnvoller ist, muß hier nicht beantwortet werden. Zu untersuchen ist allein, ob die EG überhaupt zuständig war, die Fernsehrichtlinie zu erlassen.

Entscheidung" verzichtet habe. Aus der neueren Literatur siehe noch *Ress*, JuS 1998, S. 17 ff. und *Everling*, EuR 1990, S. 195 ff.

[887] Mit der Einfügung des Art. 23 Abs. 6 GG n. F. stellt sich in Zukunft die vom BVerfG erörterte Problematik der treugerechten Wahrnehmung von Länderinteressen durch den Bund als Sachwalter auf der Ebene der EG wohl nicht mehr in diesem Maße. Künftig könnte sich allerdings die diametrale Situation ergeben, daß - sofern die EG eine Maßnahme zu treffen beabsichtigt, die innerstaatlich in die alleinige Kompetenz der Länder fällt – der dann berufene Ländervertreter im Ministerrat die Interessen des Bundes gemäß Art. 23 Abs. 6 GG zu wahren und zu beachten hat. Daß darüber hinaus die Entscheidung des BVerfG auch nach der Grundgesetzänderung nicht überholt ist, betont *Ress*, JuS 1998, S. 17 (18) ff. m. w. N.

[888] *Knothe/Bashayan*, AfP 1997, S. 849 (852) ff. sprechen davon, daß das BVerfG sich mit seiner Entscheidung salomonisch aus der Affäre gezogen habe.

[889] In diesem Punkt ist *Hailbronner/Weber*, DÖV 1997, S. 561 ff. sicher zuzustimmen.

[890] Wobei aus Gründen des internationalen Dienstleistungs- und Warenverkehrs, insbesondere wegen der völkerrechtlichen Bindung der Mitgliedstaaten und der EG an die Übereinkommen im Rahmen des GATT und der heutigen WTO, eine vollständige Beschränkung nichteuropäischer - besonders amerikanischer - Fernsehproduktionen kaum in Betracht kommen dürfte. Diese Überlegung stellt auch *Tietje*, JuS 1999, S. 644 (650) ff. an, wenn auch im Zusammenhang mit dem sog. Recht auf Kurzberichterstattung. Allgemein zur Anwendbarkeit der WTO-Vorschriften im Gemeinschaftsrecht *Herdegen*, Europarecht, 2. Auflage 1999, Rdnr. 445 ff.

[891] Vgl. Erwägungsgrund 19 der Fernsehrichtlinie, die das Ziel des Ausbaus einer international konkurrenzfähigen europäischen Medienindustrie setzt.

Den Gegnern europäischer Medienpolitik ist zuzugeben, daß der EG-Vertrag für den Bereich „Rundfunk" keine eindeutige Aussage enthält, und aus Art. 151 EG läßt sich keine Richtlinienkompetenz ableiten. Dennoch ist fraglich, ob der Rundfunkbereich tatsächlich überwiegend zum Kultursektor gezählt werden muß oder ob „Rundfunk" - zumindest aus Gemeinschaftssicht - nicht eher als wirtschaftliche Dienstleistung zu verstehen ist. In letzterem Fall durfte die Gemeinschaft die Fernsehrichtlinie auf die Ermächtigungsgrundlage aus Art. 47 Abs. 2, 55 EG stützen.

Betrachtet man die gegenwärtige Situation in der Medienlandschaft und berücksichtigt man zudem die stetig fortschreitende Entwicklung auf diesem Gebiet, dann kann nicht mehr davon ausgegangen werden, daß Fernsehen eine primär kulturelle Angelegenheit sei. Dies gilt sowohl für die privaten Anbieter als auch für den öffentlich-rechtlichen Rundfunk. Selbst wenn noch unstreitig sein sollte, daß speziell dem öffentlich-rechtlichen Rundfunk in Deutschland ein Versorgungsauftrag mit Information und Unterhaltung zukommt, läßt sich wohl kaum mehr vertreten, daß dieser nur die natürlichen und berechtigten Informationsansprüche der Bevölkerung befriedige. Vielmehr geht es auch den öffentlich-rechtlichen Rundfunkanstalten darum, unternehmerisch zu denken und besonders die für die Werbeindustrie interessante Zielgruppe mit ihren Sendungen anzusprechen. Die Tatsache, daß sich die Medienlandschaft kontinuierlich und z. T. sprunghaft entwickelt, läßt ein Kulturverständnis, wie es noch vor Jahren richtig gewesen sein mag, heute nicht mehr aufrecht erhalten, zumindest was den Bereich des Fernsehens und der neuen Medien betrifft. Die Europäische Gemeinschaft hat diese Situation erkannt und mit Erlaß der Fernsehrichtlinie einen ersten Schritt getan.[892] Sie hat sich nicht durch nationale Interessen beirren lassen und, mit Ausnahme der noch darzustellenden Quotenregelung, entsprechend ihren Kompetenzen gehandelt. Denn es ist zweifelsohne nicht alles „Wirtschaft"[893], der heutige Rundfunk ist es aber allemal.[894]

---

[892] Die Fernsehrichtlinien 89/552/EWG und 97/36/EG bilden dabei tatsächlich erst den Anfang. Begriffe wie e-commerce, One-to-One-Marketing u. v. m. prägen bereits heute die europäische und nationale Medienpolitik. Vgl. *Imhof*, CR 2000, S. 110 ff. Der Bundesgesetzgeber hat dieser Entwicklung mit Erlaß des Informations- und Kommunikationsdienste-Gesetzes (IuKDG) entsprechen wollen - BGBl. 1997, Teil I, S. 1870. Über die Inhalte und Hintergründe des IuKDG informieren *Bröhl*, CR 1997, S. 73 ff. und *Engel-Flechsig*, ZUM 1997, S. 231 ff. Ein erster Erfahrungsbericht der Bundesregierung zum IuKDG findet sich unter der BT-Drs. 14/1191.

[893] So das viel zitierte Schlagwort der Gegner der Fernsehrichtlinie, wonach der EG ein Handeln frei nach dem Motto: „alles ist Wirtschaft! Wirtschaft ist alles!" vorgeworfen wird. Statt vieler siehe *Dörr*, EWS 1991, S. 259 (260) ff.

[894] Daß dem Rundfunk darüber hinaus auch kulturelle Funktionen zukommen, wird nicht bestritten. Im Schwerpunkt wird der „Rundfunk" heute aber geprägt von wirtschaftlichen Er-

Hinzu kommt die immer größer werdende Präsenz der privaten Anbieter am Markt. Mag die Rechtsprechung des BVerfG - wonach im dualen Rundfunksystem den privaten Veranstaltern reine Zusatzfunktionen zustünden - in der Vergangenheit zutreffend gewesen sein, so ist dies heute anders zu beurteilen.[895] Rundfunk ist ein grenzüberschreitendes Medium. Aufgrund der standardisierten Satellitentechnik ist es möglich, Programme europa- und sogar weltweit zu empfangen. Wenn die EG diesen Bereich regelt, verstößt sie sicher nicht gegen das Prinzip der Subsidiarität, denn das Ziel einer notwendigen Koordinierung der Rundfunktätigkeit der Mitgliedstaaten läßt sich nur auf Gemeinschaftsebene angemessen erreichen.

Die Fernsehrichtlinie verstößt auch nicht gegen das Grundgesetz. In Betracht käme allein ein Verstoß gegen Art. 5 Abs. 1 S. 2 GG[896] oder eine Überschreitung der Übertragungskompetenz aus Art. 23 Abs. 1 i. V. m. Art. 79 Abs. 3 GG. Letzteres scheidet jedenfalls insoweit aus, als die EG die Richtlinie auf die Bestimmungen zum Dienstleistungs- und Niederlassungsrecht aus Art. 47 Abs. 2, 55 EG stützen durfte.[897] Und im übrigen liegt schon deshalb kein Verfassungsverstoß vor, weil nach mittlerweile ständiger Rechtsprechung des EuGH jedes europäische Gemeinschaftsrecht, wozu auch Richtlinien gehören, Vorrang hat vor dem nationalen Recht der Mitgliedstaaten.[898] Dieser Vorrang macht auch

---

wägungen. Nicht in die Kompetenz der EG fällt nach hier vertretener Auffassung beispielsweise die Regelung der Programminhalte. Dieser Bereich gehört zum Kernbereich der Kulturhoheit der Länder.

[895] Anders als das BVerfG hat der EuGH dem Rundfunk seit jeher eine primär wirtschaftliche Bedeutung zugemessen. Zu dem sehr streitigen Rangverhältnis des BVerfG gegenüber dem EuGH siehe *Hirsch*, NJW 1996, S. 2457 ff.; *ders.*, NJW 2000, S. 1817 (1818) ff.; *Eiffler*, JuS 1999, S. 1068 (1070) ff. Das BVerfG selbst begreift sein Verhältnis zum EuGH seit der Maastricht-Entscheidung als „Kooperationsverhältnis". Was hierunter konkret zu verstehen ist, definiert das Gericht nicht. Eine Abkehr von der „Solange II Rechtsprechung" dürfte dem mit der h. M. aber nicht zu entnehmen sein, obschon sich das BVerfG künftig vorbehalten hat, die „generelle Gewährleistung der unabdingbaren Grundrechtsstandards" bei Maßnahmen der EG zu überprüfen - *BVerfG*, NJW 1993, S. 3047 (3049) ff. (*Maastricht*). Zum Begriff des „Kooperationsverhältnisses" siehe auch *Oppermann*, Europarecht, 2. Auflage 1999, Rdnr. 497; *Tietje*, JuS 1994, S. 197 (200) ff.; *Eiffler*, JuS 1999, S. 1068 (1070) ff.; *Hirsch*, NJW 1996, S. 2457 ff.; *ders.*, NJW 2000, S. 1817 (1818) ff.

[896] Hierauf weist *Eberle* hin, zit. nach Wenzel, NJW 1993, S. 3043 ff.; siehe auch *Ossenbühl*, Rundfunk zwischen nationalem Verfassungsrecht und europäischem Gemeinschaftsrecht, 1986, S. 55 ff.

[897] Wie sich noch zeigen wird, durfte sie dies nicht hinsichtlich der sog. Quotenregelung.

[898] Ständige Rechtsprechung seit *EuGH*, Rs. 6/64, Slg. 1964, S. 1251 ff. (*Costa/E.N.E.L.*); *EuGH*, Rs. 11/70, Slg. 1970, S. 1125 ff. (*Internationale Handelsgesellschaft*); *EuGH*, Rs. 106/77, Slg. 1978, S. 629 ff. (*Simmenthal II*). Siehe auch oben 2. Teil / I / 2. Zur Höherrangigkeit der EG-Fernsehrichtlinie ggü. deutschem Landesmedienrecht siehe den Beschluß

nicht halt vor nationalem Verfassungsrecht, was dazu führt, daß selbst einzelne Richtlinienbestimmungen dem Grundgesetz vorgehen können.[899] Hat aber selbst sekundäres EG-Recht Vorrang vor nationalem Verfassungsrecht, dann greift auch nicht das Argument, Rundfunk sei Ländersache und damit nicht von der EG zu reglementieren.[900]

Wenn dem Gemeinschaftsgesetzgeber vorgeworfen wird, die Programmquotenregelung gefährde die Sicherung der heimischen Vielfalt der Meinungen, dann ist dies nicht korrekt. Vielmehr ist es ein Ziel der Quotenregelung, die kulturelle Vielfalt der Mitgliedstaaten zu vermitteln, um so integrationsfördernd zu wirken. Hieraus folgt allerdings nicht, daß die Quotenregelung auch rechtmäßig ist. Unter der Programmquote versteht man die Regelung des Anteils europäischer Werke am Gesamtprogramm einer Rundfunkanstalt. Programminhalte festzulegen, ist aber keine Dienstleistung, sondern kulturelle Programmgestaltung. Und auch wenn es ggü. Art. 47 Abs. 2, 55 EG als sog. Querschnittkompetenzen nicht möglich ist, den Bereich der Kultur für generell exemt zu erklären,[901] bleibt es dabei, daß Art. 151 EG keine regulative Möglichkeit für den Bereich „Kultur" eröffnet; dies kann daher auch nicht über den Umweg der Art. 47 Abs. 2, 55 EG geschehen. Eine Auslegung dieser Artikel ergibt, daß die EG zwar zuständig ist für Regelungen über Fernsehwerbung etc., sie aber nicht eingreifen darf, wenn es um die inhaltliche Gestaltung der Programme geht.[902] Dies bedeutet auch keinen Widerspruch zu den bisherigen Ergebnissen. Denn daß „Rundfunk" - *als Industriezweig* - heutzutage im Schwerpunkt „Dienstleistung" bedeutet,[903] än-

---

des *VG Berlin*, vom 26. März 1997 - VG 27 A 875/96 -, veröffentlicht in AfP 1997, S. 956 ff.

[899] Bei Richtlinien wird dieser Vorrang zwar generell nur dann angenommen, wenn ihnen unmittelbare Wirkung zukommt - siehe *Dänzer-Vanotti*, DB 1994, S. 1052 ff. Allerdings kann der Rechtsprechung des EuGH zum Vorrang von EG-Recht, was Richtlinien anbelangt, zumindest der Grundsatz entnommen werden, daß eine richtlinienkonforme Umsetzung nicht mit Verweis auf nationales Verfassungsrecht unterbleiben darf. Aus diesem Grunde zweifelt auch *Ossenbühl*, Rundfunk zwischen nationalem Verfassungsrecht und europäischem Gemeinschaftsrecht, 1986, S. 63, eine Sperrwirkung des Art. 5 Abs. 1 S. 2 GG ggü. einer EG-Fernsehrichtlinie an.

[900] *Streinz*, in: Heckmann/Meßerschmidt (Hrsg.), Gegenwartsfragen des Öffentlichen Rechts, 1988, S. 15 (43) ff., der im Hinblick auf den Anwendungsvorrang des EG-Rechts vertritt, daß die innerstaatliche Rundfunkverfassung durch die EG-Fernsehrichtlinie verdrängt wird. Siehe auch *Schwartz*, AfP 1987, S. 375 (378) ff. Und ein Verstoß gegen die verfassungsrechtliche Grenze des Anwendungsvorranges von EG-Recht aus Art. 79 Abs. 3 GG liegt bei der Fernsehrichtlinie nicht vor.

[901] So *Klein*, VVDStRL 50 (1991), S. 56 (65) ff.; *Dörr*, EWS 1991, S. 259 (265) ff.; siehe auch *Herrmann*, EWS 1991, S. 269 (272) ff.

[902] *Klein*, VVDStRL 50 (1991), S. 56 (65) ff.; *Dörr*, EWS 1991, S. 259 (265) ff.

[903] Dieses europäische Verständnis von „Rundfunk" bezeichnet *Dörr*, EWS 1991, S. 259 (260) ff. als dem bundesdeutschen Verfassungsrecht zuwiderlaufend.

dert nichts daran, daß die inhaltliche Gestaltung der Programme weiterhin als kulturelle Aufgabe verstanden werden muß.[904]
Schließlich zeigt die Tatsache, daß die Länder dem fast wortgleichen Übereinkommen des Europarates zugestimmt haben, daß es ihnen in der Sache weniger um die Inhalte der EG-Fernsehrichtlinie ging als vielmehr darum, einem weiteren Kompetenzverlust in Richtung „Brüssel" zu begegnen. Diese Sorge ist berechtigt, ändert aber nichts an der Kompetenzzuweisung im EG-Vertrag.

f) Zwischenergebnis 1

Die Europäische Gemeinschaft besitzt keine Richtlinienkompetenz auf dem Gebiet „Kultur". Eine solche Zuständigkeit kann auch nicht über sog. Querschnittkompetenzen aus Art. 47 Abs. 2, 55 EG hergeleitet werden. Die Auswahl der Programminhalte fällt in die Kulturhoheit der Mitgliedstaaten. Daher ist die Festlegung einer Programmquote durch die EG rechtswidrig und von den Ländern nicht zu berücksichtigen. Im übrigen ist die EG aber berechtigt, sich mit der Freiheit der Bewegung von Personen, Dienstleistungen, Waren und Kapital innerhalb der EG-Grenzen zu befassen, und zwar unabhängig davon, wer oder was diese Personen, Dienstleistungen oder Waren im einzelnen sind und zu welchem Lebensbereich sie gehören.[905] Die EG war daher zum Erlaß der Fernsehrichtlinie befugt. Da die Rechtswidrigkeit eines Teiles der Richtlinie noch nicht die gesamte Richtlinie erfaßt, trifft die Länder die Verpflichtung, die Ziele

---

[904] Wenn sich die deutschen Ländervertreter gegen eine generelle EG-Kompetenz für eine EG-Fernsehrichtlinie aussprechen, dann ist diese Ansicht von dem aus europäischer Sicht irrelevanten und rein nationalen Verständnis geprägt, daß Regelungen über die berufliche Ausübung der Fernsehtätigkeit und hinsichtlich der Fernsehwerbung als Annex zur innerstaatlichen Kulturhoheit der Länder betrachtet werden. Die inhaltliche Programmgestaltung bleibt hingegen auch nach dem hier befürworteten Rundfunkverständnis Teil der mitgliedstaatlichen Kulturhoheit. Von einer solchen Teilkompetenz der Gemeinschaft zum Erlaß der EG-Fernsehrichtlinie geht auch *Blanke*, ZG 1990, S. 1 (7) ff. aus. Sofern von Seiten des Bundes versucht wurde, die Problematik um die Quotenregelung mit dem Argument zu relativieren, diese Quotenregelung sei überhaupt nicht rechtswirksam, sondern lediglich als eine Empfehlung zu verstehen – was sich aus separaten Protokollerklärungen ergebe - so muß hierzu gesagt werden, daß die Einführung einer Programmquote in den Art. 4 bis 6 RL ausdrücklich zum Bestandteil der Richtlinie und damit des sekundären Gemeinschaftsrechts erhoben wurde. In Zweifelsfällen wird man davon ausgehen müssen, daß die EG die Quotenregelung durchaus als für die Mitgliedstaaten verbindliches Recht betrachten wird, zumal Protokollerklärungen nach ständiger Rspr. des EuGH nur eine eingeschränkte rechtliche Bedeutung haben und insbesondere nicht Richtlinien widersprechen dürfen. Die geschilderte Sichtweise des Bundes bezeichnet schließlich auch das *BVerfG*, EuZW 1995, S. 277 (284) als „fragwürdig". Weiterführend *Ress*, JuS 1998, S. 17 (23) ff.

[905] *Kewenig*, JZ 1990, S. 458 (465) ff.

des überwiegend rechtmäßigen Teiles der EG-Fernsehrichtlinie zu beachten und in ihr nationales Recht zu transformieren.

2. Regelungsgehalt der Richtlinie[906]

Wie gesehen, ist Hauptstreitpunkt der EG-Fernsehrichtlinie die Quotenregelung der Art. 4 bis 6. Diese Vorschriften enthalten die Maßgabe, den Fernsehanbietern aufzuerlegen, einen Großteil der angebotenen Produktionen europäischen Werken vorzubehalten.[907] Die Quotenregelung ist bereits wegen fehlender Zuständigkeit der EG in Deutschland unverbindlich. Insofern ist es unerheblich, daß sie im übrigen zu einer nach bundesdeutschem Verfassungsrecht kaum haltbaren Aufsicht über die Fernsehprogramme führen würde.[908]

Art. 1 RL enthält diverse Begriffsbestimmungen, die auch den Anwendungsbereich der Richtlinie festlegen. Der Begriff der „Fernsehsendung" wird dabei definiert als „drahtlose oder drahtgebundene, erdgebundene oder durch Satelliten vermittelte, unverschlüsselte oder verschlüsselte Erstsendung von Fernsehprogrammen, die zum Empfang durch die Allgemeinheit bestimmt sind". Die Weiterverbreitung durch Kabel zählt hierzu.[909] Auf Drängen Deutschlands ist der Hörfunk aus dem ursprünglich vorgesehenen Anwendungsbereich der Richtlinie gestrichen worden.[910]

Art. 2 RL dient dem schon angesprochenen Ziel einer gemeinschaftsweiten Medienlandschaft („Fernsehen ohne Grenzen"). Um dieses Ziel zu erreichen, müssen die bislang abgeschotteten Fernsehmärkte der Mitgliedstaaten einander geöffnet werden. Gemäß Art. 2 Abs. 2 RL gewährleisten die Mitgliedstaaten daher

---

[906] Zum Regelungsgehalt der Fernsehrichtlinie siehe auch *Nanclares*, Die EG-Fernsehrichtlinie, 1995 m. w. N. Über die aufgrund der RL 97/36/EG vorgenommenen Änderungen informieren *Dörr/Eckl*, NJW 1999, S. 1925 (1926) ff.

[907] *Lerche*, AfP 1995, S. 632 ff. spricht in diesem Zusammenhang von mehr als der Hälfte der Fernsehproduktionen. Nach *Borchmann*, DÖV 1988, S. 623 (629) ff. liegt die Mindestquote bei zunächst 30 v. H. und soll nach einer dreijährigen Übergangszeit bis zu 60 v. H. betragen. Ausführlich zur sog. Quotenregelung siehe auch *v. Bogdandy*, EuZW 1992, S. 9 (10-13) ff.

[908] Vgl. *Dörr*, EWS 1991, S. 259 (260) ff. In Betracht käme insbesondere ein unverhältnismäßiger Eingriff in die Grundrechte der Rundfunkanstalten aus Art. 5 Abs. 1 S. 2 GG. Für die privaten Anbieter käme auch ein verfassungswidriger Eingriff in Grundrechte aus Art. 12 und 14 GG in Frage. Zur Grundrechtsfähigkeit öffentlich-rechtlicher Rundfunkanstalten siehe *Dürig*, in: Maunz/Dürig, Art. 19 Abs. 3 GG, Rdnr. 42.

[909] *EuGH*, Urt. v. 10.09.1996, Rs. C-11/95.

[910] Vgl. *Hailbronner/Weber*, DÖV 1997, S. 561 (562) ff.

den freien Empfang und die freie Weiterverbreitung aller Fernsehsendungen der übrigen Mitglieder. Die Richtlinie schafft hierfür ein notwendiges Mindestmaß an einheitlichen Regelungen in bezug auf Fernsehwerbung und Sponsoring, den Minderjährigenschutz und das Recht auf Gegendarstellung.[911] Um diese Vorgabe überwachen zu können, hat nach Art. 2 Abs. 1 RL der Sendestaat das Recht und nach Art. 3 Abs. 2 RL die Pflicht zur Kontrolle der auf seinem Hoheitsgebiet tätigen Fernsehanbieter.[912] Soweit andere Fragen grenzüberschreitender Fernsehtätigkeit relevant sind, wird auf das Prinzip der Anerkennung der jeweiligen nationalen Regelungen zurückgegriffen.[913]

Eine nennenswerte – und zugleich höchst streitige - Bestimmung enthält Art. 18 RL mit seiner Werbezeitregelung. Danach darf die Sendezeit für Werbung 15 v. H. der täglichen Sendezeit nicht überschreiten. Die Sendezeit für Werbespots innerhalb einer Stunde darf nicht mehr als 20 v. H. betragen. Sofern es um Werbeformen wie direkte Angebote an die Öffentlichkeit für den Verkauf, den Kauf oder die Vermietung von Erzeugnissen oder für die Erbringung von Dienstleistungen geht, können die Werbezeiten insgesamt 20 v. H. ausmachen; mehr als eine Stunde Werbung pro Tag darf aber in letzterem Fall nicht überschritten werden.

Die Richtlinie - insbesondere Art. 3 Abs. 1 und Art. 19 – gestattet es den Mitgliedstaaten, die Werbung sowie das Kinder- und Jugendschutzrecht für inländische Programme strenger zu gestalten, als dies in der Richtlinie vorgesehen ist. Die Richtlinie stellt somit keine Höchstgrenze, sondern nur einen Mindeststandard an Regelungsvorgaben auf. Die Prognose,[914] daß dennoch in der künftigen Gesetzgebungspraxis das Niveau der Richtlinie zum Maßstab der Landesrundfunkgesetze avancieren werde, da die Länder, und zwar wegen des steigenden Konkurrenzdruckes, ein Abwandern privater Rundfunkanbieter ins Ausland zu verhindern wüßten, hat sich nicht bestätigt. Erst jüngst hat das BVerwG entschieden, daß die Länder gemäß Art. 3 Abs. 1 Fernsehrichtlinie berechtigt waren, im Rundfunkstaatsvertrag 1991 für inländische Veranstalter strengere Regelungen über das Sponsoring aufzustellen, als dies Art. 17 RL vorsieht.[915]

---

[911] Vgl. die Erwägungsgründe 12, 13 und 15 der Richtlinie; siehe auch *Ress*, JuS 1998, S. 17 (19) ff.

[912] *Hailbronner/Weber*, DÖV 1997, S. 561 (562) ff.; *v. Bogdandy*, EuZW 1992, S. 9 (10) ff.

[913] *v. Bogdandy*, EuZW 1992, S. 9 (10) ff.; *Ress*, JuS 1998, S. 17 (19) ff.

[914] *Dörr*, EWS 1991, S. 259 (260) ff.

[915] *BVerwG*, Beschl. v. 10.10.1997 – 6 B 32/97, JuS 1999, S. 704 ff.

3. Innerstaatliche Zuständigkeit der Länder zur Umsetzung der Richtlinie 89/552/EWG

Die Kulturhoheit ist innerstaatlich Sache der Länder. Auch wenn „Rundfunk" aus Sicht der EG eine Dienstleistung darstellt, hat dies keine Auswirkung auf die innerstaatliche Kompetenzverteilung. Denn nach nationalem Verständnis ist die Regelung des (staatsfreien) Rundfunks eine kulturelle Angelegenheit, womit die wirtschaftlichen Bezüge dieser Tätigkeit als Annex zu der Landesgesetzgebungskompetenz zählen.[916]

4. Rundfunkstaatsvertrag der Länder vom 31.08.1991

a) Umsetzung der Richtlinie 89/552/EWG durch eine Änderung der Landesrundfunkgesetze auf der Grundlage des Rundfunkstaatsvertrages der Länder vom 31.08.1991

Die Ministerpräsidenten der Länder unterzeichneten am 31. August 1991 den „Staatsvertrag über den Rundfunk im vereinten Deutschland", der nach Erlaß der entsprechenden Zustimmungsgesetze der einzelnen Länderparlamente am 1. Januar 1992 in Kraft getreten ist.[917] Nach seiner Präambel und dem 1. Erwägungsgrund trägt der Staatsvertrag „der europäischen Entwicklung des Rundfunks Rechnung" und enthält „grundlegende Regelungen für den öffentlich-rechtlichen Rundfunk in einem dualen Rundfunksystem der Länder des vereinten Deutschlands". Da der RfStV alle bis dahin in den „alten" Ländern geltenden rundfunkrechtlichen Verträge außer Kraft gesetzt hat, bildet er zugleich als neuartige, übergreifende und umfassende Kodifikation die Rechtsgrundlage für

---

[916] *Schmidt*, NJW 1986, S. 1792 (1794/1795) ff.; *Scholz*, NJW 1990, S. 941 (942 und 944) ff.

[917] Der Staatsvertrag wurde mit folgenden Zustimmungsgesetzen der vertragsschließenden Länder veröffentlicht: Baden-Württemberg, Gesetz vom 19.11.1991, GBl. BW S. 745; Bayern, Gesetz vom 18.12.1991, GVBl. S. 451; Berlin, Gesetz vom 19.12.1991, GVBl. S. 309, geändert durch Gesetz vom 22.04.1992, GVBl. S. 150; Brandenburg, Gesetz vom 6.12.1991, GVBl. S. 580; Bremen, Gesetz vom 17.09.1991, Brem. GVBl. S. 273; Hamburg, Gesetz vom 16.12.1991, GVBl. S. 425; Hessen, Gesetz vom 13.12.1991, GVBl. I S. 367; Mecklenburg-Vorpommern, Gesetz vom 5.12.1991, GVBl. M-V S. 494; Niedersachsen, Gesetz vom 26.11.1991, Nds. GVBl. S. 311; Nordrhein-Westfalen, Gesetz vom 20.11.1991, GVBl. NW S. 408; Rheinland-Pfalz, Gesetz vom 10.12.1991, GVBl. S. 369; Saarland, Gesetz vom 29.10.1991, Amtsbl. S. 1290; Sachsen, Gesetz vom 29.10.1991, GVBl. S. 425; Sachsen-Anhalt, Gesetz vom 12.12.1991, GVBl. LSA S. 478; Schleswig-Holstein, Gesetz vom 12.12.1991, GVBl. S. 596; Thüringen, Gesetz vom 18.12.1991, GVBl. S. 635.
Nachfolgend als Rundfunkstaatsvertrag (RfStV) bezeichnet.

den Rundfunk in den 16 Ländern.[918] Was die inhaltliche Gestaltung des RfStV betrifft, so soll an dieser Stelle nur insofern hierauf eingegangen werden, als dies für die Frage einer ordnungsgemäßen Umsetzung der EG-Fernsehrichtlinie relevant ist.[919]

Fraglich ist, ob der RfStV der Länder vom 31. August 1991 überhaupt als Umsetzungsmaßnahme zur EG-Fernsehrichtlinie bezeichnet werden kann. Konkret geht es darum, ob der Staatsvertrag der Umsetzung der EG-Fernsehrichtlinie diente. In der Literatur wird dies entweder als „selbstverständlich"[920] oder aber „ohne weitere Bedenken"[921] bejaht. Dieses Ergebnis erscheint problematisch. Unstreitig ist nur, daß der RfStV in jedem Fall der Umsetzung des Europäischen Übereinkommens über das grenzüberschreitende Fernsehen galt.[922]

Gegen eine Umsetzung uno actu auch der EG-Fernsehrichtlinie spricht zunächst die Tatsache, daß der RfStV die Europaratskonvention ausdrücklich nennt, an keiner Stelle jedoch von der EG-Fernsehrichtlinie spricht.[923] Ob Ursache hierfür tatsächlich nur sein soll, daß bei Unterzeichnung des RfStV noch das Hauptsacheverfahren im Zuständigkeitsstreit zwischen Bund und Ländern anhängig war,[924] ist eher zu bezweifeln. Wahrscheinlicher ist, daß die Länder mit der Ratifikation des RfStV die EG-Fernsehrichtlinie gar nicht umsetzen wollten; nur deshalb wird die Richtlinie in dem Vertragswerk mit keinem Wort erwähnt. Nicht der Verfassungsstreit mit dem Bund führte zu einer bloßen „Nichterwähnung", sondern die seit Anbeginn der Diskussion um eine solche Richtlinie von den Ländern bestrittene EG-Kompetenz führte zu einer „Nichtumsetzung" dieser Richtlinie.[925] Als weiteres Indiz gegen eine explizite Umsetzung der EG-

---

918 Vgl. *Nanclares*, Die EG-Fernsehrichtlinie, S. 213. Hinzugefügt werden muß jedoch, daß nach dem RfStV, soweit er „keine anderweitigen Regelungen für die Veranstaltung und Verbreitung von Rundfunk enthält oder solche Regelungen zuläßt, die für die jeweilige Rundfunkanstalt oder den jeweiligen privaten Veranstalter geltenden landesrechtlichen Vorschriften anzuwenden sind" (§ 1 Abs. 2 RfStV).

919 Im übrigen sei verwiesen auf die ausführliche Erörterung bei *Nanclares*, Die EG-Fernsehrichtlinie, S. 215 ff.

920 *Dörr*, EWS 1991, S. 259 (260) ff.

921 Nach *Nanclares*, Die EG-Fernsehrichtlinie, S. 213 verfolgt der RfStV vom 31.08.1991 das Ziel der Anpassung des deutschen Rundfunkrechts an europäische Regelungen, besonders an die Konvention des Europarates sowie an die EG-Fernsehrichtlinie.

922 Übereinkommen des Europarates v. 5. 5. 1989, BGBl. 1994, Teil II, S. 638 (nachfolgend: Europaratskonvention).

923 Diese Feststellung trifft auch *Nanclares*, Die EG-Fernsehrichtlinie, S. 213.

924 So *Nanclares*, Die EG-Fernsehrichtlinie, S. 213.

925 Zu diesem Ergebnis müßte eigentlich auch *Nanclares*, Die EG-Fernsehrichtlinie, S. 213, gelangen, wenn er davon spricht, daß die Bundesländer wiederholt darauf hingewiesen

Fernsehrichtlinie spricht, daß die Länder bei der Frage der Programmquote keine zwingende Regelung, sondern nur eine „Soll-Vorschrift" in den RfStV eingefügt haben.[926] So heißt es in § 5 RfStV: „...sollen die Fernsehveranstalter den Hauptteil ihrer...Sendezeit europäischen Werken entsprechend dem europäischen Recht vorbehalten." Diese Regelung entspricht eindeutig nicht der zwingenden „Ist-Vorschrift" der EG-Fernsehrichtlinie; hingegen entspricht sie der Übereinkunft in Art. 10 Abs. 1 Europaratskonvention. Und auch wenn die Programmquotenregelung des Art. 10 Abs. 1 Europaratskonvention ähnlich jener der EG-Fernsehrichtlinie lautet, so beinhaltet eine „Soll-Vorschrift" doch keine Durchsetzungsverpflichtung. Daß die Länder die „Soll-Vorschrift" im RfStV aber nur zufällig als solche formuliert hätten, liegt ebenso fern, wie ihnen eine bewußte Falschumsetzung des EG-Rechts zu unterstellen. Gegen letzteren Gedanken spricht, daß sich die Länder, bekanntermaßen, von Anbeginn der Diskussion gegen eine gemeinschaftsweite Rundfunkharmonisierung zur Wehr gesetzt haben. Konsequent, und aus Sicht der Länder auch nachvollziehbar, war daher einzig der eingeschlagene Weg: die Richtlinie überhaupt nicht umzusetzen und das Urteil des BVerfG abzuwarten.[927]

b) Vertragsverletzung der BRD wegen Nichtumsetzung der EG-Fernsehrichtlinie?

Droht der Bundesrepublik Deutschland künftig ein Vertragsverletzungsverfahren nach Art. 226 ff. EG wegen fehlender Umsetzung der EG-Fernsehrichtlinie? Dies ist nicht der Fall, wenn das geltende nationale Recht - in diesem Sinne vor allem die Zustimmungsgesetze der Länder zum RfStV vom 31.08.1991 i. V. m. den jeweiligen Landesrundfunkgesetzen - den materiellen Vorgaben der EG-Fernsehrichtlinie entspricht. Denn Art. 249 Abs. 3 EG verpflichtet die Mitgliedstaaten nur zur Einhaltung der Ziele einer Richtlinie und ferner, diesen Zielen innerstaatliche Geltung zu verschaffen. Genügt das bestehende nationale Recht diesen Anforderungen, bedarf es keines expliziten Umsetzungsaktes.[928]

---

hätten, die Zuständigkeit der EG zum Erlaß der Fernsehrichtlinie nicht anerkennen und aus diesem Grunde auch die Richtlinie nicht umsetzen zu wollen.

926 So auch *Ress*, JuS 1998, S. 17 (20) ff.

927 Mittlerweile haben die Länder den 4. Rundfunkänderungsstaatsvertrag verabschiedet. Nach *Dörr/Eckl*, NJW 1999, S. 1925 (1932) ff. berücksichtigt dieser die durch die RL 97/36/EG bedingten Modalitäten. Diese Neuerungen, die für die vorliegende Arbeit irrelevant sind, untersuchen *Dörr/Eckl*, NJW 1999, S. 1925 (1926) ff.

928 *EuGH*, Rs. 29/84, Slg. 1985, S. 1661 (1673) ff.; *Pernice*, EuR 1994, S. 325 (330) ff.; *Wägenbaur*, ZG 1988, S. 303 (310) ff.

Zunächst zur Programmquote: Hier liegt es nahe - aufgrund der vagen „Soll-Vorschrift“ des § 5 RfStV - eine Nonkonformität des nationalen Rechts zur EG-Rundfunkrichtlinie anzunehmen. Diesbezüglich ist jedoch zu berücksichtigen, daß sich im EG-Vertrag keine Ermächtigungsgrundlage für eine verbindliche Vorgabe einer Programmquote findet. Mangels Zuständigkeit der EG für eine solche Regelung sind die Länder daher nicht gehalten, die kompetenzwidrigen Art. 4 bis 6 RL umzusetzen. Wenn die Länder aber keine Quote in ihrem nationalen Recht verankern müssen, dann ist eine Regelung, wonach dies dennoch geschehen „soll“, richtlinienkonform.[929]

Im Gegensatz zu der Quotenregelung sind die Länder verpflichtet, die übrigen Regelungen der EG-Fernsehrichtlinie in nationales Recht zu implementieren. Hierzu zählt auch, den Empfang von Fernsehsendungen aus anderen EU-Mitgliedstaaten zu gewährleisten. Da § 35 Abs. 1 S. 1 RfStV die Weiterverbreitung solcher Fernsehprogramme zusichert, die dem Recht eines europäischen Staates genügen, geht das nationale Recht noch über die Anforderungen der sich auf die EU-Mitgliedstaaten beschränkenden Richtlinie hinaus.[930] Eine explizite Umsetzung der EG-Fernsehrichtlinie ist damit entbehrlich. Ebenfalls den materiellen Vorgaben der Richtlinie entsprechen die im RfStV eingefügten Werbevorschriften.[931] Auch die in Art. 22 RL enthaltenen Bestimmungen zum Schutz von Minderjährigen sind durch die Regelungen im RfStV ausführlich berücksichtigt.

c) Zwischenergebnis 2

Obschon der RfStV vom 31. August 1991 i. V. m. den entsprechenden Zustimmungsgesetzen der Länder nicht der Umsetzung der EG-Fernsehrichtlinie diente[932] sind die materiellen Zielvorgaben der Richtlinie eingehalten.[933] Damit bedurfte es wegen des geltenden Landesrechts keiner separaten Umsetzung der RL 89/552/EWG.

---

[929] A. A. *Nanclares*, Die EG-Fernsehrichtlinie, S. 220. Da Nanclares die Programmquotenregelung jedoch als für die Länder verbindliches Recht beurteilt, kann aus dessen Sicht eine „Soll-Vorschrift“ im RfStV kaum als richtlinienkonform beurteilt werden.

[930] Vgl. *Nanclares*, Die EG-Fernsehrichtlinie, S. 217.

[931] Ausführlich *Nanclares*, Die EG-Fernsehrichtlinie, S. 221 ff.

[932] Wie hier *Ress*, JuS 1998, S. 17 (20) ff.

[933] Dies resultiert daraus, daß Europaratskonvention und Richtlinie inhaltlich ähnlich gestaltet sind.

III. Gesamtergebnis:

Die EG war, mit Ausnahme der Programmquotenregelung, zuständig für den Erlaß der EG-Fernsehrichtlinie. Auch wenn die Länder diese Zuständigkeit bis heute nicht anerkennen, entspricht das von ihnen gesetzte nationale Recht den Zielvorgaben des EG-Rechts. Da die deutschen Rundfunkanstalten einen hohen Anteil ihres Programmes Werken aus dem europäischen Ausland vorbehalten, geht die Europäische Kommission derzeit von einer ordnungsgemäßen Umsetzung der Richtlinie in der Bundesrepublik Deutschland aus.

5. Kapitel: Kommunales Ausländerwahlrecht

I. EG-Kommunalwahlrichtlinie 94/80/EG

1. Das kommunale Ausländerwahlrecht für Unionsbürger nach europäischem Gemeinschaftsrecht

a) Das primäre EG-Recht

Durch den Maastrichter Vertrag über die Europäische Union vom 07.02.1992 (EUV)[934] wurden mit den Art. 17 - 22 EG Vorschriften über eine Unionsbürgerschaft in das Gemeinschaftsrecht aufgenommen. Neben der Verbesserung der Rechtsstellung der Angehörigen der Mitgliedstaaten sollte durch die Einführung einer Unionsbürgerschaft auch der allgemeine politische Wille zum Ausdruck gebracht werden, dem bislang auf Gemeinschaftsebene einzig relevanten „Europa der Wirtschaft" ein „Europa der Bürger" an die Seite zu stellen.[935] Dabei definiert den Begriff des „Unionsbürgers" Art. 17 Abs. 1 S. 2 EG. Unionsbürger ist demzufolge, wer die Staatsangehörigkeit eines Mitgliedstaates der Europäischen Union besitzt.

Als »Kernstück« der neuen „Unionsbürgerschaft" wird gemeinhin die primärvertragliche Garantie eines kommunalen Wahlrechts angesehen.[936] So gewährt Art. 19 Abs. 1 S. 1 EG jedem Unionsbürger mit Wohnsitz in einem Mitgliedstaat, dessen Staatsangehörigkeit er nicht besitzt, dort das aktive und passive

---

[934] BGBl. 1992, Teil II, S. 1253.

[935] Vgl. *Degen*, DÖV 1993, S. 749 ff.; *Hobe*, Der Staat 1993, S. 245 (247) ff.

[936] *Degen*, DÖV 1993, S. 749 (753) ff.; *Schrapper*, DVBl. 1995, S. 1167 (1168) ff.; *Pieroth/Schmülling*, DVBl. 1998, S. 365 ff.; *Wollenschläger/Schraml*, BayVBl. 1995, S. 385 (386) ff.

Wahlrecht bei Kommunalwahlen. Es gelten für ihn dieselben Bedingungen wie für die Angehörigen des betreffenden Mitgliedstaates. Damit ist innerhalb der EU nicht länger die Staatsangehörigkeit, sondern jetzt allein der tatsächliche Wohnort für die Teilnahme an Wahlen auf kommunaler Ebene ausschlaggebend.[937] Den Unionsbürgern wird so durch die im primären EG-Recht verankerte Garantie des kommunalen Wahlrechts eine direkte Einflußnahme auf die interne Willensbildung in ihrem für sie ausländischen Wohnsitzstaat ermöglicht. Zugleich bedeutet dies, daß die Unionsbürger, wenn auch auf unterster nationaler Ebene, nunmehr unmittelbar an der Ausübung der nationalen öffentlichen Gewalt in ihrem Wohnsitzstaat beteiligt sind.[938]
Betrachtet man den konkreten Aussagegehalt des Art. 19 Abs. 1 S. 1 EG, so verdeutlicht hier schon der Wortlaut der Norm, daß die Bestimmung nicht eine Harmonisierung der mitgliedstaatlichen Kommunalwahlrechte anstrebt.[939] Wenn also für den Unionsbürger bei Kommunalwahlen „*...dieselben Bedingungen gelten wie für die Angehörigen des betreffenden Mitgliedstaats...*“, dann meint dies, daß sich Art. 19 Abs. 1 S. 1 EG mit der Beseitigung von Hindernissen begnügt, die bislang der Teilnahme von Unionsbürgern anderer Mitgliedstaaten an den Kommunalwahlen in ihrem Wohnsitzstaat entgegenstanden.[940] Dieser im EGV normierte Ansatz wurde insofern zu Recht als „wahlrechtliches Gleichbehandlungsgebot“ bezeichnet[941] und entspricht darüber hinaus auch dem in Art. 5 Abs. 3 EG verankerten Grundsatz der Verhältnismäßigkeit, wonach die Maßnahmen der Gemeinschaft nicht über das für die Erreichung der Vertragsziele erforderliche Maß hinausgehen dürfen.

Nachdem der Bundesgesetzgeber durch verfassungsänderndes Gesetz vom 21.12.1992[942] mit der Einfügung eines neuen Satz 3 in Art. 28 Abs. 1 GG ausdrücklich klargestellt hat, daß bei Wahlen in Kreisen und Gemeinden auch ausländische Unionsbürger nach Maßgabe von Recht der Europäischen Gemeinschaft wahlberechtigt und wählbar sind, kann an der Verfassungsmäßigkeit der Einführung eines solchen kommunalen Ausländerwahlrechts in Deutschland kein Zweifel mehr bestehen;[943] insbesondere steht dieser Verfassungsänderung

---

[937] *Schrapper*, DVBl. 1995, S. 1167 (1168) ff.
[938] *Degen*, DÖV 1993, S. 749 (753) ff.
[939] Vgl. *Scholz*, in: Maunz/Dürig, Art. 28 GG, Rdnr. 41e; *Degen*, DÖV 1993, S. 749 (754) ff.; ausdrücklich in diesem Sinne auch der 4. Erwägungsgrund der Richtlinie 94/80/EG, ABl. EG Nr. L 368, S. 38.
[940] *Hasselbach*, ZG 1997, S. 49 (50) ff.
[941] *Pieroth/Schmülling*, DVBl. 1998, S. 365 ff.
[942] BGBl. 1992, Teil I, S. 2086.
[943] *Fischer*, NVwZ 1995, S. 455 (457). Zur Verfassungsmäßigkeit des Art. 28 Abs. 1 S. 3 n. F. GG siehe auch *Scholz*, in: Maunz/Dürig, Art. 28 GG, Rdnr. 41d; *Röger*, VR 1993, S. 137 (139) ff.; *Kaufmann*, ZG 1998, S. 25 (40) ff.; ausführlich zur Genese des Kommunalwahl-

nicht Art. 79 Abs. 3 GG entgegen.[944] Zwar wird durch die Öffnung der deutschen Staatsgewalt für Unionsbürger, hinsichtlich deren Teilnahme an Wahlen auf kommunaler Ebene, das Demokratieprinzip mit seiner verfassungsrechtlichen Grundlage in Art. 20 Abs. 2 GG modifiziert. Dies ist aber insofern unbeachtlich, als das Demokratieprinzip keine feste Größe darstellt und nur in einer ganz bestimmten Weise definiert werden könnte.[945] Wenn also künftig auf kommunaler Ebene auch ausländische Unionsbürger an Wahlen teilnehmen dürfen, dann werden hierdurch keine demokratischen Grundsätze verletzt - selbst wenn der historisch definierte Volksbegriff des Art. 20 Abs. 2 GG angetastet wird. Ein Blick in den Verfassungskontext stützt dieses Ergebnis. Denn das GG enthält in Art. 23 eine positive Aussage für die Verwirklichung eines vereinten Europa. Mit dem Abschluß der Maastrichter Verträge und der Gründung einer Europäischen Union ist die Ebene der reinen Wirtschaftsgemeinschaft verlassen worden mit dem Ziel, eine politische Union zu verwirklichen. Nur deshalb wurde aus der Europäischen Wirtschaftsgemeinschaft (EWG) eine Europäische Gemeinschaft (EG) und aus dem EWG-Vertrag ein EG-Vertrag.[946] Da heute die Akzentuierung innerhalb der Europäischen Union im Schwerpunkt auf einer politischen Union liegt, die sich als „Europa der Bürger" versteht, muß sich auch das nationale Verständnis von Volkssouveränität in dieser Hinsicht definieren. Nicht zuletzt aus diesen Gründen wurde die rechtliche Möglichkeit der Einführung eines Wahlrechts für EU-Ausländer bereits im Vorfeld der Maastrichter Verträge vom BVerfG bestätigt.[947]

b) Das sekundäre EG-Recht - Regelungsgehalt der Richtlinie 94/80/EG

Art. 19 Abs. 1 EG gewährleistet zwar innerhalb der EU allen Unionsbürgern das kommunale Wahlrecht in ihrem Wohnsitzstaat, die konkrete Ausgestaltung dieses kommunalen Ausländerwahlrechts enthält die primärvertragliche Regelung aber nicht. Diesbezüglich kam - bereits wegen des Wortlauts von Art. 19 Abs. 1

---

rechts für Unionsbürger auf EG-Ebene und in Deutschland sowie zu der Erforderlichkeit einer Verfassungänderung vor der Neuordnung des Art. 28 Abs. 1 S. 3 GG *Barley*, Das Kommunalwahlrecht für Ausländer nach der Neuordnung des Art. 28 Abs. 1 S. 3 GG, Diss. Münster 1997, S. 24 ff.

944 So auch *Barley*, Das Kommunalwahlrecht für Ausländer nach der Neuordnung des Art. 28 Abs. 1 S. 3 GG, Diss. Münster 1997, S. 101 ff.

945 Siehe auch *Scholz*, in: Maunz/Dürig, Art. 28 GG, Rdnr. 41d.

946 So auch *Epping*, Jura 1995, S. 449 ff.

947 *BVerfGE* 83, S. 37 (59); hierzu auch *Oppermann/Classen*, NJW 1993, S. 5 (11) ff.

S. 1 EG[948] und mit Rücksicht auf das Subsidiaritätsprinzip und den Verhältnismäßigkeitsgrundsatz aus Art. 5 EG - als Rechtsform zur Festlegung der Einzelheiten und der Ausnahmeregelungen i. S. d. Art. 19 Abs. 1 S. 2 EG allein die Richtlinie in Betracht.[949] Am 19.12.1994 hat der Rat der Europäischen Union die Richtlinie über die Einzelheiten der Ausübung des aktiven und passiven Wahlrechts bei den Kommunalwahlen für Unionsbürger mit Wohnsitz in einem Mitgliedstaat, dessen Staatsangehörigkeit sie nicht besitzen, verabschiedet.[950] Das Konzept der Richtlinie steht ganz im Zeichen der bereits erwähnten Art. 19 Abs. 1 S. 1 und Art. 5 Abs. 3 EG. Sofern diese Bestimmungen klarstellen, daß auf Gemeinschaftsebene keine Harmonisierung der mitgliedstaatlichen Kommunalwahlrechte angestrebt wird,[951] beschränkt sich die Richtlinie darauf, die Unionsbürger, im Hinblick auf die Teilnahme an Kommunalwahlen im Wohnsitzstaat, mit den Angehörigen dieses Staates gleichzustellen und die Bedingungen festzulegen, unter denen sie ihr Wahlrecht ausüben können. Die Intention des europäischen Gesetzgebers ging also ausschließlich dahin, für die kommunale Ebene die Verbindung von Staatsbürgerschaft und Wahlrecht zu durchbrechen.[952] Ob der einzelne Unionsbürger von seinem Wahlrecht im Wohnsitzstaat Gebrauch machen will, bleibt seine freie Entscheidung. Die Richtlinie selbst setzt das Wahlrecht im Wohnsitzstaat nicht an die Stelle des Wahlrechts im Herkunftsstaat.[953] Eine solche Regelung dennoch zu treffen oder trotz der Richtlinie aufrecht zu erhalten, steht nach Art. 1 Abs. 2 RL im freien Ermessen der Mitgliedstaaten. Diese können also ihre im Ausland lebenden Staatsangehörigen während dieser Zeit von dem aktiven und passiven Wahlrecht im Heimatstaat ausschließen.

Im folgenden sollen kurz jene Grundsätze der Richtlinie betrachtet werden, die auch von den Ländern bei der innerstaatlichen Umsetzung zu wahren sind:[954]

---

948 Danach gelten für einen Unionsbürger in seinem Wohnsitzstaat dieselben Bedingungen wie für die Angehörigen des betreffenden Mitgliedstaats. Nicht die Rede ist hingegen davon, daß in allen Mitgliedstaaten dieselben Bedingungen gelten müssen!

949 *Schrapper*, DVBl. 1995, S. 1167 (1168) ff.; *Wollenschläger/Schraml*, BayVBl. 1995, S. 385 (386) ff.

950 Richtlinie 94/80/EG des Rates vom 19.12.1994, ABl. EG Nr. L 368, S. 38 = NVwZ 1995, S. 462 ff., aufgrund des Beitritts Österreichs, Schwedens und Finnlands in die Gemeinschaft geändert durch die Richtlinie 96/30/EG des Rates vom 13.05.1996, ABl. EG Nr. L 122, S. 14; nachfolgend auch als Kommunalwahlrichtlinie bezeichnet.

951 Vgl. Erwägungsgrund 4 der Kommunalwahlrichtlinie.

952 Erwägungsgrund 4 der Richtlinie 94/80/EG; vgl. auch *Schrapper*, DVBl. 1995, S. 1167 (1171) ff.

953 Siehe Erwägungsgrund 6 der Kommunalwahlrichtlinie.

954 Inhaltlich werden die Einzelheiten und Ausnahmeregelungen in den Art. 4 - 12 der Richtlinie festgelegt; auf diese Vorschriften konzentriert sich daher die Erläuterung. Der wahlrechtliche Gleichbehandlungsgrundsatz des Art. 19 Abs. 1 S. 1 EG wird in Art. 3 der RL

aa) Kommunalwahlen

Nach Art. 2 Abs. 1 lit. b) RL sind Kommunalwahlen »die allgemeinen, unmittelbaren Wahlen, die darauf abzielen, die Mitglieder der Vertretungskörperschaft und ggf., gemäß den Rechtsvorschriften jedes Mitgliedstaates, den Leiter und die Mitglieder des Exekutivorgans einer lokalen Gebietskörperschaft der Grundstufe zu bestimmen«.
Diese Definition der „Kommunalwahl" wirft zwei Fragen im Hinblick auf den Anwendungsbereich der Richtlinie auf: Erstens ist zu untersuchen, was die Richtlinie unter „lokaler Gebietskörperschaft der Grundstufe" versteht. Dies zu klären ist gerade in einem föderal gegliederten Staatswesen wie der Bundesrepublik wichtig, um den räumlichen Anwendungsbereich der Richtlinie abzustecken. Zweitens geht es um den sachlichen Anwendungsbereich. Daher ist zu fragen: Welches sind genau die allgemeinen und unmittelbaren Wahlen zu den Vertretungskörperschaften und zu den Leitern und Mitgliedern eines Exekutivorgans einer lokalen Gebietskörperschaft der Grundstufe?

(1) Die lokale Gebietskörperschaft der Grundstufe

Nach Art. 2 Abs. 1 lit. a) RL werden unter „lokaler Gebietskörperschaft der Grundstufe" die im Anhang der Richtlinie aufgeführten Verwaltungseinheiten verstanden, die nach Maßgabe der einzelstaatlichen Rechtsvorschriften in allgemeiner, unmittelbarer Wahl gewählte Organe besitzen und auf der Grundstufe der politischen und administrativen Organisation für die Verwaltung bestimmter örtlicher Angelegenheiten unter eigener Verantwortung zuständig sind.[955] In der BRD gelten als solche Verwaltungseinheiten die kreisfreien Städte bzw. Stadtkreise, die Kreise und Gemeinden, die Bezirke in der Freien und Hansestadt Hamburg und im Land Berlin, die Stadtgemeinde Bremen in der Freien Hansestadt Bremen sowie Stadt-, Gemeinde- oder Ortsbezirke bzw. Ortschaften.[956]

---

wiederholt; Art. 2 der Richtlinie definiert einzelne Begriffe, die vielfach zugleich den Anwendungsbereich der Richtlinie bestimmen.

955 Derartig „monströse" Definitionen nähren zwar vordergründig die Vorbehalte gegen eine aufgeblähte europäische Rechtssprache, sind aber nach *Schrapper*, DVBl. 1995, S. 1167 (1169) ff. als bloßer Reflex der höchst unterschiedlichen Rechtskulturen in der EU unumgänglich.

956 Gemäß Anhang zur RL 94/80/EG.

(2) Die allgemeinen und unmittelbaren Wahlen

Die Richtlinie gewährt ein Wahlrecht nur hinsichtlich der allgemeinen, unmittelbaren Wahlen zu den Vertretungskörperschaften und zu den Leitern und Mitgliedern eines Exekutivorgans einer lokalen Gebietskörperschaft der Grundstufe; innerorganschaftliche Wahlen, etwa die von Exekutivleitern, werden nicht erfaßt. Gemäß Art. 28 Abs. 1 S. 4 GG kann in Gemeinden an die Stelle einer gewählten Körperschaft die Gemeindeversammlung treten. Aus diesem Grunde erstreckt sich die Richtlinie auch auf die schleswig-holsteinische[957] und die brandenburgische[958] Gemeindeversammlung.[959]

bb) Die Regelungen der Art. 5 Abs. 1 und 3 RL

Während die überwiegende Zahl der Bestimmungen in der RL 94/80/EG Aussagen z. B. über eine Mindestwohndauer (Art. 4 RL), die Eintragung in das Wählerverzeichnis (Art. 7-11 RL) oder Begriffsdefinitionen enthalten (Art. 2 RL), ist Art. 5 RL von hoher verfassungs- und europarechtlicher Bedeutung.[960] Diese Bestimmung enthält Ausnahmeregelungen, die auch bei der Umsetzung in den Ländern zu unterschiedlichen Regelungsansätzen geführt haben und die insofern als Einschränkung der ansonsten von der Richtlinie begründeten Wahlrechtsgleichheit anzusehen sind.

(1) Art. 5 Abs. 1 RL

Rechtlich unproblematisch ist die Regelung des Art. 5 Abs. 1 RL. Hiernach können die Wohnsitzmitgliedstaaten bestimmen, daß ein Unionsbürger, dem infolge einer zivil- oder strafrechtlichen Entscheidung seines Herkunftsmitgliedstaates das passive Wahlrecht entzogen wurde, auch in seinem Wohnsitzmitgliedstaat von der Ausübung dieses Rechts ausgeschlossen wird. Sofern Art. 5 Abs. 1 RL in der Literatur nicht als „Kann-Vorschrift" verstanden, sondern als zwingende „Ist-Bestimmung" angesehen wird - mit der Begründung, daß nur so die Umgehung der von einem Mitgliedstaat verhängten Entziehung der bürgerlichen Ehrenrechte verhindert werden könne[961] - steht eine solche Norminterpretation in klarem Widerspruch zu dem eindeutigen Wortlaut der Regelung.

---

[957] § 73 SH GO.
[958] § 53 Bbg GO.
[959] So *Pieroth/Schmülling*, DVBl. 1998, S. 365 (367) ff.
[960] Vgl. *Hasselbach*, ZG 1997, S. 49 (55) ff.
[961] *Hasselbach*, ZG 1997, S. 49 (56) ff.

Dieser Wortlaut überläßt es ausdrücklich den Mitgliedstaaten, wie sie bei ihrer Umsetzung verfahren. Dementsprechend haben auch die Länder unterschiedlich von der Regelung Gebrauch gemacht. Einige haben bei der Umsetzung darauf abgestellt, daß eine Entziehung des passiven Wahlrechts aufgrund *Richterspruchs in der Bundesrepublik Deutschland* erfolgt sein müsse; andere sehen es als ausreichend an, daß das passive Wahlrecht *durch Richterspruch* entzogen wurde.[962]

(2) Art. 5 Abs. 3 RL

Problematisch ist die Vorschrift des Art. 5 Abs. 3 RL. Hiernach wird den Mitgliedstaaten - in der Bundesrepublik den zuständigen Ländern - die Möglichkeit eröffnet, ausländische Unionsbürger von den Ämtern des Leiters des Exekutivorgans, seines Vertreters oder eines Mitglieds des leitenden kollegialen Exekutivorgans einer lokalen Gebietskörperschaft der Grundstufe auszuschließen (sog. offenes passives Wahlrecht).[963] Die Länder können somit die in ihrem Hoheitsgebiet wohnenden ausländischen Unionsbürger von dem passiven Wahlrecht für das Amt des (Ober)Bürgermeisters und des Landrats sowie deren jeweiligen Stellvertreter ausschließen. Zudem kann eine vorübergehende und vertretungsweise Wahrnehmung dieser leitenden Positionen deutschen Bürgern vorbehalten werden. Art. 5 Abs. 3 RL beinhaltet für die Mitgliedstaaten insoweit eine Option.[964] Fraglich ist allerdings, ob diese Regelung mit nationalem Verfassungs- und/oder höherrangigem Gemeinschaftsrecht vereinbar ist. In Betracht kommt insbesondere ein Verstoß gegen Art. 19 Abs. 1 EG. Diese Frage wird in Rechtsprechung und Literatur unterschiedlich beantwortet:

(i) Art. 5 Abs. 3 RL und ein Verstoß gegen höherrangiges Recht

In Teilen der Literatur wird die Ansicht vertreten, Art. 5 Abs. 3 RL sei mit höherrangigem Recht unvereinbar.[965] Konkret heißt es, daß die in Art. 5 Abs. 3 RL

---

[962] Näheres zu den Umsetzungsmaßnahmen in den Ländern findet sich unter I / 4.

[963] Siehe auch *Scholz*, in: Maunz/Dürig, Art. 28 GG, Rdnr. 41e.

[964] *Schrapper*, DVBl. 1995, S. 1167 (1171) ff.; *Fischer*, NVwZ 1995, S. 455 (456) ff.

[965] *Hasselbach*, ZG 1997, S. 49 (56) ff.; *Wollenschläger/Schraml*, BayVBl. 1995, S. 385 (387) ff.; *Pieroth/Schmülling*, DVBl. 1998, S. 365 (368) ff.; *Degen*, DÖV 1993, S. 749 (756) ff.,der jede Auslegung des Art. 19 Abs. 1 S. 1 EG ablehnt, die dazu führt, daß die Staatsangehörigkeit eines Unionsbürgers zum Anknüpfungspunkt für eine Differenzierung bei der Wählbarkeit auf kommunaler Ebene werden könnte.

vorgesehene Ausschlußmöglichkeit der Unionsbürger[966] für bestimmte kommunale Wahlämter gegen die Regelung des Art. 19 Abs. 1 EG verstieße, da Art. 5 Abs. 3 RL nicht nur einen überaus schwerwiegenden Eingriff in das passive Wahlrecht der Unionsbürger beinhalte, sondern zudem auch widersprüchlich sei.[967] Ein Ausschluß der Unionsbürger vom Zugang zu kommunalen Leitungsfunktionen stehe nämlich im Gegensatz zu anderen Bestimmungen des EG-Vertrages, etwa Art. 12 Abs. 1 EG.[968] Darüber hinaus dürfe die Richtlinie nach Art. 19 Abs. 1 S. 2 EG zwar „Einzelheiten" zur Ausübung des Wahlrechts festlegen, dieses Wahlrecht aber wohl nicht partiell ausschließen.[969] Endlich ließe sich die durch Art. 5 Abs. 3 RL normierte Diskriminierung auch nicht durch eine Analogie zu den Artikeln 39 Abs. 4 und 45 Abs. 1 EG rechtfertigen. Denn Art. 19 Abs. 1 EG verdränge diese Bestimmungen schon nach den „lex-posterior- und lex-specialis-Grundsätzen".[970]

(ii) Art. 5 Abs. 3 RL als rechtmäßige Option der Mitgliedstaaten

Eine andere Ansicht, zu der neben Teilen des Schrifttums auch die nationale Rechtsprechung zählt, sieht in Art. 5 Abs. 3 RL keinen Verstoß gegen höherrangiges Recht begründet.[971] Zwar vermittle Art. 19 Abs. 1 S. 1 EG im Grundsatz den Zugang der Unionsbürger zur politischen Mitwirkung auf kommunaler Ebene durch ein aktives und passives Wahlrecht. Wenn die Richtlinie aber hinsichtlich des passiven Wahlrechts teilweise Einschränkungen vornehme, dann entspräche dies der in Art. 19 Abs. 1 S. 2 EG normierten Möglichkeit, dieses Wahlrecht *vorbehaltlich* der Einzelheiten auszuüben, welche durch die Richtlinie gerade noch festgelegt werden sollen.[972] Außerdem verzichte Art. 19 Abs. 1 S. 1 EG bewußt auf eine Definition des Begriffes „Kommunalwahl". Dies vor allem deshalb, weil der europäische Gesetzgeber gesehen habe, daß es auf der Ebene der Mitgliedstaaten unterschiedliche Interessen und länderspezifische Besonderheiten gebe, auf die Rücksicht zu nehmen sei. Die in Art. 2 RL ent-

---

[966] Nachfolgend ist mit der Bezeichnung „Unionsbürger" immer der in seinem Wohnsitzstaat Deutschland ausländische Unionsbürger gemeint; hingegen nicht der wahlberechtigte deutsche Staatsbürger, obschon dieser natürlich auch Unionsbürger ist.

[967] *Hasselbach*, ZG 1997, S. 49 (57) ff.

[968] *Hasselbach*, ZG 1997, S. 49 (57) ff.

[969] *Wollenschläger/Schraml*, BayVBl. 1995, S. 385 (387) ff.

[970] *Hasselbach*, ZG 1997, S. 49 (57) ff.

[971] Siehe *BayVerfGH*, Entsch. v. 15. 5. 1997, Vf. 21-VII-95 u. a., NVwZ 1998, S. 54 (55) ff.; *VG Ansbach*, Urt. v. 06. 11. 1997, AN 4 K 96.01251, DÖV 1998, S. 560 ff. (rechtskräftig); *Schrapper*, DVBl. 1995, S. 1167 (1171) ff.; *Scholz*, in: Maunz/Dürig, Art. 28 GG, Rdnr. 41e.

[972] *VG Ansbach*, DÖV 1998, S. 560 (561) ff.; *BayVerfGH*, NVwZ 1998, S. 54 (55) ff.

haltene Definition der „Kommunalwahl" spreche deshalb in ihrer 2. Alternative auch ausdrücklich davon, daß sich der Begriff „Kommunalwahl", hinsichtlich der Besetzung von Leitungsfunktionen, *ggf. gemäß den Rechtsvorschriften jedes Mitgliedstaates* zu bestimmen habe.[973] Art. 5 Abs. 3 RL sei damit mit Art. 19 Abs. 1 EG vereinbar.

(iii) Stellungnahme

Sollte Art. 5 Abs. 3 RL tatsächlich gegen die primärvertragliche Regelung des Art. 19 Abs. 1 EG verstoßen, dann wäre Art. 5 Abs. 3 RL unwirksam. Insofern geht bei einer Kollision von sekundärem mit primärem EG-Recht das letztere als das ranghöhere Recht vor. Ein solcher Verstoß kann indes nicht festgestellt werden. Zwar ist die Begründung der letztgenannten Meinung insofern nicht überzeugend, als dort ein Verstoß der Richtlinie gegen primäres EG-Recht u. a. mit dem Hinweis abgelehnt wird, der europäische Gesetzgeber habe aufgrund der unterschiedlichen nationalen Regelungssysteme bei Erlaß der Richtlinie eine Notwendigkeit für eine Regelung wie die des Art. 5 Abs. 3 RL gesehen. Denn auch dem europäischen Gesetzgeber ist es möglich, bei Erlaß sekundären EG-Rechts gegen höherrangiges europäisches Recht zu verstoßen. Im Ergebnis ist dennoch der zweitgenannten Meinung zu folgen.
Gegen die Argumentation der erstgenannten Ansicht ist zunächst folgendes einzuwenden:
Die den Mitgliedstaaten eingeräumte Möglichkeit, Unionsbürger von dem passiven Wahlrecht in bestimmte kommunale Leitungsfunktionen auszuschließen, verstößt nicht gegen Art. 12 Abs. 1 EG. Das dort normierte Diskriminierungsverbot beinhaltet nur einen allgemeinen Grundsatz, wonach jede Diskriminierung der Unionsbürger aus Gründen der Staatsangehörigkeit verboten ist. Dieser Grundsatz gilt jedoch nicht uneingeschränkt, sondern wird durch die besonderen Bestimmungen des EG-Vertrages ausgefüllt. Sofern solche Bestimmungen eine Differenzierung anhand des Kriteriums „Staatsangehörigkeit" vorsehen, wie etwa Art. 39 Abs. 4 oder Art. 19 Abs. 1 EG, gehen diese konkreten Bestimmungen dem allgemeinen Grundsatz vor. Art. 5 Abs. 3 RL, dessen Ermächtigungsgrundlage in dem heutigen Art. 19 Abs. 1 S. 2 EG liegt, ist somit ausschließlich an Art. 19 Abs. 1 EG zu messen und nicht an Art. 12 EG; ein Verstoß gegen Art. 19 Abs. 1 EG liegt bei Art. 5 Abs. 3 RL aber nicht vor. Zwar besagt Art. 19 Abs. 1 S. 1 EG, daß der Unionsbürger unter denselben Bedingungen wie der nationale Staatsangehörige wahlberechtigt und wählbar ist; diese Vorgabe steht aber unter dem ausdrücklichen Vorbehalt des Satzes 2 dieser Norm. Hiernach wird die Regelung der *Einzelheiten* des kommunalen Unions-

[973] *VG Ansbach*, DÖV 1998, S. 560 (561) ff.

bürgerwahlrechts ausdrücklich der Richtlinie überantwortet. Der Einwand, wonach Art. 5 Abs. 3 RL nicht als solche Einzelheit i. S. d. Art. 19 Abs. 1 S. 2 EG zu betrachten sei, weil sie das Wahlrecht partiell ausschließe, ist nicht überzeugend. Denn auch ein teilweiser Ausschluß vom Wahlrecht ist als Regelung des Wahlrechts anzusehen. Damit ist die Bestimmung des Art. 5 Abs. 3 RL nicht als eine quasi losgelöste sekundärrechtliche Norm am Primärrecht zu messen, sondern vielmehr als Ausfüllung gerade dieses Primärrechts anzusehen. Nicht die Richtlinie und ihre Bestimmungen stehen unter dem Vorbehalt des Art. 19 Abs. 1 S. 1 EG, sondern Art. 19 Abs. 1 S. 1 EG steht unter dem Vorbehalt seines Satzes 2. Darüber hinaus ist Art. 5 Abs. 3 RL auch nicht als Ausnahme i. S. d. Art. 19 Abs. 1 S. 2 Hs. 2 EG zu betrachten. Dies ergibt sich zutreffend daraus, daß Art. 5 Abs. 3 RL innerhalb des Richtlinienkontextes unter „Kapitel I. Allgemeines" aufgeführt ist und nicht unter „Kapitel III. Ausnahme- und Übergangsregelungen".[974] Demgemäß muß kein Land, welches bei der Umsetzung von der Möglichkeit des Art. 5 Abs. 3 RL Gebrauch macht, besondere innerstaatliche Probleme i. S. d. Art. 19 Abs. 1 S. 2 Hs. 2 EG als Rechtfertigung hierfür anführen.
Im übrigen sei kurz bemerkt, daß Art. 5 Abs. 3 RL auch nicht gegen nationales Verfassungsrecht verstößt, insbesondere nicht gegen Art. 28 Abs. 1 S. 3 GG. Diese Vorschrift regelt nicht das Wahlrecht selbst, sondern ist nur eine „Öffnungsklausel" für das europäische Gemeinschaftsrecht.[975]

Abschließend kann festgestellt werden: Obschon aus Gründen einer EG-freundlichen Umsetzung bei der Transformation der RL 94/80/EG auf einen Rückgriff auf Art. 5 Abs. 3 RL verzichtet werden sollte, ist diese Vorschrift jedenfalls mit höherrangigem Recht vereinbar.[976]

cc) Die Regelung des Art. 7 RL

Gemäß Art. 7 Abs. 1 RL 94/80/EG übt ein aktiv wahlberechtigter Unionsbürger sein Wahlrecht im Wohnsitzmitgliedstaat - dessen Staatsangehörigkeit er nicht besitzt - dann aus, wenn er eine entsprechende Willensbekundung abgegeben hat. Hintergrund dieser Regelung ist, daß kein Unionsbürger zu einer Wahlteilnahme in dem für ihn ausländischen Wohnsitzstaat gezwungen werden soll.[977] Der Teilnahme an den Kommunalwahlen geht also das Erfordernis der Eintra-

---

[974] So auch *VG Ansbach*, DÖV 1998, S. 560 (561) ff.
[975] *Scholz*, in: Maunz/Dürig, Art. 28 GG, Rdnr. 41b; *Engelken*, NVwZ 1995, S. 432 (433) ff.
[976] Ebenso *BVerfG*, Beschl. v. 14.10.1998 – 2 BvR 588/98, NJW 1999, S. 1100 (Ls.) = NVwZ 1999, S. 293.
[977] Vgl. Erwägungsgrund 6 RL 94/80/EG.

gung in das nationale Wählerverzeichnis voraus. Da es in Deutschland keine Wahlpflicht gibt, steht es hier gemäß Art. 7 Abs. 3 RL im Ermessen des zuständigen Gesetzgebers, eine Eintragung der Wahlberechtigten in das Wählerverzeichnis *von Amts wegen* vorzunehmen. Inwiefern die Länder von dieser Möglichkeit Gebrauch gemacht haben, wird an späterer Stelle untersucht. Dabei wird sich zeigen, daß in den Ländern kein einheitlicher Lösungsansatz verfolgt wurde.

dd) Die Regelung der Art. 10 und 11 RL

Nach Art. 10 RL unterrichten die Mitgliedstaaten den ausländischen Unionsbürger, wie über seinen Antrag auf Eintragung in das Wählerverzeichnis entschieden wurde.[978] Gemäß Art. 11 RL informiert der Mitgliedstaat die Wahlberechtigten zudem rechtzeitig und in geeigneter Form über die Bedingungen und Einzelheiten der Ausübung des Wahlrechts.

2. Innerstaatliche Zuständigkeit der Länder zur Umsetzung der Richtlinie 94/80/EG

Gemäß Art. 30, 70 ff. GG ist das Kommunalrecht - und damit auch die Regelung des kommunalen Wahlrechts - originäre Aufgabe der Länder.[979] Den Ländern obliegt damit die Umsetzung der Richtlinie 94/80/EG in der BRD.[980]

3. Umsetzungsfrist

Nach Art. 14 RL 94/80/EG erlassen die Mitgliedstaaten die erforderlichen Rechts- und Verwaltungsvorschriften, um dieser Richtlinie vor dem 1. Januar 1996 nachzukommen. Diese Umsetzungsfrist wurde, mit Ausnahme von Bremen, in allen Ländern eingehalten.

---

[978] Sofern nicht bereits von der Möglichkeit einer Eintragung von Amts wegen nach Art. 7 Abs. 3 RL Gebrauch gemacht wurde.

[979] *Scholz*, in: Maunz/Dürig, Art. 28 GG, Rdnr. 41e.

[980] *Wollenschläger/Schraml*, BayVBl. 1995, S. 385 (386) ff.; *Schrapper*, DVBl. 1995, S. 1167 ff.

4. Umsetzungsmaßnahmen der Länder[981]

Bei der Untersuchung der Umsetzungsmaßnahmen der Länder wird wie folgt verfahren: Eine ausführliche Darstellung der Umsetzung wird zunächst am Beispiel Nordrhein-Westfalens vorgenommen. Auch zur Vermeidung unnötiger Wiederholungen wird im Anschluß daran die weitere Untersuchung auf die in den anderen Ländern jeweils bestehenden Besonderheiten beschränkt. Sofern also einzelne Länder nicht ausdrücklich erwähnt werden bzw. eine Untersuchung der dortigen Maßnahmen nur hinsichtlich bestimmter Bereiche erfolgt, bedeutet dies, daß dort im übrigen die Transformation inhaltlich identisch ist mit jener des nordrhein-westfälischen Gesetzgebers.

Tabelle 5.1: Transformationsgesetze der deutschen Länder zu der RL 94/80/EG

Land	**Transformationsnorm**
Baden-Württemberg	1. Gesetz zur Änderung der Verfassung des Landes Baden-Württemberg vom 15. Februar 1995, GBl. Nr. 9 vom 10.03.1995, S. 269. 2. Gesetz über die Teilnahme von Unionsbürgern an kommunalen Wahlen und Abstimmungen vom 13. November 1995, GBl. Nr. 31 vom 24.11.1995, S. 761.
Bayern	Gesetz zur Änderung des Gemeinde- und Landkreiswahlgesetzes vom 26. Juli 1995, GVBl. Nr. 17/1995, S. 371.
Berlin	1. Dreißigstes Gesetz zur Änderung der Verfassung von Berlin vom 8. Juni 1995, GVBl. Nr. 30 vom 14.06.1995, S. 339. 2. Fünftes Gesetz zur Änderung des Landeswahlgesetzes vom 20. Juni 1995, GVBl. Nr. 33 vom 28.06.1995, S. 375. 3. Vierte Verordnung zur Änderung der Landeswahlordnung vom 11. Juli 1995, GVBl. Nr. 39 vom 15.07.1995, S. 440.
Brandenburg	1. Gesetz zur Änderung des Brandenburgischen Kommunalwahlgesetzes zur Umsetzung der Richtlinie 94/80/EG des Rates vom 19. Dezember 1994 über die Einzelheiten der Ausübung des aktiven und passiven Wahlrechts bei Kommunalwahlen für Unionsbürger mit Wohnsitz in einem Mitgliedstaat, dessen Staatsangehörigkeit sie nicht

[981] Diesbezüglich siehe auch *Barley*, Das Kommunalwahlrecht für Ausländer nach der Neuordnung des Art. 28 Abs. 1 S. 3 GG, Diss. Münster 1997, S. 112 ff.

	besitzen, und zur Änderung des Landesbeamtengesetzes vom 14. Dezember 1995, GVBl. Nr. 22 vom 15.12.1995, S. 274. 2. Verordnung zur Änderung der Brandenburgischen Kommunalwahlverordnung vom 18. Dezember 1995, GVBl. Teil II Nr. 77 vom 28.12.1995, S. 738.
Bremen	1. Gesetz zur Umsetzung der Richtlinie 94/80/EG des Rates vom 19. Dezember 1994 über die Einzelheiten der Ausübung des aktiven und passiven Wahlrechts bei Kommunalwahlen für Unionsbürger mit Wohnsitz in einem Mitgliedstaat, dessen Staatsangehörigkeit sie nicht besitzen, vom 1. Oktober 1996, GBl. Nr. 46 vom 16.10.1996, S. 303. 2. Verordnung zur Änderung der Bremischen Landeswahlordnung vom 5. Dezember 1996, GBl. Nr. 1 vom 02.01.1997, S. 1.
Hamburg	Gesetz zur Umsetzung der Richtlinie 94/80/EG des Rates vom 19. Dezember 1994 über die Einzelheiten der Ausübung des aktiven und passiven Wahlrechts bei Kommunalwahlen für Unionsbürger mit Wohnsitz in einem Mitgliedstaat, dessen Staatsangehörigkeit sie nicht besitzen, (Gesetz zur Einführung des Wahlrechts für Unionsbürger zu den Bezirksversammlungen) vom 5. Dezember 1995, Hamburgisches GVBl. Nr. 60 vom 13.12.1995, S. 353.
Hessen	1. Gesetz zur Einführung des Kommunalwahlrechts für Unionsbürgerinnen und Unionsbürger vom 12. September 1995, GVBl. Nr. 20 vom 20.09.1995, S. 462. 2. Vierte Verordnung zur Änderung der Kommunalwahlordnung vom 8. November 1995, GVBl. Nr. 23 vom 12.12.1995, S. 522.
Mecklenburg-Vorpommern	1. Erstes Gesetz zur Änderung wahlrechtlicher Vorschriften (1. WRÄndG) vom 18. Dezember 1995, GVBl. Nr. 23 vom 29.12.1995, S. 651. 2. Erste Verordnung zur Änderung der Kommunalwahlordnung (1. KWO-ÄVO) vom 21. Dezember 1995, GVBl. Nr. 23 vom 29.12.1995, S. 675.
Niedersachsen	Gesetz zur Einführung des aktiven und passiven Wahlrechts bei den Kommunalwahlen für nichtdeutsche Staatsangehörige von Mitgliedstaaten der Europäischen Union und zur Herabsetzung der Altersgrenze für das aktive Wahlrecht bei Kommunalwahlen vom 20. November 1995, Nds. GVBl. Nr.

	21 vom 24.11.1995, S. 432
Nordrhein-Westfalen	Gesetz zur Einführung des Kommunalwahlrechts für Unionsbürger/-innen vom 12. Dezember 1995, GVBl. Nr. 75 vom 15.12.1995, S. 1198.
Rheinland-Pfalz	1. Dreiunddreißigstes Landesgesetz zur Änderung der Verfassung für das Land Rheinland-Pfalz (Änderung des Art. 50) vom 12. Oktober 1995, GVBl. Nr. 21 vom 20.10.1995, S. 405. 2. Zweites Landesgesetz zur Änderung kommunalrechtlicher Vorschriften vom 22. Dezember 1995, GVBl. Nr. 28 vom 30.12.1995, S. 521. 3. Fünfte Landesverordnung zur Änderung der Kommunalwahlordnung vom 22. Dezember 1995, GVBl. Nr. 3 vom 29.01.1996, S. 27.
Saarland	Gesetz Nr. 1357 zur Änderung des Kommunalwahlrechts vom 27. September 1995, Amtsblatt des Saarlandes vom 19.10.1995, S. 990.
Sachsen	1. Gesetz zur Umsetzung der Richtlinie 94/80/EG des Rates der Europäischen Union vom 19. Dezember 1994 über die Einzelheiten der Ausübung des aktiven und passiven Wahlrechts bei den Kommunalwahlen für Unionsbürger in einem Mitgliedstaat, dessen Staatsangehörigkeit sie nicht besitzen, vom 14. Dezember 1995, GVBl. Nr. 31 vom 28.12.1995, S. 414. 2. Verordnung des Sächsischen Staatsministeriums des Innern zur Änderung der Kommunalwahlordnung vom 29. Dezember 1995, GVBl. Nr. 32 vom 30.12.1995, S. 436.
Sachsen-Anhalt	1. Gesetz über das Kommunalwahlrecht für nichtdeutsche Unionsbürger vom 6. November 1995, GVBl. Nr. 39 vom 10.11.1995, S. 314. 2. Zweite Verordnung zur Änderung der Kommunalwahlordnung für das Land Sachsen-Anhalt vom 5. Dezember 1995, GVBl. Nr. 45 vom 21.12.1995, S. 383.
Schleswig-Holstein	1. Gesetz zur Änderung wahlrechtlicher Vorschriften vom 8. Dezember 1995, GVBl. Nr. 20 vom 21.12.1995, S. 480. 2. Landesverordnung zur Änderung der Gemeinde- und Kreiswahlordnung vom 22. Dezember 1995, GVBl. Nr. 1 vom 02.01.1996, S. 19.
Thüringen	1. Thüringer Gemeinde- und Landkreisordnung (Thüringer Kommunalordnung – ThürKO -) vom 16. August 1993, GVBl. Nr. 23 vom 24.08.1993, S. 501.

	2. Thüringer Gesetz über die Wahlen in den Landkreisen und Gemeinden (Thüringer Kommunalwahlgesetz – ThürKWG -) vom 16. August 1993, GVBl. Nr. 23 vom 24.08.1993, S. 530. 3. Erstes Gesetz zur Änderung des Thüringer Kommunalwahlgesetzes vom 25. März 1994, GVBl. 1994, S. 358. 4. Zweite Verordnung zur Änderung der Thüringer Kommunalwahlordnung vom 12. Dezember, GVBl. 1995, S. 420.

a) Nordrhein-Westfalen

Die Umsetzung der Richtlinie 94/80/EG erfolgte in Nordrhein-Westfalen durch das Gesetz zur Einführung des Kommunalwahlrechts für Unionsbürger/innen vom 12. Dezember 1995.[982] Bei diesem Transformationsgesetz handelt es sich um ein sog. Artikelgesetz, das nach dem „Setze-streiche-füge ein-Prinzip" formuliert und damit in der Literatur zu Recht als unlesbar kritisiert worden ist.[983] Artikel I des Gesetzes enthält die Änderungen des Kommunalwahlgesetzes (KWahlG NW); Artikel II und Artikel III modifizieren die Gemeindeordnung (GO NW) bzw. die Kreisordnung (KrO NW). Gemäß seinem Artikel IV ist das Gesetz am 16. Dezember 1995 in Kraft getreten.
Es folgt eine Darstellung des nunmehr geltenden kommunalen Wahlrechts für EU-Ausländer in NRW. Dabei wird auch untersucht, ob die Umsetzung inhaltlich den Anforderungen der Richtlinie entspricht und wenn ja, ob und inwiefern von den in der Richtlinie eingeräumten Ausnahmemöglichkeiten Gebrauch gemacht oder auf sie verzichtet worden ist.

aa) Aktives und passives Wahlrecht bzgl. der Vertretungskörperschaften

Das *aktive* Wahlrecht bei Gemeinderatswahlen, bei Wahlen zu den Bezirksvertretungen und bei Kreistagswahlen regelt § 7 KWahlG NW. Künftig sind hiernach nicht nur Deutsche i. S. d. Art. 116 Abs. 1 GG wahlberechtigt, sondern auch all jene, welche die Staatsangehörigkeit eines Mitgliedstaates der Europäischen Gemeinschaft besitzen. Da die Richtlinie den in ihrem Wohnsitzstaat ausländischen Unionsbürgern den Gang zur Wahlurne unter den gleichen Bedingungen wie den Staatsangehörigen dieses Wohnsitzstaates ermöglichen will, gelten hinsichtlich der aktiven Teilnahme an den Kommunalwahlen in NRW für

[982] Siehe Tabelle 5.1.
[983] *Kremer*, VR 1996, S. 145 (147).

die Unionsbürger auch die gleichen Bedingungen wie für die deutschen Staatsangehörigen. Beide müssen daher für die Berechtigung der aktiven Wahlteilnahme das sechzehnte Lebensjahr vollendet und seit mindestens drei Monaten im Wahlgebiet ihre Hauptwohnung haben.[984]
Den Ausschluß vom Wahlrecht zu den kommunalen Vertretungskörperschaften regelt § 8 KWahlG NW. Danach sind gemäß § 8 Nr. 1 KWahlG NW die Personen nicht wahlberechtigt, die für alle ihre Angelegenheiten unter Betreuung stehen.
Neu ist die Fassung des § 8 Nr. 2 KWahlG NW. Diese Bestimmung schließt vom Wahlrecht aus, „wer infolge Richterspruchs *in der Bundesrepublik Deutschland*[985] das Wahlrecht nicht besitzt." Damit steht fest, daß der Ausschluß eines Unionsbürgers vom aktiven Wahlrecht in einem anderen Mitgliedstaat der Europäischen Union nicht zwangsläufig auch den Ausschluß vom kommunalen Wahlrecht in Nordrhein-Westfalen bedeutet.

Das *passive* Wahlrecht zu den Vertretungskörperschaften ergibt sich in NRW aus § 12 KWahlG NW. Gemäß § 12 Abs. 1 KWahlG NW ist jede (aktiv) wahlberechtigte Person wählbar, die das achtzehnte Lebensjahr vollendet hat. Zu diesem Personenkreis gehören, unter den zuvor beschriebenen Voraussetzungen, auch die in der kommunalen Gebietskörperschaft wohnenden ausländischen Unionsbürger.

Die Ausnahme von dem Grundsatz des § 12 Abs. 1 KWahlG NW enthält § 12 Abs. 2 KWahlG NW. Danach ist nicht wählbar, wer am Wahltag infolge Richterspruchs *in der Bundesrepublik Deutschland* die Wählbarkeit oder die Fähigkeit zur Bekleidung öffentlicher Ämter nicht besitzt. Auch hier hat die Einfügung des Zusatzes *»in der Bundesrepublik Deutschland«* besondere Bedeutung. Der nordrhein-westfälische Gesetzgeber bringt damit zum Ausdruck, daß er von der Ermächtigung des Art. 5 Abs. 1 RL 94/80/EG keinen Gebrauch macht.

bb) Aktives und passives Wahlrecht bei den Direktwahlen des Bürgermeisters bzw. des Landrates

Das *aktive* Wahlrecht: Mit Gesetz zur Änderung der Kommunalverfassung vom 17. Mai 1994[986] ist in Nordrhein-Westfalen die Doppelspitze auf Gemeinde- und Kreisebene abgeschafft und die Direktwahl von Bürgermeister und Landrat eingeführt worden. Bürgermeister und Landräte werden nach § 65 Abs. 1 GO

---

[984] § 7 KWahlG NW n. F., geändert durch Artikel I Nr. 2 des Ges. vom 12.12.1995.
[985] Hervorhebung durch Verf.!
[986] GVBl. NW Nr. 34 vom 04.07.1994, S. 270.

NW, § 44 Abs. 1 KrO NW in Zukunft[987] unmittelbar von den Bürgerinnen und Bürgern gewählt. Den Begriff des „Bürgers" definiert § 21 Abs. 2 GO NW. Bürger in diesem Sinne ist, wer zu den Gemeindewahlen wahlberechtigt ist. Dies sind, wie festgestellt, unter den Voraussetzungen des § 7 KWahlG NW n. F. nunmehr auch ausländische Unionsbürger. Sie dürfen künftig auch aktiv an den Direktwahlen der Bürgermeister und Landräte in den Kreisen und Gemeinden Nordrhein-Westfalens teilnehmen, sofern sie das sechzehnte Lebensjahr vollendet und seit mindestens drei Monaten in dem Wahlgebiet ihre (Haupt)Wohnung haben.

Das *passive* Wahlrecht: Neben dem aktiven Wahlrecht steht den ausländischen Unionsbürgern jetzt auch die Möglichkeit des passiven Wahlrechts bei den Direktwahlen des Bürgermeisters und des Landrates zu, § 65 Abs. 3 GO NW n. F., § 44 Abs. 3 KrO NW n. F. Damit kann es künftig in den nordrhein-westfälischen Städten und Gemeinden bzw. auf Kreisebene hauptamtliche Wahlbeamte geben, die nicht die deutsche Staatsangehörigkeit besitzen. Die Wahlbedingungen sind dabei die gleichen wie für deutsche Staatsangehörige. Gemäß § 65 Abs. 3 GO NW bzw. § 44 Abs. 3 KrO NW muß der zur Wahl Stehende eine Wohnung in der Bundesrepublik Deutschland sowie das 23. Lebensjahr vollendet haben und er darf nicht vom Wahlrecht ausgeschlossen sein.[988] Des weiteren muß der Kandidat/die Kandidatin die Gewähr dafür bieten, daß er/sie jederzeit für die freiheitlich demokratische Grundordnung im Sinne des Grundgesetzes eintritt.
Indem der nordrhein-westfälische Gesetzgeber ausländischen Unionsbürgern das passive Wahlrecht zu den Ämtern des Bürgermeisters und des Landrats einräumt, macht er ausdrücklich keinen Gebrauch von der Möglichkeit des Art. 5 Abs. 3 RL 94/80/EG, wonach diese Ämter ausschließlich deutschen Staatsangehörigen vorbehalten werden können. NRW hat sich damit bei seiner Umsetzung sehr EG-freundlich verhalten.[989]

cc) Eintragung in das Wählerverzeichnis

Die Eintragung in das Wählerverzeichnis erfolgt in Nordrhein-Westfalen gemäß § 10 Abs. 1 S. 2 KWahlG NW von Amts wegen. Diese Bestimmung differenziert nicht zwischen deutschen Staatsangehörigen und ausländischen Unions-

---

[987] In NRW erstmals seit den Kommunalwahlen 1999.
[988] Vom Wahlrecht ausgeschlossen ist nur derjenige, der am Wahltag infolge Richterspruchs *in der Bundesrepublik Deutschland* die Wählbarkeit oder die Fähigkeit zur Bekleidung öffentlicher Ämter nicht besitzt.
[989] *Kremer*, VR 1996, S. 145 (146) ff.

bürgern. Nordrhein-Westfalen hat somit von der Möglichkeit des Art. 7 Abs. 3 RL zugunsten der Unionsbürger Gebrauch gemacht.[990]
Eine Ausnahme besteht hinsichtlich der Unionsbürger, die gemäß § 23 MeldeG NW von der Meldepflicht befreit sind. Diese Personen sind nach § 12 Abs. 7 KWahlO NW[991] nur auf Antrag in das Wählerverzeichnis aufzunehmen. Dabei müssen die nichtmeldepflichtigen Unionsbürger gemäß § 12 Abs. 8 S. 1 KWahlO NW bei ihrem Antrag - neben diversen Angaben hinsichtlich ihrer Staatsangehörigkeit, ihres Namens und ihrer Anschrift etc. - auch eine eidesstattliche Versicherung darüber abgeben, daß sie wahlberechtigt sind. Dieser Antrag ist persönlich und handschriftlich zu unterzeichnen. Sofern wegen dieser Verpflichtung zur Leistung einer Unterschrift die Vereinbarkeit des § 12 Abs. 8 S. 1 KWahlO NW mit den Vorgaben der Richtlinie in der Literatur kritisch betrachtet wird,[992] ist zu sagen, daß erste Zweifel zwar berechtigt, aber im Ergebnis unbegründet sind. Der Ausgangspunkt für Zweifel an der richtlinienkonformen Gestaltung des § 12 Abs. 8 S. 1 KWahlO NW wird darin gesehen, daß für meldepflichtige deutsche Wahlberechtigte, die nach § 12 Abs. 4 KWahlO NW ebenfalls nur auf Antrag in das Wählerverzeichnis aufgenommen werden, kein entsprechendes Formerfordernis vorgesehen ist.[993] Hierin könnte eine unzulässige Ungleichbehandlung von Unionsbürgern zu deutschen Staatsangehörigen erblickt werden; dies ist aber nicht der Fall. Bei den nur auf Antrag in das Wählerverzeichnis einzutragenden Unionsbürgern handelt es sich um solche, die von der Meldepflicht *befreit* sind; bei den aufgrund § 12 Abs. 4 KWahlO NW antragsverpflichteten deutschen Staatsangehörigen handelt es sich hingegen um *meldepflichtige* Personen. Eine Ungleichbehandlung scheidet deshalb schon mangels vergleichbarer Sachverhalte aus. Das Erfordernis der persönlichen und handschriftlichen Unterzeichnung ist aber auch deshalb unbeachtlich, weil es sich auf die zu leistende Versicherung an Eides Statt bezieht, wie aus der Anlage 1 zu § 12 Abs. 8 KWahlO NW folgt.[994] Damit ist die Regelung des § 12 Abs. 8 S. 1 KWahlO NW mit der Richtlinie vereinbar.[995]

---

[990] Der Verzicht auf das Antragserfordernis greift auch nicht in den Schutzbereich von Grundrechten Dritter ein. So ausdrücklich *BVerfG*, Beschl. v. 8.1.1997 – 2 BvR 2862/95, NVwZ 1998, S. 52 ff. = VBlBW 1997, S. 214 ff.

[991] GVBl. NW Nr. 80 vom 30.12.1995, S. 1262.

[992] Siehe *Pieroth/Schmülling*, DVBl. 1998, S. 365 (369) ff.

[993] Vgl. *Pieroth/Schmülling*, DVBl. 1998, S. 365 (369) ff.

[994] Eidesstattliche Versicherungen sind nach deutschem Recht aber persönlich zu leisten; siehe *Tröndle/Fischer*, Strafgesetzbuch und Nebengesetze, § 267, Rdnr. 18.

[995] Zu diesem Ergebnis tendieren wohl auch *Pieroth/Schmülling*, DVBl. 1998, S. 365 (370) ff. Das gleiche gilt für die entsprechenden Vorschriften der meisten übrigen Länder. Siehe beispielsweise § 11a RhPfKWO; § 20 RhPfKWG; § 9 Abs. 4 HessKWO; § 3 Abs. 4 S. 1 BWKomWO.

dd) Unterrichtung der Unionsbürger

In Nordrhein-Westfalen erfolgt die Unterrichtung über die Zulässigkeit einer Kandidatur nicht direkt ggü. dem Kandidaten, sondern ggü. der Vertrauensperson der Wahlvorschläge.[996] Ähnliche Vorschriften existieren auch in den meisten übrigen Ländern.[997] Fraglich ist, ob diese Regelungen mit Art. 10 Abs. 1 RL vereinbar sind. Problematisch ist insofern, daß Art. 10 Abs. 1 RL eine Unterrichtung *des Betreffenden* über die Zulässigkeit *seiner* Kandidatur vorschreibt. Diesbezüglich ist jedoch folgendes zu beachten: Zunächst enthält Art. 10 Abs. 1 RL keine eindeutige Vorgabe, daß die Unterrichtung des Kandidaten *unmittelbar persönlich* zu erfolgen habe; es ist also auch eine Auslegung vertretbar, wonach dies nicht zwingend erforderlich ist. Die nordrhein-westfälische Regelung über die Unterrichtung der Kandidaten hinsichtlich der Zulässigkeit ihrer Kandidatur verstößt aber auch deshalb nicht gegen die Kommunalwahlrichtlinie, da in NRW in jedem Wahlvorschlag eine Vertrauensperson benannt werden soll[998] und in einen Wahlvorschlag sogar nur aufgenommen werden darf, wer hierzu seine Zustimmung erteilt hat.[999] Die Vertrauensperson kann somit als Vertreter des Kandidaten betrachtet werden, womit eine Benachrichtigung dieser Vertrauensperson auch als eine solche des Kandidaten i. S. d. Art. 10 Abs. 1 RL anzusehen ist.[1000] Berücksichtigt man weiter den vornehmlichen Sinn und Zweck der Unterrichtungspflicht des Art. 10 RL, der darin besteht, den Unionsbürgern die Wahrnehmung ihrer in Art. 10 Abs. 2 RL garantierten Rechtsschutzmöglichkeiten zu sichern, so ist die Benachrichtigung der Vertrauensperson zur Erreichung dieses Zweckes durchaus geeignet. Denn es ist sie allein, die gegen eine zurückweisende Entscheidung des Wahlausschusses Beschwerde einlegen kann.[1001] Weiter ist zu beachten, daß die Vertrauensperson auch zu den Sitzungen eingeladen ist, in denen die Wahlausschüsse über die Zulassung der Wahlvorschläge entscheiden, und dort auch Gelegenheit zur Stellungnahme hat.[1002] Außerdem erhält der Bewerber selbst die Möglichkeit der persönlichen Kenntnisnahme, da nach § 19 Abs. 1 KWahlG NW eine öffentliche Bekanntmachung der zugelassenen Wahlvorschläge erfolgt.

---

[996] § 18 KWahlG NW, § 28 KWahlO NW.

[997] Vgl. Art. 29 ff. BayGLKrWG, §§ 50 ff. BayGLKrWO, §§ 37 ff. BbgKWahlG, § 38 BbgKWahlO, § 24 BremWahlG, §§ 30, 32 BremWahlO, §§ 23, 27 HambBezWG, §§ 23, 25 HambWO, § 15 HessKWG, §§ 25 ff. HessKWO, § 26 KWG MV, § 30 NKWG, §§ 35 ff. NKWO, §§ 24, 29 RhPfKWO, §§ 28 ff. SaarlKWG, § 23 SaarlKWO, §§ 28, 30 KWG LSA, §§ 35, 39 KWO LSA, § 25 SHKWG, §§ 29, 31 SHKWO.

[998] § 15 Abs. 4 KWahlG NW.

[999] § 15 Abs. 3 S. 4 KWahlG NW.

[1000] So auch *Pieroth/Schmülling*, DVBl. 1998, S. 365 (372).

[1001] § 18 Abs. 4 KWahlG NW.

[1002] § 28 Abs. 1 und Abs. 3 S. 2 KWahlO NW.

Entscheidend aber ist wohl der letzte Aspekt, der gegen einen Verstoß der Unterrichtung in NRW hinsichtlich Art. 10 RL spricht. So gelten die einschlägigen Bestimmungen[1003] unterschiedslos für Deutsche und ausländische Unionsbürger. Damit liegt keine Ungleichbehandlung der nichtdeutschen Bewerber vor. Denn es ist nicht die Staatsangehörigkeit des Kandidaten, die über die Art und Weise der Unterrichtung hinsichtlich seiner Kandidatur entscheidet.[1004]

Da in NRW die Eintragung der Unionsbürger in das Wählerverzeichnis grundsätzlich von Amts wegen erfolgt, waren hier auch gesonderte Vorschriften entbehrlich - betreffend die Information der Unionsbürger über deren Eintragungsmöglichkeiten in ein solches Verzeichnis (Art. 11 RL).[1005]

ee) Zwischenergebnis:

Die Umsetzung der Kommunalwahlrichtlinie 94/80/EG erfolgte in Nordrhein-Westfalen fristgemäß. Darüber hinaus zeigt die Untersuchung, daß in NRW nur zugunsten der Unionsbürger von den in der Richtlinie vorgesehenen Ausnahmemöglichkeiten Gebrauch gemacht wurde;[1006] Art. 5 Abs. 3 RL blieb unberücksichtigt, Art. 7 Abs. 3 RL hingegen fand Berücksichtigung.

b) Niedersachsen und Rheinland-Pfalz

Im Unterschied zu NRW greift Niedersachsen die Möglichkeit des Art. 5 Abs. 1 EG-Kommunalwahlrichtlinie auf und schließt solche Unionsbürger vom passiven Wahlrecht aus, die infolge zivil- oder strafrechtlichen Richterspruchs ihres Herkunftsmitgliedstaates keine Wählbarkeit besitzen.[1007] Gleiches gilt für Rheinland-Pfalz.[1008] Dort hat man es zudem im Rahmen der Umsetzung für notwendig erachtet, die Landesverfassung zu ändern.[1009]
Im übrigen gilt in beiden Ländern folgende Besonderheit:
Das kommunale Ausländerwahlrecht für Unionsbürger ist auch in den „Samtgemeinden“ Niedersachsens und in den rheinland-pfälzischen „Verbandsgemeinden“ eingeführt worden.[1010] Dies ist EG-rechtlich nicht unproblematisch.

1003 §§ 18, 19 KWahlG NW, § 28 KWahlO NW.
1004 Siehe auch *Pieroth/Schmülling*, DVBl. 1998, S. 365 (372).
1005 *Hasselbach*, ZG 1997, S. 49 (60) ff.
1006 So im Ergebnis auch *Kremer*, VR 1996, S. 145 (146) ff.
1007 § 35 Abs. 2 Nr. 3 NGO; § 30 Abs. 2 Nr. 3 NLO.
1008 § 4 Abs. 2 Nr. 3 RhPfKWG.
1009 Siehe oben Tabelle 5.1.
1010 § 75 Abs. 2 S. 1, 2 NGO und § 64 RhPfGemO i. V. m. §§ 1, 53 RhPfKWG.

Bei den „Samtgemeinden" Niedersachsens und den „Verbandsgemeinden" in Rheinland-Pfalz handelt es sich um Gesamtgemeinden. Hierunter versteht man zweistufige kommunale Organisationseinheiten bzw. Zusammenschlüsse von i. d. R. kleineren Gemeinden, die als selbständige Verwaltungsträger erhalten bleiben.[1011] Diese zusammengeschlossenen Verbände nehmen sowohl örtliche als auch überörtliche Aufgaben wahr.[1012] In diesen „Samtgemeinden" Niedersachsens und „Verbandsgemeinden" in Rheinland-Pfalz finden - und dies unterscheidet sie etwa von den bayerischen Verwaltungsgemeinschaften - allgemeine und unmittelbare Wahlen zu den Vertretungskörperschaften statt; zudem sind sie für die Verwaltung bestimmter örtlicher Aufgabenbereiche zuständig.[1013] Fraglich ist, ob diese Gesamtgemeinden überhaupt von der EG-Kommunalwahlrichtlinie erfaßt werden und ob es daher zulässig war, daß in Niedersachsen und Rheinland-Pfalz hinsichtlich dieser Gesamtgemeinden ein kommunales Ausländerwahlrecht für Unionsbürger normiert wurde. Denn die Gesamtgemeinden lassen sich zwar unter den Begriff der „lokalen Gebietskörperschaft der Grundstufe" subsumieren, sind aber ohne erkennbaren Grund nicht in dem enumerativen Katalog im Anhang der Richtlinie aufgeführt. In der Literatur wird diese Frage zu Recht folgendermaßen beantwortet: Da die Gesamtgemeinden nicht zu den höheren Kommunalverbänden zählen, sondern es sich bei ihnen um untere Gemeindeverbände handelt, werden die Regelungen der Richtlinie auf Gesamtgemeinden analog angewendet.[1014] Dieses Ergebnis erscheint auch richtlinienkonform, da es sich bei den unteren Gemeindeverbänden - im Verhältnis zu dem von der Richtlinie ausdrücklich erfaßten Kreis - sogar um die ortsnäheren Zusammenschlüsse handelt. Der europäische Gesetzgeber hat es also offensichtlich nur übersehen, die Gesamtgemeinden in den Richtlinienkatalog aufzunehmen.[1015] Daher kann und darf diese planwidrige Regelungslücke durch eine Analogie geschlossen werden.

c) Die Stadtstaaten Berlin, Hamburg und Bremen

Für die Stadtstaaten Berlin, Hamburg und Bremen war die Einführung eines kommunalen Wahlrechts für EU-Ausländer mit besonderen innerstaatlichen

---

1011 *Pieroth/Schmülling*, DVBl. 1998, S. 365 (366) ff.; *Barley*, Das Kommunalwahlrecht für Ausländer nach der Neuordnung des Art. 28 Abs. 1 S. 3 GG, Diss. Münster 1997, S. 79.

1012 *Pieroth/Schmülling*, DVBl. 1998, S. 365 (366) ff.

1013 Vgl. §§ 71-79 NGO und §§ 64-73 RhPfGemO.

1014 *Schrapper*, DVBl. 1995, S. 1167 (1170) ff.; *Hasselbach*, ZG 1997, S. 49 (52) ff.; *Pieroth/Schmülling*, DVBl. 1998, S. 365 (366) ff.; *Barley*, Das Kommunalwahlrecht für Ausländer nach der Neuordnung des Art. 28 Abs. 1 S. 3 GG, Diss. Münster 1997, S. 80.

1015 *Schrapper*, DVBl. 1995, S. 1167 (1170) ff.; *Hasselbach*, ZG 1997, S. 49 (52) ff.; *Pieroth/Schmülling*, DVBl. 1998, S. 365 (366) ff.

Schwierigkeiten verbunden. Dies lag daran, daß es in Berlin, Hamburg und Bremen (Stadtgemeinde Bremen) keine eigenständigen Kommunalwahlen gibt,[1016] obwohl diese Stadtstaaten - und zwar trotz ihres genuinen Staatencharakters -[1017] zugleich auch Großgemeinden sind.[1018]
Im Fall Bremens bestand die Problematik allerdings nur hinsichtlich der Stadtgemeinde Bremen,[1019] da sich in Bremerhaven die Stadtverordnetenversammlung aus eigenständigen Kommunalwahlen konstituiert.[1020] In der Stadtgemeinde Bremen hingegen wird die Stadtbürgerschaft - als Kommunalvertretungskörperschaft - nicht eigenständig gewählt; über ihre Zusammensetzung entscheidet vielmehr die Landtagswahl im Wahlbereich Bremen. Zu der Teilnahme an Landtagswahlen sind EG-Ausländer aber nicht ermächtigt.

Diese besondere Problematik wurde auch von der Europäischen Gemeinschaft erkannt. Die EG-Kommunalwahlrichtlinie entspricht der deutschen „Stadtstaatenproblematik" insofern, als sie in ihrem Anhang ausdrücklich auch die „Bezirke in der Freien und Hansestadt Hamburg und im Land Berlin" sowie speziell die „Stadtgemeinde Bremen in der Freien Hansestadt Bremen" benennt und somit als „lokale Gebietskörperschaften der Grundstufe" i. S. d. Art. 2 Abs. 1a) RL bezeichnet. Für Hamburg und Berlin bedeutet dies, daß Unionsbürger bei den Bezirksversammlungen wahlberechtigt und wählbar sind, hingegen an den Wahlen zu den sowohl kommunale als auch regionale Aufgaben wahrnehmenden Vertretungskörperschaften „Bürgerschaft bzw. Senat" nicht teilnehmen dürfen.[1021] Das Land Berlin hat, ebenso wie Rheinland-Pfalz, zur Einführung des kommunalen Ausländerwahlrechts seine Landesverfassung geändert. Berlin war das erste Land, das die EG-Kommunalwahlrichtlinie in sein nationales Recht transformiert hat. Dies auch vor dem Hintergrund, daß dort erstmalig bei der Wahl der Bezirksverordnetenversammlung am 22.10.1995 ausländische Unionsbürger teilnehmen sollten und auch teilnahmen. Die Resonanz war noch

---

[1016] *Scholz*, in: Maunz/Dürig, Art. 28 GG, Rdnr. 41g; *Sieveking*, DÖV 1993, S. 449 ff.

[1017] *Sieveking*, DÖV 1993, S. 449 (452) ff.; *Scholz*, in: Maunz/Dürig, Art. 28 GG, Rdnr. 41g.

[1018] Zu den im einzelnen unterschiedlichen kommunalverfassungsrechtlichen Ausgestaltungen und Ausprägungen in den Stadtstaaten siehe *Sieveking*, DÖV 1993, S. 449 (452) ff.; *Scholz*, in: Maunz/Dürig, Art. 28 GG, Rdnr. 41g, jeweils m. w. N.

[1019] Das Land Bremen weist den Charakter eines Zwei-Städte-Staates auf, und zwar zusammengesetzt aus den jeweils selbständigen Gebietskörperschaften Bremen und Bremerhaven – Art. 143 LV der Freien Hansestadt Bremen.

[1020] *Sieveking*, DÖV 1993, S. 449 (453) ff.

[1021] Dieses Ergebnis verstößt auch nicht gegen Art. 19 Abs. 1 EG, wie dies von *Hasselbach*, ZG 1997, S. 49 (53) ff., gesehen wird. Bei den Wahlen zur Hamburger Bürgerschaft bzw. zum Berliner Senat handelt es sich nicht um Kommunalwahlen; diese Wahlen sind damit nicht vom Anwendungsbereich des Art. 19 Abs. 1 S. 1 EG umfaßt.

recht gering, was seine Ursache sicher auch darin hatte, daß die Neuregelung zum damaligen Zeitpunkt gerade drei Monate in Kraft war.[1022]

In Bremen ist die Umsetzung durch die §§ 43 Abs. 1-3, 1 Abs. 1 und 1a, 4 Abs. 1 und 2 BremWahlG erfolgt. Auch in Bremen sah man sich veranlaßt, die Landesverfassung zu ändern.[1023] In Art. 148 Abs. 1 S. 3 LV der Freien Hansestadt Bremen heißt es:
„Die Stadtbürgerschaft besteht aus den von den stadtbremischen Wählern mit der Wahl zur Bürgerschaft im Wahlbereich Bremen gewählten Vertretern."
Diese umständlich formulierte Bestimmung läßt bereits die Schwierigkeiten erahnen, die im Land Bremen bei der Einführung eines kommunalen Ausländerwahlrechts zu überwinden waren. Das bereits angesprochene Problem besteht darin, daß es in Bremen keine eigene Wahl zur Stadtbürgerschaft gibt, sondern daß diese Wahl mit der Wahl zur Bürgerschaft (Landtag) zusammenfällt. Wollte man es in Bremen auch künftig bei diesem einen Wahlakt belassen, und dies war offensichtlich der Fall,[1024] war man gezwungen, diesen Wahlakt so zu organisieren, daß einerseits aktives und passives Wahlrecht der EG-Ausländer gewährleistet ist, andererseits aber die Wahlteilnahme der Unionsbürger auf die Wahl zur Stadtbürgerschaft beschränkt bleibt. Eine solche Aussage wurde in dem neuen § 1 Abs. 1a BremWahlG getroffen.[1025] In § 4 Abs. 2 BremWahlG ist zudem festgelegt, daß ein nach § 1 Abs. 1a BremWahlG wahlberechtigter Unionsbürger nur zur Stadtbürgerschaft wählbar ist.

d) Sachsen-Anhalt

In Sachsen-Anhalt ist ein Ausschluß von Unionsbürgern bezüglich des aktiven und passiven Wahlrechts bei Kommunalwahlen für den Fall vorgesehen, daß ein solcher Ausschluß der Unionsbürger *nach den Rechtsvorschriften* des Staa-

---

[1022] Zu den genauen Zahlen der an der Berliner Wahl zur Bezirksverordnetenversammlung von Oktober 1995 teilgenommenen Unionsbürger siehe die Nachweise bei *Hasselbach*, ZG 1997, S. 49 (63, Fußn. 46) ff.

[1023] Vgl. Art. 1 des Umsetzungsgesetzes.

[1024] Jeden nicht zwingend erforderlichen Gang zur Urne zu vermeiden, ist nicht nur aus organisatorischen und finanziellen Gesichtspunkten sinnvoll, sondern auch deshalb, da eine Überstrapazierung des Wahlrechts durch häufige Wahlgänge evtl. dazu führen kann, daß die Resonanz bei der Wahlbeteiligung - jedenfalls langfristig - rückläufig wird. Insofern besteht die Gefahr, daß zu viele Wahlen zu einer „Wahlmüdigkeit" der Bürger führt.

[1025] § 1 Abs. 1a BremWahlG lautet: „Unter den gleichen Voraussetzungen wie Deutsche können auch Staatsangehörige der übrigen Mitgliedstaaten der Europäischen Gemeinschaft (Unionsbürger) an der Wahl zur Bürgerschaft im Wahlbereich Bremen teilnehmen. Ihr Wahlrecht gilt jedoch ausschließlich für die Zusammensetzung der Stadtbürgerschaft."

tes besteht, dessen Staatsangehörigkeit sie besitzen.[1026] Diese Regelung könnte insofern gegen die Kommunalwahlrichtlinie verstoßen, als die Richtlinie in ihrem Art. 5 Abs. 1 zum Ausschlußmaßstab nicht (nur) *die Rechtsvorschriften* des Herkunftstaates bestimmt, sondern eine zivil- oder strafgerichtliche Verurteilung nach dem Recht des Herkunftsstaates verlangt. Diesbezüglich ist jedoch zu berücksichtigen, daß die Vorschriften in Sachsen-Anhalt insofern Bezug nehmen auf die für alle Bürger geltenden Regelungen. Der Begriff *Rechtsvorschriften* ist damit einschränkend auszulegen, daß hiermit nur zivilrechtliche Entscheidungen und strafgerichtliche Verurteilungen gemeint sind. Bei einem solchen Verständnis der in Sachsen-Anhalt normierten Nichtwählbarkeitsgründe für Unionsbürger sind die genannten Regelungen[1027] mit der Kommunalwahlrichtlinie vereinbar.[1028]

e) Die Freistaaten Bayern und Sachsen

Von allen Ländern haben die Freistaaten Bayern und Sachsen bei der Umsetzung der Kommunalwahlrichtlinie die restriktivste Haltung verfolgt. Deutlich zeigt sich dies daran, daß nur in Bayern und Sachsen von der Ausnahmemöglichkeit des Art. 5 Abs. 3 RL Gebrauch gemacht wurde, Unionsbürger von dem passiven Wahlrecht zum 1. Bürgermeister bzw. zum Landrat auszuschließen; auch blieb nur in diesen Ländern die Möglichkeit des Art. 7 Abs. 3 RL ungenutzt, Unionsbürger von Amts wegen in das Wählerverzeichnis aufzunehmen. Unionsbürger sind damit in Bayern und Sachsen berechtigt, sowohl an den Gemeinde- als auch an den Landkreiswahlen aktiv teilzunehmen; auch können Unionsbürger dort als Mitglieder dieser Vertretungskörperschaften gewählt werden. Die Position des Leiters eines Exekutivorgans, also das Amt des (ersten) Bürgermeisters oder Landrats, ist ihnen jedoch verwehrt.[1029] Da Art. 5 Abs. 3 RL -festgestelltermaßen - mit höherrangigem Recht vereinbar ist,[1030] sind die Regelungen in Bayern und Sachsen rechtlich nicht zu beanstanden.[1031]

[1026] § 39 Abs. 2 Nr. 3 GO LSA, § 59 Abs. 1 S. 2 GO LSA; § 28 Abs. 2 Nr. 3 LKO LSA, § 48 Abs. 1 S. 2 LKO LSA.

[1027] Fußn. 1026.

[1028] Ebenso *Pieroth/Schmülling*, DVBl. 1998, S. 365 (369) ff.

[1029] Art. 36 Abs. 1 BayGLKrWG, § 49 Abs. 1 S. 1 SächsGemO, § 45 Abs. 1 SächsLKrO.

[1030] Hierzu oben I / 1) / b) / bb) / (2).

[1031] Eine andere Frage ist, ob es rechtspolitisch sinnvoll war, von der Möglichkeit des Art. 5 Abs. 3 RL bei der Umsetzung der Kommunalwahlrichtlinie Gebrauch zu machen. Die Antwort hierauf hängt letztlich von der jeweils vertretenen politischen Haltung ab, insbesondere davon, wie aufgeschlossen einem europäischen Einigungsprozeß entgegengesehen wird. Die Landesregierung in Bayern - und offensichtlich auch in Sachsen – vertritt diesbezüglich eine wohl eher zurückhaltende Position.

Fraglich ist allerdings, ob auch die bayerische und sächsische Normierung des Antragserfordernisses in der vorgenommenen Art und Weise rechtmäßig ist. Unproblematisch ist zunächst, daß Bayern und Sachsen keinen Gebrauch von der Ermächtigung des Art. 7 Abs. 3 RL gemacht haben und von den Unionsbürgern einen Antrag auf Eintragung in das Wählerverzeichnis verlangen, anstatt diese Eintragung von Amts wegen vorzunehmen.[1032]
Problematisch ist jedoch die Tatsache, daß es in Bayern und Sachsen kein permanentes Wählerverzeichnis gibt und die Unionsbürger somit für jede Wahl einen neuen Antrag auf Aufnahme in das Wählerverzeichnis stellen müssen.[1033] Diesen Umstand sehen manche als einen Verstoß gegen die Richtlinie an.[1034] Dem kann im Ergebnis nicht gefolgt werden. Gegen die Annahme eines Richtlinienverstoßes spricht, daß Art. 7 Abs. 3 i. V. m. Art. 7 Abs. 1 RL die Willensbekundung des Unionsbürgers, an einer Wahl teilzunehmen, zunächst als die Regel betrachtet. Nur für den Fall, daß in einem Mitgliedstaat keine Wahlpflicht besteht, wird die Möglichkeit einer Eintragung von Amts wegen gestattet. Hintergrund dieser Vorschrift ist, daß ein Unionsbürger, auch bei Wahlpflicht in seinem Wohnsitzmitgliedstaat, nicht zu einer Wahlteilnahme gezwungen werden soll, da dies zur Folge haben könnte, daß die Unionsbürger keinen Wohnsitzwechsel in dieses Mitgliedsland in Erwägung ziehen. Dies aber würde, zumindest mittelbar, eine Beschränkung der Freizügigkeit innerhalb der Europäischen Union bedeuten. Besteht in einem Mitgliedstaat keine Wahlpflicht, dann schadet auch eine von Amts wegen erfolgte Eintragung in ein Wählerverzeichnis nicht.

Die Richtlinie schweigt hinsichtlich der Frage, wie zu verfahren ist, wenn es - in einem Mitgliedstaat ohne Wahlpflicht - kein permanentes Wählerverzeichnis gibt. Hier erscheint eine Auslegung der einzelnen Richtlinienbestimmungen, unter Berücksichtigung der Erwägungsgründe, auf den ersten Blick wenig ergiebig. Dennoch ist folgendes zu berücksichtigen: Ein vornehmlicher Zweck der Richtlinie ist es, zur Förderung des europäischen Integrationsprozesses die Freizügigkeitsrechte der Unionsbürger innerhalb der Mitgliedstaaten zu stärken, um somit auch deren Wahrnehmung zu unterstützen. Aus diesem Grunde ist den Unionsbürgern - in dem für sie ausländischen Wohnsitzstaat - das Recht zur Teilnahme an kommunalen Wahlen grundsätzlich und unter den gleichen Bedingungen zu gewährleisten wie den Staatsangehörigen des jeweiligen Staates. Wenn nun in einem Mitgliedstaat, und dort in einem für die Umsetzung der

---

[1032] Art. 11 Abs. 1 S. 2 BayGLKrWG, § 4 Abs. 1 S. 3 SächsKomWG, § 5a SächsKomWO.
[1033] Art. 11 Abs. 1 S. 2 BayGLKrWG, § 4 Abs. 1 S. 3 SächsKomWG.
[1034] *Pieroth/Schmülling*, DVBl. 1998, S. 365 (369) ff. Ähnlich wohl auch die EU-Kommission, die sogar mit einem Vertragsverletzungsverfahren vor dem EuGH gedroht hat. Siehe NJW, Mitteilungen, Heft 35/1999, S. XLVII.

Richtlinie zuständigen Gliedstaat, kein dauerhaftes Wählerverzeichnis existiert, dann gelten die sich hieraus ergebenden Folgen zunächst für inländische und ausländische Unionsbürger gleichermaßen. Sieht ferner die Richtlinie ausdrücklich vor, daß eine Eintragung in dieses Wählerverzeichnis von einem Antrag des Unionsbürgers abhängig gemacht werden darf, dann kann die Normierung eines solchen Antragserfordernisses nicht deshalb gegen die Richtlinie verstoßen, weil sie nicht den Fall regelt, daß ein Wählerverzeichnis von begrenzter Dauer und ein Antragserfordernis für inländische Bürger/innen nicht vorausgesetzt ist. Vielmehr verstößt es in diesem Fall nicht gegen die Richtlinie, daß die Unionsbürger vor jeder Kommunalwahl erneut einen Antrag stellen müssen; sieht die Richtlinie selbst doch diese Möglichkeit des Antragserfordernisses vor. Daß die Richtlinie aber die Forderung aufstellt, ein Antragserfordernis sei zwar einerseits rechtmäßig, andererseits dürfe ein Antrag aber nur einmal verlangt werden, ist nicht ersichtlich. Damit verstößt die Regelung in Bayern und Sachsen auch insofern nicht gegen die Richtlinie, als die ausländischen Unionsbürger vor jeder Kommunalwahl einen neuen Antrag auf Eintragung in das Wählerverzeichnis stellen müssen.

Eine andere Frage ist, ob eine solche Regelung sinnvoll ist oder ob sie nicht lediglich eine Schikane darstellt, um ausländische Unionsbürger von einer Teilnahme an Kommunalwahlen fernzuhalten. Die Argumentationsweise des Bayerischen Verfassungsgerichtshofes vermag jedenfalls nicht zu überzeugen, wonach das Antragserfordernis den Zweck verfolge, im Sinne des 6. Erwägungsgrundes der Kommunalwahlrichtlinie klarzustellen, daß keine »Zwangsintegration« der Unionsbürger gewollt sei; diesen vielmehr die Wahlfreiheit zustehe, sich an den jeweils folgenden Kommunalwahlen zu beteiligen oder nicht.[1035] Da auch in Bayern und Sachsen keine Wahlpflicht besteht, könnten die Unionsbürger - auch bei einer Eintragung in die Wählerverzeichnisse von Amts wegen - von einer Wahlteilnahme absehen. Darüber hinaus gibt es für die Einführung eines Antragserfordernisses auch keinen sachlichen Grund; denn das Antragsverfahren ist zum Zwecke der Kontrolle nur dann notwendig und sinnvoll, wenn hierdurch ein doppeltes Wahlrecht vermieden werden soll. Da die Kommunalwahlrichtlinie die Möglichkeit eines mehrfachen Kommunalwahlrechts eröffnet, ist in der Sache nicht verständlich, warum ausländische Unionsbürger anders zu behandeln sein sollen als die eigenen Staatsangehörigen.[1036]

Sofern der bayerische und der sächsische Gesetzgeber es gewollt hätten, wäre es auch bei Einführung eines Antragserfordernisses - und trotz der Tatsache eines nicht permanenten Wählerverzeichnisses - sicher möglich gewesen zu verhin-

---

[1035] *BayVerfGH*, BayVBl. 1997, S. 495 (498) ff.
[1036] So auch *Wollenschläger/Schraml*, BayVBl. 1995, S. 385 (388).

dern, daß Unionsbürger vor jeder Kommunalwahl einen neuen Antrag stellen müssen. Eine solche Möglichkeit wäre beispielsweise, den ausdrücklichen Wunsch der Unionsbürger zur Wahlteilnahme im Melderegister festzuhalten, so daß bei weiteren Wahlen die automatische Eintragung ins Wählerverzeichnis erfolgen könnte.[1037] Hierdurch würde, und zwar trotz des sonst rechtmäßigen Antragserfordernisses, eine Gleichbehandlung mit deutschen Wählern gewährleistet.

Mit den Vorgaben der Richtlinie nicht zu vereinbaren ist allerdings die sowohl in Bayern als auch in Sachsen nur von den Unionsbürgern geforderte Versicherung an Eides Statt, daß diese sich seit mindestens drei Monaten ohne Unterbrechung im Wahlgebiet aufhalten bzw. dort ihren Hauptwohnsitz haben.[1038] Diese Regelung stellt im Vergleich zu den deutschen Staatsangehörigen eine klare Diskriminierung der ausländischen Unionsbürger dar. Sofern diese Vorschrift gerade die meldepflichtigen Unionsbürger betrifft, ist sie zudem überflüssig, da hier der Nachweis der Wohnsitzdauer schon durch das Melderegister erbracht werden kann.

f) Die übrigen Länder

Auch die übrigen Länder haben eine insgesamt sowohl formell als auch materiell ordnungsgemäße Umsetzung der EG-Kommunalwahlrichtlinie vorgenommen. Abgesehen von einigen kleineren Unterschieden ist die Umsetzung insgesamt der von NRW sehr ähnlich. Dies ist nicht ungewöhnlich, orientieren sich doch alle Länder an den Vorgaben der Richtlinie und machen auch die übrigen Länder von den Ausnahmemöglichkeiten keinen Gebrauch.[1039] Was die an anderer Stelle diskutierte Problematik des „Draufsattelns" betrifft,[1040] so haben auch bei der Umsetzung der Kommunalwahlrichtlinie einige Länder die Vorgaben der Richtlinie zum Anlaß genommen und den Unionsbürgern zudem ein Recht auf Teilnahme an kommunalen Abstimmungen gewährt. Anders als bei der Umsetzung der EG-Gewässerschutzrichtlinien hat dieses „Draufsatteln" bei

---

[1037] Diesen Vorschlag machen *Pieroth/Schmülling*, DVBl. 1998, S. 365 (369) ff.

[1038] Art. 11 Abs. 2 S. 1 BayGLKrWG, § 4 Abs. 4 S. 1 Nr. 1, 3 i. V. m. § 6 Abs. 5a SächsKomWG.

[1039] Abgesehen von wenigen Ausnahmen. So stellt Schleswig-Holstein für die Wählbarkeit darauf ab, daß der Bewerber/die Bewerberin nicht nach einer Entscheidung seines/ihres Herkunftsstaates von der Wählbarkeit ausgeschlossen ist, § 6 Abs. 2 Nr. 6 Gemeinde- und Kreiswahlgesetz, § 25 Abs. 2 S. 1 Nr. 3 Gemeinde- und Kreiswahlordnung. Schleswig-Holstein macht damit von der Möglichkeit der Art. 5 Abs. 1, 9 Abs. 2 lit. a RL Gebrauch; ähnlich das Saarland, § 16 Abs. 2 Nr. 2 SaarlKWG.

[1040] Hierzu ausführlich im 4. Teil / 1. Kap. / XV / 6c).

der Transformation der EG-Kommunalwahlrichtlinie aber nicht zu Verzögerungen geführt. Zu den Ländern, die ein solches Recht auf Teilnahme an Abstimmungen für EG-Ausländer in ihr Landesrecht eingeführt haben, zählt auch Baden-Württemberg.[1041] Dort hat man sich, wie in Berlin, Bremen und Rheinland-Pfalz, zudem veranlaßt gesehen, die Landesverfassung zu ändern.[1042] Einer hiergegen gerichteten Verfassungsbeschwerde, mit welcher der Beschwerdeführer gerügt hatte, durch die Einräumung eines aktiven und passiven Wahlrechts für EG-Ausländer in seinem Recht auf Gleichheit zur Wahl verletzt zu sein, hat das Bundesverfassungsgericht bereits die Annahme zur Entscheidung verweigert. Denn: Das Grundgesetz, speziell die Art. 3 Abs. 1, 33 Abs. 1, 38 GG, begründet kein subjektives Recht auf Ausschließung anderer von der Wahl.[1043]

5. Fristversäumnis nur in der Freien und Hansestadt Bremen

Bei der Umsetzung der EG-Kommunalwahlrichtlinie ist es aufgrund der geschilderten stadtstaatlichen Besonderheiten lediglich in der Freien Hansestadt Bremen zu einer (geringfügigen) Überschreitung der Umsetzungsfrist gekommen. Berücksichtigt man die in der gesamten Untersuchung zu beobachtende Tatsache, daß es bei der innerstaatlichen Umsetzung von EG-Richtlinien durch die Länder - unabhängig von den jeweils mitverantwortlichen Faktoren - regelmäßig zu Fristüberschreitungen kommt, dann ist es zwar einerseits um so erfreulicher, andererseits aber auch verwunderlich, daß speziell die Umsetzung der RL 94/80/EG über ein kommunales Ausländerwahlrecht für Unionsbürger – mit der Ausnahme Bremens - fristgemäß erfolgte. Kann dies daran liegen, daß hier eine Fristversäumnis bei der Umsetzung die Gefahr eventueller Klagen ausländischer Bürger gegen die Gültigkeit einer nach Fristablauf erfolgten Kommunalwahl begründet hätte?

II. Ergebnis:

Die Untersuchung hat gezeigt, daß die Umsetzung der EG-Kommunalwahlrichtlinie in den Ländern überwiegend ähnlich ausgefallen ist. Schwierigkeiten bei der Transformation bestanden in erster Linie in den Stadtstaaten, hier vor allem in der Freien und Hansestadt Bremen. Eine „konservati-

---

[1041] Ebenso Brandenburg und Rheinland-Pfalz. Ob auch in NRW eine Teilnahme von Unionsbürgern an Bürgerbegehren und Bürgerentscheiden vorgesehen ist, ist streitig. Aus dem Gesetz ergibt sich eine solche Berechtigung der EG-Ausländer zumindest nicht ausdrücklich. Jedenfalls als mittelbare Folge bejahend *Kremer*, VR 1996, S. 145 (146/147) m. w. N.

[1042] Art. 72 BW LV.

[1043] *BVerfG*, Beschl. v. 8.1.1997, 2 BvR 2862/95, VBlBW 1997, S. 214 (215).

vere" Haltung bei der Umsetzung offenbarte sich in Bayern und Sachsen. Dort ließ der Gesetzgeber keine Möglichkeit ungenutzt, von den in der Richtlinie vorgesehenen Ausnahmemöglichkeiten Gebrauch zu machen. Auch bei kritischer Betrachtung entspricht die Transformation in Bayern und Sachsen aber den formellen und materiellen Anforderungen der EG-Kommunalwahlrichtlinie.

6. Kapitel: Datenschutzrecht

I. EG-Datenschutzrichtlinie 95/46/EG[1044]

1. Kompetenzen der EG auf dem Gebiet des Datenschutzes

Im EG-Vertrag sucht man vergebens nach einer ausdrücklichen Ermächtigungsgrundlage zum Erlaß einer „Richtlinie zum Schutz natürlicher Personen bei der Verarbeitung personenbezogener Daten und zum freien Datenverkehr."[1045] Aus Sicht des Ministerrats kam daher nur ein Rückgriff auf Art. 95 EG in Betracht.[1046] Ob Art. 95 EG jedoch zum Erlaß einer EG-Datenschutzrichtlinie berechtigte, ist nicht unproblematisch. Anlaß zu näherer Betrachtung bietet die Tatsache, daß sich die EG-Datenschutzrichtlinie nicht auf Vorgaben zum Verbraucherschutz beschränkt, sondern auch Regelungen für den öffentlichen Bereich der Mitgliedstaaten enthält. Die Gemeinschaft könnte somit ihre Befugnisse bei Erlaß der Datenschutzrichtlinie überschritten haben, da Art. 95 EG nach seinem Wortlaut nur solche Maßnahmen gestattet, die den Zielen des Art. 14 EG dienen[1047] - also der Verwirklichung des in Art. 14 Abs. 2 EG näher definierten Binnenmarktes.[1048] Aber: Bei Rückgriff der EG-Organe auf Art. 95 EG darf man für die Frage nach der Zulässigkeit dieser Vorgehensweise - anders als bei Bestehen einer speziellen Ermächtigungsnorm - nicht nur den Blick auf die Auslegung des Art. 95 EG selbst richten, sondern muß darüber hinaus alle übrigen Anhaltspunkte, die sich aus dem EG-Recht ergeben und die für eine Zuläs-

---

[1044] Richtlinie 95/46/EG zum Schutz natürlicher Personen bei der Verarbeitung personenbezogener Daten und zum freien Datenverkehr vom 24.10.1995; ABl. EG Nr. L 281, S. 31 vom 23.11.1995.

[1045] Vgl. *Dammann/Simitis*, EG-Datenschutzrichtlinie, S. 63 und 64.

[1046] *Schmidt am Busch*, DuD 1995, S. 197 (200) ff.; *Lecheler*, JuS 1998, S. 392 (397).

[1047] *Langeheine*, in: Grabitz/Hilf, Art. 100a EGV, Rdnr. 18; *Klein*, in: Hailbronner u.a. (Hrsg.), Art. 100a, Rdnr. 7.

[1048] In der Literatur heißt es, daß sich die EG-Datenschutzrichtlinie aus Kompetenzgründen von Anfang an ganz am nicht-öffentlichen Sektor orientiert habe. Vgl. *Dammann/Simitis*, EG-Datenschutzrichtlinie, S. 85; *Simitis*, DuD 1995, S. 648 (651) ff. und *ders.*, NJW 1997, S. 281 (287) ff.

sigkeit der erlassenen Maßnahme sprechen, in die Analyse einfließen lassen. Danach ist vorliegend zu berücksichtigen, daß mit Abschluß der Maastrichter Verträge und der Gründung einer Europäischen Union die Ebene der reinen Wirtschaftsgemeinschaft mit dem Ziel verlassen wurde, eine politische Union zu verwirklichen. Aus diesem Grunde wurde aus der Europäischen Wirtschaftsgemeinschaft (EWG) eine Europäische Gemeinschaft (EG) und aus dem EWG-Vertrag ein EG-Vertrag. Sind aber künftig die Akzente rechtlichen Handelns innerhalb der EU im Schwerpunkt auf eine politische Unitarisierung ausgerichtet, und versteht sich die Union mit Recht als ein „Europa der Bürger", dann kann eine Maßnahme, die in erster Linie dem Persönlichkeitsschutz der Bürger/innen dient, nicht auf den privaten Bereich beschränkt bleiben. Dies wäre nicht nur kontraproduktiv, sondern ist, soweit ersichtlich, auch von keinem der Mitgliedstaaten erwünscht. Ein „hohes Schutzniveau", welches die Richtlinie in ihrem Erwägungsgrund 10 vorsieht, läßt sich nur erreichen, wenn Datenschutz zumindest europaweit greift, und zwar sowohl für den privaten als auch für den öffentlichen Sektor. Schließlich beinhaltet die EG-Datenschutzrichtlinie in ihren Erwägungsgründen 13 und 16 sowie in ihrem Art. 3 Abs. 2 einen von dem Willen der Mitgliedstaaten getragenen Negativkatalog, aus dem hervorgeht, daß nur in den dort genannten Fällen eine Kompetenz der EG zur Regelung des Datenschutzes im öffentlichen Bereich ausscheiden soll.[1049] Es kann festgehalten werden: Die EG durfte eine Datenschutzrichtlinie verabschieden, die sowohl den nicht-öffentlichen als auch den öffentlichen Sektor betrifft.[1050]

2. Regelungsgehalt der Richtlinie

Nach Art. 1 Abs. 1 RL 95/46/EG gewährleisten die Mitgliedstaaten bei der Verarbeitung personenbezogener Daten den Schutz der Grundrechte und Grundfreiheiten sowie besonders den Schutz der Privatsphäre natürlicher Personen.

[1049] Und auch wenn die EG kraft Völkerrecht nicht in die innerstaatliche Organisation des Staatsaufbaus ihrer Mitgliedstaaten regulativ eingreifen darf, so kann sie doch festlegen, ob und wie die Mitgliedstaaten mit den Daten der Unionsbürger umgehen dürfen.

[1050] Eine Kompetenz der EG im Bereich der öffentlichen Verwaltung, insbesondere mit Blick auf die Wirtschaftsverwaltung, bejaht auch *Rüpke*, ZRP 1995, S. 185 (188) ff. Darüber hinaus ist die Auseinandersetzung um die Tragweite der Kompetenzbestimmungen zumindest insofern relativiert worden, als die Kommission bereits in ihr Vorschlagspaket für die EG-Datenschutzrichtlinie den Entwurf einer Entschließung des EU-Ministerrates aufgenommen hat, in dem sich die Regierungen der Mitgliedstaaten verpflichten, die jeweils notwendigen legislativen Maßnahmen einzuleiten, um die in der allgemeinen Datenschutzrichtlinie festgelegten Verarbeitungsgrundsätze auch auf jene Teile des öffentlichen Bereichs anzuwenden, welche sich nach dem Gemeinschaftsrecht richten müssen. Siehe die Nachweise bei *Simitis*, in: Simitis u. a., BDSG, § 1, Rdnr. 156.

Diese Vorgabe wird ergänzt durch Art. 1 Abs. 2 RL, wonach der gemäß Abs. 1 sicherzustellende Schutz nicht zu einer Beschränkung oder Untersagung des freien Verkehrs personenbezogener Daten innerhalb der Gemeinschaft führen darf. Art. 1 RL umschreibt somit den „Gegenstand der Richtlinie"[1051] und zugleich ihren wesentlichen Regelungsgehalt.[1052] Die Absätze 1 und 2 des Art. 1 RL stehen auch nur scheinbar im Widerspruch zueinander. Oberstes Gebot der Richtlinie ist nämlich allein die Gewährleistung eines umfassenden Datenschutzes der Marktbürger/innen. Dies folgt aus der Systematik des Art. 1 RL und einer Gesamtschau der individualschützenden Vorschriften der Richtlinie.[1053] Schließlich beinhaltet Erwägungsgrund 10 EG-Datenschutzrichtlinie das ausdrückliche Ziel eines „hohen Datenschutzniveaus" in den Mitgliedstaaten.[1054]

3. Innerstaatliche Zuständigkeitsverteilung zur Umsetzung der Richtlinie

Nach der innerstaatlichen Zuständigkeitsverteilung gemäß Art. 30, 70 ff. GG analog steht dem Bund die Kompetenz zu, die richtlinienbedingten Änderungen für den gesamten nicht-öffentlichen Bereich vorzunehmen. Darüber hinaus hat der Bund im öffentlichen Bereich die Gesetzgebungsbefugnis, sofern Vorschriften betroffen sind, welche die öffentlichen Stellen und Einrichtungen des Bundes betreffen. Den Ländern bleibt die Kompetenz zur Regelung des übrigen öffentlichen Bereiches. Daraus folgt, daß die Länder im Zuge der EG-Datenschutzrichtlinie aufgerufen sind, ihr nationales Datenschutzrecht anzupassen, auch wenn der Schwerpunkt des Regelungsbedarfs unstreitig beim Bundesgesetzgeber liegt.[1055]

[1051] So die amtliche Übersetzung der Überschrift zu Artikel 1 EG-Datenschutzrichtlinie.

[1052] Vgl. *Dammann/Simitis*, EG-Datenschutzrichtlinie, S. 100.

[1053] Zu nennen sind die Art. 6 bis 9 RL, welche die Qualität der Daten und die Grundsätze einer zulässigen Datenverarbeitung zum Inhalt haben; die Art. 10 bis 15 RL, die Informations-, Auskunfts- und Widerspruchsrechte der Bürger/innen festlegen; die Art. 16, 17 RL, welche die Sicherheit und die Vertraulichkeit der Verarbeitung regeln sowie die Art. 22 bis 24 RL, die konkrete Rechtsbehelfe vorsehen.

[1054] Die Erwägungsgründe einer Richtlinie haben den Rang einer Interpretationsmethode; vgl. *Kilian*, NJW 1998, S. 787 (790) ff. m. w. N.

[1055] *Arlt*, DuD 1998, S. 704 ff.

4. Umsetzungsfrist

Gemäß Art. 32 Abs. 1 RL haben die Mitgliedstaaten drei Jahre Zeit, diejenigen Rechts- und Verwaltungsvorschriften zu erlassen, die erforderlich sind, um der Richtlinie nachzukommen. Diese Umsetzungsfrist endete am 24.10.1998.[1056]

5. Umsetzungsmaßnahmen der Länder

Tabelle 6.1: Transformationsgesetze der deutschen Länder zu der RL 95/46/EG

Land	**Transformationsnorm**
Baden-Württemberg	Gesetz zur Änderung des Landesdatenschutzgesetzes und anderer Gesetze vom 23. Mai 2000, GBl. Nr. 10 vom 09.06.2000, S. 450.
Bayern	Gesetz zur Änderung des Bayerischen Datenschutzgesetzes vom 25. Oktober 2000, GVBl. Nr. 25/2000, S. 752 ff.
Berlin	Bislang keine Umsetzung.
Brandenburg	Gesetz zum Schutz personenbezogener Daten im Land Brandenburg (Brandenburgisches Datenschutzgesetz – BbgDSG) in der Fassung der Bekanntmachung vom 09. März 1999, GVBl. Teil I Nr. 5 vom 31.03.1999, S. 66.
Bremen	Bislang keine Umsetzung.
Hamburg	Hamburgisches Datenschutzgesetz (HmbDSG) vom 5. Juli 1990 (HmbGVBl. S. 133, 165, 226), zuletzt geändert am 30. Januar 2001 (HmbGVBl. S. 9).
Hessen	Hessisches Datenschutzgesetz (HDSG) in der Fassung vom 07. Januar 1999, GVBl. Teil I Nr. 4 vom 19.02.1999, S. 98.
Mecklenburg-Vorpommern	Bislang keine Umsetzung.
Niedersachsen	Bislang keine Umsetzung.
Nordrhein-Westfalen	1. Gesetz zur Umsetzung des Datenschutzgesetzes Nordrhein-Westfalen (DSG NW) vom 9. Mai 2000, GVBl. Nr. 30 vom 30.05.2000, S. 452.

[1056] Nach *Schlemann*, jur-pc 1996, S. 55 (58) ff. lief die Umsetzungsfrist bereits am 24. Juli 1998 ab.

	2. Berichtigung des Gesetzes zur Änderung des Datenschutzgesetzes Nordrhein-Westfalen (DSG NW) vom 9. Mai 2000 (GV. NRW S. 452), GVBl. Nr. 34 vom 23. Juni 2000, S. 494.
Rheinland-Pfalz	Bislang keine Umsetzung.
Saarland	Bislang keine Umsetzung.
Sachsen	Bislang keine Umsetzung.
Sachsen-Anhalt	Bislang keine Umsetzung.
Schleswig-Holstein	Schleswig-Holsteinisches Gesetz zum Schutz personenbezogener Informationen (Landesdatenschutzgesetz – LDSG -) vom 9. Februar 2000, GS Schl.-H. II, Gl. Nr. 204-4; GVBl. Nr. 4 vom 24.02.2000, S. 169.
Thüringen	Bislang keine Umsetzung.

a) Hessen und Brandenburg

Als erstes Land hat Hessen die EG-Datenschutzrichtlinie umgesetzt und in diesem Zusammenhang zugleich sein nationales Datenschutzrecht modifiziert.[1057] Hessen hat damit einmal mehr seiner „historischen" Rolle als Vorreiter im Bereich des Datenschutzrechts entsprochen.[1058] Allgemein erfordert die Umsetzung der EG-Datenschutzrichtlinie eine Anpassung des Landesrechts in folgenden Bereichen:

- Änderungen im Bereich der „sensitiven" Daten
- Anpassung der Vorschriften zur länderübergreifenden Datenverarbeitung
- Anpassung und Erweiterung der Rechte der Betroffenen (Register, Einwilligung, Benachrichtigungen, Widerspruchsrecht, Verbot „vollautomatischer" Einzelentscheidungen)
- Überarbeitung der Stellung und Aufgaben behördlicher Datenschutzbeauftragter
- Anpassung an die technische Entwicklung, insbesondere durch neue Sicherheitsanforderungen
- Stellung und Kompetenzen der Landesdatenschutzbeauftragten
- Erweiterung des gesetzlichen Anwendungsbereiches

[1057] Zu den Neuerungen im Hessischen DSG siehe auch *Arlt*, DuD 1998, S. 704 ff.

[1058] *Schild*, RDV 1999, S. 52 ff. 1970 wurde in Hessen das weltweit erste Datenschutzgesetz verabschiedet.

Der hessische Gesetzgeber hat die vorgenannten Bereiche aufgegriffen und einer Lösung zugeführt.[1059] Ob die dabei gefundenen Ergebnisse in jeder Hinsicht den aktuellen Stand der technischen Möglichkeiten berücksichtigen, kann hier nicht abschließend beantwortet werden. Dies liegt im Bereich des Datenschutzrechts aber „in der Natur der Sache", da auf kaum einem anderen Rechtsgebiet das geltende Recht so schnell auf dem Prüfstand steht wie dort.[1060] Tatsache ist: Der hessische Gesetzgeber hat sich bemüht, die Umsetzungsfrist einzuhalten, ohne hierdurch Einschränkungen bei der Qualität der Umsetzungsmaßnahme zu riskieren. Eine Fristüberschreitung von nur zwei Monaten ist dabei angesichts der üblichen Versäumnisse in Bund und Ländern unerheblich.

Kurz nach Hessen hat das Land Brandenburg seine Umsetzung mit der Bekanntmachung eines ebenfalls deutlich überarbeiteten Landesdatenschutzgesetzes am 9. März 1999 abgeschlossen. Auch die brandenburgische Regelung entspricht den Anforderungen der EG-Datenschutzrichtlinie.[1061] Wie Hessen hat das Land Brandenburg eine Regelung über den Datentransfer in Drittländer außerhalb der EU getroffen[1062] (vgl. § 17a BbgDSG sowie § 16 HDSG), eine dem Art. 8 RL entsprechende Regelung über „sensitive" Daten eingeführt (§ 4a BbgDSG sowie § 7 Abs. 4 HDSG) und die Bürgerrechte verstärkt (siehe etwa §§ 4b, 5 BbgDSG sowie §§ 7 Abs. 5, 8 HDSG). Darüber hinaus enthalten sowohl das brandenburgische als auch das hessische Landesdatenschutzgesetz noch weitere Vorschriften, die der Umsetzung der EG-Datenschutzrichtlinie dienen.[1063] Insgesamt muß man beide Landesgesetze im Sinne des EG-Rechts als ordnungsgemäß beurteilen.[1064]

1059 Hierzu auch *Arlt*, DuD 1998, S. 704 ff.; *Schild*, RDV 1999, S. 52 ff.; *Gola*, NJW 1999, S. 3753 (3754) ff.; *Dix*, RDV 1999, S. 143 ff.

1060 *Arlt*, DuD 1998, S. 704 (710) sagt zu Recht, daß man sich angesichts der rasanten technologischen Entwicklung wohl mit der Idee anfreunden müsse, daß es unmöglich sei, im Bereich des Datenschutzes Gesetze für die Ewigkeit zu machen; die erlassenen Vorschriften müßten vielmehr einer regelmäßigen Überprüfung unterzogen werden.

1061 Vgl. *Gola*, NJW 1999, S. 3753 (3754) ff.; *Dix*, RDV 1999, S. 143 ff.

1062 Allgemein zum Datentransfer in Drittländer *Heil*, DuD 1999, S. 458 ff.; *Gola*, NJW 1999, S. 3753 (3761).

1063 Detailliert zu den Umsetzungsmaßnahmen *Arlt*, DuD 1998, S. 704 ff., *Schild*, RDV 1999, S. 52 ff. sowie *Dix*, RDV 1999, S. 143 ff.

1064 *Dix*, RDV 1999, S. 143 ff. Bedauerlich ist jedoch, daß weder Hessen noch Brandenburg die Vorgabe des Art. 28 EG-Datenschutzrichtlinie aufgegriffen und die Datenschutzkontrolle im nicht-öffentlichen Bereich einer völlig unabhängigen Kontrollinstanz unterstellt haben. Insofern liegt ein Makel vor, der bald behoben werden sollte. Zu der Umsetzungspflicht des Art. 28 EG-Datenschutzrichtlinie und den organisatorischen Möglichkeiten, die gesamte Datenschutzkontrolle der Zuständigkeit der Landesdatenschutzbeauftragten zu unterstellen, *Bizer*, DuD 1997, S. 481 (482); *Simitis*, NJW 1997, S. 281 (287) ff.; *Giesen*, RDV 1998, S. 15 ff.; *Haslach*, in: Sokol (Hrsg.), Die Bedeutung der EG-

b) Schleswig-Holstein, Nordrhein-Westfalen, Baden-Württemberg, Bayern und Hamburg

Etwa ein Jahr nachdem Brandenburg die Umsetzung abgeschlossen hat, sind 2000 die Länder Schleswig-Holstein, Nordrhein-Westfalen, Baden-Württemberg und Bayern gefolgt. Abgesehen von Baden-Württemberg, wo lediglich die Minimalvorgaben der Richtlinie transformiert wurden, haben die anderen Länder die EG-Datenschutzrichtlinie zum Anlaß für eine Reform ihres geltenden Landesrechts genommen.[1065]

Vergleicht man die schleswig-holsteinische Maßnahme mit der in Hessen und Brandenburg, dann fällt auf, daß es in weiten Bereichen Übereinstimmung gibt.[1066] Wie die vorgenannten Länder, regelt auch das LDSG-SH 2000 die Einführung einer Vorabkontrolle,[1067] das Verbot, nachteilige Entscheidungen ausschließlich auf wertende Computerauswertungen zu stützen, die datenschutzspezifische Widerspruchsmöglichkeit[1068] sowie den Datentransfer ins Ausland.[1069] Im Gegensatz zu Hessen,[1070] Brandenburg,[1071] NRW[1072] oder Bayern[1073] sehen das LDSG-SH 2000 und die baden-württembergische Regelung keine obligatorische Bestellung behördlicher Datenschutzbeauftragter vor. Grund ist, daß nach Auffassung des Gesetzgebers in Schleswig-Holstein und Baden-Württemberg allein die zwangsweise Bestellung behördlicher Datenschutzbeauftragter noch keinen effektiven Datenschutz gewährleistet. Vielmehr führe die zwangsweise Pflicht zur Bestellung eines behördlichen Beauftragten oft dazu, daß der gesamte Vorgang verwaltungsintern als lästige Pflichtaufgabe betrachtet werde; mit der Folge, daß häufig eher nicht so motivierte Mitarbeiter zum Datenschutzbeauftragten bestellt würden.[1074] Erfreulich ist, daß Schleswig-

---

Datenschutzrichtlinie für öffentliche Stellen, 1998, S. 1 (21) ff.; *ders.*, DuD 1999, S. 466 (468) ff.; *Garstka*, DuD 2000, S. 289 ff.; *Hellermann/Wieland*, DuD 2000, S. 284 ff.

1065 Eine ausführliche Darstellung der Änderungen des LDSG-SH 2000 findet sich bei *Bäumler*, DuD 2000, S. 257 ff.; *ders.*, DuD 2000, S. 20 ff.; *ders.* RDV 1999, S. 47 ff.; *ders.*, NJW 2000, S. 1982 (1983) ff.

1066 *Bäumler*, DuD 2000, S. 257 ff.

1067 § 9 LDSG-SH 2000. Zu Einzelheiten *Bäumler*, DuD 2000, S. 257 (259) ff.

1068 § 29 LDSG-SH 2000 gebraucht die Bezeichnung „Einwand". Hierdurch sollen Verwechslungen mit dem verwaltungsverfahrensrechtlichen Widerspruch vermieden werden; vgl. LT-Drs. 14/1723, S. 75 sowie *Bäumler*, DuD 2000, S. 257 (258) ff. mit Fußn. 9.

1069 Vgl. *Bäumler*, DuD 2000, S. 257 (258) ff.

1070 § 5 HDSG.

1071 § 7a BbgDSG.

1072 § 32a LDSG NW.

1073 Art. 25 Abs. 2 S. 1 BayDSG.

1074 *Bäumler*, DuD 2000, S. 257 (259) ff. m. w. N.

Holstein mit dem neuen Landeszentrum für Datenschutz eine völlig unabhängige Kontrollstelle errichtet hat, die sowohl für den öffentlichen als auch für den nicht-öffentlichen Bereich zuständig ist.[1075] Schleswig-Holstein hat damit die absurde Zersplitterung der Datenschutzkontrolle des öffentlichen Bereiches einerseits[1076] und des nicht-öffentlichen Sektors andererseits[1077] beendet.[1078] Das neue schleswig-holsteinische Landeszentrum für Datenschutz wird in der Organisationsform einer Anstalt des öffentlichen Rechts betrieben.[1079] Neben Schleswig-Holstein hat auch Nordrhein-Westfalen die Datenschutzaufsicht in einer Stelle konzentriert.[1080] Anders als in Schleswig-Holstein ist der/die LfD NW aber auch künftig nur bei der Kontrolle für den öffentlichen Bereich völlig unabhängig. In NRW war man nicht bereit, der LfD NW den Rang einer obersten Landesbehörde einzuräumen.[1081] Vielmehr wurde in § 22 LDSG NW ein neuer Absatz 6 eingefügt, der die Aufsicht über den nicht-öffentlichen Bereich zwar organisatorisch in die Hand der LfD NW verlagert, rechtlich die LfD aber der Kontrolle des Innenministeriums unterstellt.[1082] Diese Vorgehensweise wird

---

[1075] Anders als in Baden-Württemberg, Hessen und Brandenburg. Vgl. oben Fußn. 1064.

[1076] Hier war bislang allein der LfD SH zuständig.

[1077] Hier war die Datenschutzkontrolle bislang dem Innenministerium unterstellt.

[1078] *Bäumler*, DuD 2000, S. 257 (260) ff.; *ders.*, NJW 2000, S. 1982 (1985) ff.; Zur Organisation der staatlichen Datenschutzkontrolle der Privatwirtschaft und zum „unabhängigen Landeszentrum für Datenschutz" in Schleswig-Holstein siehe auch *Gola*, RDV 2000, S. 36 ff.

[1079] Dies hat überwiegend landesverfassungsrechtliche Gründe. Näher hierzu *Bäumler*, DuD 2000, S. 20 ff.; *ders.*, NJW 2000, S. 1982 (1985) ff.; *Weichert*, CR 2000, S. 135 (136).

[1080] Aufsichtsbehörde ist jetzt allein der/die LfD NW. Zu der dahingehenden Forderung bereits im Vorfeld der Umsetzung siehe *Haslach*, in: Sokol (Hrsg.), Die Bedeutung der EG-Datenschutzrichtlinie für öffentliche Stellen, 1998, S. 1 (21) ff.; *ders.*, DuD 1999, S. 466 (468) ff. Über die entsprechenden rechtlichen und organisatorischen Möglichkeiten vgl. *Bizer*, DuD 1997, S. 481 (482); *Simitis*, NJW 1997, S. 281 (287) ff.; *Giesen*, RDV 1998, S. 15 ff. Zusammenfassend *Garstka*, DuD 2000, S. 289 ff.; *Hellermann/Wieland*, DuD 2000, S. 284 ff.

[1081] Daß dies rechtlich auch ohne Änderung der Landesverfassung möglich gewesen wäre, belegen *Hellermann/Wieland*, DuD 2000, S. 284 (287) ff.

[1082] Die Argumentation (so etwa *Lepper/Wilde* CR 1997, S. 703 (704) ff.), auf diese Weise „ministerialfreie Räume" zu vermeiden, überzeugt nicht. Abgesehen davon, daß Art. 28 EG-Datenschutzrichtlinie die *völlige* Unabhängigkeit der Kontrollstelle fordert und insoweit bei einer Umsetzung selbst entgegenstehendem Verfassungsrecht vorginge (*Haslach*, in: Sokol (Hrsg.), Die Bedeutung der EG-Datenschutzrichtlinie für öffentliche Stellen, 1998, S. 1 (21) ff.; *ders.*, DuD 1999, S. 466 (468) ff.) hat auch das BVerfG schon früh darauf hingewiesen, daß ministerialfreie Räume in der Verwaltung durchaus möglich sind (*BVerfGE* 9, S. 268 (282) ff.). Darüber hinaus bedeutet „Ministerialfreiheit" auch noch keineswegs „parlamentarische Kontrollfreiheit"; vgl. *Oebbecke*, Weisungs- und unterrichtungsfreie Räume in der Verwaltung, 1986, S. 122 ff.; *Hellermann/Wieland*, DuD 2000, S. 284 (287) ff.

den Vorgaben des Art. 28 EG-Datenschutzrichtlinie nach völliger Unabhängigkeit der Kontrollstelle nicht gerecht[1083] und trübt ein wenig die im übrigen gelungene Umsetzung in NRW.[1084]
Nach Auskunft der Landesdatenschutzbeauftragten aus Hessen, Brandenburg und Nordrhein-Westfalen hat es im Vorfeld der Umsetzung unter den Ländern informelle Absprachen sowohl innerhalb der zuständigen Fachministerien als auch unter den Landesdatenschutzbeauftragten gegeben.[1085] Daß dabei das Land Brandenburg mehr von der datenschutzrechtlichen Erfahrung Hessens oder Schleswig-Holsteins profitiert haben dürfte als umgekehrt, mag dahinstehen. Zu begrüßen ist, daß überhaupt ein reger Erfahrungsaustausch zwischen den Ländern stattfindet.[1086] Hierdurch können nicht nur inhaltliche Fehler bei der Umsetzung vermieden und bereits gewonnene Erkenntnisse anderer Länder genutzt werden, sondern auf diese Weise ist auch eine Vereinheitlichung des bundesweit geltenden Datenschutzrechts möglich.

Im Januar 2001 ist Hamburg seiner Umsetzungspflicht durch Änderung des Hamburgischen Datenschutzgesetzes gefolgt.

c) Die übrigen Länder

In den übrigen Ländern ist die Umsetzung der EG-Datenschutzrichtlinie noch nicht abgeschlossen;[1087] die Gesetzgebungsverfahren sind aber insgesamt bereits eingeleitet. Hintergrund dieses zögerlichen Verhaltens der Länder ist, daß

[1083] Vgl. *Simitis*, NJW 1997, S. 281 (287) ff. Eine partielle Eingliederung der LfD unter die Weisungsbefugnis des Innenministeriums war rechtlich nicht geboten; vgl. *Bizer*, DuD 1997, S. 481 (482); *Giesen*, RDV 1998, S. 15 ff.; *Haslach*, in: Sokol (Hrsg.), Die Bedeutung der EG-Datenschutzrichtlinie für öffentliche Stellen, 1998, S. 1 (21) ff.; *ders.*, DuD 1999, S. 466 (468) ff.

[1084] Wollte man das reformierte LDSG NW, außer in der Frage der Kontrollinstanz, dennoch kritisieren, hätte man sich allenfalls bei der Information der Betroffenen weitergehende Ansätze vorstellen können. Daß sich der Gesetzgeber im übrigen an der alten Struktur des LDSG orientiert hat, anstatt einen völlig neuen Entwurf vorzulegen, ist im Ergebnis eher unerheblich. Aus Gründen des Persönlichkeitsrechts positiv ist, daß sich in der Frage der Videoüberwachung eine Beschränkung auf das Hausrecht durchsetzen konnte.

[1085] Die Landesdatenschutzbeauftragten haben bei der Umsetzung der EG-Datenschutzrichtlinie einen großen Beitrag geleistet; die Umsetzung selbst, insbesondere die Ausarbeitung der Referentenentwürfe, war aber nicht ihrem Zuständigkeitsbereich unterstellt.

[1086] Nach *Dix*, RDV 1999, S. 143 ff. weist das Brandenburgische Datenschutzgesetz Parallelen zum Hessischen Datenschutzgesetz auf und enthält bereits Elemente aus dem damaligen Entwurf des LDSG-SH 2000.

[1087] *Gola*, NJW 1999, S. 3753 (3754) ff.

diese die Umsetzung durch den Bund abwarteten wollten.[1088] Nachdem der Bund kürzlich mit gehöriger Säumnis[1089] seiner Umsetzungspflicht nachgekommen ist,[1090] planen nun auch die übrigen Länder, ihre Umsetzung zügig abzuschließen. Dies ist auch ratsam, denn die EU-Kommission hat bereits ein Vertragsverletzungsverfahren gegen die BRD eingeleitet.[1091] Die noch säumigen Länder werden dabei wohl eine auf das notwendige Maß beschränkte Umsetzung vornehmen.[1092] Der „Druck aus Brüssel" wird also vorerst eine umfangreiche und über die Vorgaben der Richtlinie hinausgehende Neuregelung des nationalen Datenschutzrechts verhindern;[1093] bei einer verstrichenen Umsetzungsfrist von drei Jahren ist dies jedoch kein Vorwurf an die EU-Kommission.

II. Ergebnis:

Die EG war zuständig für den Erlaß der EG-Datenschutzrichtlinie, deren Zielvorgaben bislang nur in den Ländern Hessen, Brandenburg, Schleswig-Holstein, Baden-Württemberg, Nordrhein-Westfalen, Bayern und Hamburg umgesetzt worden sind. Nachdem die EU-Kommission gegen fünf Mitgliedstaaten, unter ihnen auch Deutschland, Klage beim EuGH eingereicht hat, ist mit einer Umsetzung in den säumigen Ländern bald zu rechnen; entsprechende Gesetzgebungsverfahren sind schon eingeleitet. Ob sich die Maßnahmen der übrigen Länder dabei an den Landesdatenschutzgesetzen von Hessen und Brandenburg, Schleswig-Holstein, Baden-Württemberg, Bayern, Nordrhein-Westfalen und Hamburg orientieren werden, bleibt abzuwarten. Angesichts der längst verstrichenen Umsetzungsfrist sollte eine solche Vorgehensweise jedenfalls in Erwägung gezogen werden, zumal auf diese Weise einige Zeit mühsamer Arbeit erspart und das Risiko einer fehlerhaften Umsetzung minimiert werden könnte.

1088 Eine Vorgehensweise, die im Rahmen dieser Untersuchung bereits anderweitig beobachtet wurde, etwa bei der UIR oder im Bereich der Bildungspolitik bei der Umsetzung der RL 89/48/EWG für die Laufbahnbeamten.

1089 Zu den Folgen der Säumnis siehe *Trosch*, DuD 1998, S. 724; *Haslach*, in: Sokol (Hrsg.), Die Bedeutung der EG-Datenschutzrichtlinie für öffentliche Stellen, 1998, S. 1 ff.; *ders.*, DuD 1998, S. 693 ff.

1090 BGBl. 2001, Teil I, S. 904.

1091 Siehe *Gola*, NJW 1999, S. 3753 ff.

1092 *Gola*, NJW 1999, S. 3753 ff.

1093 Zu der rechtlichen Möglichkeit der Mitgliedstaaten, ihr nationales Datenschutzniveau strenger zu gestalten, als dies die Richtlinie vorgibt, siehe *Haslach*, in: Sokol (Hrsg.), Die Bedeutung der EG-Datenschutzrichtlinie für öffentliche Stellen, 1998, S. 1 (35) ff.

5. Teil Zusammenfassung der Ergebnisse

I. Einleitung

Die Vielzahl der seit Gründung der E(W)G erlassenen Richtlinien und der hiermit verbundene (große) Einfluß des europäischen Gemeinschaftsrechts in den Mitgliedstaaten war Anlaß genug, das Verhalten und die Vorgehensweise der deutschen Länder bei der Umsetzung von EG-Richtlinien näher zu untersuchen. Neben rechtlichen Fragen – beispielsweise nach den konkreten Voraussetzungen ordnungsgemäßer Transformation – stand besonders die Analyse der Umsetzungspraxis im Vordergrund der Studie. Die gewonnenen Erkenntnisse, die z. T. auch andere Forschungsergebnisse zur Ländergesetzgebung bestätigen,[1094] werden nachfolgend zusammenfassend dargestellt.

II. EG-Richtlinien und ihre rechtliche Relevanz für die Länder

1. Rechtsnatur der Richtlinie und Anwendungsvorrang

Die EG-Richtlinie verfolgt das Ziel der Rechtsharmonisierung innerhalb der EU-Mitgliedstaaten. Obwohl sie das vielleicht wichtigste Regelungsinstrument der Gemeinschaft ist, hat sie in Art. 249 Abs. 3 EG nur eine knappe Normierung erfahren. Aus Art. 10, 249 Abs. 3 EG i. V. m. den jeweils einschlägigen Bestimmungen der Richtlinien läßt sich ein verbindlicher Handlungsauftrag an die nationalen Gesetzgeber entnehmen, binnen einer in der Regel vorgegebenen Frist die Zielvorgaben der Richtlinien in nationales Recht zu transformieren. Sofern innerstaatliches Recht dabei mit dem Recht der Gemeinschaft kollidiert, kommt dem EG-Recht ein Anwendungsvorrang zu; bei EG-Richtlinien jedoch nur insofern, als diese unmittelbare Wirkung entfalten.[1095]

2. Umsetzungskompetenz und EG-Richtlinien aus dem Anwendungsbereich des Art. 75 GG

EG-Richtlinien, die Bereiche ausschließlicher Gesetzgebungskompetenzen der Länder berühren, sind analog Art. 30, 70 ff. GG von den Ländern umzuset-

---

[1094] *Wettach*, Ländergesetzgebung in der Bundesrepublik Deutschland, Diss. Münster 1994; *Oebbecke*, „Die unsichtbare Hand in der Ländergesetzgebung – Zur Praxis und Theorie dezentraler Normsetzung", Staatswissenschaften und Staatspraxis 1997, S. 461 ff.

[1095] *Epping*, Jura 1995, S. 449 ff.; *Dänzer-Vanotti*, DB 1994, S. 1052 ff.

zen.[1096] Als problematisch hat sich die Kompetenzverteilungsfrage bei solchen Richtlinien herausgestellt, die innerstaatlich dem Anwendungsbereich des Art. 75 GG unterfallen. Die derzeitige Gesetzgebungspraxis verfährt hier ähnlich wie bei rein innerstaatlich geprägten Sachverhalten. Danach bestimmt der Bund im Zuge seiner Transformationsmaßnahme zunächst einen gesetzlichen Rahmen, anschließend handeln die Länder, indem sie sowohl das Bundesrecht ausfüllen als auch die weitergehenden Vorgaben der jeweiligen Richtlinie transformieren. Diese Methode ist mühsam und birgt die Gefahr, daß Umsetzungsfristen mißachtet sowie Zwangsgelder riskiert werden.[1097] Die gesetzeskonforme Lösung lautet: Die Umsetzung von EG-Richtlinien aus dem Anwendungsbereich des Art. 75 GG ist grundsätzlich Ländersache. Dies folgt zum einen aus der Rechtsnatur der Richtlinie, ihrerseits „Rahmenrecht" zu setzen, welches regelmäßig keiner Umsetzung in weiteres (Bundes)Rahmenrecht bedarf, zum anderen aus einer an Sinn und Zweck des Art. 75 GG orientierten Verfassungsinterpretation unter Berücksichtigung des historischen Willens des Reformgesetzgebers von 1994.[1098] Die in der Gesetzgebungspraxis derzeit noch bestehenden Unsicherheiten bei der Umsetzung von EG-Richtlinien aus dem Anwendungsbereich des Art. 75 GG sollten damit künftig vermeidbar sein.

3. Umsetzungspflicht und Ersatzvornahmekompetenz

Neben das Recht zur Umsetzung tritt die Pflicht der Länder, diese auch tatsächlich vorzunehmen. Entgegen der bislang h. M. folgt diese Pflicht nicht unmittelbar aus dem Gemeinschaftsrecht, sondern allein aus dem Verfassungsgrundsatz der Bundestreue.[1099] Eine Ersatzvornahmekompetenz des Bundes nach Art.

[1096] *A. Weber*, DVBl. 1986, S. 800 (802) ff.; *Trüe*, EuR 1996, S. 179 (190) ff.; *Rengeling*, DVBl. 1995, S. 945 (950) ff.; *Kössinger*, Die Durchführung des Europäischen Gemeinschaftsrechts im Bundesstaat, S. 46.

[1097] Die Verpflichtung zu Zwangsgeldzahlungen ist nicht nur theoretischer Natur, wie das Beispiel der Richtlinien 75/440/EWG und 79/869/EWG gezeigt hat. Hier hatte die EU-Kommission bereits einen Antrag nach Art. 228 Abs. 2 EG beim EuGH eingereicht; vgl. oben 4. Teil / 1. Kap. / VIII / 3a) / cc).

[1098] Ausführlich zur Verfassungsreform von 1994 *Sommermann*, Jura 1995, S. 393 (397) ff.; *Rybak/Hofmann*, NVwZ 1995, S. 230 ff. sowie oben 2. Teil / II / 3b).

[1099] *Trüe*, EuR 1996, S. 179 (192) ff.; *Schweitzer*, ZG 1992, S. 128 (130) ff.; *Rengeling*, DVBl. 1995, S. 945 (950) ff; *Blanke*, Föderalismus und Integrationsgewalt, S. 42; *Papier*, in: Magiera (Hrsg.), Das Europa der Bürger in einer Gemeinschaft ohne Binnengrenzen, S. 27 (34) ff.

37 GG ist rechtlich zulässig und künftig nicht ausgeschlossen, momentan aber eher von theoretischer Bedeutung.[1100]

4. Ergebnis:

Die EG-Richtlinie ist nicht nur für die Bundesrepublik Deutschland als Gesamtstaat, sondern auch für die Gesetzgeber in den Ländern, von außerordentlicher rechtlicher Relevanz. Mit der zunehmenden „Europäisierung" des gesamten politischen Lebens wird der bereits heute große Einfluß sekundären Gemeinschaftsrechts in den Ländern künftig noch an Bedeutung gewinnen.[1101]

III. Voraussetzungen ordnungsgemäßer Umsetzung von EG-Richtlinien durch die Länder

1. Rechtsform der Umsetzung und allgemeine Grundsätze

Den Ländern steht die Wahl der Formen und Mittel ihrer Umsetzung prinzipiell frei (Art. 249 Abs. 3 EG). Eine richtlinienkonforme Verwaltungspraxis kann jedoch in keinem Fall als ordnungsgemäße Transformation bezeichnet werden.[1102] EG-Richtlinien mit drittschützendem Charakter bedürfen der Umsetzung durch materielles Gesetz. Aus diesem Grunde scheiden normkonkretisierende Verwaltungsvorschriften zwar nicht kategorisch, doch aber in aller Regel als mögliche Umsetzungsform aus. Daß die Umsetzungsmaßnahme überdies allgemeinen rechtsstaatlichen Prinzipien genügen muß, ist selbstverständlich.

[1100] Neben der Voraussetzung einer dauerhaften und willkürlichen Weigerung der Länder, die Richtlinientransformation zu betreiben, wäre ein Rückgriff auf Art. 37 GG zudem ultima ratio.

[1101] Zur „Europäisierung" des nationalen Verwaltungsrechts siehe *Kadelbach*, Allgemeines Verwaltungsrecht unter europäischem Einfluß, 1999; *Oebbecke*, Die europäische Integration und die Organisation der Verwaltung, in: FS Heymanns, 1995, S. 607 ff.; *Suerbaum*, Die Kompetenzverteilung beim Verwaltungsvollzug des Europäischen Gemeinschaftsrechts in Deutschland, Diss. Bochum 1996/97; *Schwarze*, in: Schwarze (Hrsg.), Das Verwaltungsrecht unter europäischem Einfluß, S. 123 ff.; *Herdegen*, Europarecht, 2. Auflage 1999, Rdnr. 255.

[1102] *Kadelbach*, Allgemeines Verwaltungsrecht unter europäischem Einfluß, S. 313; *Wägenbaur*, ZG 1988, S. 303 (310/311) ff.; *Langenfeld/Schlemmer-Schulte*, EuZW 1991, S. 622 (624) ff.; *Hoppe/Otting*, NuR 1998, S. 61 ff.; *Gellermann*, Beeinflussung des bundesdeutschen Rechts durch Richtlinien der EG, Diss. Osnabrück 1993/94, S. 30.

Diese Pflicht folgt schon aus nationalem Verfassungsrecht und wird bestätigt durch das Recht der EG.[1103]

2. Grundsatz der praktischen Wirksamkeit

Aus Art. 10 EG resultiert für die zuständigen Hoheitsträger der Mitgliedstaaten die Pflicht, dem EG-Recht die bestmögliche innerstaatliche Wirkung zu verschaffen (»effet utile«). Damit ist nicht jede Umsetzung, sondern nur die mit der größtmöglichen Effektivität, formell und materiell einwandfrei.[1104] Eine Verpflichtung, EG-Richtlinien wörtlich in das nationale Recht zu integrieren, kann hieraus aber, entgegen anders lautender Stimmen in der Literatur,[1105] nicht abgeleitet werden.[1106]

3. „Nichtdiskriminierungsgrundsatz" und Fristwahrung

Entsprechend dem in höchstrichterlicher Rechtsfortbildung entwickelten „Nichtdiskriminierungsgrundsatz" muß jede Umsetzungsnorm der bislang für diesen Bereich geltenden nationalen Rechtsnorm zumindest ranggleich sein.[1107] Auch die Einhaltung der Umsetzungsfristen ist Teil einer ordnungsgemäßen Richtlinientransformation.[1108]

[1103] *Trüe*, EuR 1996, S. 179 (182) ff.; *Kadelbach*, Allgemeines Verwaltungsrecht unter europäischem Einfluß, S. 296.

[1104] *Vedder*, EWS 1991, S. 293 (294) ff.; *Gellermann/Szczekalla*, NuR 1993, S. 54 (55) ff.; zum Prinzip des »effet utile« bei der Umsetzung von EG-Richtlinien vgl. *Wägenbaur*, ZG 1988, S. 303 (314) ff.; *Pernice*, EuR 1994, S. 325 (329) ff.; *Schmidt am Busch*, DÖV 1999, S. 581 (583) ff.. Zur Bedeutung gemeinschaftsrechtlicher Prinzipien für die Mitgliedstaaten siehe *Kadelbach*, Allgemeines Verwaltungsrecht unter europäischem Einfluß, S. 108 ff.

[1105] Vgl. *Bleckmann*, in: Bleckmann, Europarecht, 6. Auflage 1997, Rdnr. 441; ähnlich *Oppermann*, Europarecht, 2. Auflage 1999, Rdnr. 552.

[1106] So auch *Pernice*, EuR 1994, S. 325 (336) ff.; *Hilf*, EuR 1993, S. 1 (13) ff.; allgemein *Gellermann/Szczekalla*, NuR 1993, S. 54 (58) ff. m. w. N.

[1107] *Gellermann/Szczekalla*, NuR 1993, S. 54 (56) ff.; *Winter*, NuR 1992, S. 21 (22) ff.; *Pernice*, EuR 1994, S. 325 (333) ff.; *Wägenbaur*, ZG 1988, S. 303 (315) ff.; *Kadelbach*, Allgemeines Verwaltungsrecht unter europäischem Einfluß, S. 144; *Beyerlin*, EuR 1987, S. 126 (135) ff.; *Oppermann*, Europarecht, 2. Auflage 1999, Rdnr. 552.

[1108] *Breuer*, WiVerw 1990, S. 79 (115) ff.; *Scherzberg*, Jura 1992, S. 572 (576) ff.

4. Richtlinien mit „Regel-Ausnahme-Charakter" und dynamische Verweisungsnormen

EG-Richtlinien mit sog. Regel-Ausnahme-Charakter[1109] zwingen die Länder nicht zu einer einheitlichen Vorgehensweise bei der Umsetzung. Denn die Länder sind zwar verpflichtet, bei der Umsetzung die Vorgaben der jeweiligen Richtlinie sowie höherrangiges Recht zu beachten. Eine Transformationsnorm, die diesen Kriterien entspricht, ist aber auch dann ordnungsgemäß, wenn sie mit den Vorschriften anderer Länder nicht in jeder Hinsicht identisch sein sollte.[1110] Der bei der Richtlinientransformation häufig zu verzeichnende Rückgriff auf dynamische Verweisungsnormen ist im übrigen sowohl verfassungsrechtlich als auch aus der Perspektive des EG-Rechts zulässig. Aus Gründen einer anwenderfreundlichen, praktikablen Umsetzung sollte von diesem Mittel jedoch nur begrenzt Gebrauch gemacht werden.

IV. Fristversäumnisse und deren Gründe[1111]

Die Untersuchung hat gezeigt, daß die Umsetzung von EG-Richtlinien in den Ländern seit einigen Jahren einer positiven Entwicklung folgt, hin zu einem beschleunigten und gewissenhaften Vorgehen. Dabei wäre es sicher falsch, dies allein auf die seit „Maastricht" bestehende Möglichkeit des EuGH zurückzuführen, mitgliedstaatliches Fehlverhalten mit hohen Zwangsgeldern zu sanktionieren. Dem steht schon entgegen, daß selbst bis zu einer solchen Zwangsgeldfestsetzung in aller Regel viele Jahre seit Fristablauf vergehen.[1112] Vielmehr herrscht mittlerweile Einigkeit, daß jedenfalls inhaltlich unbedingten EG-Richtlinien nach Fristablauf Vorrang vor dem nationalen Recht zukommen kann und der Umsetzungsauftrag daher ernsthaft zu betreiben ist. Allerdings – auch dies ist ein Ergebnis der Untersuchung – dauert es nach wie vor sehr lange, bis tatsächlich *alle* Länder ihr nationales Recht an die Zielvorgaben einer Richtlinie angepaßt haben.[1113] Da die Gründe für die Schwierigkeiten, Umsetzungsfristen einzuhalten, nicht auf einer ablehnenden Haltung der Länder ggü. den gemein-

---

[1109] Hierunter werden Richtlinien verstanden, die den Mitgliedstaaten mehrere Alternativlösungen für die Umsetzung bieten; vgl. *Schmidt am Busch*, DÖV 1999, S. 581 ff.

[1110] A. A. *Schmidt am Busch*, DÖV 1999, S. 581 ff.

[1111] Ausführlich oben 4. Teil / 1. Kap. / XV.

[1112] So im Fall der Oberflächengewässerrichtlinie 75/440/EWG. Vgl. oben 4. Teil / 1. Kap. / VIII / 3a) / cc).

[1113] Dies deutete sich im Bereich des Wasserrechts an und wurde im Bildungsrecht bestätigt. Wann schließlich das letzte Land seiner Pflicht zur Umsetzung der EG-Datenschutzrichtlinie entsprochen haben wird, bleibt heute, da erst wenige Länder gehandelt haben, noch abzuwarten.

schaftsrechtlichen Legislativakten beruhen, müssen andere Faktoren ausschlaggebend sein:
Gesetzgebung ist ein mühsames und langwieriges Geschäft;[1114] erst recht, wenn ein föderales Staatssystem das Handeln verschiedener Gesetzgeber erfordert und der Landesgesetzgeber seine Maßnahmen an denen des Bundes zu orientieren hat.[1115] Treten dann noch kurze Umsetzungsfristen hinzu, ist eine fristgemäße und einwandfreie Umsetzung fast unmöglich.[1116] Weitere Verzögerungsgründe ergeben sich aus den häufig erst in Einklang zu bringenden Eigenarten des europäischen und des innerstaatlichen Rechtssystems.[1117] Darüber hinaus bestehen z. T. Schwierigkeiten, den Anwendungsbereich einer Richtlinie konkret zu definieren.[1118] Und existieren diese vorgenannten Probleme einmal nicht, ist zu beobachten, daß in Deutschland ein offenbar großes Bedürfnis vorhanden ist, die Richtlinienumsetzung fast übertrieben gründlich zu betreiben;[1119] weitere Zeitverzögerungen im Gesetzgebungsverfahren sind die Konsequenz. Darüber hinaus kommt es vor, daß eine Umsetzung mit der Begründung unterbleibt, eine EG-Richtlinie befände sich z. Zt. in der Fortschreibung auf Gemeinschaftsebene. Man wolle deshalb zunächst versuchen, das umsetzungspflichtige Recht zu sammeln, um auf diese Weise überflüssige Gesetzgebungsarbeit zu vermeiden.[1120] Schließlich können Regierungswechsel und Regie-

---

[1114] *Wettach*, Ländergesetzgebung in der Bundesrepublik Deutschland, Diss. Münster 1994, S. 307.

[1115] Diese Situation zeigte sich z. B. bei der Umsetzung der RL 89/48/EWG oder im Bereich des Wasserrechts. Darüber hinaus ist zu beachten, daß immer dann, wenn eine Richtlinienumsetzung sowohl vom Bundesgesetzgeber als auch von den Ländern wahrzunehmen ist, die Landesgesetzgeber zunächst das Handeln des Bundes abwarten, da die Gefahr evtl. Widersprüche des Landesrechts zum Bundesrecht regelmäßig von den Ländern zu tragen ist.

[1116] In aller Regel betragen die Umsetzungsfristen zwischen zwei und drei Jahren, und zwar unabhängig von dem Umfang der umzusetzenden Materie bzw. des im Einzelfall erforderlichen Abstimmungsbedarfs mit bestehendem nationalen Recht.

[1117] Vgl. das Beispiel „Wasserrecht". Aktuell zeigt sich diese Problematik im Fall der IVU-Richtlinie 96/61/EG. Hier war, unabhängig von dem gescheiterten Versuch einer Gesamtkodifikation „Umweltrecht", eine ordnungsgemäße und systemkonforme Umsetzung in der vorgegebenen Zeit völlig ausgeschlossen; vgl. oben 4. Teil / 2. Kap. / III.

[1118] So etwa im Fall der RL 92/51/EWG über eine zweite allgemeine Regelung zur Anerkennung beruflicher Befähigungsnachweise.

[1119] Mit der Folge, daß von Richtlinien nicht aufgeworfene Grundsatzfragen problematisiert und vor einer abschließenden Regelung zunächst zeitaufwendig geklärt werden müssen. Auf diese Weise ist in manchem Umsetzungsgesetz schon deutlich mehr normiert worden, als dies die jeweilige Richtlinie vorsah. In der Literatur wird diese Vorgehensweise überwiegend als „Draufsatteln" bezeichnet. Vgl. *Winkel*, ZG 1997, S. 113 (118 und 122) ff.; *Wasielewski*, NVwZ 2000, S. 15 (21). Kritisch ggü. dieser Art der Gesetzgebung *Herzog*, NJW 1999, S. 25 ff.

[1120] Dies entsprach lange Jahre der Auffassung vieler Länder bei der Umsetzung der Badegewässerrichtlinie 76/160/EWG. Nachdem der EuGH mit Urteil vom 08.06.1999 die Umsetrungsumbildungen bzw. der Ablauf der Legislaturperiode während eines laufenden Gesetzgebungsverfahren zu weiteren Fristversäumnissen bei einer Richtlinienumsetzung führen.[1121] Insgesamt ist unbestritten, daß die Landesgesetzgeber große Schwierigkeiten haben, die Umsetzungsfristen sekundären EG-Rechts einzuhalten.[1122]

V. Umsetzungstechnik

Die Arbeit hat gezeigt, daß eine Umsetzung von EG-Richtlinien uneingeschränkt durch Gesetz im materiellen Sinne und ausnahmsweise auch durch normkonkretisierende Verwaltungsvorschriften erfolgen kann. Interessant ist daher die Frage, ob ein Fazit möglich ist, welche der dem Gesetzgeber bei der Wahl der Rechtsform eröffneten Alternativen die effektivste ist, ohne daß hierdurch materielle Anforderungen einer Richtlinie bei der Umsetzung vernachlässigt würden.

Abgesehen davon, daß bereits die Verschiedenartigkeit der Rechtsgebiete, die von EG-Richtlinien beeinflußt werden, abschließende Aussagen über „die" bestmögliche Umsetzungsform verbieten dürften, scheitert eine entsprechende Quintessenz letztlich auch an nationalen Kompetenzfragen sowie an zwingendem Gemeinschaftsrecht. Zunächst läßt sich nicht pauschal behaupten, eine zweckmäßige Umsetzung erfolge stets durch Rechtsverordnung. Diese Ansicht würde verkennen, daß auf einem von EG-Recht betroffenen Rechtsgebiet vor der Umsetzung bereits eine entsprechende Verordnungsermächtigung in der nationalen Rechtsordnung verankert sein müßte. Andernfalls, also wenn eine solche Ermächtigungsgrundlage im konkreten Fall noch Gesetz werden müßte, würde sich eine Umsetzung allein aus diesem Grunde verzögern. Damit wären Fristversäumnisse zwar nicht zwangsläufig, in der gegenwärtigen Praxis der Transformationsgesetzgebung aber höchst wahrscheinlich vorprogrammiert.[1123] Allein wegen der zwingenden Notwendigkeit einer Verordnungsermächtigung i. S. d. Art. 80 Abs. 2 GG ist die RVO daher nicht immer die beste Lösung. In der Literatur wird weiter vorgeschlagen, die Umsetzung konsequent an der einzu-

---

zungssituation in der BRD im Falle der Badegewässerrichtlinie mißbilligt hat, werden jetzt auch die noch säumigen Länder die Umsetzung betreiben müssen.

1121 Vgl. *Döbrich/Jeuthe*, RdJB 1992, S. 537 (540) ff.

1122 Daneben treten weitere Verzögerungsfaktoren, etwa die zeitaufwendige sektorale Vorgehensweise bei der Umsetzung der RL 89/48/EWG oder der jahrelange Irrglaube, mittels Verwaltungsvorschriften der Umsetzungspflicht im Bereich des Wasserrechts zu genügen.

1123 Siehe das Beispiel „Wasserrecht", wo die Länder vor der Umsetzung der EG-Wasserrichtlinien durch RVO zunächst entsprechende Verordnungsermächtigungen in ihre Landeswassergesetze integrieren mußten. Hierzu oben im 4. Teil / 1. Kap. / XV / 6b).

haltenden Umsetzungsfrist auszurichten und eine EG-Richtlinie stets wörtlich in ein nationales Gesetz zu übertragen.[1124] Selbst wenn eine solche Vorgehensweise das Fristenproblem bei der Umsetzung aber beheben könnte, ist doch unwahrscheinlich, ob hierdurch kategorisch eine effektive Umsetzung im Sinne der praktischen Wirksamkeit des EG-Rechts garantiert wäre. Denn eine wortgleiche Umsetzung[1125] mag den Gesetzgebungsprozeß beschleunigen; eine Anwendungsfähigkeit der Transformationsnorm ist hierdurch noch nicht garantiert.[1126] Allerdings birgt auch der gegenteilige (Extrem)Fall Risiken. Wird eine Richtlinie nämlich durch Ergänzungen, Abstimmungen und Modifizierungen bestehender nationaler Vorschriften umgesetzt, dann werden zwar die potentiellen Vollzugsdefizite minimiert,[1127] was bleibt sind aber wieder die Probleme der praktischen Wirksamkeit und der Fristwahrung.[1128] Ferner verbietet sich eine exklusive Befürwortung einer bestimmten Umsetzungmethode aus Gründen zwingenden Rechts. Erinnert sei nur an das Gebot der rangwahrenden Umsetzung[1129] und an die vom BVerfG aufgestellte „Wesentlichkeitstheorie".[1130] Die Umsetzung mittels dynamischer Verweisungsnorm mag sinnvoll bei Richtlinien mit hinreichend bestimmten Inhalten sein; im übrigen ist dieses Mittel jedoch äußerst vollzugshemmend und daher restriktiv zu gebrauchen, selbst wenn auf diese Weise Umsetzungsfristen leichter zu erfüllen sind.

Es steht fest: Eine in jeder Hinsicht optimale Lösung bei der Wahl der Formen und Mittel zur Umsetzung von EG-Richtlinien gibt es nicht. Der Gesetzgeber wird auch künftig mit Blick auf den Einzelfall und das jeweils betroffene Rechtsgebiet seine Entscheidung treffen müssen. Läßt die Rechtsordnung dies zu, ist stets die Rechtsverordnung als ein Umsetzungsmittel in Betracht zu ziehen, da sie - besonders im Hinblick auf eine effektive und möglichst fristwahrende Umsetzung - gute Resultate ermöglicht.[1131] Wenn überdies die Umsetzung

---

[1124] *Reinhardt*, DÖV 1992, S. 102 (109) ff.; *Bleckmann*, in: Bleckmann, Europarecht, 6. Auflage 1997, Rdnr. 441.

[1125] Diese Umsetzungsform wird in der Literatur bisweilen auch als 1:1 Umsetzung bezeichnet. Vgl. *Wasielewski*, NVwZ 2000, S. 15 (21) ff.

[1126] Und zwar wegen einer bei dieser Vorgehensweise regelmäßig fehlenden Abstimmung mit der bestehenden Rechtslage. Unsicherheiten und Vollzugsmängel innerhalb der Verwaltungspraxis dürften die Folge sein. Näher hierzu *Engelsberger*, Der Vollzug europarechtlicher Vorschriften auf dem Gebiet des Umweltschutzes, Diss. Bayreuth 1996/97.

[1127] Denn die den Praktikern vertrauten Kategorien des nationalen Rechts werden wenig verändert.

[1128] Dies belegen die Untersuchungen im 4. Teil, dort besonders im 2. und 3. Kapitel.

[1129] In der herrschenden Literatur bezeichnet als „Nichtdiskriminierungsgrundsatz". Ausführlich oben im 3. Teil / I / 2.

[1130] Hierzu oben 3. Teil / II / 2b.

[1131] Immerhin bietet die Rechtsverordnung ein hohes Maß an Flexibilität, um zügig und unmittelbar auf rechtliche und tatsächliche Änderungen zu reagieren. Außerdem verfügt der Verordnungsgeber ggü. dem Parlamentarier schon wegen seiner größeren Sachnähe regelöfter auf die praktisch geeignetste Lösung reduziert würde, anstatt „den Bohrer bevorzugt an der dicksten Stelle des Brettes anzusetzen“,[1132] bestünde weiter die Chance, daß es bald nicht mehr schlechter deutscher Tradition entspräche, Richtlinien der EG zum Teil fehlerhaft, vor allen Dingen aber deutlich verspätet umzusetzen.[1133] Dies ist kein Plädoyer für eine oberflächliche, sondern vielmehr für eine effektive Umsetzung. Dennoch: Bei aller Kritik darf nicht übersehen werden, daß sich die Landesgesetzgebung zur Umsetzung von Gemeinschaftsrecht seit einiger Zeit auf einem positiven Weg befindet. Neben der zunehmenden Akzeptanz der EG ist ohne Zweifel maßgeblich, daß gerade in der jüngeren Transformationsgesetzgebung ein deutlicher Zuwachs an Kooperation unter den Ländern zu verzeichnen ist. Dies hat die vorliegende Arbeit bestätigt.[1134]

VI. Die Umsetzung von EG-Richtlinien in der Praxis der Ländergesetzgebung

Die Untersuchung hat gezeigt, daß sich die Landesgesetzgebung erst mit Beginn der neunziger Jahre verstärkt der Umsetzung von EG-Richtlinien zugewandt hat, obwohl zu diesem Zeitpunkt bereits die Umsetzungsfristen einiger Richtlinien verstrichen waren.[1135] Die Ursachen dieses späten Einsetzens länderspezifischer Umsetzung haben sich dabei in der Analyse als durchaus vielschichtig herausgestellt. Selten war es gesetzgeberische Nachlässigkeit, die zu einer Verzögerung der Umsetzung oder dazu geführt hat, daß eine Richtlinie auf absehbare Zeit überhaupt nicht transformiert wurde.[1136] Die Schwierigkeiten gründeten vielmehr in nationalem Verfassungsrecht[1137] oder hatten ihren Ur-

---

mäßig über die höhere Sachkompetenz. Vgl. auch *Kadelbach*, Allgemeines Verwaltungsrecht unter europäischem Einfluß, S. 314.

[1132] *Wasielewski*, NVwZ 2000, S. 15 ff.

[1133] So *Wasielewski*, NVwZ 2000, S. 15 ff.

[1134] Zusammenfassend unten VI / 2.

[1135] Erinnert sei wiederum an das Kapitel „Wasserrecht“, wo die Umsetzungsfristen der untersuchten Richtlinien um bis zu zwanzig Jahre überschritten wurden. Eingehalten wurden die Umsetzungsfristen von den Ländern nur selten, etwa im Fall der RL 94/80/EG über ein kommunales Ausländerwahlrecht, im Freistaat Bayern bei der Umsetzung der RL 91/271/EWG über die Behandlung von kommunalem Abwasser oder in der Hansestadt Hamburg hinsichtlich der RL 89/48/EWG für den Lehrerberuf.

[1136] Als Beispiel für Nachlässigkeit sei der Fall der RL 77/486/EWG über die schulische Betreuung der Kinder von Wanderarbeitnehmern genannt. Diese Richtlinie war anscheinend nur in Rheinland-Pfalz bekannt.

[1137] Gedacht sei an die verfassungsrechtlich begrenzte Möglichkeit zur Umsetzung von EG-Richtlinien durch Rechtsverordnung, an die z. T. bestehenden Widersprüche zwischen dem europäischen und dem nationalen Rechtssystem oder an die föderale Staatsform der BRD. Speziell was den letzten Aspekt betrifft, sei erinnert an das häufig zu beobachtende Verhalten der Landesgesetzgeber, EG-Richtlinien, die auch vom Bund umzusetzen sind, erst

sprung bereits auf der Ebene der europäischen Gesetzgebung.[1138] Und auch wenn die Landesgesetzgebung mittlerweile einen beachtlichen Umsetzungsstand erreicht hat,[1139] besteht zumindest im Bereich des Datenschutzrechts und in Teilen des Umweltrechts nach wie vor Handlungsbedarf, längst fällige EG-Richtlinien umzusetzen. Dennoch haben die Länder ersichtlich aus der europäischen Entwicklung sowie aus der Rechtsprechung des EuGH die für sie notwendigen Konsequenzen gezogen:[1140] Auf Entscheidungen des EuGH wird zügig und angemessen reagiert[1141], Rügen des geltenden Rechts werden anstandslos behoben und die Umsetzung von EG-Richtlinien insgesamt forciert.

1. Die einzelnen Rechtsgebiete

a) Das Wasserrecht

Im Bereich des Wasserrechts ist die Umsetzung fast vollständig beendet. Allein im Fall der Badegewässer- und der Nitratrichtlinie besteht in einigen Ländern noch Handlungsbedarf.[1142] Materiell entsprechen die getroffenen Regelungen den Vorgaben der jeweiligen Richtlinie. Da die Abweichungen in den einzelnen Landesverordnungen zur Umsetzung des EG-Wasserrechts eher marginaler Natur sind, können die Umsetzungsmaßnahmen in diesem Bereich durchaus als

---

im Anschluß an den Bundesgesetzgeber in das jeweilige Landesrecht zu integrieren. Nur auf diese Weise kann der Landesgesetzgeber die Gefahr einer Kollision seines Rechts mit dem des Bundes minimieren; allerdings mit der fast zwangsläufigen Konsequenz, die Umsetzungsfristen zu überschreiten, zumal schon der Bundesgesetzgeber nur selten in der Lage ist, die gesetzten Fristen der jeweiligen Richtlinie einzuhalten.

[1138] Knappe Umsetzungsfristen, unbestimmte Richtlinienanforderungen oder der zügige Erlaß von Änderungs- bzw. Folgerichtlinien sind nur einige Beispiele der von der Gemeinschaft selbst verursachten Barrieren ordnungsgemäßer Richtlinientransformation.

[1139] Ähnlich die Einschätzung der EU-Kommission, vgl. die Mitteilung in NJW 1999, Heft 34, S. XLV.

[1140] Hierzu gehört, daß bei drohendem Vertragsverletzungsverfahren eine Umsetzung auch auf das notwendige Maß begrenzt sein kann. Diesen Weg hat Baden-Württemberg bei der Umsetzung der EG-Datenschutzrichtlinie beschritten und einige der noch säumigen Länder werden diesem Beispiel folgen. Bei der bevorstehenden Implementation der IVU- und der UVP-Änderungsrichtlinie dürfte eine vergleichbare Vorgehensweise der „minimalen Umsetzung“ zu erwarten sein.

[1141] Dabei mag das Damoklesschwert des Art. 228 Abs. 2 EG unbestritten auch seinen Beitrag leisten.

[1142] Jedoch ist hier damit zu rechnen, daß die noch säumigen Länder bald handeln werden. Dies liegt im Fall der Badegewässerrichtlinie an der im Juni 1999 durch den EuGH festgestellten Vertragsverletzung der BRD und im Fall der Nitratrichtlinie an einem eingeleiteten Verfahren durch die Kommission.

textgleich bezeichnet werden. Grund hierfür sind einmal die äußerst detaillierten Richtlinienvorgaben, daneben aber auch die weitreichenden Absprachen, die in diesem Bereich unter den Ländern stattgefunden haben. Sofern in der Literatur noch die Auffassung vertreten wird, die Umsetzung der EG-Wasserrichtlinien sei allein Sache des Bundes, steht dem spätestens mit der Verfassungsreform von 1994 nun auch der eindeutige Wortlaut des Art. 75 GG n. F. entgegen.

b) Weitere Bereiche des Umweltrechts

aa) Umweltverträglichkeitsprüfung (UVP)

In den weiteren Bereichen des Umweltrechts ist die Umsetzung noch nicht abgeschlossen. So haben die UVP-Richtlinie ordnungsgemäß nur fünf der Länder implementiert, während sich die übrigen auf den Erlaß verwaltungsinterner Anweisungen bzw. auf die Einrichtung der federführenden Behörde beschränkt haben. Und selbst wenn die fehlende Umsetzung der UVP-Richtlinie in den meisten Ländern wegen des bestehenden Bundesrechts keine erheblichen Auswirkungen auf die Rechtspraxis nimmt, rechtfertigt dies nicht, die erforderliche Umsetzung durch Rechtssatz zu unterlassen. Insofern ist dem BVerwG in seiner Ansicht zuzustimmen, daß es mit der Konzeption der UVP-RL kaum zu vereinbaren sei, wenn der zur Umsetzung berufene Landesgesetzgeber gänzlich untätig bliebe.[1143]

bb) Umweltinformationsrichtlinie (UIR)

Bei der UIR gibt es bis heute in keinem Land eine korrekte Umsetzungsmaßnahme. Auch die verfassungsrechtlichen Informationszugangsrechte, wie sie sich in den Landesverfassungen der „neuen" Länder finden, können alleine noch nicht als adäquate Transformation bezeichnet werden. Lediglich in Brandenburg ist mit § 67 BbgNatSchG eine im Ansatz zufriedenstellende Regelung vorhanden, die jedoch nicht alle umsetzungsbedürftigen Bereiche der Richtlinie erfaßt. Landesumweltinformationsgesetze existieren in keinem Land.

[1143] Vgl. *BVerwG*, Beschluß v. 30. 8. 1995 – 4 B 185/95, NuR 1996, S. 198 ff.

cc) Integrierte Vermeidung und Verminderung der Umweltverschmutzung (IVU)

Die IVU-RL ist in der BRD überhaupt noch nicht implementiert. Eine zunächst im Zuge einer Gesamtkodifiktion „Umweltrecht" vorgesehene Umsetzung wird es in absehbarer Zeit nicht geben. Tatsache ist, daß die dreijährige Umsetzungsfrist der IVU-RL von keinem Mitgliedstaat eingehalten werden konnte und wegen des integrativen Ansatzes der Richtlinie auch völlig illusorisch war.[1144] Eine vollständige Umsetzung der IVU-RL wird in Deutschland noch Jahre in Anspruch nehmen und sowohl den Bundesgesetzgeber als auch die Landesparlamente beschäftigen.[1145]

c) Die Bildungspolitik

Im Bildungsbereich war die EG zuständig, die in dieser Arbeit dargestellten Richtlinien zu erlassen. Die Umsetzung in den Ländern ist weitgehend abgeschlossen und überwiegend positiv ausgefallen. Allein der gegenwärtige Stand der Umsetzung bei der RL 77/486/EWG über die schulische Betreuung der Kinder von Wanderarbeitnehmern trübt das gute Gesamtbild.[1146]

Im Bereich der Anerkennungsrichtlinien verständigten sich die Länder auf eine im wesentlichen einheitliche Vorgehensweise. Daher verwundern weder die nahezu identischen Regelungen im Ingenieurwesen noch die auf einen entsprechenden KMK-Beschluß zurückgehende Umsetzung bei der Anerkennung ausländischer Diplome von Lehrerinnen und Lehrern. Bei der Anpassung der Laufbahnvorschriften für die Laufbahnbeamten/innen warteten die Länder zunächst fast vollständig die Änderungen durch den Bundesgesetzgeber ab, bevor sie die eigene Umsetzung durchführten. Diese Vorgehensweise ist unter dem Aspekt

---

1144 Dieser Einwand zu kurzer Umsetzungsfristen findet vor dem EuGH jedoch kein Gehör, wie die BRD zuletzt im Rechtsstreit „Dillenkoffer u. a." („MP Travel Line") erfahren mußte. Vgl. *EuGH*, Urt. v. 8.10.1996, verb. Rs. C-178/94 u. a. (*„Dillenkoffer u. a. ./. Bundesrepublik Deutschland"*), NJW 1996, S. 3141 (3144) (*„MP Travel Line"*).

1145 Einen Überblick verschafft *Rengeling*, Gesetzgebungskompetenzen für den integrierten Umweltschutz: die Umsetzung inter- und supranationalen Umweltrechts und die Gesetzgebungskompetenz nach dem Grundgesetz, Schriften zum europäischen Umweltrecht 1999.

1146 Hier hat lediglich Rheinland-Pfalz die Umsetzung vorgenommen und auch dort blieb die Maßnahme, zumindest formell, hinter den europäischen Anforderungen zurück. Daß die fehlende Umsetzung in den übrigen Ländern offensichtlich auf mangelnde Kenntnis der Richtlinie zurückzuführen ist, verwahrt die Länder zwar vor dem Vorwurf, die Richtlinie bewußt zu mißachten, eine Entschuldigung ist dies aber keineswegs.

ökonomischer Arbeitsweise nachvollziehbar und wegen der sonst bestehenden Kollisionsgefahr mit dem Bundesrecht auch verfassungsrechtlich sinnvoll.[1147] Mit der Vereinbarung der Länder, im Zuge der Anerkennung ausländischer Lehramtsausbildungen auch eine Regelung über die Anerkennung der in einem anderen Bundesland absolvierten Befähigungen zu treffen, kam dem sekundären Gemeinschaftsrecht „Antriebsfunktion" hinsichtlich der Beseitigung innerdeutscher Hindernisse für die berufliche Freizügigkeit der Lehrer/innen zu.[1148] Das EG-Recht hat damit neben der Freizügigkeit für Unionsbürger auch die gegenseitige Anerkennung geltenden Rechts unter den Ländern gefördert.

Schwierigkeiten bei der Umsetzung der Architektenrichtlinie bestanden keine. Die Hürden, die es im Vorfeld der Richtlinie, auch wegen der dualen Studienmöglichkeit an deutschen Fachhochschulen einerseits und Hochschulen andererseits, zu überwinden galt, wurden bereits auf europäischer Ebene gelöst.

Die Umsetzung der RL 86/457/EWG über eine spezifische Ausbildung in der Allgemeinmedizin ist in den Ländern abgeschlossen; die Anpassung an die Änderungsrichtlinie 93/16/EWG haben bislang nur Schleswig-Holstein, Sachsen und Sachsen-Anhalt vorgenommen. Es besteht somit noch Handlungsbedarf, dem in naher Zukunft entsprochen werden dürfte.

Die Umsetzung der RL 92/51/EWG ist in absehbarer Zeit nicht zu erwarten. Diesbezüglich bestehen in den Ländern erhebliche Schwierigkeiten, die von dem Anwendungsbereich der Richtlinie erfaßten Berufsgruppen zu bestimmen. Nach einhelliger Ländermeinung hilft hier nur die Bekanntgabe einer „europäischen Entsprechungsliste" weiter.

d) Der Rundfunk

Bei der Fernsehrichtlinie 89/552/EWG besaß die EG eine Richtlinienkompetenz, mit Ausnahme für die Programmquotenregelung. Auch wenn die Länder diese Zuständigkeit bis heute nicht anerkennen, entspricht das von ihnen erlassene Recht doch den Zielvorgaben der Gemeinschaft. Da die deutschen Rundfunkanstalten einen hohen Anteil ihrer Programmquote Werken aus dem euro-

---

[1147] Die Kehrseite ist, daß hierdurch fast zwangsläufig Verzögerungen bei der Landesumsetzung auftreten. Dies läßt sich kaum vermeiden und ist Folge der föderalen Staatsform der BRD. Es wäre zu wünschen, daß der Bundesgesetzgeber in den Fällen, in denen die Länder zunächst seine Regelungen abwarten, die Umsetzung mit Nachdruck betreiben würde. Die momentane Gesetzgebungspraxis, etwa im Datenschutzrecht, stimmt insofern eher skeptisch.

[1148] Vgl. *Avenarius*, DÖV 1997, S. 485 ff.

päischen Ausland vorbehalten, betrachtet die EU-Kommission das deutsche Recht derzeit als richtlinienkonform.

e) Kommunales Ausländerwahlrecht

Die Umsetzung der EG-Kommunalwahlrichtlinie verlief in den Ländern überwiegend identisch. Schwierigkeiten bei der Transformation gab es in erster Linie in den Stadtstaaten, hier besonders in der Freien und Hansestadt Bremen. Eine „konservativere" Haltung bei der Umsetzung offenbarte sich in den Freistaaten Bayern und Sachsen. Dort ließ der Gesetzgeber keine Möglichkeit ungenutzt, von den in der Richtlinie vorgesehenen Ausnahmemöglichkeiten Gebrauch zu machen. Man mag die Umsetzung in Bayern und Sachsen insofern als restriktiv bezeichnen; auch bei kritischer Betrachtung entspricht sie dennoch den formellen und materiellen Anforderungen der Kommunalwahlrichtlinie. Insgesamt ist die Umsetzung in den Ländern somit nicht zu beanstanden.

f) Datenschutzrecht

Die EG-Datenschutzrichtlinie ist bislang nur in den Ländern Hessen, Brandenburg, Schleswig-Holstein, Nordrhein-Westfalen, Baden-Württemberg, Bayern und Hamburg umgesetzt worden. Nachdem die EU-Kommission das Klageverfahren gegen die Bundesrepublik Deutschland eingeleitet hat, ist mit einer baldigen Umsetzung auch in den übrigen Ländern zu rechnen; entsprechende Gesetzgebungsverfahren sind bereits eingeleitet. Ob sich die Maßnahmen der (noch) säumigen Länder an den bestehenden Regelungen in Hessen und Brandenburg, Schleswig-Holstein, Nordrhein-Westfalen, Baden-Württemberg, Bayern und Hamburg orientieren werden, bleibt abzuwarten. Angesichts der längst verstrichenen Umsetzungsfrist sollte eine solche Vorgehensweise jedenfalls in Erwägung gezogen werden, zumal so einige Zeit mühsamer Arbeit erspart und das Risiko einer fehlerhaften Umsetzung minimiert werden könnte.[1149]

1149 Allgemein zur „Rezeption" innerhalb der Ländergesetzgebung *Wettach*, Ländergesetzgebung in der Bundesrepublik Deutschland, Diss. Münster 1994, S. 30 ff.; *Oebbecke*, „Die unsichtbare Hand in der Ländergesetzgebung – Zur Praxis und Theorie dezentraler Normsetzung", Staatswissenschaften und Staatspraxis 1997, S. 461 (463) ff.

2. Länderkooperation bei der Umsetzung

Nachdem der gegenwärtige Umsetzungsstand in den Ländern auf den in dieser Arbeit untersuchten Rechtsgebieten zusammenfassend dargestellt wurde, bleibt die Frage, ob es im Rahmen der Umsetzung Absprachen oder sonstige Kooperation unter den Ländern gab, und wenn ja, in welcher Form, mit welcher Intensität und mit welchem Ergebnis diese geführt wurden.[1150]

Das Resultat ist eindeutig: Ebenso wie die rein innerstaatlich motivierte Landesgesetzgebung kennt auch die Gesetzgebung zur Umsetzung sekundären EG-Rechts ein Zusammenwirken unter den Ländern. Dies bedeutet jedoch nicht, daß bei der Richtlinientransformation, bei der es sich auch um nationale Rechtssetzung handelt, in jeder Hinsicht gilt, was für die sonstige Landesgesetzgebung an anderer Stelle ermittelt wurde.[1151] Zunächst bestehen Unterschiede fast zwangsläufig, weil sich die Länder bei der Umsetzung einer EG-Richtlinie an für alle gleichermaßen gültige inhaltliche und zeitliche Vorgaben halten müssen.[1152] Darüber hinaus gibt es zwar nicht nur bei der Umsetzungsgesetzgebung Absprachen, Musterentwürfe oder die Übernahme des anderswo bewährten Rechts; gerade bei der Transformationsgesetzgebung ist es aber elementar, daß Zielvorgaben und Fristen auch tatsächlich beachtet werden. Setzt sich nämlich ein Land, das einem gemeinsam erarbeiteten Musterentwurf nicht folgt oder das staatsvertraglichen Absprachen zuwider handelt, allenfalls politischem Druck durch die anderen Länder aus, so kann eine Fristversäumung bei der Umsetzung von Gemeinschaftsrecht für den Bund im Extremfall internationale Isolation, in jedem Fall aber Klageverfahren und hohe finanzielle Belastungen nach sich ziehen. Somit sind es bereits die drohenden Sanktionen, welche die Länder mo-

---

[1150] Allgemein zu Kooperationsformen bei der Landesgesetzgebung siehe *Wettach*, Ländergesetzgebung in der Bundesrepublik Deutschland, Diss. Münster 1994; *Oebbecke*, „Die unsichtbare Hand in der Ländergesetzgebung – Zur Praxis und Theorie dezentraler Normsetzung", Staatswissenschaften und Staatspraxis 1997, S. 461 ff.; *ders.*, Die europäische Integration und die Organisation der Verwaltung, in: FS Heymanns, 1995, S. 607 (618) ff. Über Kooperationsformen innerhalb der Verwaltung im Zuge der „Europäisierung des Verwaltungsrechts" informiert *Kadelbach*, Allgemeines Verwaltungsrecht unter europäischem Einfluß, S. 333 ff.

[1151] *Wettach*, Ländergesetzgebung in der Bundesrepublik Deutschland, Diss. Münster 1994; *Oebbecke*, „Die unsichtbare Hand in der Ländergesetzgebung – Zur Praxis und Theorie dezentraler Normsetzung", Staatswissenschaften und Staatspraxis 1997, S. 461 ff. jeweils m. w. N.

[1152] Die zunehmend strenge Determinierung des nationalen Gesetzgebers durch die Richtlinienvorgaben schildern *Kadelbach/Sobotta*, EWS 1996, S. 11 (13) ff.; *Kadelbach*, Allgemeines Verwaltungsrecht unter europäischem Einfluß, S. 299 ff.; *Herdegen*, Europarecht, 2. Auflage 1999, Rdnr. 178.

tivieren, zunehmend gemeinsam die Umsetzung zu betreiben. Außerdem sehen – sprichwörtlich - „vier Augen mehr als zwei", und unklare Rechtsfragen lassen sich in Kooperation oft schneller klären als in Einzelleistung. Auch möchte kein Land die alleinige Verantwortung tragen für ein dem Bund drohendes Vertragsverletzungsverfahren, weil z. B. die Umsetzungsmaßnahme des jeweiligen Landes nicht den Vorgaben einer Richtlinie entspricht. So begründet Zusammenarbeit auch eine Möglichkeit, sich zu exkulpieren. Schließlich, dies darf nicht unterschätzt werden, besteht unter den Ländern gerade im Hinblick auf die Verpflichtung, Gemeinschaftsrecht zu befolgen, ein hohes Maß an Solidarität; speziell dann, wenn Maßnahmen der EG kritisch oder gar ablehnend betrachtet werden.[1153] Es ergeben sich somit eine Reihe von Gründen, die ein besonderes Interesse der Länder offenbaren, eine Umsetzung - gleichsam im selben Boot sitzend – auch gemeinsam zu erledigen. Daß es darüber hinaus mitunter einen Wettstreit um „die beste" Lösung geben kann, ist selbstverständlich.[1154]
Zu den vorbezeichneten Besonderheiten bei der Richtlinienumsetzung treten aber auch viele Gemeinsamkeiten zur rein national veranlaßten Normsetzung.[1155] Vielleicht läßt sich sogar sagen, daß der wesentliche Unterschied zwischen nationaler Umsetzungs- und sonstiger Landesgesetzgebung der ist, daß Zusammenarbeit und Gemeinsamkeiten, zumindest im ersten Fall, die Regel darstellen.

Im übrigen ist festzuhalten, daß dann, wenn die Richtlinienumsetzung auf länderübergreifenden Absprachen basiert, diese vorwiegend auf der administrativen Ebene geführt werden, also auf der Ebene der für die inhaltliche Ausgestaltung der Umsetzungsmaßnahmen in der Regel zuständigen Fachministerien. Diesbezüglich sei exemplarisch der Bereich des Wasserrechts genannt. Dort bildeten die Grundlage der Umsetzung stets Musterentwürfe, die im „Bund-Länder-Arbeitskreis 1993" oder in der Länderarbeitsgemeinschaft Wasser (LAWA) erarbeitet worden waren. Weiter ist der Bildungsbereich zu nennen. Hier trägt nicht zuletzt die Umsetzung der RL 89/48/EWG die Handschrift der vielfach kritisierten Kultusministerkonferenz.[1156] Im Umweltrecht hat es in den vergangenen Jahren regelmäßig Kontakte zwischen Bundes- und Ländervertretern gegeben, und zwar überwiegend im Rahmen der speziell zur Vorbereitung

---

[1153] Ein Beispiel bietet die EG-Fernsehrichtlinie 89/552/EWG, wo viele Länder einhellig bis heute die Richtlinienkompetenz der EG bestreiten.

[1154] *Blanke*, ZG 1990, S. 1 ff. sieht speziell in einem solchen „Wettstreit" die Grundlage eines intakten Föderalismus.

[1155] Beispiele hierzu finden sich zahlreich bei *Wettach* und *Oebbecke* (Fußn. 1151).

[1156] Andererseits zeigt auch der Bildungsbereich, daß Kommunikation unter den Ländern nicht immer stattfand. Erinnert sei einmal mehr an die RL 77/486/EWG über die schulische Betreuung der Kinder von Wanderarbeitnehmern, wo offensichtlich nur das Land Rheinland-Pfalz die konkrete Bedeutung der Richtlinie erkannt hat.

einer geplanten Gesamtkodifikation eingerichteten Arbeitsgruppen und Sachverständigengremien. Nachdem das Scheitern des UGB zumindest vorerst feststeht, einigte man sich im November 1999, die Umsetzungen der UVP-Änderungsrichtlinie, der IVU-RL sowie der künftig zu erwartenden EG-Umweltrichtlinien auf der Grundlage gemeinsamer Absprachen zu forcieren. Im Rundfunk entspricht das nationale Recht - auf der Basis des Rundfunkstaatsvertrages der Länder vom 31.08.1991 - den Vorgaben des Gemeinschaftsrechts, auch wenn dieser Staatsvertrag tatsächlich nicht der Umsetzung des EG-Rechts diente. Eine erfreuliche Zusammenarbeit gibt es schließlich auch auf dem Gebiet des Datenschutzrechts. Hier besteht sogar die Besonderheit, daß für die Vorbereitung der Richtlinienumsetzung die Innenministerien federführend sind/waren; gleichzeitig aber auch auf der Ebene der Landesdatenschutzbeauftragten Umsetzungsmodelle diskutiert und als Vorschlag in die laufenden Umsetzungsverfahren eingebracht wurden.[1157] Auch wenn im Datenschutzrecht noch nicht alle Länder gehandelt haben, ist doch gerade auf diesem „jungen" Rechtsgebiet ein reger Erfahrungsaustausch zu erkennen. Dies mag an der sensiblen Materie liegen, ist aber in jedem Fall sachdienlich und zu begrüßen.

Sofern eine EG-Richtlinie darüber hinaus nicht in jedem Land gleichermaßen oder überhaupt Geltung erlangt, kann dies zunächst daran liegen, daß schon der Anwendungsbereich der entsprechenden Richtlinie nicht alle Länder betrifft. So war z. B. die Muschelgewässerrichtlinie 79/923/EWG nur in den Ländern umzusetzen, die über entsprechende Gewässer verfügten; dies waren naturgemäß nur die Küstenanrainerstaaten. Weiter waren dort Unterschiede möglich, wo legislative Traditionen oder anderweitige politische Vorstellungen die Landesgesetzgebung beeinflußten und zudem die jeweilige Richtlinie offen formuliert war oder alternative Regelungen ermöglichte. Als Beispiel sei das kommunale Ausländerwahlrecht genannt, wo nur die Freistaaten Bayern und Sachsen von der Ausnahmemöglichkeit des Art. 5 Abs. 3 RL Gebrauch machten und Unionsbürger von dem passiven Wahlrecht zum 1. Bürgermeister bzw. zum Landrat ausschlossen.

Was die Bewertung „kooperativer Landesgesetzgebung" betrifft, so beschränkt sich die vorliegende auf die Zusammenarbeit bei der Umsetzung von EG-Richtlinien. Insofern fällt das Urteil positiv aus. Mag es bei der rein innerstaatlich motivierten Gesetzgebung noch Gründe geben, die einem allzu „kooperativen Föderalismus" entgegnet werden könnten,[1158] so ist dies bei der Umsetzung von Gemeinschaftsrecht kaum möglich. Gerade hier liegt es nämlich nahe, durch Absprachen die Arbeit zu beschleunigen oder bereits gewonnene Ergeb-

---

[1157] Siehe *Weichert*, CR 2000, S. 135 (136), der dies für Schleswig-Holstein bestätigt.
[1158] Vgl. *Blanke*, ZG 1990, S. 1 ff. m. w. N.

nisse anderer Länder für sich nutzbar zu machen.[1159] Außerdem ist Umsetzungsgesetzgebung riskant: Schnell hat man wichtige und umsetzungsbedürftige Aspekte übersehen.[1160] Hinzu kommen die kurzen Umsetzungsfristen. Ist aber nur ein Land säumig, so ist eine Richtlinie aus Sicht der EG insgesamt unsachgemäß umgesetzt - und der BRD drohen hohe Zwangsgelder.[1161] Schließlich spricht für Kooperation, daß in der Rechtsetzungspraxis des Rates EG-Richtlinien häufig so detailliert gefaßt werden, daß sie den Mitgliedsstaaten kaum noch Freiraum für eigenständige und individuelle Lösungen belassen.[1162] Ist der Gestaltungsspielraum aber von vornherein begrenzt, sollten die Vorteile gesetzgeberischer Zusammenarbeit genutzt werden. Dies kommt der Umsetzung selbst zugute und fördert zugleich die Harmonisierung des Landesrechts über die Richtlinienvorgaben hinaus.

Speziell für die Umsetzung von EG-Richtlinien durch die Länder gilt somit: „Wir sollten der Ländergesetzgebung nicht vorwerfen, daß sie uns vor originellen Lösungen verschont, wo die Übernahme des anderswo Bewährten seinen guten Zweck erfüllt oder die Einheitlichkeit überragende praktische Vorteile hat. Der Föderalismus soll unterschiedliche Lösungen möglich machen, nicht um jeden Preis realisieren“.[1163]

[1159] Vgl. auch *Oebbecke*, „Die unsichtbare Hand in der Ländergesetzgebung – Zur Praxis und Theorie dezentraler Normsetzung“, Staatswissenschaften und Staatspraxis 1997, S. 461 (463) ff.

[1160] *Oebbecke*, „Die unsichtbare Hand in der Ländergesetzgebung – Zur Praxis und Theorie dezentraler Normsetzung“, Staatswissenschaften und Staatspraxis 1997, S. 461 (463) ff.

[1161] Insbesondere kann kein Mitgliedstaat vertragswidriges Verhalten unter Verweis auf innerstaatliche Verfassungsstrukturen entschuldigen. Vgl. *EuGH*, verbundene Rs. 227/85 bis 230/85, Slg. 1988, S. 8 (11) ff. (*Kommission ./. Belgien*).

[1162] *Kadelbach/Sobotta*, EWS 1996, S. 11 (13) ff.; *Kadelbach*, Allgemeines Verwaltungsrecht unter europäischem Einfluß, S. 299 ff.; *Herdegen*, Europarecht, 2. Auflage 1999, Rdnr. 178.

[1163] *Oebbecke*, „Die unsichtbare Hand in der Ländergesetzgebung – Zur Praxis und Theorie dezentraler Normsetzung“, Staatswissenschaften und Staatspraxis 1997, S. 461 (477) ff.

Resümee

Die Umsetzung von EG-Richtlinien durch die Länder ist ein Thema, das auch in Zukunft nicht an Brisanz verlieren und sowohl die Gesetzgebungslehre, besonders aber den Praktiker bei seiner täglichen Arbeit weiter beschäftigen wird. In diesem Zusammenhang stand die vorliegende Untersuchung, deren Intention es war, durch die Darstellung rechtlich möglicher Vorgehensweisen, dem Vorhalt bestehender Defizite, aber auch der Anerkennung für die beschrittenen Wege, die Transformationsgesetzgebung insgesamt zu fördern. Inwiefern dieses Ziel erreicht wird, bleibt zuletzt der weiteren Entwicklung innerhalb der Landesgesetzgebung zur Umsetzung von EG-Richtlinien vorbehalten.

Literaturverzeichnis

Arlt, Ute — Die Umsetzung der EG-Datenschutzrichtlinie in Hessen, in: DuD 1998, S. 704 ff.

Astheimer, Sabine/ Moosmayer, Klaus — Europäische Rundfunkordnung – Chance oder Risiko?, in: ZUM 1994, S. 395 ff.

Avenarius, Hermann — Gegenseitige Anerkennung von Lehramtsprüfungen zwischen den Ländern in der Bundesrepublik Deutschland, in: DÖV 1997, S. 485 ff.

Avenarius, Hermann/ Schade, Angelika — Rechtsfragen der Anerkennung der in einem anderen Mitgliedstaat der Europäischen Union erworbenen Lehrbefähigungen, in: NVwZ 1998, S. 475 ff.

Barley, Katarina — Das Kommunalwahlrecht für Ausländer nach der Neuordnung des Art. 28 Abs. 1 S. 3 GG, 1999, zugl. Münster (Westfalen), Univ., Diss., 1997. (zit.: Barley, Das Kommunalwahlrecht für Ausländer nach der Neuordnung des Art. 28 Abs. 1 S. 3 GG, Diss. Münster 1997, S.).

Barnstedt, Elke Luise — Die Praxis der Ausführung des Gemeinschaftsrechtes in der Bundesrepublik Deutschland – Dargestellt an Beispielen aus der Durchführung der Gemeinsamen Marktorganisationen, in: Dirk Heckmann und Klaus Meßerschmidt (Hrsg.), Gegenwartsfragen des Öffentlichen Rechts, S. 83 ff. (zit.: Barnstedt, in: Heckmann/Meßerschmidt (Hrsg.), Gegenwartsfragen des Öffentlichen Rechts, 1988, S.).

Bäumler, Helmut — Datenschutzgesetzentwurf aus der Feder des Datenschutzbeauftragten, in: RDV 1999, S. 47 ff.

Bäumler, Helmut — Modernisierung des Datenschutzes in Schleswig-Holstein, in: DuD 2000, S. 20 ff.

Bäumler, Helmut | Der neue Datenschutz in der Realität, in: DuD 2000, S. 257 ff.

Bäumler, Helmut | Neue Informationsverarbeitungsgesetze in Schleswig-Holstein, in: NJW 2000, S. 1982 ff.

Becker, Bernd | Einführung in künftige Rechts- und Vollzugsprobleme des neuen Bundesgesetzes über die Umweltverträglichkeitsprüfung, in: BayVBl. 1990, S. 353 ff.

Becker, Bernd | Einführung in Inhalt, Bedeutung und Probleme der Umsetzung der Richtlinie 96/61/EG des Rates der Europäischen Union vom 24. September 1996 über die integrierte Vermeidung und Verminderung der Umweltverschmutzung, in: DVBl. 1997, S. 588 ff.

Becker, Bernd | Überblick über die umfassende Änderung der Richtlinie über die Umweltverträglichkeitsprüfung, in: NVwZ 1997, S. 1167 ff.

Berggreen, Ingeborg/ Hochbaum, Ingo | Bildung, Ausbildung und Kultur, in: Franz Borkenhagen/ Christian Bruns-Klöss/Gerhard Memminger/ Otti Stein (Hrsg.), Die deutschen Länder in Europa: politische Union und Wirtschafts- und Währungsunion, 1992, S. 47 ff.
(zit.: Berggreen/Hochbaum, in: Borkenhagen u. a. (Hrsg.), Die deutschen Länder in Europa, S.).

Beyer, Thomas | Gemeinschaftsrecht und Umweltschutz nach Maastricht, in: JuS 1997, S. 294 ff.

Beyerlin, Ulrich | Umsetzung von EG-Richtlinien durch Verwaltungsvorschriften, in: EuR 1987, S. 126 ff.

Birke, Hans Eberhard | Die deutschen Bundesländer in den Europäischen Gemeinschaften, 1973, zugl. Bonn, Univ., Diss. 1973.
(zit.: Birke, Die deutschen Bundesländer in den Europäischen Gemeinschaften, 1973, S.).

Bizer, Johann — Unabhängige Datenschutzkontrolle, in: DuD 1997, S. 481 ff.

Blanke, Edzard — Die Verfassungswirklichkeit der Landesgesetzgebung, in: ZG 1990, S. 1 ff.

Blanke, Hermann-Josef — Die Bundesländer im Spannungsverhältnis zwischen Eigenstaatlichkeit und Europäischer Integration – Beteiligungsformen bei der Entstehung und Durchführung des Gemeinschaftsrechts, in: Dirk Heckmann und Klaus Meßerschmidt (Hrsg.), Gegenwartsfragen des Öffentlichen Rechts, S. 53 ff.
(zit.: Blanke, in: Heckmann/Meßerschmidt (Hrsg.), Gegenwartsfragen des Öffentlichen Rechts, 1988, S.).

Blanke, Hermann-Josef — Föderalismus und Integrationsgewalt – Die Bundesrepublik Deutschland, Spanien, Italien und Belgien als dezentralisierte Staaten in der EG, 1991, zugl. Osnabrück, Univ., Diss., 1990.
(zit.: Blanke, Föderalismus und Integrationsgewalt, Diss. Osnabrück 1990, S.).

Bleckmann, Albert — Europarecht, 6. Auflage 1997.
(zit.: Bearbeiter, in: Bleckmann, Europarecht, 6. Auflage 1997, Rdnr.).

Blumenberg, Hildegard — Die Umwelt-Informations-Richtlinie der EG und ihre Umsetzung in das deutsche Recht, in: NuR 1992, S. 8 ff.

Boeschen, (ohne Vornamen) — Hessische Richtlinie zur Durchführung von Raumordnungsverfahren mit UVP, in: UVP-report 1991, S. 205 ff.

Bogdandy von, Armin — Europäischer Protektionismus im Medienbereich – Zu Inhalt und Rechtmäßigkeit der Quotenregelungen in der Fernsehrichtlinie, in: EuZW 1992, S. 9 ff.

Böhm, Monika — Gesetzgebungslehre und Gesetzgebungspraxis – Darstellung am Beispiel des Abwasserabgabengesetzes, in: ZG 1993, S. 132 ff.

Bönker, Christian — Die verfassungs- und europarechtliche Zulässigkeit von Umweltstandards in Verwaltungsvorschriften, in: DVBl. 1992, S. 804 ff.

Borchmann, Michael — Die Europäischen Gemeinschaften im Brennpunkt politischer Aktivitäten der Bundesländer, in: DÖV 1988, S. 623 ff.

Borchmann, Michael — Der Artikel 235: Generalklausel für EG-Kompetenzen, in: Franz Borkenhagen/ Christian Bruns-Klöss/Gerhard Memminger/ Otti Stein (Hrsg.), Die deutschen Länder in Europa: politische Union und Wirtschafts- und Währungsunion, 1992, S. 100 ff.
(zit.: Borchmann, in: Borkenhagen u. a. (Hrsg.), Die deutschen Länder in Europa, S.).

Börner, Bodo — Kompetenz der EG zur Regelung einer Rundfunkordnung, in: ZUM 1985, S. 577 ff.

Bosenius, Udo — Der Entwurf einer EG-Wasserrahmenrichtlinie – Die Sicht der Beratungen auf europäischer Ebene, in: NVwZ 1998, S. 1039 ff.

Breier, Siegfried — Umweltschutz in der Europäischen Gemeinschaft – Eine Bestandsaufnahme nach Maastricht -, in: NuR 1993, S. 457 ff.

Breier, Siegfried — Ausgewählte Probleme des gemeinschaftlichen Umweltrechts, in: RIW 1994, S. 584 ff.

Breier, Siegfried — Aushandlung und Umsetzung von EG-Rechtsakten in der Bundesrepublik Deutschland, in: ÖJZ 1996, S. 343 ff.

Brenner, Michael	Der unitarische Bundesstaat in der Europäischen Union – Zum Ausgleich unitarischer und föderativer Strukturen in der Bundesrepublik Deutschland vor dem Hintergrund eines vereinten Europa -, in: DÖV 1992, S. 903 ff.
Breuer, Rüdiger	EG-Richtlinien und deutsches Wasserrecht, in: WiVerw 1990, S. 79 ff.
Breuer, Rüdiger	Die Fortentwicklung des Wasserrechts auf europäischer und deutscher Ebene, in: DVBl. 1997, S. 1211 ff.
Breuer, Rüdiger	Der Entwurf einer EG-Wasserrahmenrichtlinie, in: NVwZ 1998, S. 1001 ff.
Bröhl, Georg M.	Rechtliche Rahmenbedingungen für neue Informations- und Kommunikationsdienste, in: CR 1997, S. 73 ff.
Bünten, Wilfried	Staatsgewalt und Gemeinschaftshoheit bei der innerstaatlichen Durchführung des Rechts der Europäischen Gemeinschaften durch die Mitgliedstaaten, 1977. (zit.: Bünten, Staatsgewalt, S.).
Burkholz, Bernhard	Zur Gesetzgebungskompetenz für ein Umweltinformationsgesetz, in: NVwZ 1994, S. 124 ff.
Clemens, Thomas	Die Verweisung von einer Rechtsnorm auf andere Vorschriften – insbesondere ihre Verfassungsmäßigkeit -, in: AöR 111 (1986), S. 63 ff.
Cremer, Wolfram	Art, 80 Abs. 1 S. 2 GG und Parlamentsvorbehalt – Dogmatische Unstimmigkeiten in der Rechtsprechung des Bundesverfassungsgerichts, in: AöR 122 (1997), S. 248 ff.
Cupei, Jürgen	Die Richtlinie des Rates über die Umweltverträglichkeitsprüfung (UVP) bei bestimmten öffentlichen und privaten Projekten, in: NuR 1985, S. 297 ff.

Cupei, Jürgen	Umweltverträglichkeitsprüfung (UVP) – Ein Beitrag zur Strukturierung der Diskussion; zugleich eine Erläuterung der EG-Richtlinie, 1986. (zit.: Cupei, Umweltverträglichkeitsprüfung, 1986).
Czychowski, Manfred	Verordnungsermächtigungen für die Umsetzung von EG-Richtlinien zum Wasserrecht, in: ZUR 1997, S. 71 ff.
Czychowski, Manfred	Wasserhaushaltsgesetz unter Berücksichtigung der Landeswassergesetze und des Wasserstrafrechts, Kommentar, 7. Auflage 1998. (zit.: Czychowski, WHG-Kommentar, §, Rdnr.).
Dammann, Ulrich/ Simitis, Spiros	EG-Datenschutzrichtlinie, Kommentar, 1. Auflage 1997. (zit.: Dammann/Simitis, EG-Datenschutzrichtlinie, S.).
Danwitz von, Thomas	Normkonkretisierende Verwaltungsvorschriften und Gemeinschaftsrecht, in: Verwaltungsarchiv 1993, S. 73 ff.
Danwitz von, Thomas	Die Nichtumsetzung von EG-Recht durch die Legislative, in: NWVBl. 1997, S. 7 ff.
Dänzer-Vanotti, Wolfgang	Methodenstreit um die den EG-Richtlinien konforme Auslegung, in: DB 1994, S. 1052 ff.
Degen, Manfred	Die Unionsbürgerschaft nach dem Vertrag über die europäische Union unter besonderer Berücksichtigung des Wahlrechts, in: DÖV 1993, S. 749 ff.
Delwing, Peter Moritz	Umsetzungsprobleme des EG-Wasserrechts: dargestellt für das Abwasserrecht der Bundesrepublik Deutschland, 1995, zugl. Hannover, Univ., Diss., 1994. (zit.: Delwing, Umsetzungsprobleme des EG-Wasserrechts, Diss. Hannover 1994, S.).

Demmke, Christoph	Die Implementation von EG-Umweltpolitik in den Mitgliedstaaten – Umsetzung und Vollzug der Trinkwasserrichtlinie, 1994, zugl. Speyer, Hochschule für Verwaltungswissenschaften, Diss., 1993/94. (zit.: Demmke, Die Implementation von EG-Umweltpolitik in den Mitgliedstaaten – Umsetzung und Vollzug der Trinkwasserrichtlinie, Diss. Speyer 1994, S.).
Deringer, Arved	Europäisches Gemeinschaftsrecht und nationale Rundfunkordnung, in: ZUM 1986, S. 627 ff.
Di Fabio, Udo	Verwaltungsvorschriften als ausgeübte Beurteilungsermächtigung – Plädoyer für eine Neubestimmung der normkonkretisierenden Verwaltungsvorschriften im System der Rechtsquellen -, in: DVBl. 1992, S. 1338 ff.
Di Fabio, Udo	Integratives Umweltrecht – Bestand, Ziele, Möglichkeiten, in: NVwZ 1998, S. 329 ff.
Dix, Alexander	Das neue Brandenburgische Datenschutzgesetz, in: RDV 1999, S. 143 ff.
Döbrich, Peter/ Jeuthe, Eberhard	»Aus der Distanz gibt es Einvernehmen und Harmonie« - Zur Umsetzung der EG-Richtlinie zur gegenseitigen Anerkennung von Lehrämtern in innerstaatliches Recht in Deutschland, in: RdJB 1992, S. 537 ff.
Dohms, Rüdiger	Die Kompetenz der EG im Bereich der allgemeinen Bildung nach Art. 126 EGV, in: RdJB 1992, S. 451 ff.
Donoth, Hans-Peter	Die Bundesländer in der Europäischen Union: die bundesstaatliche Ordnung in der Bundesrepublik Deutschland bei der Verwirklichung der Europäischen Union – eine Analyse unter besonderer Berücksichtigung des neu gefaßten Art. 23 GG, 1996, zugl. Kiel, Univ., Diss. 1996.

Dörr, Dieter — Der deutsche Föderalismus und die entstehende Medienordnung, in: EWS 1991, S. 259 ff.

Dörr, Dieter — Möglichkeiten und Grenzen europäischer Medienpolitik: Konvergenz und Kompetenz, in: K&R 1999, S. 97 ff.

Dörr, Dieter/ Eckl, Judith — Die Entwicklung des Medienrechts, in: NJW 1999, S. 1925 ff.

Drescher, Rolf-Dieter — Die EG-Richtlinie über den freien Zugang zu Informationen über die Umwelt, in: VR 1991, S. 18 ff.

Dröll, Peter — Die deutschen Bundesländer und die Europäische Gemeinschaft, 1992, zugl. Freiburg (Breisgau), Univ., Diss., 1992.
(zit.: Dröll, Die deutschen Bundesländer und die Europäische Gemeinschaft, Diss. Freiburg 1992, S.).

Ehlers, Dirk — Die Einwirkungen des Rechts der Europäischen Gemeinschaften auf das Verwaltungsrecht, in: DVBl. 1991, S. 605 ff.

Eicher, Hermann — Der Machtverlust der Landesparlamente: Historischer Rückblick, Bestandsaufnahme, Reformansätze, 1988, zugl. Mainz, Univ., Diss., 1987.
(zit.: Eicher, Der Machtverlust der Landesparlamente, Diss. Mainz 1987, S.).

Eiffler, Sven-R. — Der Grundrechtsschutz durch BVerfG, EGMR und EuGH, in: JuS 1999, S. 1068 ff.

Eiselstein, Claus — Verlust der Bundesstaatlichkeit? Kompetenzverluste der Länder im kulturellen Sektor vor dem Hintergrund von Art. 79 III GG, in: NVwZ 1989, S. 323 ff.

Emmert, Frank — Europarecht, 1996.
(zit.: Emmert, Europarecht, §, Rdnr.).

Engel-Flechsig, Stefan — Das Informations- und Kommunikationsdienstegesetz des Bundes und der Mediendienstestaatsvertrag der Bundesländer, in: ZUM 1997, S 231 ff.

Engelhardt, Dieter — Die Ausschöpfung der Landeskompetenzen im Umweltrecht, in: BayVBl. 1988, S. 294 ff.

Engelken, Klaas — Einbeziehung der Unionsbürger in kommunale Abstimmungen (Bürgerentscheide, Bürgerbegehren)?, in: NVwZ 1995, S. 432 ff.

Engelsberger, Christian — Der Vollzug europarechtlicher Vorschriften auf dem Gebiet des Umweltschutzes – Rechtliche Vorgaben und Verwaltungspraxis anhand einer empirischen Umfrage bei Behörden und Umweltschutzverbänden in Deutschland, 1998, zugl. Bayreuth, Univ., Diss., 1996/97.
(zit. Engelsberger, Der Vollzug europarechtlicher Vorschriften auf dem Gebiet des Umweltschutzes, Diss. Bayreuth 1996/97, S.).

Epping, Volker — Grundstrukturen der Europäischen Union, in: Jura 1995, S. 449 ff.

Erbguth, Wilfried — Normkonkretisierende Verwaltungsvorschriften – Rechtsdogmatische Grundlagen einer originären Rechtserzeugung durch die Exekutive, in: DVBl. 1989, S. 473 ff.

Erbguth, Wilfried — Das UVP-Gesetz des Bundes: Regelungsgehalt und Rechtsfragen, in: Die Verwaltung Band 24 (1991), S. 283 ff.

Erichsen, Hans-Uwe — Das Recht auf freien Zugang zu Informationen über die Umwelt, in: NVwZ 1992, S. 409 ff.

Everling, Ulrich — Brauchen wir „Solange III“? – Zu den Forderungen nach Revision der Rechtsprechung des Bundesverfassungsgerichts -, in: EuR 1990, S. 195 ff.

Everling, Ulrich	Umsetzung von Umweltrichtlinien durch normkonkretisierende Verwaltungsvorschriften – Zur jüngsten Rechtsprechung des Europäischen Gerichtshofes, in: UTR 1992, S. 3 ff.
Everling, Ulrich	Umsetzung von Umweltrichtlinien durch normkonkretisierende Verwaltungsanweisungen, in: RIW 1992, S. 379 ff.
Everling, Ulrich	Durchführung und Umsetzung des Europäischen Gemeinschaftsrechts im Bereich des Umweltschutzes unter Berücksichtigung der Rechtsprechung des EuGH, in: NVwZ 1993, S. 209 ff.
Faller, Hans Joachim	Das Prinzip der Bundestreue in der Rechtsprechung des Bundesverfassungsgerichts, in: Lerche/Zacher/Badura (Hrsg.), Festschrift für Theodor Maunz zum 80. Geburtstag 1981, 1981, S. 53 ff.
Fechner, Frank	Kultur und Bildung im Europarecht, in: RdJB 1996, S. 35 ff.
Fisahn, Andreas	Internationale Anforderungen an den deutschen Naturschutz – Die Konvention über die biologische Vielfalt und die Flora-Fauna-Habitat-Richtlinie der EU, in: ZUR 1996, S. 3 ff.
Fisahn, Andreas/ Cremer, Wolfram	Ausweisungspflicht und Schutzregime nach Fauna-Flora-Habitat- und der Vogelschutzrichtlinie, in: NuR 1997, S. 268 ff.
Fischer, Hans Georg	Kommunalwahlrecht für Unionsbürger, in: NVwZ 1995, S. 455 ff.
Freytag, Christoph/ Iven, Klaus	Gemeinschaftsrechtliche Vorgaben für den nationalen Habitatschutz – die Richtlinie 92/43/EWG des Rates vom 21. Mai 1992 zur Erhaltung der natürlichen Lebensräume sowie der wildlebenden Tiere und Pflanzen-, in: NuR 1995, S. 109 ff.

Fuß, Ernst-Werner | Die „Richtlinie“ des Europäischen Gemeinschaftsrechts, in: DVBl. 1965, S. 378 ff.

Fuß, Ernst-Werner | Rechtsschutz gegen deutsche Hoheitsakte zur Ausführung des Europäischen Gemeinschaftsrechts, in: NJW 1966, S. 1782 ff.

Garstka, Hansjürgen | Datenschutzkontrolle: Das Berliner Modell, in: DuD 2000, S. 289 ff.

Gellermann, Martin/ Szczekalla, Peter | Gemeinschaftskonforme Umsetzung von Umweltrichtlinien der EG, in: NuR 1993, S. 54 ff.

Gellermann, Martin | Beeinflussung des bundesdeutschen Rechts durch Richtlinien der EG – dargestellt am Beispiel des europäischen Umweltrechts, 1994, zugl. Osnabrück, Univ., Diss., 1993/94. (zit.: Gellermann, Beeinflussung des bundesdeutschen Rechts durch Richtlinien der EG, Diss. Osnabrück 1993/94, S.).

Gellermann, Martin | Rechtsfragen des europäischen Habitatschutzes, in: NuR 1996, S. 548 ff.

Giesberts, Ludger/ Hilf, Juliane | EG-rechtliche und verfassungsrechtliche Zulässigkeit normkonkretisierender Verwaltungsvorschriften: Die LAGA-Abfalliste auf dem Prüfstand, in: UPR 1999, S. 168 ff.

Giesen, Thomas | Rechtsstellung, Aufgaben und Befugnisse der Datenschutzkontrollstellen nach Art. 28 der EG-Datenschutzrichtlinie, in: RDV 1998, S. 15 ff.

Gola, Peter | Die Entwicklung des Datenschutzrechts im Jahre 1998/99, in: NJW 1999, S. 3753 ff.

Gola, Peter | Anmerkung zur Organisation der staatlichen Datenschutzkontrolle der Privatwirtschaft und zu dem „Unabhängigen Landeszentrum für Datenschutz“ in Schleswig-Holstein, in: RDV 2000, S. 36 ff.

Goppel, Thomas	Die Bedeutung des Subsidiaritätsprinzips – Der Beitrag Bayerns zur Konkretisierung des Subsidiaritätsprinzips in der EG, in: EuZW 1993, S. 367 ff.
Götz, Volkmar	Europäische Gesetzgebung durch Richtlinien – Zusammenwirken von Gemeinschaft und Staat, in: NJW 1992, S. 1849 ff.
Grabitz, Eberhard	Die Rechtsetzungsbefugnis von Bund und Ländern bei der Durchführung von Gemeinschaftsrecht, in: AöR 111 (1986), S. 1 ff.
Grabitz, Eberhard/ Zacker, Christian	Die neuen Umweltkompetenzen der EWG, in: NVwZ 1989, S. 297 ff.
Grabitz, Eberhard/ Hilf, Meinhard (Hrsg.)	Das Recht der Europäischen Union, C. H. Beck, Loseblatt (4 Bände), Stand: Januar 2000 (zit.: Bearbeiter, in: Grabitz/Hilf, Maastrichter Fassung, Art., Rdnr.).
Greissinger, Christian	Die EuGH-Rechtsprechung zur Fernsehrichtlinie, in: CR 1999, S. 112 ff.
Groeben von der, Hans/ Thiesing, Jochen/ Ehlermann, Claus-Dieter (Hrsg.)	Kommentar zum EU-/EG-Vertrag, 5. Auflage 1997 (5 Bände) (zit.: Bearbeiter, in: Groeben/ Thiesing/ Ehlermann, Art., Rdnr.).
Häde, Ulrich	Anmerkung zu BVerfG, Urt. v. 22. 3. 1995 – 2 BvG 1/89, in: EuZW 1995, S. 284 ff.
Häde, Ulrich/ Puttler, Adelheid	Zur Abgrenzung des Art. 235 EGV von der Vertragsänderung – Neue Erkenntnisse durch das Gutachten 2/94 des EuGH vom 28. 3. 1996?, in: EuZW 1997, S. 13 ff.
Haas, Evelyn	Die Mitwirkung der Länder bei EG-Vorhaben – Neuere Entwicklungen im Gefolge der Luxemburger Akte -, in: DÖV 1988, S. 613 ff.

Hailbronner, Kay — Die deutschen Bundesländer in der EG, in: JZ 1990, S. 149 ff.

Hailbronner, Kay/ Weber, Claus — Möglichkeiten zur Förderung der europäischen Kultur in Rundfunk und Fernsehen anhand der Fernsehrichtlinie der Europäischen Gemeinschaft, in: DÖV 1997, S. 561 ff.

Hailbronner, Kay u. a. — Handkommentar zum Vertrag über die Europäische Union (EUV / EGV), Loseblatt (2 Bände), Stand: 1995.
(zit.: Bearbeiter, in: Hailbronner u. a. (Hrsg.), Art., Rdnr.).

Hansmann, Klaus — Die Umsetzung von EG-Umweltschutzrichtlinien durch Verwaltungsvorschriften – Probleme und Alternativen im Anschluß an die Entscheidungen des EuGH zu den Richtlinien über die Grenzwerte für Schwefeldioxid/Blei, in: UTR 1992, S. 21 ff.

Hansmann, Klaus — Schwierigkeiten bei der Umsetzung und Durchführung des europäischen Umweltrechts, in: NVwZ 1995, S. 320 ff.

Haratsch, Andreas — Verweisungstechnik und gemeinschaftsgerichtete EG-Richtlinien – Anmerkungen zum neuen Datenschutzartikel des EG-Vertrages, in: EuR 2000, S. 42 ff.

Haslach, Christian — Unmittelbare Anwendung der EG-Datenschutzrichtlinie, in: DuD 1998, S. 693 ff.

Haslach, Christian — Auswirkungen einer fehlenden Umsetzung der EG-Datenschutzrichtlinie, in: Bettina Sokol (Hrsg.), Die Bedeutung der EG-Datenschutzrichtlinie für öffentliche Stellen, 1998, S. 1 ff.
(zit.: Haslach, in: Sokol (Hrsg.), Die Bedeutung der EG-Datenschutzrichtlinie für öffentliche Stellen, 1998, S.).

Haslach, Christian — Unabhängige Datenschutzkontrolle nach Art. 28 EG-Datenschutzrichtlinie, in: DuD 1999, S. 466 ff.

Hasselbach, Kai — Europäisches Kommunalwahlrecht, in: ZG 1997, S. 49 ff.

Heil, Helmut — Europäische Herausforderung – Transatlantische Debatte, in: DuD 1999, S. 458 ff.

Heintzen, Markus — Die Beidseitigkeit der Kompetenzverteilung im Bundesstaat, in: DVBl. 1997, S. 689 ff.

Hellermann, Johannes/ Wieland, Joachim — Die Unabhängigkeit der Datenschutzkontrolle im nicht-öffentlichen Bereich, in: DuD 2000, S. 284 ff.

Hennecke, Frank — Die Umsetzung der EG-Richtlinie zur Umweltverträglichkeitsprüfung – Ein Bericht aus der Praxis der Umweltgesetzgebung, in: UTR 1989, S. 117 ff.

Herdegen, Matthias — Europarecht, 2. Auflage 1999. (zit.: Herdegen, Europarecht, 2. Auflage 1999, Rdnr.).

Herrmann, Günter — Rundfunkfreiheit und Rundfunkordnung im internationalen und europäischen Recht, in: EWS 1991, S. 269 ff.

Herzog, Roman — Gesetzgebung und Einzelfallgerechtigkeit, in: NJW 1999, S. 25 ff.

Hesse, Konrad — Grundzüge des Verfassungsrechts in der Bundesrepublik Deutschland, 20. Auflage, 1995.

Hilf, Meinhard — Die Richtlinie der EG – ohne Richtung, ohne Linie?, in: EuR 1993, S. 1 ff.

Himmelmann, Steffen — Gemeinschaftsrechtliche Vorgaben für die Umsetzung von EG-Recht – Zu den Auswirkungen der neuesten Rechtsprechung von EuGH und Bundesverwaltungsgericht auf die nationale Umsetzungspraxis -, in: DÖV 1996, S. 145 ff.

Himmelmann, Steffen — EG-Umweltrecht und nationale Gestaltungsspielräume, 1997, zugl. Münster (Westfalen), Univ., Diss., 1997.
(zit.: Himmelmann, EG-Umweltrecht und nationale Gestaltungsspielräume, Diss. Münster 1997, S.).

Hirsch, Günter — Europäischer Gerichtshof und Bundesverfassungsgericht – Kooperation oder Konfrontation?, in: NJW 1996, S. 2457 ff.

Hirsch, Günter — Der EuGH im Spannungsverhältnis zwischen Gemeinschaftsrecht und nationalem Recht, in: NJW 2000, S. 1817 ff.

Hobe, Stephan — Die Unionsbürgerschaft nach dem Vertrag von Maastricht – Auf dem Weg zum europäischen Bundesstaat?, in: Der Staat 1993, S. 245 ff.

Hoffmann-Riem, Wolfgang — Telekommunikationsrecht als europäisiertes Verwaltungsrecht, in: DVBl. 1999, S. 125 ff.

Hölscheidt, Sven — Zwangsgelder gegen die Bundesrepublik Deutschland wegen der Nichtbeachtung von Urteilen des Europäischen Gerichtshofs, in: BayVBl. 1997, S. 459 ff.

Hopp, Wolfgang — 1. Speyerer Forum zum Umweltgesetzbuch – Umsetzung der IVU-, UVP- und Seveso II-Richtlinien in Europa -, in: DVBl. 2000, S. 400 ff.

Hoppe, Werner (Hrsg.) — Gesetz über die Umweltverträglichkeitsprüfung (UVPG), Kommentar, 1995.
(zit.: Bearbeiter, in: Hoppe (Hrsg.), UVPG-Kommentar, Vorbemerkungen, Rdnr.).

Hoppe, Werner/ Otting, Olaf	Verwaltungsvorschriften als ausreichende Umsetzung von rechtlichen und technischen Vorgaben der Europäischen Union?, in: NuR 1998, S. 61 ff.
Hösch, Ulrich	Das bayerische Gesetz zur Umsetzung der UVP-Richtlinie, in: NVwZ 2001, S. 519 ff.
Hrbek, Rudolf/ Thaysen, Uwe (Hrsg.)	Die deutschen Länder und die Europäischen Gemeinschaften: Referate und Diskussionsbeiträge eines Symposiums der Deutschen Vereinigung für Parlamentsfragen am 20./ 21. Juni 1986 in Stuttgart, 1986. (zit.: Hrbek, in: Hrbek/Thaysen (Hrsg.), Die Deutschen Länder und die Europäischen Gemeinschaften, S.).
Huff, Martin W.	Eine erste Bewertung des EuGH-Urteils Dillenkoffer, in: NJW 1996, S. 3190 ff.
Imhof, Ralf	One-to-One Marketing im Internet – Das TDDSG als Marketinghindernis, in: CR 2000, S. 110 ff.
Iven, Klaus	Aktuelle Fragen des Umgangs mit bestehenden oder potentiellen Schutzgebieten von gemeinschaftsrechtlicher Bedeutung, in: UPR 1998, S. 361 ff.
Jahn, Ralf/ Riedel, Norbert K.	Gemeinschaftsrechtliche Einführung eines kommunalen Wahlrechts für EG-Ausländer und innerstaatliches Verfassungsrecht, in: NVwZ 1989, S. 716 ff.
Jarass, Hans D.	Richtlinienkonforme bzw. EG-rechtskonforme Auslegung nationalen Rechts, in: EuR 1991, S. 211 ff.
Jarass, Hans D.	Grundstrukturen des Gesetzes über die Umweltverträglichkeitsprüfung, in: NuR 1991, S. 201 ff.

Jarass, Hans D.	Grundfragen der innerstaatlichen Bedeutung des EG-Rechts, 1994. (zit.: Jarass, Grundfragen der innerstaatlichen Bedeutung des EG-Rechts, 1994, S.).
Jarass, Hans D.	Folgen der innerstaatlichen Wirkung von Richtlinien im Bereich des Umweltschutzes, in: Jarass, Hans D./ Neumann, Lothar F. (Hrsg.), Umweltschutz und Europäische Gemeinschaften, 1994, S. 18 ff. (zit.: Jarass, in: Jarass/Neumann, S.).
Jarass, Hans D.	Voraussetzungen der innerstaatlichen Wirkung von EG-Recht im Bereich des Umweltschutzes, in: Jarass, Hans D./ Neumann, Lothar F. (Hrsg.), Umweltschutz und Europäische Gemeinschaften, 1994, S. 1 ff. (zit.: Jarass, in: Jarass/Neumann, S.).
Jarass, Hans D./ Pieroth, Bodo	Grundgesetz für die Bundesrepublik Deutschland, Kommentar, 5. Auflage 2000. (zit.: Bearbeiter, in: Jarass/Pieroth, Art., Rdnr.).
Joos, Gerhard/ Scheurle, Klaus-Dieter	Die bundesstaatliche Ordnung im Integrationsprozeß – unter besonderer Berücksichtigung der EuGH-Rechtsprechung und der Rechtsschutzmöglichkeiten der Länder, in: EuR 1989, S. 226 ff.
Kadelbach, Stefan/ Sobotta, Christoph	Umsetzung von EG-Richtlinien durch rückwirkendes Gesetz?, in: EWS 1996, S. 11 ff.
Kadelbach, Stefan	Allgemeines Verwaltungsrecht unter europäischem Einfluß, 1999, zugl. Frankfurt (Main), Univ., Habil.-Schr., 1996. (zit.: Kadelbach, Allgemeines Verwaltungsrecht unter europäischem Einfluß, S.).
Kahl, Wolfgang	Der Vollzug des europäischen Umweltrechts, in: DÖV 1995, S. 860 ff.

Kaiser, Gerhard — Zur Ableitung des Verfassungsprinzips des „bundesfreundlichen Verhaltens“ aus dem Begriff des Bundesstaats, in: DÖV 1961, S. 653 ff.

Kaufmann, Marcel — Kommunales Unionsbürgerwahlrecht und demokratischer Staatsaufbau, in: ZG 1998, S. 25 ff.

Kewenig, Wilhelm A. — Die Europäischen Gemeinschaften und die bundesstaatliche Ordnung der Bundesrepublik Deutschland, in: JZ 1990, S. 458 ff.

Kibele, Karlheinz — Anmerkung zu Veh/Knopp, Gewässerschutz nach EG-Recht, in: VBlBW 1996, S. 239 ff.

Kilian, Wolfgang — Medizinische Forschung und Datenschutzrecht, in: NJW 1998, S. 787 ff.

Klatten, Werner E. — Duale Rundfunkordnung für Europa – Ausweg aus der (Kompetenz)-Krise?, in: EWS 1991, S. 257 ff.

Klein, Eckart — Der Verfassungsstaat als Glied einer europäischen Gemeinschaft, in: VVDStRL 50 (1991), S. 56 ff.

Klindt, Thomas — Die Zulässigkeit dynamischer Verweisungen auf EG-Recht aus verfassungs- und europarechtlicher Sicht, in: DVBl. 1998, S. 373 ff.

Kloepfer, Michael — Umweltrecht, 2. Auflage 1998.
(zit.: Kloepfer, Umweltrecht, §, Rdnr.).

Knöll, Ralf — Die Diskussion um die Grundrechtscharta der Europäischen Union aus dem Blickwinkel der deutschen Länder, in: NJW 2000, S. 1845 ff.

Knothe, Matthias/Bashayan, Hassan — Die Revision der EG-Fernsehrichtlinie – Ein europäischer Entscheidungsprozeß im Lichte nationaler Kompetenzen, in: AfP 1997, S. 849 ff.

Koch, Hans-Joachim/Jankowski, Klaus — Die IVU-Richtlinie: Umsturz im deutschen Anlagengenehmigungsrecht?, in: ZUR 1998, S. 57 ff.

Konow, Gerhard — Bildungspolitik nach »Maastricht«, in: RdJB 1992, S. 428 ff.

Kössinger, Winfried — Die Durchführung des Europäischen Gemeinschaftsrechts im Bundesstat – Bund / Länder-Verhältnis und Europäisches Gemeinschaftsrecht, 1989, zugl. München, Univ., Diss., 1988.
(zit.: Kössinger, Die Durchführung des Europäischen Gemeinschaftsrechts im Bundesstaat, Diss. München 1982, S.).

Krämer, Ludwig — Um eine Umweltpolitik von innen bittend – Das Europäische Parlament und der Umweltschutz, in: ZUR 1994, S. 172 ff.

Kremer, Eduard — Umweltschutz durch Umweltinformation: Zur Umwelt-Informationsrichtlinie des Rates der Europäischen Gemeinschaften, in: NVwZ 1990, S. 843 ff.

Kremer, Eduard — Das nordrhein-westfälische Gesetz zur Einführung des Kommunalwahlrechts für Unionsbürger, in: VR 1996, S. 145 ff.

Kromarek, Pascale — Es geht auch erfolgreich – Die Richtlinie zum Schutz des Oberflächen- und Grundwassers, in: Gündling, Lothar/ Weber, Beate (Hrsg.), Dicke Luft in Europa, S. 143 ff.
(zit.: Kromarek, in: Gündling/Weber, „Dicke Luft in Europa", S.).

Lang, Ruth — Umweltschutz in Europa sowie auf Bundes- und Landesebene – Bericht über die Umweltrechtstage 1997 am 26. und 27. August 1997 in Düsseldorf -, in: DVBl. 1998, s. 28 ff.

Langenfeld, Christine/ Schlemmer-Schulte, Sabine — Die TA Luft – kein geeignetes Instrument zur Umsetzung von EG-Richtlinien, in: EuZW 1991, S. 622 ff.

Lecheler, Helmut — Die Fortentwicklung des Rechts der Europäischen Union durch den Amsterdam-Vertrag, in: JuS 1998, S. 392 ff.

Lepper, Ulrich/ Wilde, Christian Peter — Unabhängigkeit der Datenschutzkontrolle – Zur Rechtslage im Bereich der Privatwirtschaft, in: CR 1997, S. 703 ff.

Lerche, Peter — Konsequenzen aus der Entscheidung des Bundesverfassungsgerichts zur EG-Fernsehrichtlinie, in: AfP 1995, S. 632 ff.

Lübbe-Wolff, Gertrude — IVU-Richtlinie und Europäisches Vorsorgeprinzip, in: NVwZ 1998, S. 777 ff.

Magiera, Siegfried — Die Durchsetzung des Gemeinschaftsrechts im europäischen Integrationsprozeß, in: DÖV 1998, S. 173 ff.

Martini, Mario — Auf dem Weg zum »Umweltgesetzbuch I« - Zur Umsetzung der IVU- und der UVP-Änderungsrichtlinie, in: ZG 1998, S. 378 ff.

Maunz, Theodor u. a. — Grundgesetz, Kommentar, Loseblatt (5 Bände), Stand: Februar 1999.
(zit.: Bearbeiter, in: Maunz/Dürig, Art., Rdnr.).

Maurer, Hartmut — Allgemeines Verwaltungsrecht, 10. Auflage, 1995.
(zit.: Maurer, Allgemeines Verwaltungsrecht, §, Rdnr.).

Meißner, Martin — Die Bundesländer und die Europäischen Gemeinschaften: eine Untersuchung zur Garantie des Bundesstaatsprinzips unter Berücksichtigung der Kompetenzkompensation und der Regelung des Art. 23 GG n. F., 1996, zugl. Berlin (Humboldt-Universität), Diss., 1995.
(zit.: Meißner, Die Bundesländer und die Europäischen Gemeinschaften, Diss. Berlin 1995, S.).

Memminger, Gerhard	Bedeutung des Verfassungsrechtsstreits zur EG-Rundfunkrichtlinie, in: DÖV 1989, S. 846 ff.
Meyer zu Brickwedde, Leonard	Die Ermächtigung zum Erlaß von Rechtsverordnungen nach Art. 80 Abs. I GG zur Ausführung von Gemeinschaftsrecht : eine Untersuchung über die Zulässigkeit genereller Verordnungsermächtigungen zur normativen Umsetzung des Gemeinschaftsrechts, Osnabrück, Univ., Diss., 1987.
Middeke, Andreas	Nationaler Umweltschutz im Binnenmarkt: rechtliche Möglichkeiten und Grenzen umweltrelevanter Alleingänge im Verhältnis zum freien Warenverkehr, 1994, zugl. Osnabrück, Univ., Diss., 1993. (zit.: Middeke, Nationaler Umweltschutz im Binnenmarkt, Diss. Osnabrück 1993, S.).
Mögele, Rudolf	Grundzüge der Rechtsordnung der Europäischen Gemeinschaften, in: BayVBl. 1989, S. 577 ff.
Müller, Helmut	Landeskompetenzen im Umweltrecht, in: BayVBl. 1988, S. 289 ff.
Mutius von, Albert	Kommunalrecht, 1996. (zit.: von Mutius, Kommunalrecht, Rdnr.).
Nanclares de, José Martín-Pérez	Die EG-Fernsehrichtlinie: Rechtsgrundlage, Kommentierung und Umsetzung in das Recht der EG-Mitgliedstaaten sowie Österreichs und der Schweiz, 1995, zugl. Saarbrücken, Univ., Diss., 1994. (zit.: Nanclares, Die EG-Fernsehrichtlinie, 1995, S.).
Neumann, Uta/ Schweitzer, Thomas	Die Entwicklung des Europäischen Umweltrechts, in: UTR 1997, S. 517 ff.

Oebbecke, Janbernd	Weisungs- und unterrichtungsfreie Räume in der Verwaltung, 1986, zugl. Münster (Westfalen), Univ., Habil.-Schr., 1986. (zit.: Oebbecke, Weisungs- und unterrichtungsfreie Räume in der Verwaltung, 1986, S.).
Oebbecke, Janbernd	Die europäische Integration und die Organisation der Verwaltung, in: Ipsen, Jörn/ Rengeling, Hans-Werner/ Mössner, Jörg Manfred/ Weber, Albrecht (Hrsg.), Verfassungsrecht im Wandel. Wiedervereinigung Deutschlands. Deutschland in der Europäischen Union. Verfassungsstaat und Föderalismus. Zum 180jährigen Bestehen der Carl Heymanns Verlag KG, Köln/Berlin/Bonn/München 1995, S. 607 ff. (zit.: Oebbecke, Die europäische Integration und die Organisation der Verwaltung, in: FS Heymanns, 1995, S.).
Oebbecke, Janbernd	Die unsichtbare Hand in der Ländergesetzgebung – Zur Praxis und Theorie dezentraler Normsetzung, in: Staatswissenschaften und Staatspraxis 1997, S. 461 ff.
Oebbecke, Janbernd	Dezentraler Vollzug und europäische Integration, in: Roland Lhotta/Janbernd Oebbecke/Werner Reh (Hrsg.), Deutsche und europäische Verfassungsgeschichte: Sozial- und rechtswissenschaftliche Zugänge, Hans Boldt zum 65. Geburtstag, S. 35 ff.
Oehlert, Sebastian	Harmonisierung durch EG-Richtlinien: Kompetenzen, Legitimation, Effektivität, in: JuS 1997, S. 317 ff.
Oldekop, Dieter	Die Richtlinien der Europäischen Wirtschaftsgemeinschaft, in: JöR 1972, S. 55 ff.
Oppermann, Thomas/ Classen, Claus Dieter	Die EG vor der Europäischen Union, in: NJW 1993, S. 5 ff.

Oppermann, Thomas | Europarecht, 2. Auflage 1999. (zit. Oppermann, Europarecht, 2. Auflage 1999, Rdnr.).

Ossenbühl, Fritz | Rundfunk zwischen nationalem Verfassungsrecht und europäischem Gemeinschaftsrecht – Rechtsgutachten erstattet der Regierung des Landes Nordrhein-Westfalen – 1986. (zit.: Ossenbühl, Rundfunk zwischen nationalem Verfassungsrecht und europäischem Gemeinschaftsrecht, 1986, S.).

Ossenbühl, Fritz | Föderalismus nach 40 Jahren Grundgesetz, in: DVBl. 1989, S. 1230 ff.

Ossenbühl, Fritz | 40 Jahre Bundesverwaltungsgericht – Bewahrung und Fortentwicklung des Rechtsstaates, in: DVBl. 1993, S. 753 ff.

Ossenbühl, Fritz | Der verfassungsrechtliche Rahmen offener Gesetzgebung und konkretisierender Rechtsetzung, in: DVBl. 1999, S. 1 ff.

Papier, Hans-Jürgen | Kommunalwahlrecht für Angehörige anderer Mitgliedstaaten der Europäischen Gemeinschaft – Probleme des Kommissionsvorschlages aus der Sicht des deutschen Rechts, in: Siegfried Magiera (Hrsg.), Das Europa der Bürger in einer Gemeinschaft ohne Binnengrenzen, 1990, S. 27 ff. (zit.: Papier, in: Magiera (Hrsg.), Das Europa der Bürger in einer Gemeinschaft ohne Binnengrenzen, S.).

Pechstein, Matthias | Subsidiarität der EG-Medienpolitik?, in: DÖV 1991, S. 535 ff.

Pechstein, Matthias | Keine „Solange III"-Entscheidung: Das Bundesverfassungsgericht und die EG-Fernsehrichtlinie (EuZW 1995, 277 ff) – Zugleich ein Beitrag zum neuen Art. 23 GG -, in: Jura 1995, S. 581 ff.

Pernice, Ingolf | Kompetenzordnung und Handlungsbefugnisse der europäischen Gemeinschaft auf dem Gebiet des Umwelt- und Technikrechts, in: Die Verwaltung Band 22 (1989), S. 1 ff.

Pernice, Ingolf | Kriterien der normativen Umsetzung von Umweltrichtlinien der EG im Lichte der Rechtsprechung des EuGH, in: EuR 1994, S. 325 ff.

Pieroth, Bodo/ Schmülling, Markus | Die Umsetzung der Richtlinie des Rates zum Kommunalwahlrecht der Unionsbürger in den deutschen Ländern, in: DVBl. 1998, S. 365 ff.

Polenz-v. Hahn, Wolfgang | Die Fauna-Flora-Habitat-Richtlinie der EU – ein Fortschritt für den Naturschutz in Deutschland?, in: VBlBW 1998, S. 210 ff.

Reichert, Ronald | Verfassungsmäßigkeit der Novelle zum Wasserhaushaltsgesetz? – Grenzen der Rahmengesetzgebung, in: NVwZ 1998, S. 17 ff.

Reinhardt, Michael | Abschied von der Verwaltungsvorschrift im Wasserrecht? – Zu den Auswirkungen der neueren Rechtsprechung des EuGH auf den wasserrechtlichen Vollzug in der Bundesrepublik Deutschland -, in: DÖV 1992, S. 102 ff.

Reinhardt, Michael | Die Umsetzung von Rechtsakten der Europäischen Gemeinschaften durch die Exekutive – Ein Beitrag zur Auslegung des Art. 80 Abs. 1 GG -, in: UTR 1997, S. 337 ff.

Rengeling, Hans-Werner | Europäische Normgebung und ihre Umsetzung in nationales Recht, in: DVBl. 1995, S. 945 ff.

Rengeling, Hans-Werner/ Gellermann, Martin | Gestaltung des europäischen Umweltrechts und seine Implementation im deutschen Rechtsraum, in: UTR 1996, S. 1 ff.

Rengeling, Hans-Werner — Gesetzgebungskompetenzen für den integrierten Umweltschutz: die Umsetzung inter- und supranationalen Umweltrechts und die Gesetzgebungskompetenz nach dem Grundgesetz, 1999. (zit.: Rengeling, Gesetzgebungskompetenzen für den integrierten Umweltschutz 1999.).

Ress, Georg — Die Europäischen Gemeinschaften und der deutsche Föderalismus, in: EuGRZ 1986, S. 549 ff.

Ress, Georg — Die neue Kulturkompetenz der EG, in: DÖV 1992, S. 944 ff.

Ress, Georg — Die richtlinienkonforme „Interpretation" innerstaatlichen Rechts, in: DÖV 1994, S. 489 ff.

Ress, Hans-Konrad — Die Beteiligung der deutschen Bundesländer am Rechtssetzungsprozeß der Europäischen Gemeinschaft – BVerfGE 92, 203 -, in: JuS 1998, S. 17 ff.

Riegel, Reinhard — Überlegungen zum Problem EG-Richtlinien und nationale Rahmenkompetenz, in: EuR 1976, S. 79 ff.

Riegel, Reinhard — Umweltschutzaktivitäten der Europäischen Gemeinschaften auf dem Gebiete des Wasserrechts und deren Bedeutung für das innerstaatliche Recht, in: DVBl. 1977, S. 82 ff.

Riegel, Reinhard — Gliedstaatkompetenzen im Bundesstaat und Europäisches Gemeinschaftsrecht, DVBl. 1979, S. 245 ff.

Riegel, Reinhard — Notwendigkeiten und Probleme einer gemeinschaftsrechtlichen Integration des Umweltschutzrechts unter besonderer Berücksichtigung des Wasserrechts, in: NuR 1981, S. 90 ff.

Rinck, Hans-Justus	Zur Abgrenzung und Auslegung der Gesetzgebungskompetenzen von Bund und Ländern, in: Ritterspach/Geiger (Hrsg.), Festschrift für Gebhard Müller zum 70. Geburtstag, 1970, S. 289 ff.
Röger, Ralf	Der neue Artikel 28 Absatz 1 Satz 3 GG: Vorläufiger Abschluß der langjährigen Diskussion um ein Kommunalwahlrecht für Ausländer, in: VR 1993, S. 137 ff.
Roßnagel, Alexander	Lernfähiges Europarecht – am Beispiel des europäischen Umweltrechts, in: NVwZ 1997, S. 122 ff.
Rudolf, Walter	Bundesländer und Europäisches Gemeinschaftsrecht, in: von Münch (Hrsg.), Staatsrecht-Völkerrecht-Europarecht, Festschrift für Hans-Jürgen Schlochauer zum 75. Geburtstag, 1981, S. 117 ff.
Rüpke, Giselher	Aspekte zur Entwicklung eines EU-Datenschutzrechts, in: ZRP 1995, S. 185 ff.
Rybak, Hubertus/ Hofmann, Hans	Verteilung der Gesetzgebungsrechte zwischen Bund und Ländern nach der Reform des Grundgesetzes, in: NVwZ 1995, S. 230 ff.
Salzwedel, Jürgen/ Reinhardt, Michael	Neuere Tendenzen im Wasserrecht, in: NVwZ 1991, S. 946 ff.
Sandfuchs, Uwe	Lehrerbildung in Deutschland – über den Abschlussbericht der KMK-Kommission, in: Grundschule, Heft 7/8 2000, S. 85 ff.
Schäfer, Kurt	Zum integrierten Konzept der IVU-Richtlinie, in: UPR 1997, S. 444 ff.
Scherzberg, Arno	Mittelbare Rechtssetzung durch Gemeinschaftsrecht – Richtlinien als Instrument der europäischen Integration -, in: Jura 1992, S. 572 ff.

Scherzberg, Arno — Der freie Zugang zu Informationen über die Umwelt – Rechtsfragen der Richtlinie 90/313/EWG, in: UPR 1992, S. 48 ff.

Scherzberg, Arno — Freedom of information – deutsch gewendet: Das neue Umweltinformationsgesetz, in: DVBl. 1994, S. 733 ff.

Scheuing, Dieter H. — Rechtsprobleme bei der Durchsetzung des Gemeinschaftsrechts in der Bundesrepublik Deutschland, in: EuR 1985, S. 229 ff.

Scheuing, Dieter H. — Instrumente zur Durchführung des Europäischen Umweltrechts, in: NVwZ 1999, S. 475 ff.

Schild, Hans-Hermann — Das neue Hessische Datenschutzgesetz, in: RDV 1999, S. 52 ff.

Schink, Alexander — Das UVP-Gesetz des Landes Nordrhein-Westfalen, in: StuGr 1992, S. 176 ff.

Schink, Alexander — Auswirkungen des EG-Rechts auf die Umweltverträglichkeitsprüfung nach deutschem Recht, in: NVwZ 1999, S. 11 ff.

Schlemann, Berndt — Der betriebliche Datenschutzbeauftragte nach Verabschiedung der EG-Datenschutzrichtlinie: Handlungsbedarf für den deutschen Gesetzgeber, in: jur-pc 1996, S. 55 ff.

Schmidt, Reiner — Neuere höchstrichterliche Rechtsprechung zum Umweltrecht, in: JZ 1993, S, 1086 ff.

Schmidt, Walter — Ordnung des Rundfunks im Zeitalter des Satellitenfernsehens, in: NJW 1986, S. 1792 ff.

Schmidt am Busch, Birgit — Die Europäische Union im Überblick, in: DuD 1995, S. 197 ff.

Schmidt am Busch, Birgit — Die besonderen Probleme bei der Umsetzung von EG-Richtlinien mit Regel-Ausnahme-Charakter – am Beispiel der „Fleischhygienegebührenrichtlinie“ -, in: DÖV 1999, S. 581 ff.

Schmidt-Aßmann, Eberhard — Die Umsetzung der EG-Richtlinie über die Umweltverträglichkeitsprüfung (UVP-RL) vom 27. Juni 1985 in das nationale Recht, in: Hailbronner, Kay/ Ress, Georg/ Stein, Torsten (Hrsg.), Staat und Völkerrechtsordnung, Festschrift für Karl Doehring zum 17. März 1989, 1989, S. 889 ff.
(zit.: Schmidt-Aßmann, in: FS Doehring, 1989, S.).

Schmidt-Aßmann, Eberhard — Deutsches und Europäisches Verwaltungsrecht – Wechselseitige Einwirkungen -, in: DVBl. 1993, S. 924 ff.

Schneider, Hans-Peter — 50 Jahre Grundgesetz – Vom westdeutschen Provisorium zur gesamtdeutschen Verfassung, in: NJW 1999, S. 1497 ff.

Schneider, Hildegard — Die Anerkennung von Diplomen in der Europäischen Gemeinschaft, 1995.
(zit.: Schneider, Die Anerkennung von Diplomen, S.).

Schnutenhaus, Jörn — Die IPPC-Richtlinie – Eine umweltrechtliche und politikanalytische Bestandsaufnahme, in: ZUR 1994, S. 299 ff.

Scholz, Rupert — Ausschließliche und konkurrierende Gesetzgebungskompetenz von Bund und Ländern in der Rechtsprechung des Bundesverfassungsgerichts, in: Christian Starck (Hrsg.) Bundesverfassungsgericht und Grundgesetz, Festgabe aus Anlaß des 25jährigen Bestehens des Bundesverfassungsgerichts (Zweiter Band), 1976, S. 252 ff.

Scholz, Rupert — Wie lange bis „Solange III“?, in: NJW 1990, S. 941 ff.

Schomerus, Thomas | Anspruchsvoraussetzungen und Verwaltungsverfahren nach dem Umweltinformationsgesetz – Zum Umgang mit betriebsbezogenen Umweltdaten, in: ZUR 1994, S. 226 ff.

Schomerus, Thomas/ Schrader, Christian/ Wegener, Bernhard W. | Umweltinformationsgesetz, Kommentar, 1995. (zit.: Bearbeiter, in: Schomerus/ Schrader/ Wegener, Umweltinformationsgesetz, Kommentar, 1995, §, Rdnr.).

Schrapper, Ludger | Die Richtlinie 94/80/EG zum aktiven und passiven Kommunalwahlrecht für Unionsbürger – Entstehung, Regelungsgehalt, Umsetzungsfragen -, in: DVBl. 1995, S. 1167 ff.

Schröder, Meinhard | Aktuelle Entwicklungen im europäischen Umweltrecht – Unter besonderer Berücksichtigung des Vertrages von Amsterdam -, in: NuR 1998, S. 1 ff.

Schulte, Thomas | EG-Richtlinie Kommunales Abwasser: Ziele, Inhalte und Umsetzung in das deutsche Recht, 1996, zugl. Berlin (Freie Universität), Univ., Diss., 1995. (zit.: Schulte, Kommunales Abwasser, Diss. Berlin 1995, S.).

Schwan, Hartmut Heinrich | Die deutschen Bundesländer im Entscheidungssystem der Europäischen Gemeinschaften – Beschlußfassung und Durchführung, 1982. (zit.: Schwan, Die deutschen Bundesländer im Entscheidungssystem der Europäischen Gemeinschaften, 1982, S.).

Schwanenflügel, Matthias von | Das Öffentlichkeitsprinzip des EG-Umweltrechts – Zur Bedeutung der Richtlinie über den freien Zugang zu Umweltinformationen -, in: DVBl. 1991, S. 93 ff.

Schwartz, Ivo E. | Zur Zuständigkeit der Europäischen Gemeinschaft im Bereich des Rundfunks, in: AfP 1987, S. 375 ff.

Schwartz, Ivo E. — Fernsehen ohne Grenzen: Zur Effektivität und zum Verhältnis von EG-Richtlinie und Europarats-Konvention, in: EuR 1989, S. 1 ff.

Schwarze, Jürgen — Deutscher Landesbericht, in: Schwarze (Hrsg.), Das Verwaltungsrecht unter europäischem Einfluß – Zur Konvergenz der mitgliedstaatlichen Verwaltungsrechtsordnungen in der Europäischen Union, 1996, S. 123 ff.
(zit.: Schwarze, in: Schwarze (Hrsg.), Das Verwaltungsrecht unter europäischem Einfluß, S.).

Schweitzer, Michael — Beteiligung der Bundesländer an der europäischen Gesetzgebung, in: ZG 1992, S. 128 ff.

Sendler, Horst — Deutsche Schwierigkeiten mit dem EG-Recht – Zur Misere der Umsetzung von EG-Umweltschutz-Richtlinien, in: NJW 2000, S. 2871 ff.

Siedentopf, Heinrich/ Hauschild, Christoph — Europäische Integration und die öffentlichen Verwaltungen der Mitgliedstaaten, in: DÖV 1990, S. 445 ff.

Sieder, Frank/ Zeitler, Herbert/ Dahme, Heinz — Wasserhaushaltsgesetz – Abwasserabgabengesetz, Kommentar, Loseblatt (3 Bände), Stand: August 1999.
(zit.: Sieder/Zeitler/Dahme, WHG, Band I, Vorbemerkung, Rdnr.).

Sieveking, Klaus — Europäisches Gemeinschaftsrecht und Stadtstaaten - Verfassungsrechtliche Probleme bei der Einführung des kommunalen Ausländerwahlrechts -, in: DÖV 1993, S. 449 ff.

Simitis, Spiros — Privatisierung und Datenschutz, in: DuD 1995, S. 648 ff.

Simitis, Spiros — EU-Datenschutzrichtlinie - Stillstand oder Anreiz?, in: NJW 1997, S. 281 ff.

Simitis, Spiros u. a. — Kommentar zum Bundesdatenschutzgesetz, 4. Auflage 1992 (Loseblatt).
(zit.: Bearbeiter, in: Simitis u. a., BDSG, §, Rdnr.).

Sommermann, Karl-Peter — Die Stärkung der Gesetzgebungskompetenzen der Länder durch die Grundgesetzreform von 1994, in: Jura 1995, S. 393 ff.

Starck, Christian — Die deutschen Länder und die auswärtige Gewalt, in: Wege und Verfahren des Verfassungslebens, Festschrift für Peter Lerche zum 65. Geburtstag, 1993, S. 561 ff.

Steiling, Ronald — Mangelnde Umsetzung von EG-Richtlinien durch den Erlaß und die Anwendung der TA Luft, in: NVwZ 1992, S. 134 ff.

Steinberg, Rudolf/ Müller, Ulrike — Zur Umsetzung der EG-Richtlinie über die Umweltverträglichkeitsprüfung unter besonderer Berücksichtigung der Umsetzungsverpflichtungen der Bundesländer, in: NuR 1989, S. 277 ff.

Steinberg, Rudolf/ Klößner, Bernd — Regelungspflichten und Regelungskompetenzen der Bundesländer bei der Umsetzung der EG-UVP-Richtlinie und des UVP-Gesetzes des Bundes – am Beispiel des Landes Hessen, in: UTR 1994, S. 481 ff.

Steinberg, Rudolf — Probleme der Europäisierung des deutschen Umweltrechts, in: AöR Band 120 (1995), S. 549 ff.

Stoiber, Edmund — Auswirkungen der Entwicklung Europas zur Rechtsgemeinschaft auf die Länder der Bundesrepublik Deutschland, in: EA 1987, S. 543 ff.

Streinz, Rudolf — Die Auswirkungen des Europäischen Gemeinschaftsrechts auf die Kompetenzen der deutschen Bundesländer, in: Dirk Heckmann und Klaus Meßerschmidt (Hrsg.), Gegenwartsfragen des Öffentlichen Rechts, S. 15 ff.
(zit.: Streinz, in: Heckmann/ Meßerschmidt (Hrsg.), Gegenwartsfragen des Öffentlichen Rechts, 1988, S.).

Stüer, Bernhard/ Hermanns, Caspar David — Immissionsschutz zwischen Integrationskonzept und Verfahrensbeschleunigung – 4. Leipziger Umweltrechts-Symposium -, in: DVBl. 1999, S. 972 ff.

Stüer, Bernhard/ Rude, Stefan — 23. Umweltrechtliche Fachtagung – Europäisches Umweltrecht, Abschied vom UGB und Lärmschutz -, in: DVBl. 2000, S. 250 ff.

Suerbaum, Joachim — Die Kompetenzverteilung beim Verwaltungsvollzug des Europäischen Gemeinschaftsrechts in Deutschland, 1998, zugl. Bochum, Univ., Diss., 1996/97.
(zit.: Suerbaum, Die Kompetenzverteilung beim Verwaltungsvollzug des Europäischen Gemeinschaftsrechts in Deutschland, Diss. Bochum 1996/97, S.).

Tietje, Christian — Europäischer Grundrechtsschutz nach dem Maastricht-Urteil, „Solange III“? – BVerfG, NJW 1993, 3047 -, in: JuS 1994, S. 197 ff.

Tietje, Christian — Kurzberichterstattung im Fernsehen als Verfassungsproblem – BVerfGE 97, 228, in: JuS 1999, S. 644 ff.

Trautwein, Thomas — Zur Rechtsprechungskompetenz des BVerfG auf dem Gebiet des Europäischen Gemeinschaftsrechts, in: JuS 1997, S. 893 ff.

Tröndle, Herbert/ Fischer, Thomas — Strafgesetzbuch und Nebengesetze, 49. Auflage 1999.
(zit.: Tröndle/Fischer, Strafgesetzbuch und Nebengesetze, §, Rdnr.).

Trosch, Daniel — Unmittelbare Anwendbarkeit der EG-Datenschutz-Richtlinie, in: DuD 1998, S. 724.

Trüe, Christiane — Auswirkungen der Bundesstaatlichkeit Deutschlands auf die Umsetzung von EG-Richtlinien und ihren Vollzug, in: EuR 1996, S. 179 ff.

Trüe, Christiane — Die Bundesstaatlichkeit der Bundesrepublik Deutschland – Auswirkungen auf die Umsetzung völkerrechtlicher Verträge und ihren Vollzug, in: JuS 1997, S. 1092 ff.

Turiaux, André — Umweltinformationsgesetz (UIG), Kommentar, 1995.
(zit.: Turiaux, Umweltinformationsgesetz, Kommentar, C. H. Beck 1995.).

Vedder, Christoph — Die TA Luft vor dem EuGH – Richtliniendurchführung durch normkonkretisierende Verwaltungsvorschriften?, in: EWS 1991, S. 293 ff.

Veh, Gerhard M./ Knopp, Günther-Michael — Gewässerschutz nach EG-Recht – Textausgabe mit systematischer Darstellung, 1995.
(zit.: Veh/Knopp, Gewässerschutz nach EG-Recht, 1995, S.).

Vogel, Klaus — "Selbständige Bundesaufsicht" nach dem Grundgesetz, besonders bei der Anwendung europäischen Rechts, in: Nierhaus, Michael/ Püttner, Günter/ Sachs, Michael/ Siekmann, Helmut/ Tettinger, Peter J. (Hrsg.), Verfassungsstaatlichkeit, Festschrift für Klaus Stern zum 65. Geburtstag, 1997, S. 819 ff.
(zit.: Vogel, in: FS Stern, 1997, S.).

Wägenbaur, Rolf — Neue Wege zur Anerkennung der Hochschuldiplome – Die Verwirklichung der Freizügigkeit in der Gemeinschaft -, in: EuR 1987, S. 113 ff.

Wägenbaur, Rolf — Die Umsetzung von EG-Recht in deutsches Recht und ihre gesetzgeberische Problematik, in: ZG 1988, S. 303 ff.

Wallerath, Maximilian — Normkonkretisierende Verwaltungsvorschriften, in: NWVBl. 1989, S. 153 ff.

Wasielewski, Andreas — Stand der Umsetzung der UVP-Änderungs- und der IVU-Richtlinie, in: NVwZ 2000, S. 15 ff.

Weber, Albrecht — Die Bundesländer und die Reform der Gemeinschaftsverträge – Zur Mitwirkung der gesetzgebenden Körperschaften bei der Änderung und Durchführung der Gemeinschaftsverträge, in: DVBl. 1986, S. 800 ff.

Weber, Albrecht — Zur Umsetzung von EG-Richtlinien im Umweltrecht – Zugleich eine Anmerkung zu den Urteilen des EuGH vom 30.5.1991 (TA Luft) und vom 28.2.1991 (Grundwasser), in: UPR 1992, S. 5 ff.

Weichert, Thilo — Datenschutz-Anstalt, in: CR 2000, S. 135 ff.

Weiß, Wolfgang — Zur Wirkung von Richtlinien vor Ablauf der Umsetzungsfrist, in: DVBl. 1998, S. 568 ff.

Wenzel, Egbert — Rundfunkordnung im Bundesstaat und in der Europäischen Gemeinschaft, in: NJW 1986, S. 1855 ff.

Wenzel, Egbert — Studienkreis für Presserecht und Pressefreiheit – 72. Tagung: Das europäische Recht und die Medien, in: NJW 1993, S. 3043 ff.

Wettach, Uwe	Ländergesetzgebung in der Bundesrepublik Deutschland – Eine rechtstatsächliche Untersuchung am Beispiel ausgewählter Regelungsbereiche, 1994, zugl. Münster (Westfalen), Univ., Diss., 1993.
Willner, Rainer	Das neue baden-württembergische Landesgesetz über die Umweltverträglichkeitsprüfung, in: VBlBW 1992, S. 281 ff.
Winkel, Klaus	Die Umsetzung von EG-Richtlinien in deutsches Recht unter besonderer Berücksichtigung der Erfahrungen in der Praxis, in: ZG 1997, S. 113 ff.
Winkelmann, Ingo	Innerstaatliche Kompetenzverteilung bei Vertragsabschlüssen in Angelegenheiten der Europäischen Union – Zur Nichtbeachtlichkeit der Lindauer Absprache im Anwendungsbereich von Art. 23 n. F. GG, in: DVBl. 1993, S. 1128 ff.
Winkelmann, Ingo	Die Bundesregierung als Sachwalter von Länderrechten – Zugleich Anmerkung zum EG-Fernsehrichtlinien-Urteil des Bundesverfassungsgerichts -, in: DÖV 1996, S. 1 ff.
Winter, Gerd	Der Schutz der Nordsee als Problem internationaler Übereinkommen und EG-Richtlinien, in: NuR 1988, S. 265 ff.
Winter, Gerd	Der Säbelschnäbler als Teil fürs Ganze – Bemerkungen zum Leybucht-Urteil des Europäischen Gerichtshofs vom 28.2.1991, NuR 1991, S. 249 -, in: NuR 1992, S. 21 ff.
Wolf, Joachim	Die Kompetenz der Verwaltung zur „Normsetzung“ durch Verwaltungsvorschriften, in: DÖV 1992, S. 849 ff.
Wollenschläger, Michael/ Schraml, Alexander	Kommunalwahlrecht für nichtdeutsche Unionsbürger – Die EG-Richtlinie 94/80 und ihre Umsetzung in Bayern, in: BayVBl. 1995, S. 385 ff.

Ziekow, Jan — Verordnungsermächtigungen mit supra- und internationalen Bezügen, in: JZ 1999, S. 963 ff.

Zuleeg, Manfred — EG-Richtlinien auf dem Gebiete des Wasserrechts und ihre innerstaatlichen Auswirkungen, in: ZfW 1975, S. 133 ff.

Zuleeg, Manfred — Die Stellung der Länder und Regionen im europäischen Integrationsprozeß, in: DVBl. 1992, S. 1329 ff.

Zuleeg, Manfred — Umweltschutz in der Rechtsprechung des Europäischen Gerichtshofs, in: NJW 1993, S. 31 ff.

Zuleeg, Manfred — Deutsches und europäisches Verwaltungsrecht - wechselseitige Einwirkungen, in: VVDStRL 54 (1994), S. 154 ff.

Zuleeg, Manfred — Anmerkung zu BVerfG, Urt. v. 22. 3. 1995 – 2 BvG 1/89, in: JZ 1995, S. 673 ff.

FSC
www.fsc.org
MIX
Papier | Fördert gute Waldnutzung
FSC® C083411

Kolibri 360 GmbH
Ferdinand-Jühlke-Straße 7
99095 Erfurt, Deutschland
produktsicherheit@kolibri360.de

Druck:
CPI Druckdienstleistungen GmbH
im Auftrag der
Kolibri 360 GmbH
Ferdinand-Jühlke-Str. 7
99095 Erfurt